中国，起飞

China,take off

张 栩◎著

金城出版社
GOLD WALL PRESS

图书在版编目（CIP）数据

中国，起飞 / 张栩著. — 北京：金城出版社，2017.6

ISBN 978-7-5155-1431-4

Ⅰ.①中… Ⅱ.①张… Ⅲ.①民用飞机－航空工业－概况－中国 Ⅳ.①F426.5

中国版本图书馆CIP数据核字（2017）第083662号

中国，起飞

作　　者	张　栩
责任编辑	雷燕青
开　　本	710毫米×1000毫米　　1/16
印　　张	24
字　　数	344千字
版　　次	2017年6月第1版　2017年6月第1次印刷
印　　刷	三河市祥达印刷包装有限公司
书　　号	ISBN 978-7-5155-1431-4
定　　价	45.00元

出版发行　**金城出版社**　北京市朝阳区利泽东二路3号　100102

发 行 部　（010）84254364

编 辑 部　（010）84250838

总 编 室　（010）64228516

网　　址　http://www.jccb.com.cn

电子信箱　jinchengchuban@163.com

法律顾问　陈鹰律师事务所（010）64970501

目录
contents

登机 *Boarding* // 001

推出 *Release* // 031

滑行 *Taxiing* // 084

起飞 *Takeoff* // 164

巡航 *Cruising* // 226

降落 *Landing* // 307

登机 Boarding |

一

沧海桑田，一向被用来形容世事变迁之大。天地不仁，以万物为刍狗，也自然能够将沧海与桑田相互转变。而若在自然伟力之上再增添一些人工之力，沧海不仅可以变为桑田，还能在桑田之上平地起高楼，造出一座城来。

上海便是这样一座城。

当1842年8月中英《南京条约》刚签订的时候，这里还只是长江入海口广阔冲积平原中不起眼的一角，远离北京的皇恩浩荡，在不远处富庶江南的繁华掩映之下，黯淡无光。但作为"五口通商"里的一员，它的命运很快将彻底改变。在日薄西山的大清帝国身躯之下，压抑了太多的自由通商与贸易的机遇。而环伺四周的列强们，在19世纪中叶尚未疯狂掠夺土地，他们更多是对广大的中国市场垂涎欲滴，觊觎一切可能的机会通过合法或者不合法的贸易来赚取巨额真金白银。

如果贸易是恶，那金钱就是万恶之源。

区区五个正规通道，显然无法承受整个中国与外部世界交流与贸易的庞大欲望，它被抑制了数百年，一朝释放，无比膨胀，仿佛营养过剩的催长剂，无时无刻不喂养着这几个仅有的口岸。

上海在短短二十年的时间便吸引了来自世界各地的冒险家、流民、商人和亡命徒，围绕着市中心的租界，一个个小型社会潜滋暗长，人口迅速增加。曾经的宁静从容一去不复返，码头的喧嚣、汽笛的低吟和发动机的轰鸣充斥在这座城市的空气中。富人、穷人、上等人、下等人，全部集中在这里，阶层差距虽然明显，但整个上海的财富在迅猛增加。

如果温饱是善，那金钱又是首善之根。

太平天国覆灭之后，又经过几十年的变迁，到了20世纪初，上海已经成为远东数一数二的大城市。十里洋场，夜夜笙歌，纸醉金迷的外表之下，贫困潦倒更是如双生花般生长起来，洋人、买办和上流人士都集中在所谓的"上只角"，而工业林立的东北区域，成为"下只角"。穷人们拥挤在"下只角"狭窄的弄堂里，共享着少得可怜的公共空间和隐私，他们被黏在这个城市中阴暗的一角，幻想着可以有朝一日变为上等人，到从地理距离上来看其实并不遥远的"上只角"去生活。

大场镇就其地理位置来说，毫无疑问是属于"下只角"的，但是，相比它周边一无所有的穷邻居们，它不但现状稍好，祖上也"曾经阔过"。早在清初，这里就是布匹的交易集散中心，到了现在，更是各色粮食的市场，提供上好的大米、食油，尤以酱油闻名遐迩。

镇中心的"万寿酱园"，便是最著名的酱油品牌。根据当地人的描述，他们家的酱油有独特的"祖传秘方"，浓而不咸，味道鲜醇，还经得起久放。酱油之于"浓油赤酱"的上海菜，就如辣椒之于湖南菜，必不可少，是实打实的刚需。再穷的人，即便无法荤素搭配，酱油泡饭还是可以果腹的。

因此，万寿酱园的老板尹祖辉虽然年轻，在大场已经算是个名人。但是，每当有人将他奉承为如同"上只角"那边的上流人士时，他总是万分嫌恶："不要拿我跟那帮买办们相提并论，要不是那帮人搞进来洋布，我们大场祖上的布匹生意现在岂会沦落到这般田地！"

他的祖父尹成璋曾经经营着大场最大的布匹商行。正在他的生意如日中天时，一次去西边拜访嘉兴的大主顾，路过青浦，不巧碰上太平军的李秀成部正在与洋枪队进行遭遇战，两边杀红了眼，尹成璋避之不及，竟然被一颗子弹给撂倒了，经过紧急抢救，再回到大场的时候，已经奄奄一息。他在临死之前，嘱咐他的老婆把家里的酱油秘方发扬光大，"要做就做人人都离不开的，而且做自己的东西，潜心钻研，做出名堂，让别人都往我们这儿凑。"

他的老婆倒也争气，不但把三个儿子拉扯大，还真花了不到几年就把这酱油生意给做了起来，以酱油为核心，还兼做其他粮油产品。后来兄弟分家，尹祖辉的父亲尹甲松得到了万寿酱园，并且把酱油和粮食生意发扬光大。

正如尹成璋所希望的，生意都主动找上门来，尹甲松基本就在大场待着，极少出差。但他可能也因此缺乏运动，身体欠佳，在尹祖辉刚成家，还没看见孙子的时候，竟因肺痨撒手人寰。尹甲松只有一个独子，尹祖辉毫无悬念地将万寿酱园继承下来。

在继承父业之前，尹祖辉跟着当时的社会大潮，赴东西洋游学。与同龄人纷纷去西欧和日本不同，他偏偏选择了美国，在西海岸遇见了一帮从广东过去的年轻人。在洋务运动思潮下，中国人去这些国家都是为了"师夷长技以制夷"，想学点儿坚船利炮的技术回来，报国强军。

但这帮广东人玩得更过火，居然直接打着上天的主意，在美国人莱特兄弟造出人类的第一架飞机之后没几年，他们也弄出来一架，而且居然比莱特兄弟的飞机飞得更高。

这架飞机在美国西海岸的奥克兰（Oakland）试飞的时候，尹祖辉就在现场，作为一个酱油老板，他有幸见证了当时世界科技发展最前沿的一刻。那架简陋的飞机带着颤抖的声音，拖着黑烟，在天上转了几圈，然后平稳落地，飞机上的人面不改色地下来，生龙活虎。

尹祖辉被深深地震撼到了，他突然有些冲动，"把万寿酱园卖掉，去造飞机吧！"但当试飞结束之后，大家一起庆祝吃饭时，这个念头就打消了，因为尹祖辉无比怀念家乡的酱油，西餐他实在吃不习惯。

不久之后，他与这帮广东朋友依依惜别，并邀请他们一定去上海的家里坐坐，尝尝万寿酱油的美味。

尹祖辉回到上海之后的几年，一切都在剧变，近的，父亲病逝，留给他一摊家业；远的，清朝皇帝退位，倒出一地鸡毛。偶尔看看新闻，外面的世界变化很快，"中华民国"虽然宣布成立，但各路军阀都没有歇一口气的意思，都觉得皇帝没了，凭什么自己不能去当老大。但不管哪路军阀，都还是怕洋人的，因此上海受到的冲击反而不大，万寿酱园的生意依然红火，尹祖辉的日子也是逍遥中带着平淡，仿佛那几年温和的夏天。

直到有一天，他接到一封来自广州的电报——冯如坠亡。

二

尹祖辉记得刚认识冯如的时候，他只不过是一个始终梳着油光可鉴的三七分头型、其貌不扬、身材瘦小、口音奇怪的广东人。除去与他的广东同乡们都剪掉了辫子这一"逆反"行为之外，只有在谈及飞机制造话题和亲自操作他制造的飞机时，冯如才显得与众不同。

在美国，尹祖辉没少与冯如以及他的朋友们聚会，每次聊到飞机时，冯如都两眼放光，深深相信中国必须在这个最新的行业奋起直追，才能逆转在传统行业里的弱势。"美国人1903年才造出来，我们没过两年也造出来了，几乎是同步的，这么好的机遇一定要抓住！我们被列强欺负得很惨，飞机可以帮助我们扬眉吐气！"

冯如还十分敏锐地发现，想造飞机光靠朝廷拨款是不成的，必须要说服像尹祖辉这样的富人出钱，发动民间力量一起推动。他认为，飞机不是光造出来能飞就行的，还要培养飞行员，建设起降的场地和维修保养的工厂，如果要跟列强们打仗，更需要钱的支持。而清政府在"庚子赔款"后，已经国库空虚，即便愿意支持飞机这个新鲜玩意儿，也有心无力，所以只能依靠民间的力量。于是，他经常恳切地让尹祖辉回国之后多多发动上海的有钱人支持飞机事业，共纾国难。

如果说一开始尹祖辉对此还不以为然，那么在奥克兰的试飞之后，他就彻底成了冯如的拥趸，对他愈发关切起来。当尹祖辉回国之时，两人已经成为莫逆之交。一回到上海，回家尝了口久违的家乡菜和酱油之后，尹祖辉便奋笔疾书，给冯如写了一封信报平安。

两人的交流通讯一直持续到冯如回国，义无反顾地投入革命队伍。据说是孙中山先生亲自"三顾茅庐"，将他请去负责革命军的空军事务。

此后，尹祖辉再也没有收到冯如的音讯，直到收到这封电报，他得知好友在一次试驾时飞机意外坠毁，没能活着出来。尹祖辉之后整整一年都在悲伤中度过。

尹祖辉从小无忧无虑，家境殷实，有社会地位，在大场属于名门望族，平日接待的人无论是周边的穷人，还是那些从"上只角"慕名而来的上等人，大多循规蹈矩，没有什么出格的思想。那些在市里宣传新思想的学生、文人和革命党人，最远也就聚集在虹口的北四川路，是不屑于到这偏僻的酱油店来的。

然而，在美国那一段游学经历让尹祖辉见到了完全不同的一群人，尤其是冯如，有着无穷多的新鲜想法，他依靠惊人的天赋、持续的努力和不懈的坚持，将这些想法一一实现。每次冯如写来的书信，尹祖辉都会读上好几遍，不忍释卷。

现在，冯如居然在三十岁不到的时候就离开了，尹祖辉怎能不心生无限惆怅和悲伤。

悲伤的思绪终于在儿子降生时得到了缓解，从尹祖辉的祖父以降，尹家已经连续四代都生了儿子，而他本人也是独子。

尹祖辉将儿子取名为尹飞扬，一方面是为了纪念死去的好友冯如，另一方面尹家的家谱也恰好到了飞字辈。"我们家卖了几辈子酱油了，让飞扬尝试些新鲜的玩意儿吧。"在对妻子说了这番话后，他决心让儿子去当飞行员。

尹飞扬还真没给他爸丢脸，从小就体壮如牛，他爷爷若泉下有知，定当十分欣慰。

在小飞扬一天天茁壮成长的时候，整个中国都没有闲着，张勋的辫子军跑去紫禁城过了把瘾；一帮学生开始抗议巴黎和会的决定；共产党与国民党开始合作；蒋介石崭露头角；张学良东北易帜；中原大战……这一系列事情折腾下来，整个国家就像煎锅上的煎饼，被翻了好几个面。

如果只是自己折腾也就罢了，东边的日本经过几十年的野心膨胀，再次盯上了这整块煎饼，很快咬下东北一大片土地。

当九一八的消息传到上海时，尹祖辉皱了皱眉，过去的二十年，他感觉一天不如一天，虽然生意照做，兴隆依旧，但四面八方传来的没有什么好消息，显然，接下来情况只会更糟。这些年，他勤勤恳恳地经营着万寿酱园，照顾家人，为尹飞扬谋得了当飞行员的机会。他最初的想法，是希望尹飞扬去空军锻炼锻炼，以后回来开民用飞机。而依据现在的形势，如果日本真的全面进攻中国，空军是一定要出战的。

尹祖辉深深地为自己的家庭和这个国家的前景担心，这种担心是藏于他内心的，不轻易为外人所知，却无时无刻不在煎熬着他的心，情抑于中而难以排解。与他父亲尹甲松一样，他只得了尹飞扬一个宝贝儿子，要不要让这根独苗继续在空军服役？夫妻俩万分纠结。

最终，他们做了一个决定：询问儿子自己的意见。

此时的尹飞扬已经成长为一个仪表堂堂的七尺男儿，身材匀称健壮，贴身的军装根本包裹不住他由内而外散发的英武之气。尹飞扬十分有主见，他毫不犹豫地决定继续服役，"父亲，你常拿冯如叔叔的例子教导我，现在国家有难，岂能退缩？"

尹祖辉含泪答应，却仍不甘心，与妻子商量了一个万全之计，在大场找了户刘家的女儿提亲。尹家上门提亲，谁不觉得荣幸万分？刘家虽然家业不大，却也是个书香门第，温饱有余，女儿也因此受到了良好教育，模样俊俏，举止大方，一看就是个识大体、可以托付的姑娘。

尹飞扬一见刘家姑娘，便十分欢喜，两人正值青春壮年，很快打得火热。双方家长也十分满意，便算了个良辰吉日，准备两个月后把喜事速速办了，好繁衍生息。没想到，尹飞扬与刘家姑娘连两个月都等不了，激情难耐，办喜事之前，姑娘便已珠胎暗结。

这正中了尹祖辉的下怀，他可不想步父亲的后尘，万一儿子有个三长两短，为国捐躯，好歹留下个后代，自己也能看到。

婚后不久，尹飞扬的媳妇便诞下一子，见又是一个男孩，尹祖辉激动万分，亲自为其取名尹善治，希望他能够有一些治国才能，不像自己一样被时局左右却无能为力。

尹善治降生后的几个月，是尹祖辉二十年来最开心的日子，家里的人终于看到老爷紧锁的眉头展开了。

然而，尹祖辉的眉头并没有展开多久。随着日本在中国北方步步紧逼，在万寿酱园的大堂里，也常常聚集着各路人士，大家聊着时局，通过徒劳的猜测缓解心中的焦虑。

到了1936年年底，这年上海的冬天特别冷，尹祖辉在书房里喝着热茶，看到了最新的报纸——西安事变，张学良和杨虎城把蒋介石软禁，实施兵谏。"太糊涂了！外患当前，这么紧要的关头，怎么能这样！"他无比愤慨。

正在尹祖辉余慨未消之际，管家又送来一封信，他疑惑地拆开，顿时如坠深渊。

这是尹飞扬的来信，大意是战况紧急，上海有危险，他已经与部队进入戒备状态，强烈要求尹祖辉带着家人尽早离开上海，往西南方向迁移。

儿子一定是偷偷写的这封信，可是，这片土地，大场，上海，是祖辈居住的地方，岂可轻易迁走！自从清末以来，多少次变故都没能动了尹家的根基，这一次，真的留不住了吗？

尹祖辉越想越气，突然觉得胸前一闷，呼吸困难，然后双腿一软，扑通倒了下去。在他最终躺倒在地毯上之前，透过窗户，他看到天空中一架飞机飞过，急促而紧张。他比他父亲还要早逝，却有幸看到了孙子。

刘家姑娘此时体现出了卓越的危机处理能力，在整个尹家都陷入主心骨逝世的悲恸和混乱当中时，她迅速将自己从这种无用的情绪中摆脱出来，建议婆婆召开家庭会议，尽快做出一个决定，同时她也告知娘家，做好一起逃难的准备。

然而，大有大的难处，在这里扎根了上百年的尹家，已经形成了习惯，就如酱油一样，一旦变成那种独特的颜色，就很难再回到最初的状态。

僵持了大半年，无论是尹家还是刘家，几乎没有人愿意走，虽然战事告急，日军已经在北平的卢沟桥生事，但大家都不相信这次日本人会比过去一百年的各路列强更坏。

刘家姑娘无奈，含着泪偷偷把尹善治抱出来，与父母不舍惜别之后，带上少量盘缠，孤儿寡母去投奔刘家在绍兴的远房亲戚。

不久后，上海遭受了它开埠一百年来最大的浩劫，日军在吴淞口登陆，整个大场成为中国军队与日军浴血奋战的主要阵地，几乎被炮弹夷为平地，这个活跃了几百年的小型商业与人情社会，一瞬间成了焦土。

地面上如此，天空中的情况也一样惨烈，当尹飞扬驾驶的战机被击落坠入长江口时，他还不知道，父亲已经先他而去。

此后，整个中华大地，生灵涂炭，日月无光。

最终，中国还是挺了过来，上海也挺了过来，经历灾难磨砺后的民族越发强大，经过战火洗礼后的城市更加伟大。

又经历四年的争斗，到1949年，一个前所未有的和平局面终于降临在中国大地，所有人都在庆幸："终于可以喘一口气了。"

三

二十年后的一天早上，刘善治骑着自行车来到十厂，径直走向自己的办公室。

透过窗户，他看到不远的操场上走过一队步伐整齐而僵硬的年轻人，穿着绿色军装，戴着红袖章，喊着他听不真切的口号。他心中一紧，立刻把头缩回来，生怕被发现。

他不由自主地将手伸进贴身的衣服口袋，里面是一枚旧旧的勋章，据他的母亲说，这是他父亲的烈士奖章。但是，在他的脑海中，这个男人的脸却模糊得完全无法分辨。

自从四岁跟随母亲去绍兴的亲戚家避乱之后，刘善治就再也没有见过父亲，很久以后才知晓父亲早已在淞沪会战中牺牲。他的母亲是一个十分坚忍的女性，也十分重视教育，创造一切条件让他在战火纷飞的年代学习，并且在新中国成立后托人给他找到了去苏联留学的机会，攻读飞机设计专业。

在刘善治刚懂事的时候，母亲就一直非常骄傲地向他讲述父亲是一个多么棒的男人。但是，从他赴苏联深造之前开始，母亲就停止了一切这样的话题，不但将他的姓从尹改成刘，还多次嘱咐他不要跟任何人说父亲的光荣事迹，甚至不要提任何有关父亲的事情。"如果有人问，就说父亲很早就死了，你什么都不知道，要问就让他们问我。"母亲如是说。他并不清楚为什么要这样，但十分听从地照做了。

从苏联回国后，刘善治直接去了位于大场的十厂。当他上班之前回绍兴告知母亲这一喜讯时，母亲的脸色却十分难看，欲言又止。临别前的晚上，母亲十分郑重而详细地告知他的身世，他才第一次得知自己本来的这个"尹"姓有着这样值得骄傲的过去。

"爷爷的愿望看来实现了，我们家成功从做酱油的转型为造飞机的。"他本来想开个玩笑，却没想到让母亲更加担忧。

"记住，善治，不管在哪里，不管在什么时候，永远都不要把今晚我跟你说的这些事与别人分享，甚至你今后的妻子也不行。我当年带着你从大场逃出来，是为了生存，这次你再回到大场去，看来是老天的安排，但我希望你是去重生的，而不是毁灭。"母亲十分严肃地说道。

"可是，为什么呢？我的爷爷和爸爸都是为国为民的好人啊，难道值得羞耻吗？"

"不是值得羞耻，而是不值与外人道也，你会慢慢明白的。到了厂里之后，要谨慎，少说话，多观察，小心驶得万年船。"

刘善治进入十厂之后，凭借着自己的聪明才干，很快获得了领导的赏识，成为技术骨干，然后一步步在技术岗位上被提拔。当他即将被任命为总设计师之前，他碰到了一件事，这件事让他彻底明白了母亲的苦心。

一天下午，完成一天工作，正准备回家的刘善治被一个穿着制服、戴着红袖章的陌生人挡在了办公室门口，旁边站着丁副厂长。"你就是刘善治同志吧？我是组织上派来的特派员，想了解了解你的一些情况。"话音刚落，这个人就以一种不容抗拒的姿态请刘善治往他所指向的方向走去。

错愕当中，刘善治不由自主地跟着他和丁副厂长走到一间屋子里，整个过程丁副厂长都一言不发。屋子里已经坐着另外两个人，三人面对刘善治坐好，示意他也坐下。

"这是干什么？答辩？审问？"刘善治心里嘀咕。

整整一个下午，三个人轮番问话，全部围绕着刘善治的家境与身世背景。他们提及接到举报，说刘善治有地主阶级和国民党的背景，这两条不但可以让刘善治永远无法获得总设计师的职位，甚至够得上把他发配到偏远地区劳动改造。

刘善治将母亲的教诲完全铭记于心，对于这些指控全部否认，只说自己完全不清楚身世如何，母亲也是个普通妇女，自己从苏联学成归国，就是为了报效祖国，为社会主义航空工业添砖加瓦。

见完全无懈可击，三个人也无可奈何，让丁副厂长将刘善治带离房间，并且表示他们会继续调查。

三人离开那间房一段距离后，面对刘善治疑惑的眼神，丁副厂长才开腔："善治同志啊，你是我们厂的技术骨干，我和王厂长都不希望你出事。那三位领导在接到举报后，已经跟你母亲讯问过了，然后才来找你。你放心，清者自清。"

"什么？我母亲来过了？"刘善治十分激动，"那她现在在哪儿？"

"她早就走了，一刻都不想多留，说是老家还有事情。"

"我要去追她！"

"不行，你现在还在组织调查当中，不能离开半步。"

刘善治内心百感交集，他完全明白了母亲为何不愿意在这里久留，这里埋葬了她过去的一切，除了自己之外。他无比佩服母亲，也万分后怕，还好自己没有在过去的任何一刻将自己的身世泄露出去。

之后，又经历了整整三年的审查，刘善治终于以无可争议的技术与能力获得了十厂总设计师的职位，尽管他的家世依然不清楚。所以，他依然一方面将父亲的勋章随身携带，用以激励自己，另一方面继续时刻保持小心谨慎。

四

当刘善治成为总设计师的时候，他已经在上海结婚十年，妻子就是厂里的同事，两人育有一子一女，儿子叫刘括，女儿叫刘恬。他不知道，厂里分配给他们的那间小平房，就在祖上万寿酱园的店址之上，命运以这样一种神奇的方式将他和他的祖辈们再一次联系到了一起。

他和妻子的工作一直都很忙，由于母亲拒绝过来，他们的两个孩子都是在外公外婆的照顾下长大，对奶奶几乎没有印象。希望有一天能够让自己的孩子光明正大地姓尹，以及跟奶奶好好团聚，是刘善治心底的两个秘密愿望。

而他这个时候可以放在阳光下的愿望，是亲手设计一款飞机。

在十厂成立的近二十年中，还从未完整设计和制造过一款飞机，此前的业务大多数是飞机维修和改装，服务对象也都是空军和海军，民用的业务少之又少。对此，刘善治一直十分遗憾，由于父亲在战场上牺牲，他对军用飞机有一种莫名的厌恶，他坚信飞机在民用领域的应用会更加广泛。更何况，作为总设计师，如果不能主导一款飞机的设计，多少有些名不副实。

这个机会很快便来了。

在1970年的一次厂领导办公会上，王厂长异常严肃地宣布了一个重要任务，这是一个全新的民用飞机项目，目标是生产制造出中国自己的民用飞机，服务于广大人民群众。

"民10项目，是党和领导批准上马的项目，这个重担交给了我们十厂，我们无比光荣，也面临着艰巨的任务。我们的目标，就是一定要让它飞起来！"王厂长慷慨激昂地说。

刘善治也同样热血沸腾，他终于找到了可以称之为"事业"的工作，让自己暂时从家世所带来的各种困扰与烦忧里抽出来，专注在业务之上。"让那些乱七八糟的事情见鬼去吧，民10会告诉他们我的价值！"

从那时起，刘善治办公室的灯经常亮至深夜。在他看来，一款新飞机的设计，最初的顶层指标设计是最重要的，如果顶层指标不能设计得科学合理，再基于它们产生下层各分系统的指标时，势必会"失之毫厘，谬以千里"，这对飞机的整体安全性是巨大的潜在风险。就如盖房子一样，上梁不正下梁歪。而确保顶层指标设计合理，恰好是他作为总设计师的责任。

项目开始的头几年，那真是辛苦，因为厂里完全没有积累，苏联人又不再帮忙，刘善治只能带着一帮技术攻关人员靠自己的脑袋和大把的加班时间去弥补经验的不足。"虽然得到这个任务很光荣，但步子未免有些迈得太大吧……"他自己时不时在脑海中蹦出这样的想法。他的团队也有着类似的想法，但大家没有人敢说出来，都心照不宣地在自己有限的能力范围之内充分挖潜。

一天晚上，刘善治实在忍受不了这种无力感，便敲开了王厂长家大门。他们住的都是厂里分的房子，就在同一栋楼。

见到刘善治上门，王厂长也并不吃惊，热情地将他请进屋子，吩咐妻子沏茶，然后问道："小刘同志，找我什么事？"

"厂长，肯定是民10项目的事啊！这两年我们殚精竭虑，也没能有实质性突破，我心急火燎！"刘善治忙不迭地说道。

在项目初期，他内心充满了热情，真正将"把厂里当家"从一句口号变成了现实。那段时间，他跟妻子都没见过几面，导致妻子不得不定好规矩，每月的哪几天必须准时下班回家吃饭。而由于陪伴太少，刘括与刘恬也对他有所疏远。

对于这一切，他起初都不太在意，但随着时间推移，项目却似乎毫无进展，他开始担心好几件事情：一是家庭矛盾最终爆发，妻子真要跟自己离婚，带着儿子女儿单过；二是项目进展令他自己十分不满意，但他不知道领导们的想法；他最担心的，则是因为这两点有可能再次牵连自己的身世问题，这个问题就像一颗地雷，浅浅地埋在地下，不知道何时被触发，即便在民10项目开展之后，他还被找去谈过一次话。

为了掩饰内心的忐忑，他不得不一开始就大倒苦水。

王厂长倒是不慌不忙，"不要急嘛，你们的努力和辛苦大家都看到了，进展嘛，目前领导们也没有询问，想必是还算满意吧。毕竟是咱们厂第一次设计崭新的飞机机型，缺乏经验也是可以理解的。"

"我是担心完不成国家托付的光荣使命啊！"

"目前领导们对民10项目都十分支持，你不要胡乱猜测。"

经过这些简短的对话之后，刘善治心中的石头总算是暂时落了地，"看来不会因为项目进展牵连出身世问题了。"

王厂长仿佛看穿了他的心事，此时主动问道："小刘，听说你的祖上是万寿酱园的老板？"

刘善治听到这四个字，立刻像被闪电击中了一般，他顿时觉得刚才石头所落到的地面开始地震、崩塌。王厂长这次并没有称呼他为"同志"，让他马上想到了两种可能性：一种是王厂长已经知悉自己的家庭背景；还有一种，有可能是王厂长虽然知道此事，却不愿点破，而是亲昵地称呼自己为"小刘"，来暗示他不必担心。

短短的一秒钟，刘善治的大脑进行了无数次的运算、斟酌、推测和判断。但他毕竟已经被审问过多次，还是很快镇定了下来。

"厂长也相信那个传言吗？"他小心翼翼地反问。

"哈哈，哈哈！"王厂长也未直接回答问题，而是大笑了两声。刘善治反而有些坐立不安，不知道这笑声中隐藏着什么。

王厂长却没有再开口说话，而是沉默了片刻之后，平静地说："没什么，不要往心里去，如果没有其他事情，今晚咱们就聊到这儿吧，怎么样？"

刘善治正求之不得，他不知道如果继续聊下去，会发生什么。面对这个大他二十岁、不怒自威的长者，他的心理防线远不如之前那么稳固。

五

刘括在十岁以前，几乎没有离开过十厂，他和妹妹刘恬都在大院里长大。

厂址在大场，属于上海的郊区，他们的成长环境便结合了乡土与现代。院子外面一片荒凉，稀稀疏疏地点缀着一些民宅，院墙下不远处就是泥地，刘括与其他大院子弟们经常在上面玩弹珠、摔跤、跳马等游戏。这一切，跟同时期其他地方的小朋友并无二致，那是一个因为物资匮乏而相对平等的时代。

不过，刘括还有同龄人无法享受到的特权——看飞机。他经常能在厂里看到各种飞机，飞机的轰鸣成了他们的摇篮曲。而各式各样的废旧飞机零部件，也不免成为他们独特的玩具。他和小伙伴们常玩的一个游戏是"扮飞行员"，几个小男孩将一块已经生锈的驾驶舱操纵杆有模有样地握在手上，随便找个土坡一坐，上身笔挺，目视前方，口中念念有词，模仿出发动机轰鸣的声音，同时用手将那操纵杆动来动去，仿佛自己真的在驾驶飞机一样。相比妹妹的崇拜和母亲的夸赞，父亲却只是抿嘴一笑，并没有说话。

"爸爸为什么每次都不以为然啊，他开得不一定比我好呢。"刘括常常在母亲面前抱怨。

"他是怕你骄傲。"

然而，有一次，刘善治在远处亲眼看到了儿子在玩这个游戏，旁边簇拥着不少崇拜者。他看着儿子的举手投足，那神态，突然觉得鼻子一酸，赶紧扭头离去。

那一天，让刘善治伤感的事情不仅限于这个瞬间，他团队里的一个资深飞机机体结构专家自杀了。

这位专家的年纪比刘善治还要大，姓朱，一直是厂里的技术权威。因为一次事故，他的右腿瘸了。起初，人们还十分尊敬地称他为"朱老师"，但到了20世纪60年代末70年代初的时候，人们开始传闻他的父亲是国民党的军官，军衔还不低，在淮海战役的时候战死，家里的亲戚有不少逃去了台湾，匆忙中将他跟母亲留在了上海。

经过好几次传话调查之后，很多人开始在背地里称他为"朱瘸子"。

如果不是因为朱瘸子的专业技术实在过硬，整个十厂也找不到第二个，再加上丁副厂长和刘善治的极力反对，他早就被下放去劳动改造了。

即便如此，还是有人在背后对他指指点点。这些声音并不大，却无时无刻不在空气中飘荡，即便制造厂上空常有飞机轰鸣，也无法让人忽略它们的存在。

朱瘸子是一个骄傲的人，哪里受得了这样的待遇，在留下"你们不杀我，不如我自杀"的纸条之后，在厂边的一棵树上自缢。

刘善治赶到现场的时候，已经围了不少人，在听到"果然是装可怜，瘸子怎么可能爬上树去上吊"的议论声后，刘善治几乎就要愤怒得喷出火来。但是他遏制住了想把那人揪出来踹上几脚的冲动，憋着怒气，走到朱瘸子的尸体旁边，凝视了好久，完全忽视了周遭的动静。

都说人言可畏，但在刘善治看来，朱瘸子跟自己同病相怜，甚至更惨。自己好歹有一个坚忍的母亲，有一个平静的家庭，有一对聪明的儿女，而朱瘸子单身至今，将全部的经历都奉献给了飞机事业，却遭此下场。

朱瘸子的自杀，给刘善治带来了莫大的震撼。原本与王厂长交流之后，他觉得自己肩上的民10项目重担不像预想的那么沉重，但现在看来，并非如此。

刘善治面对着和朱瘸子一样的那些指指点点，如果不能尽快将民10项目推进下去，巩固自己独一无二的地位，尽可能让那帮人闭嘴，他无法确保自己是否也会落得如此下场。更何况，他还不确定王厂长那天所问的问题背后真正的意思，始终有些惴惴不安。与朱瘸子毫无牵挂不同，他有刘括和刘恬，他必须确保他们不失去父亲的保护。

童年的刘括自然不清楚父亲心中如此沉重的负担，他和他的小伙伴们似懂非懂地看了朱瘸子自杀的热闹之后，也并未放在心上，依然按部就班地在厂里上学、玩耍。

让刘括真正激动的，是朱瘸子死后不久的一天，厂里运来的一架大型民用客机。他之前虽然见过了不少飞机，但都是军用的战斗机，体型相比这架客机，完全是小鸟和大雕的差别。

刘括凑近警戒线，伸长了脖子看，飞机上没有汉字和他熟悉的"八一"等标识，仅有一些他看不懂的文字，看了一圈，只看清"6"一个数字。

带着惊喜和疑问回家后，他问了父亲。今天父亲的神情比之前要显得轻松得多："那是美国超英公司的6系列飞机，感谢领导帮我们弄到一架，让我们开开眼界。"

"超英6……"刘括小声重复了一遍。

"是的，儿子，这是目前最先进的民用客机。"

超英6的到来，让刘善治真正松了一口气。"照着这个参考，还怕搞不出来吗？"

六

接下来的几个月，刘善治带着他的团队将这架超英6仔细研究了一番，到了年底，终于实现了设计上的突破。当刘善治兴高采烈地向王厂长汇报这个进展的时候，王厂长也满心欢喜："哎呀，真是大喜事啊！我们可以给领导们更多的信心啦！"

看着王厂长的兴奋劲儿，刘善治松了一口气的同时，又回忆起上次那个问题，不由得露出了一丝疑惑。

这个疑惑仿佛被王厂长捕捉到了，不过，他并未说什么，而是意味深长地笑了笑，然后主动谈起民10项目下一步的计划。

之后的几年，在中美建交之后，两国关系从之前的冰点迅速回暖。虽然航空属于军工相关领域，美国并未开放技术，但一些器件的进口逐步成为可能，加上这架超英6的到位，民10项目在经历了前期的停滞之后，开始顺畅起来。

刘括一天天长大，进入中学，他的认知开始进入指数级的增长期。虽然依然在厂里读书，但随着阅读量的增多和自身的发育，这个世界在他眼中开始呈现出更加复杂的形态。

尽管有些事情想不明白，但他还是很开心，因为父亲脸上的悦色比过去出现的频率要高很多。在父亲眉头紧锁的那些年，刘括不止一次被人问话，他也无一例外地回答"不知道"。他第一次回答不知道的时候，回家跟父亲说了，父亲愁容密布的脸立刻舒展开来，十分高兴。他得到了这个信号之后，以后每次都如法炮制，因为只有这样，才能看见父亲的笑容，虽然他并不知道个中缘由。

同样开心的，还有王厂长，1975年初他被提拔，成功从企业走上了仕途。

对于此事，厂里有不少人跟刘善治说："老刘，老王可真是托你的福，要不是你这民10进展这么顺利，他哪来的资本呀！"

这酸酸的口气，刘善治却不介意，自从几年前王厂长跟他说了那番话后，他恨不得王厂长早点儿走。现在，盼望的事情终于发生，背后不再发凉，民10飞机的进展也十分顺利，耳边传来几句无关痛痒的风凉话，算什么？

王厂长离任的一年后，民10飞机在十厂总装下线。

在刘括的记忆当中，虽然元旦刚过，但这一天像过年一样，厂里到处张灯结彩，挂满了彩旗。王厂长作为本地领导，陪同中央派来的几位领导出席了下线仪式并致辞。他高兴极了，民10是在他任上启动的，现在顺利下线，无疑为他的晋升提供了帮助。

"今天，我作为本地代表和老十厂人，感到十分自豪！我们这架民10飞机，实现了多个我国航空史上零的突破！它不但可以作为首长专机，还能服务于广大人民群众，它证明了我们的革命是战无不胜的！"

慷慨激昂的话语，在空旷的会场上空盘旋，将包括刘善治在内的很多人憋了多年的泪水都带了出来，大家一边热烈鼓掌，一边垂泪。

当轮到刘善治发言的时候，他的大脑一片空白，好在准备好了讲稿，不至于引起冷场。

当这一系列讲话都结束之后，会场安静了下来，所有人都屏息等待着最激动人心的时刻。

总装厂机库大门徐徐打开，一架崭新的飞机在阴影中逐渐浮现出来，白色的涂装，蓝色的字体和腰线，尾翼上闪耀的五星红旗，都给所有人以强烈的视觉冲击。

在一片赞叹声和热烈的掌声当中，刘善治由刚才的伤感转为喜悦，笑容浮现在脸上。这一天是他人生中最风光的一天。

在答谢宴会上，刘善治再次有机会见到了王厂长，他谦卑地打招呼："王厂长，哦，不，王书记，这一切都是您的功劳啊。"

刘善治觉得有些恶心，这架飞机明明是自己和手下的那帮弟兄们拼死拼活造出来的，但他还是不由自主地说出了这句话。

见到了刘善治，王书记依旧带着神秘的笑容，跟他喝了一杯酒，然后凑到他耳边说："小刘，干得不错，你们尹家果然是有航空血统啊！"

听到这句话，原本有些微醺的刘善治一下子如被泼了一盆冷水，瞬间清醒，原本埋藏在内心深处的那份恐惧，被今天的喜悦所压制的那份恐惧又涌了上来，但多年的历练让他很快恢复了理智，"王书记，您说什么？"

王书记得意地笑道："小刘，你就别装了，你什么都知道，不是吗？上次你妈来厂里配合组织调查的时候，她什么都跟我说了，让我保护你。"

王书记的话犹如晴天霹雳，刘善治已经多年没有过这样心理防线被摧毁的感觉了。

"怎么可能？母亲怎么可能会跟他说我们的家世？她嘱咐我对任何人都不能说的，一定有问题！"刘善治的大脑在飞速地转动，一时语塞，不知如何回答。

王书记见得到了自己想要的答案，心满意足道："小刘，我跟你妈的关系可不一般，当年你能够去苏联留学，能够进我们厂，都是因为你妈找了我，她那时候可真是个美人呢！"

刘善治更加觉得惊骇不已，"难道母亲跟他有什么关系？"

刘善治早已酒醒，但他硬生生地说不出话来，怔怔地看着眼前这个几近谢顶、小腹隆起、油光满面的男人，脸上还带着一丝淫邪的表情。之前那种不怒自威的形象荡然无存，他从未像此刻那样觉得这个男人如此污浊。

"放心，我不会说出去的。你也不要谢我，你要谢你自己，如果不是今天这个民10项目的突破，你早就被流放了！"撂下这句话，王书记扬长而去。

在那之后，刘善治完全不记得自己喝了多少酒，与别人聊了些什么，以及最后怎么回的家。

七

对于刘善治来说，民10飞机总装下线的那天，是他人生中短暂的高光时刻。此前的大多数时间，他都在夹着尾巴做人，默默地带领民10团队搞飞机设计，而正当他认为可以高枕无忧时，王书记的话彻底将他打进谷底。

而民10飞机的命运，也跟其总设计师的命运惊人的一致，一波三折地熬到总装下线，却很快遭遇了又一次迅猛的动荡。

当刘善治被新上任的丁厂长叫到办公室的时候，有些萎靡。

"怎么了老刘？你这精神面貌有些不对劲啊，不会是已经知道我现在要跟你说的事情了吧？"丁厂长见刘善治与以往相比判若两人，有些奇怪。见刘善治没有立刻回话，丁厂长叹了口气，"不过，这事确实挺令人沮丧的，大家费了这么多的心血啊！"

刘善治这才回过神来："你说什么？什么沮丧的事情？"他与丁厂长已经相识多年，当丁厂长还是副厂长的时候两人关系就十分融洽。当他被审问时，丁副厂长并没有落井下石——这已经很不容易。所以在面对丁厂长时，他比较随意，完全没有当年与王厂长时的拘束感。

"民10项目很可能被放弃。"丁厂长抛出的一句话，字数不多，却杀伤力十足。

"啊？你是说民10项目要下马？"刘善治反应过来，不甘心地问道，"难道王厂长，不，王书记不能做点什么吗？毕竟这也是他的政治资本啊！"

"唉，他已经被革职调查了。"丁厂长摇了摇头。

"什么？！"听闻此言，刘善治内心复杂万分，民10的前途看来十分危险，这个浇铸了他全部心血的项目很可能被中止，对于他来说，简直像第三个孩子夭折般的难受。但他又感到一丝快意，那个混蛋终于也落得如此下场。

那天晚上之后，刘善治的心里仿佛被一块千钧之石重重压住，他始终渴望能够有一天将这块石头给顶起来，彻底推开。

现在，王书记被调查，让他觉得石头已经被顶起了一半，剩下的一半，他需要见到母亲，问个水落石出。之前一直没有机会回绍兴，但现在是时候了。

看到刘善治沉默，丁厂长并没有多说，他的目光里充满着同情，他见证了眼前这个男人如何一步步成长为技术骨干，如何顶着巨大的压力，带领厂里的一班人将民10项目做到现在。这个消息对刘善治来说，未免过于残忍，但他的同情，又何尝不是给自己的呢？自己刚刚升职，正好可以在民10项目上干出一番事业来，却碰上了这个变故。

"老刘，我理解你的苦衷，但是，我还是希望你振作起来，毕竟民10项目还在，我也没有接到正式通知说要下马。我们都是在厂里一起成长起来的老战友了，不管是为了自己，还是为了这架飞机，我们都要坚持下去，不是吗？"丁厂长试图说服刘善治，也说服自己，尽管语气并不是那么坚定。

刘善治结束了与丁厂长的谈话，无精打采地回到家中，但是，在进门之前，他还是停了停，努力让自己的表情看起来没那么沮丧。

家里的气氛有些奇怪，刘括和刘恬都在家，却没有像往常那样欢快地喊"爸爸回来了"，而厨房里也没有熟悉的炒菜声。妻子坐在餐桌边，盯着一封信发愣。

"善治，有个坏消息。"妻子低声说道，语气中带有一丝悲伤。

刘善治疑惑万分，很快意识到问题在那封信上，便快速上前，将那封信夺过来。

薄薄一张纸，却足以让他被击垮。

"母亲过世了！"刘善治双腿一软，差点就跌倒在地上，他赶紧扶着凳子坐下来，一字一句地重复读了好几遍，生怕自己看错。可是，白纸黑字在那里，一动也不动。

"爸，我们都还没见过奶奶呢，她怎么走得这么早？"刘括小心翼翼地问道。

这句话却将刘善治心里的那扇闸门打开，他猛然大哭起来，泪水瞬间流遍了整张脸。

原本已经稍微平静一些的妻子，也跟着抽泣起来，她虽然经常责怪丈夫对家里照顾不够，却无比理解他此刻的心情。

刘括与刘恬从未见过父母如此，有些惊慌，他们对奶奶并没有直接的感情，但常听父母提起，知道奶奶是一个至亲的亲人，便也哭了起来。

不知道过了多久，当刘善治觉得自己的眼泪快要流干、几乎昏厥的时候，他才停了下来，浑身无力地靠在椅背上，双目模糊地望着窗外，喃喃自语："我对不起她，我早该回去看她，我对不起她，我早该回去看她……"

妻子默默地看着刘善治，看着这个正在经历"子欲养而亲不待"的男人，起身给他倒了一杯水，然后对刘括和刘恬说："我们出去走走吧，让爸爸一个人安静一会儿。"

当屋里只剩他一个人的时候，刘善治缓缓地站起来，点了一根烟，狠狠地抽了一根。他脑海中的画面无法遏抑地被放映出来："我真是个不孝子！她每年过年都不让我回去看她，我就真的不回去！"他陷入深深的自责当中，而这自责，又变为对王书记、对民10项目的埋怨，"你们欠我的，欠我母亲的！可是，我要怎么去讨还呢？那个混蛋已经身陷囹圄，咎由自取，民10项目也岌岌可危，如果它真的下马，我该怎么办？"

在悲伤与绝望的情绪当中，刘善治的内心激烈地挣扎，多年来的忍辱负重，让他无比坚忍，这是母亲遗留给他最可贵的品质。

"她的付出，她的苦难，只有我知道，只有我知道，还有父亲的荣誉与功劳，没有别人知道，如果我垮掉了，谁为他们伸张？我不能让他们走得不明不白，我必须活下去，必须活下去！"

山崩地裂之后，刘善治心中的那片天地并没有毁灭，恸哭之声仍在回响，心底却有一丝念头，他还有家庭，有一个好妻子和一对快要上大学的儿女。更何况，他还有民10项目，民10项目并没有结束。

眼见半包烟已经抽完，烟雾缭绕之中，他狠狠地说："我必须要把民10项目做下去！"

八

与刘善治一样，丁厂长也很坚定，他与刘善治一起，依旧努力地推动着民10项目的进展。

下线之后几年，他们利用已有的项目经费，成功地进行了几次试飞，取得了成功。大场上空，终于有国产飞机飞过！

正当刘善治与试飞队伍在紧锣密鼓准备更加宏伟的试飞计划时，丁厂长兴高采烈地找到了他："两个好消息：国家决定继续支持民10项目！老朱平反啦！"

刘善治简直不敢相信自己的耳朵，在过去的十年，几乎从未有过好消息接连到来的情况，每次情况稍微有点儿好转，都像是回光返照。而相比民10项目的起死回生，丁厂长说的后面五个字更让他感到狂喜。

"老朱平反啦！"刘善治的眼泪几乎要流下来，老朱上吊自杀的那一幕给他的印象实在太过深刻。

见刘善治激动得难以自持，丁厂长热情地拥抱了他："老刘，咱们的决定是正确的，国家并没有放弃我们！我隐隐觉得好时代终于要到来了，我很高兴我们能够见证这一刻。"

丁厂长说得十分诚恳，这句话像一股暖流进入刘善治心中。

"是啊，如果母亲能够多活几年就好了。"刘善治心里暗自说道。忆及几年前去绍兴给母亲奔丧的场景，他又忍不住悲伤起来。

民10飞机的试飞，从十厂的上空，逐步扩展到国内多个城市，刘善治终于打算迈出更加大胆的一步。

"什么？你们打算去拉萨试飞？"丁厂长听到这个想法，尽管十分激动，却也有些顾虑，"高原环境空气稀薄，对飞机的升力小，对于动力系统等要求都更高，咱们民10设计的时候考虑到这一点了吗？"

"丁厂长，你果然是专业出身，当领导这么多年，一点也不生疏啊！"刘善治自信地笑道，"没问题，我相信没问题。"

"好，那就照你说的办吧！"

得到了丁厂长的支持后，刘善治便放手带着试飞团队开始准备。过了半年，民10飞机从成都起飞，平稳而顺利地降落在拉萨。当起落架触地的那一刻，刘善治产生了一丝高原反应般的眩晕。

从此，刘善治的名字逐渐被大众所知，他的照片也出现在了不少报纸杂志上。

"终于到了这个时刻。"刘善治打定了主意，要实现心底那个埋藏了多年的愿望。

1980年夏天，在民10项目干了十年的刘善治终于有机会休假，于是他带着刘括和刘恬回到绍兴，到母亲的坟前祭奠。

此时的刘括，正在攻读飞机制造专业，作为恢复高考后的第一届大学生，他对于继承父亲的事业十分向往。而刘恬则选择了外语专业。

母亲的坟墓在绍兴兰亭棋盘山的一处公墓。虽然未能将母亲埋在故乡，但这样一处清幽之地，也不负母亲了。刘善治虽有遗憾，却也释然，更何况，他还不敢这么早就将母亲的尸骨移回大场，生怕再有变故。

"我要实施我的计划，不能让母亲再受苦了，就让她长眠于此吧。"

刘括和刘恬面对奶奶的坟墓，虽然有些悲伤，却哭不出来，毕竟在他们的记忆当中，奶奶仅限于一个称谓，他们完全不记得奶奶的模样。而刘善治顾不得已经成年的儿女在侧，再一次哭得泣不成声。

好在这不是在民10项目上，也不是在上海，没有人会催促他，他可以尽情地发泄自己的情感和对母亲的思念与歉疚之情。

稳定下来自己的情绪之后，刘善治将刘括与刘恬叫到身边，缓缓地说："尹括，尹恬，爸爸要告诉你们一些事情。"

两人一下子没有反应过来，带着满脸的疑惑，看着父亲。

尹善治便一五一十地将家世向儿女介绍起来，从万寿酱园开始，一直到他所接受的审查和讯问；从奶奶的坚忍，到爷爷为国捐躯……说着说着，刘善治又不禁动情，眼眶湿润。

尹括和尹恬静静地看着父亲，这才完全明白过去这十几年家中所发生的事情到底是因为什么。以前总是懵懵懂懂，仿佛一颗颗珠子，杂乱无章，而父亲的介绍，将它们全部串了起来，形成一串珍贵的项链。

"原来我们家有这么光荣的历史啊……"尹恬小声说道。

"没错，你们都要以爷爷奶奶为荣，为他们骄傲，今后别人再问起来，要大声说出去。"尹善治坚定地说。

他又转头轻声对坟墓说道："妈，我已经将家里的事都告诉你的孙子和孙女了，你就安息吧。"

尹善治抿了抿嘴，忍住又要夺眶而出的眼泪，带着尹括和尹恬缓步离去。

回到上海，告知了正在加班的妻子事实后，尹善治觉得浑身是劲，迫不及待要投入民10项目进行最后的冲刺。

再次遇见丁厂长的时候，丁厂长显得很焦虑："老刘，回来就好，正有事找你。"

尹善治脱口而出："丁厂长，我其实姓尹……"

丁厂长没给他任何插话的机会："我们的财政经费很快就要花完了，得赶紧再申请一批经费，或者找到民10飞机的启动用户，获得订单，不然我们又要功亏一篑了。"

尹善治这才意识到现在不是给自己拨乱反正的好时机，得先解决民10项目眼下的问题——钱。

在过去的十年里，由于民10项目是国家扶持的重点项目，政府的经费基本没停过。但是，改革开放以来，除了航空领域，国家有太多的工业领域需要奋起直追，因此中央的经费开始分散，对民10的支持也逐步减少。而此前，无论是最早的王厂长，还是丁厂长，还是尹善治，都没有仔细考虑过民10飞机是需要找到买家的。

但是，要把飞机卖出去，还需要说服两大机构，一个是适航机构，没有他们颁发的适航证，飞机就是不合格产品，没法投入使用；另一个则是客户，飞机的运营方。

而在中国，这两大机构就是一家——中国民航。

九

在北京，中国民航迎来了一批来自欧洲的客人，他们所在的公司有一个浅显易懂、可以望文生义的名字——飞天公司。

"……综上所述，我们强烈建议中国民航选用我们飞天公司的A级飞机，这款飞机是最适合中国航空运输市场的产品。"

在做完陈述之后，主讲人扶了扶金框眼镜，眼镜后的蓝色眼珠闪出精明的光芒。这个身材匀称、面容消瘦的法国中年男人，是飞天公司的全球副总裁布尔歇。

在听完翻译之后，宋晋皱了皱眉。

最近几年来，他已经连续接待了来自超英和飞天的好几拨客人。改革开放以前，他们忽视了中国市场，但看到这个市场再度向全世界打开封闭已久的大门时，他们争先恐后，纷至沓来。

只不过，相比有着悠久历史的超英公司，他面对的这家欧洲企业——飞天公司，却才成立十几年，目前也只有一款主力机型投入商业航线，对于需要历史积累的航空业来说，说服力仍显不够。

布尔歇似乎看出了宋晋的心思，他补充道："上次来拜访的时候，我们的技术团队已经展示过我们的技术一点不比超英公司差，而这一次，我们正式推荐A级客机，更是充分考虑了中国市场的独特需求。它是宽体客机，能够运输更多的旅客。更何况……"他笑着补充，"我们的飞机比超英便宜不少。"

宋晋并没有被说服，而是说了一些客套的外交辞令，让翻译传达给布尔歇之后，双方便结束了此次会面。

回到办公室，宋晋拿起了几天前超英公司代表带来的机型介绍资料，再一次看起来。

从历史沉淀和技术积累来看，无疑超英公司的产品更加令他放心。但是，成本也是一个需要考虑的因素，正如布尔歇所说，超英的飞机确实有点贵。

更何况，他或许还有一个选择——民10。

两年前，十厂的厂长和民10总设计师一起来汇报这款国产飞机的研发进度的时候，期望能够支持国产飞机。那时候，民10刚刚结束了一系列试飞，还成功转场青藏高原，表现出了良好的性能。宋晋毫不犹豫地答应下来，并与负责适航的同事杨昆密切关注民10的进展。

但这两年，民10的进展却十分缓慢，在试飞的过程中发现了不少问题。因此，虽然提交了适航申请，却迟迟得不到通过，而拿不到适航证，飞机是不能卖的。

宋晋拨通了杨昆的电话："老杨，民10那边的进展怎么样了？咱们自己造的飞机到底行不行啊？我们得尽快决定了，目前航空运输的需求增长了，飞机可能很快就不够用了。"

电话那头的杨昆，面露难色，不过宋晋是看不到的。

"老宋，据我们的分析，目前民10的空气动力性能和售后支援体系依然存在问题，虽然试飞成功，但和商业运营还是两码事。我们已经让十厂加快进度改进，不然没法给他们适航证啊！"

"好，要快，我们最近要买一批飞机，如果民10赶不上这次，就得再等很多年了，毕竟飞机不是洗衣粉。"

"没问题，我也希望咱中国人自己的飞机能飞起来。"

千里之外的上海，尹善治站在一架民10飞机下，正在与技术人员沟通。他们的适航申请屡次被民航局驳回，每次民航局来的专家都指出不少问题。在他看来，这些问题也确实是存在的。

丁厂长已经十分着急，这会儿又跑过来说："老刘，哦，不，老尹，咱们这些问题啥时候能解决啊？曾司长告诉我，咱们上次的财政补贴申请恐怕很难通过，得想办法，不然真的没钱了。"

尹善治并不忌讳旁边的技术人员听到这番话。时至今日，整个十厂的人都知道民10飞机已经处于十分不利的境地，国家正在全面发展，已经将财政支持优先放在基础设施建设和基础工业之上，对于民10的支持已经连续多年减少，而这一次的申请若是下不来，就意味着明年的经费将一分钱都没有了。

这个时候，丁厂长与尹善治的分歧再次出现，尹善治一直主张严格按照民航局的反馈改进设计。但是在他看来，限于元器件的质量和体制的问题，在短时间内根本改变不了。"为什么不能去跟民航局做做工作，让他们先放我们一马，拿到适航证之后我们再慢慢解决？没有哪个产品是完美的。"丁厂长有些上火。

"拿到适航证不代表完美，但是拿不到适航证说明还没合格。"尹善治却毫不退让。

"你这个死脑筋，都这个关头了。算了，我自己去想办法！"丁厂长气呼呼地甩下这句话，匆匆离去。

在场的人还是第一次看到丁厂长和尹善治在公开场合发生争执，在此之前，他们两人就是完美搭档。

现在，无形的裂痕开始出现。而民10飞机距离适航和商用的距离也越来越远。

十

之后的几个月，尹善治带着团队与民航局又开展了多轮讨论，问题却层出不穷。很多问题是在设计之初就埋下伏笔的，再要回头去改，实在是难于上青天，连他自己也有些灰心丧气："难道这最后一步就走不下去了？"

与此同时，丁厂长完全抛开了他，直接找到宋晋和杨昆，希望得到通融。

杨昆虽然满脸笑容地接待了他，却拿出尹善治和民航局适航审定团队的沟通记录，"丁厂长，我理解你的心情，我跟你一样，也希望咱自己的飞机飞起来。但是，就连你们的总设计师都承认目前飞机还达不到投入安全飞行和运营保障的状态，你叫我如何给你适航证？万一飞机出了事故谁负责？"这一句话，就足以让丁厂长哑口无言。而偏偏伸手不打笑脸人，杨昆一直笑着，让他想发火都无处使劲。

宋晋则面色冷峻得多，从更高层面表示，目前国家需要与美国和欧洲建立起更加紧密的关系，获得他们对于改革开放的进一步支持，吸引他们来华投资，促进国家经济发展，不可能为了一款飞机而影响这种关系。更何况，目前民10是否符合适航的要求还不确定。

虽然没有任何突破，丁厂长还是从两人那里得到了口头保证，会尽量给予民10飞机更多的时间。不过，他俩谁也没说这个"更多的时间"到底是多久。

"半年？一年？还是五年？"当丁厂长窝一肚子火地走出民航局大门时，却看见好几个西装笔挺的外国人走进了杨昆的办公室，然后把门关上。

"你们连自己的民族工业都不支持！"丁厂长怒火中烧，正准备回头讨个说法，却看见曾司长也走了进来。他仿佛抓到了救命稻草，赶紧迎上前去。

几天之后，尹善治再次见到了丁厂长。他原本想上前打个招呼，却欲言又止，他知道，因为自己的坚持，已经与这个曾经无比亲密的战友渐行渐远。但是，他还是不甘心：即便我同意，民航局又能同意吗？我不能掩耳盗铃。

丁厂长也看到了尹善治，他只是抬了抬眼皮，看到一张无精打采的脸，面容憔悴，双目无神。

两人隔着十米，各自站住，默默地看着对方，一个字都没有说，却仿佛已经通过眼神交流了万语千言。然后，各自朝相反的方向走去。

"是不是已经无法挽回了？"尹善治问自己。到了这个时刻，他反而没有更多的焦虑，过去十几年，他无数次面对类似的局面，却每次都能够化险为夷。然而这一次，他隐约觉得，自己已经无能为力了。"如果拼尽全力还改变不了，那就认命吧。"他的心态也悄然发生了变化。

而另一边的丁厂长，已经知道局面无可挽回，民航局短期内不可能给予民10飞机适航证，也自然不可能买民10飞机。而部委的经费申请已经正式被驳回，再过几个月，民10项目将没有资金支持。

作为十厂的厂长，他必须要整理思想，通过各种渠道让领导班子成员到中层干部先了解这个不幸的消息，再让全厂员工知道，他们赖以生存的项目很快就要中止了。

现在，他明白，自己的位置可能也坐不长了，一个时代即将结束，尽管几年前他认为这个时代才刚刚开始。

不久，民航局宣布，除去继续购买超英公司的飞机之外，再从飞天公司购买30架飞机。

"老丁，我们真的不能再等了。"在这个决定做出之后，杨昆还是给丁厂长亲自打了一个电话。这个消息足以宣布民10的死刑。

几个月之后，丁厂长正式宣布，民10项目终止，自己也引咎辞职。

离开前的最后一天，丁厂长正在整理办公室，尹善治没有敲门便径直走了进来："你真的要走？"

这是两人近几个月里说的第一句话。

"我还有什么脸面待下去？整个厂上千号人都指着这个项目，现在一切都完了。你还是太专注于技术了，老尹。"丁厂长的语气已经十分平静。

"我只是不想坚持了这么久，最后却降低对飞机的标准。"

"但是，你并没有尽全力从更广的层面上去挽救这个孩子。"丁厂长将民10项目比喻为孩子。

"我不会走，我要留下来，继续研究，我相信它会再飞起来。"

丁厂长看着尹善治，苦笑了一下，没有说话。

尹善治还想努力挽回："你完全没有必要走，厂里还需要顾问和高级专务，没有谁比你更适合。"

"我费了九牛二虎之力说服了领导放我走，你现在一句话就想让我留下？"丁厂长毫不犹豫地走出门外，回头又补充了一句，"老尹，很高兴与你共事这么多年，现在我想好好休息一下，我女儿已经定居厦门，我要去那里。"

目送丁厂长已经有些驼背的身影下楼，尹善治觉得仿佛又回到了刚来厂里的时候，唯一的区别是，三十年已经过去。他看着办公室里熟悉而又有些破旧的桌椅，上面曾经铺满了有关民10的文件、图纸和材料，这个项目曾经是他们的全部。而现在，这一切都失去了意义。

推出 Release |

一

初秋的北京，是一年中最好的季节。高远的蓝天上点缀着几朵白云，从城市的任何一个地势稍高的地方，都能举目望见西山，而永定河的河水也早已不再泛滥了。此情此景，也无不提醒人们：北京真真正正是个依山傍水、风水极佳的地方，古人选此地作为首都是有道理的。

"没有非典病毒的味道，秋天的北京还是很可爱的，终于又回家了。"李慕刚下飞机，便使劲闻了闻首都机场停机坪上的空气，即便夹杂着些许航油的味道，他也觉得十分亲切。飞机并没有停泊在廊桥，而是停在了远机位，需要通过机场提供的摆渡车才能到达航站楼大厅。

在从飞机上下来走到摆渡车的路上，李慕不自觉地回头看了看他刚刚乘坐的这架超英8系列飞机的发动机，自言自语道："果然是同继的，我们公司对超英飞机的渗透率还是不够。"作为沙展公司的中国区首席技术代表，他出差频繁，也养成了每次都要看一眼所乘飞机发动机的习惯。他所服务的沙展公司总部位于英国，与美国的同继和捷劲公司是世界三大飞机发动机制造商。

这趟航班远未满座，航站楼大厅里的人也不多，几个月前的那场迅猛的非典疫情对于北京影响的余波尚存。尽管世卫组织已经将北京从非典疫情城市移除，但人们心中的阴影仍然需要一些时间才能消散。

不过对于李慕来说，这反而是好事，前些年刚开始出差的时候，坐飞机在中国还算是个新鲜事儿。但现在，坐飞机的人越来越多，他敏锐地感觉到中国的民航运输业很快要进入一轮高速增长期。

他拖着拉杆箱走过一处电视屏幕，随意扫了一眼，却突然站住，饶有兴致地看了起来。

电视里，中国和欧盟双方宣布了中国将从飞天公司购买60架飞天T级、10架飞天R级和10架飞天W级飞机的大订单，订单总额价值上百亿美元。

看完电视，李慕一边往外走，一边拨通了电话，电话那头是一个男人的声音："你小子终于想着给我打电话了。"

"这不一下飞机就想到你了嘛，"李慕哼了一声，"说真的，你啥时候到北京来啊？咱们有一年多没见了。当时毕业的时候你就说有朝一日要杀回北京总部，现在却安心偏居东海一隅，不够兄弟啊！"

"这里挺好的，不想回去啦！"那边传来爽朗的笑声，"再说了，上海当年'十里洋场'的时候，北京还叫北平呢。"

"好好好，我们两个湖南人就不要再掺和京沪之争了吧。今天的新闻你看了没？我们又给欧洲送大礼包啦！"

一千多公里之外的上海，张收成听闻此言，明白老朋友要跟他长聊一会儿了，于是赶紧从座位上起身，拿起一包烟，快步走出办公楼。半年前，他刚被提拔为毕盛上海公司的民品部部长，不过，他并没有独立的办公室。

"你是说……咱们又买飞天的飞机了？"张收成点燃一根烟。

"是的，这次一出手就是80架，未来几年我又要忙活了。"电话那头不无得意。

"你就傻乐吧，还不是给英国资本家打工。"

"管它给谁打工呢，能赚钱就行。我也希望给咱们自己国家干活啊！可是它在哪儿呢？你们毕盛公司这么大一个国企，专注航空工业几十年，到现在不也没搞出民用飞机嘛！你一个学航电专业的，现在天天卖些边边角角的航电产品，跟主流的超英、飞天飞机一点边都沾不上，还说我。"

这样的对话在两人之间并非第一次发生，每次李慕一提这事，张收成都会沉默，"简直是哪壶不开提哪壶。"

二十年前民10项目下马的时候，张收成和李慕都还不到十岁，还在湖南老家上小学，完全不知道上海发生了什么。与此同时，中国在改革开放的大潮之下，各行各业都发生了天翻地覆的变化。

但是对于中国的飞机制造业来说，这二十年却乏善可陈。尽管国家很快整合包括上海十厂在内的全国飞机制造相关企业，成立了大型国企毕盛公司，但毕竟经济发展的重点还是在于民生、基础设施建设和唤醒沉睡的巨大市场之上。而毕盛公司内部的整合也耗费了大量的时间、金钱与精力，曾经负责民10项目的十厂被整合为毕盛上海公司的制造部门，其地位和受重视程度也远逊于二十年前。

张收成在进入毕盛上海公司之后，才接触了亲身参与过民10项目的老前辈，虽然每个人的说法有所不同，但他们的懊悔、遗憾和愤怒却是同样溢于言表的。对于他们来说，一辈子的奋斗就在即将开花结果的时候化为乌有，他们错过了一生一次的机会，而民10飞机也错过了我国民航业起步大发展的最好时机。

不过，在张收成看来，再踌躇满志的愿景都敌不过大势。民10项目多舛的命运从一出生就注定了，跌跌撞撞，举步维艰，戛然而止，仿佛一颗短暂划过夜空中的流星，释放出一瞬间的光亮，然后坠落。所以，每次与李慕谈及国产飞机，他都不免会有些唏嘘。民10项目虽然是上一辈人的事业，他无法感同身受，但他却能理解那份曾经的希冀。

"我们啥时候再来一次呢？"结束了与李慕的聊天，张收成的脑海中又一次浮现出这个问题。

二

其实，张收成和李慕与民10项目还算有些微弱的关系。

民10项目于1976年总装下线。对于中国人来说，这一年是十分特殊的一年，它意味着一段沉重历史的结束，意味着黎明的微光，意味着一个新的时代即将到来。

张收成和李慕都在这一年出生在湖南中部的山区小城。

由于祖上三代都是贫农，张收成的父母直到三十五岁才结婚，但中年得子的喜悦并未改变家庭生活窘迫的局面。张收成在来到城里上小学之前，几乎没有吃过一顿饱饭，有限的营养似乎全被他自私的大脑吸收，否则张收成只能像他的父辈以及父辈的父辈那样，继续做一个在田里辛劳耕作的农夫，徒有发达的四肢，却永远走不出田地环绕的山区。

张收成的父母花费了全部脑细胞，才给他起了"收成"这个名字，寓意简单明了，希望庄稼收成好。但是，张收成的城里同学们是体会不到这等良苦用心的。由于身材瘦弱，与大头不成比例，张收成一直被这帮城里的孩子叫作"豆芽菜"或者"张豆芽"。只有李慕除外，他仿佛天生就不喜欢这类带有贬损意味的外号，而是喜欢亲切地叫他"小成"，也因此，他们从小就走得比较近。那时候的农村和城市的差距还不像21世纪初那么大，尽管如此，张收成所受过的苦，依然比李慕多得多。

不过，好在李慕对张收成一直十分照顾。"我喜欢给小成玩我的玩具。"这是李慕在小学的时候常说的话，他是一个懂得分享的非典型"富二代"。

与张收成家庭的背景清白相反，李慕的祖上曾经是晚清时期的高官，早年还曾留学日本。祖上留下来的家产和田地虽然在新中国成立后大多充了公，但依然没能除去他父母的身份污点。他们后来被发配到贫困的山区去务农，受尽折磨与批斗，但这反而让他们更加坚强。当李慕出生的时候，他们喜极而泣，认为厄运即将远去，好日子即将到来。他们很快通过李慕祖辈们的一些关系回到城里，从最底层的工作干起，付出比别人数倍的努力，终于在李慕上小学之前成为当地最大的家具建材商。

没法选择，李慕在小学的时候就被扣上了"老板儿子"的名号。这个名号并不是什么祝福光环，虽然他一直很勤奋用功，成绩也名列前茅，却一直被一些看不过眼的同学在背后指指点点。好在他的心理很强大，并不在乎这些流言，依然刻苦读书。

张收成和李慕从小学开始就建立起来的友谊，在中学阶段得到了巩固。他们一起踢球，一起玩电子游戏，还一起比拼学习，他们的少年时代过得十分充实。

高三的时候，他们达成了一个共识：要离开家乡，去更加广阔的世界。对于张收成，这是唯一的选择，也是他过去十几年寒窗苦读的唯一出路；对于李慕，他早就想飞出笼子，这座小城已经远远装不下他的心。

此后，两人都考入了北京的大学，李慕顺利进入北大，张收成却阴差阳错地进入北航，学习航空电子专业。毕业之后，李慕去英国留学，后来进入沙展公司，张收成则顺理成章地进入对口的毕盛公司，因为没有关系，他没能进入北京总部，而是来到了毕盛上海公司。

于是，在短暂的分别之后，两人又在航空工业这个圈子里再聚首。从那时起，张收成就老念叨着争取有朝一日与李慕在北京相聚。但毕盛总部岂是想去就去的，他逐渐认命，静下心来在上海发展，反而因为认真的态度和过硬的专业能力在二十多岁就成为毕盛上海公司民品部的部长。

即便如此，民品部在毕盛上海却是一个边缘部门，毕盛的主要业务依然在军品领域。毕盛作为国内军用飞机的唯一生产商，毫无疑问把绝大多数资源都投放其中。

张收成带领着他的团队十分努力，成功将"边边角角的航电产品"推向国际市场，卖到了土耳其、阿根廷等国家，但业务收入比起军品收入，依然少得可怜。

公司领导看到了他的能力，将他提拔为整个毕盛上海公司最年轻的中层干部，但更多的时候，他在公司内部并没有太多发言权。

领导曾找过他，希望他能够转去军品部。"军品是我们的主营业务，你在那里可以更好地发挥才干，也拥有更远大的前景。"领导十分诚恳地对他说。

但张收成不干，他好不容易走出山区，到了上海这个广阔的天地，他不愿意再回到枷锁中去。如果进入军品线，他将被设定密级，行踪需要报备，甚至离开上海都要提前申请，"为什么要从一种不自由再次进入另一种不自由的状态呢？"

除此之外，张收成还婉拒了李慕推荐他进入沙展公司或者其他外企的机会。表面上他的理由是自己形象不好，内心深处却是因为那颗从小就有的自尊心，他不想小时候玩李慕的玩具，长大了还要靠李慕的关系找工作。这跟是不是好朋友没有关系。

张收成隐约觉得，民10项目一定不是中国制造民用飞机的绝唱，只不过，这个时机还没有到来。

《基督山伯爵》的结局写道："人类的一切智慧是包含在这四个字里面的：'等待'和'希望'。"张收成在毕盛上海公司的头几年，也靠着这几个字度过。

这几年，是中国与世界局势剧变的几年，2001年9月11日，基地组织挟持两架飞机撞向纽约世贸中心大楼，纽约市的地标建筑和整个美国对于安全的信心一起轰然崩塌。

如果说隔着浩瀚的太平洋，中国对于"9·11"多少有些隔岸观火，其经济的高速发展并未受太多影响——就在同一年，中国加入了世界贸易组织，北京还获得了2008年奥运会的主办权。然而，这次恐怖袭击对于世界民航业的打击几乎是毁灭性的，在此后相当长的一段时间内，很多人几乎不敢坐飞机了。

没有人坐飞机，航空公司的日子自然就不好过，航空公司没钱赚，自然也就会减少或者取消飞机订单，这个情况一层一层传递，像瘟疫一样在整个航空产业链上蔓延。

张收成在公司的食堂里看到了"9·11"的新闻报道，相比周边一些人的欢呼雀跃，他却感受到一丝寒意，"看来民用飞机制造业要经历冬天了。"

三

对于尹括来说，民用飞机制造业的冬天已经持续了近二十年。

当他大学刚毕业进入父亲担任总设计师的十厂时，民10飞机下马的局面已成定局。在他的眼中，父亲的脸色又恢复了他小时候常见的那种严峻和苦闷。看着父亲的白发越来越多，眉头也越来越紧锁，他在日记中写道："我的选择会是个错误吗？继承父亲的事业是不是过于草率？现实简直残酷无情，让人心碎，我实在不忍心看着他饱受煎熬，满心伤痛，失望之极。时间如果能够倒流，我多么想看到几年前那个在奶奶坟前意气风发的父亲。"

民10项目下马之后，丁厂长黯然离去，留下尹善治独木难支。怀着对于项目的深厚感情，尹善治并没有逃避，而是接过了厂长的任命安排，决心带领全厂员工共渡难关。

不过奇迹并没有发生。

没有了民10项目，十厂的业务又恢复到立厂之初的修修补补，虽然国家并没有将这个功勋集体忘却，通过各种方式给予了十厂一些国际合作项目和补贴，但再也没有一个像民10那样的项目出现。对于厂里的技术骨干来说，无论从自尊心上，还是从具体工作的能力锻炼上，都如同曾经受宠的正宫娘娘被打入冷宫的感觉，虽然皇帝还算有良心，依然会差人送些好吃好喝的，但已经不再宠幸。更何况，随着项目和收入来源的减少，连好吃好喝的这一要求也显得奢侈起来。

相反，随着改革开放的大潮来袭，上海这座有着深厚商业底蕴的城市又一次焕发了生机。面对如此波澜壮阔的历史机遇和赚钱的机会，一些人抛开了曾经的铁饭碗，义无反顾地投身市场，更何况那些十厂里的技术骨干呢？他们都有一技之长，而造飞机和造汽车又有太多的共通之处，即便是高射炮打蚊子，也总比连蚊子都没得打要好。

与前任丁厂长相比，尹善治受到了更多的精神折磨。如果说民10项目的下马是因为外界环境所迫，那尹善治所面临的危机则来自于内部：大批技术骨干辞职，奔向更有前景和钱景的汽车、造船甚至桥梁等其他行业。

一开始，尹善治还试图挽留，毕竟他认为多年的感情还在，而且国家说不定什么时候又会启动民10的后续项目。但是，几乎没有人听他的。

每个人都对尹善治表达了充分的尊重，都为最终离开而惆怅万千，很多人甚至泪流满面，但他们的脚步始终坚定地朝着远离厂门的方向迈去，再也没有回来。

尹善治后来也不再阻拦，整个十厂的人员流失了接近50%。留下来的，要么已经年事已高，希望在一个稳定的环境中养老，要么属于没有能力，只能在厂里混混日子的年轻人。

当毕盛公司在成立多年之后，整合十厂进入毕盛上海公司，将其变成其制造中心时，又有一批人离去。他们可以忍受微薄的收入和打杂的工作，却接受不了曾经独立而风光的十厂成为这个新公司下属公司的一个附属机构。尹善治作为厂长，虽然仍然担任制造中心的总经理，但级别只是被定格在毕盛上海的副总级。

"真是虎落平阳被犬欺。"当他接受组织任命时，心里感叹道。但此时的他，已经麻木。好在儿子尹括一直坚持下来，成为中坚力量，接替他的位置也是指日可待，这成了他待在这里的最后念想。

在退休之前，毕盛公司组织了一次管理干部的出国考察，尹善治并没有被遗忘，也成了其中一员。考察团奔赴了超英纽约和飞天斯特拉斯堡总部，当他看到这两大世界飞机制造巨头那生机勃勃、繁忙非凡的现代化飞机总装厂时，有一种强烈的绝望感："难道下辈子我们都赶不上他们了？"他觉得自己拼搏了一辈子，却一无所获，中国的民航工业满目疮痍，奄奄一息。

退休之后，儿子尹括很快接任了尹善治的总经理之位，没有人在背后指指点点，一方面，人们觉得尹善治就是个悲剧人物，不忍心让他连这个最后的念想都破灭；另一方面，大家的注意力全集中在如何赚钱上，没人关注这个日渐式微的制造中心。

老伴过世之后，退休的尹善治与儿子尹括一家三口住在一起，好在媳妇人善良，孙女也懂事；女儿尹恬一家已经移民加拿大，家庭事业都无须他操心，倒也算是享得天伦之乐。

这日，一个普通的晚上，尹括照例打开电视看新闻，女儿尹茉与妻子一起收拾屋子，突然，中欧签订80架飞天飞机购机合同的新闻映入眼帘。他先将电视声音调大，但很快又调小，只是目不转睛地盯着屏幕。

尹茉一听到与飞机相关的新闻，在厨房里本想好好听听，尹括却将声音调小了，便大声喊道："老爸，声音大一点嘛，我们又买飞天的飞机啦？"

尹括连忙跑进厨房，示意尹茉小点声："你爷爷在屋里写毛笔字呢，可别让他听见，不然他又要伤心了。"然后，他返身回到客厅，紧张地看了看通往尹善治房间紧闭着的房门。

屋里，尹善治右手中的毛笔悬在半空中，不住地颤抖，书桌上的《兰亭集序》尚未写完，他却已经满眼泪珠。

四

张收成与尹括的第一次见面，是在毕盛上海公司的年度干部会议上。跟所有的企业类似，毕盛上海每年年初都会召开职工大会，总结过去一年公司的业绩得失，然后视经营情况举办一些活动让员工放松放松。业绩好的年份，这样的活动一般是集体包场看电影加集体聚餐；业绩差的年份，则在开会的礼堂播放经典影片的DVD，然后由各个部门自行组织晚餐。

而在每年召开年度大会之前，一般是在年底，公司领导会召集中层干部及以上级别的干部团体进行小范围通气会。

2003年对于毕盛上海来说无疑是丰收的一年，国家的军费投入明显转移到了毕盛等军工企业的账簿上，业务收入几乎翻倍。而10月份神舟五号上天，中国第一次将宇航员送入太空，也让整个社会越来越多地谈及支持航空航天领域的投入。

只不过，张收成和尹括就如同两支牛市里的差股票，在别的股票都翻番的时候，各自才涨了个位数。民品的收入增长虽然超过20%——这在毕盛上海的民品历史上也是前所未有的，却在军品业务的光环下毫不起眼。至于尹括的制造中心，基本没有贡献什么利润。

两人坐在会场的角落，一副同是天涯沦落人的感觉。原本作为副总级别的干部，尹括应该坐在主席台上，与刚上任的新一届领导班子——总经理曾泰，分管军品的副总吴作为和分管民品的副总刘挺等其他领导为伍的，但他深知目前制造中心在公司中的地位，非要坐在一旁。

在尹括看来，张收成让他吃惊，虽然看上去一副瘦瘦呆呆的样子，还戴着一副深度近视眼镜，但他却是公司最年轻的中层干部。只不过，他挺为张收成感到遗憾："在民品部没有前途，要是去了军品部，潜力无限。"

而张收成也用一种怜惜的眼光看着尹括，觉得这人仪表堂堂，看上去精干聪明。"十厂曾经多么风光啊，现在却沦落到这般田地。这人已到中年，估计这辈子也没啥机会了。"

一天下来，随着两人的攀谈越来越多，对彼此的印象也逐步从怜惜转变为惺惺相惜。尹括发现张收成是一个有想法、硬气的湖南小伙，张收成也意识到这个比自己大十几岁的上海大哥是见过世面的，颇有些宠辱不惊的气质。

"小张，从过来人的立场建议，你如果仅仅是为了那'不自由'的想法而不去军品线，就过于幼稚了。你可以看到，至少未来十年内，国家对于军队现代化建设的投入不会改变，如果不能把握这个大势，你在民品线上再努力也没有上升的空间。"尹括的话十分中肯，他亲眼见证了父亲如何在大势面前如堂·吉诃德般无能为力，深知人是不能与大势抗衡的。

"谢谢尹总，之前也有领导这么建议过我，但不瞒您说，我其实还有别的想法，不怕您笑话。"

"哦，能说来听听吗？另外，叫我尹括就好。"尹括并不喜欢别人总是毕恭毕敬地叫他"尹总"。

"好的，没问题。我只是在想，既然整个国家都在加大对于航空航天领域的投入，那国产民用飞机项目应该也是可以期待的，毕竟作为大国，没有国产民用飞机还是有些遗憾吧。如果可能，我希望能够等到那个时刻。"

尹括内心十分激动，这也是他心中一直以来的信念，虽然一看到父亲的状况，总觉得有些不确定，但他相信民10绝对不会是这个国家的最后一次尝试。他一直在制造中心跟十厂的"遗老"们和"新鲜血液"们提及这一点，用来激励他们，但多年过去，什么都没有发生。他没有想到，张收成也有着相同的信念。

不过，面对张收成，他并没有将这种激动表现出来，"小张，想法不错，但万一国家真的决定不再自己制造飞机，你会不会后悔呢？目前世界上也只有超英、飞天、蒙比特等少数几家民用飞机制造商，很多国家，包括一些发达国家，走的都是购买飞机的路线，毕竟国家对于飞机制造的投入不是一笔小钱。而对于个人来说，一辈子只有一次，走错路了就再也回不了头。"

张收成并不知道尹括只是在试探自己，也不想说太多，他天生的谨慎思想在这一刻又占据了主导地位。他只是轻松地回答："我再等五年吧，到2008年如果国家还没决定造自己的飞机，我就跟朋友去外企混了，反正中国市场那么大，不愁没工作。"说罢，笑了笑，表示自己是在开玩笑。

尹括也笑了笑，心中却不无感到遗憾："年轻真好，现在的年轻人选择真的很多，时代真的不一样了。"他越来越能理解当年从十厂离职的那些技术骨干，他们现在一定过得都挺好。

张收成并不想过早表现出自己对于未来"国产飞机项目"的过度热忱，哪怕是面对这个第一印象还不错的老大哥。在国企，让别人知道自己想得太多，往往不是什么好事，而时不时冒出一点跳槽的想法，却能获得更多的关注，让领导们觉得自己并没有太多野心，只是想要一份稳定的工作和不错的收入罢了。

这样的会议，对有些人来说，是绝佳的进行公司内部社交和展示自己部门一年工作成果的机会，尤其是那些重点军品项目的负责人。而对于张收成和尹括来说，这个会议则显得有些多余，好在他们认识了彼此，都感觉对方可以算作公司内部的同盟，今后如果需要，多少会帮对方说说话。

曾泰当然不会去考虑手下们的这些小心思，刚刚担任毕盛上海总经理的他，为第一年便取得如此突出的业绩十分高兴——即便在整个毕盛公司内部，这个成绩也是可圈可点的。他的左膀右臂也搭配得十分合理，老练而富于心计的吴作为已经在毕盛工作多年，深谙与重点客户军代表们打交道的技巧，而年富力强的刘挺，则正好负责相对来说没那么重要的民品业务。

所有的人事安排都与公司战略息息相关，这个整体战略的把控者，则是毕盛公司的总经理——刘人杰。

与大多数国企掌门人一样，刘人杰也是从毕盛公司的基层技术岗位开始干起的。在国家决定整合全国的航空制造资源成立毕盛公司之前，他就已经在西安的三十四厂成为技术骨干了。毕盛公司成立后，他凭借着自身的聪明才干，加上不错的运气，一步一个脚印，顺利地升到了整个毕盛公司一把手的位置，管理着全国几乎所有的航空制造产业和几十万名员工。

刘人杰最突出的特点就是善于整合资源，作为一个出生在中缅边境的云南人，他将祖先们开辟茶马古道的另辟蹊径与持之以恒的精神发挥得淋漓尽致。在实现对毕盛公司充分的控制之后，他敏锐地把握住21世纪初国家开始对军队建设的巨额投入和对航空航天产业支持的趋势，开始按照他设想已久的方式，对整个毕盛公司进行"现代企业制度"改造。

五

刘人杰的改造总原则，概括起来无非八个字："同类相并，纵横结合。"

同类相并，就是把相同的业务资源合并。

刘人杰充分研究了世界航空业巨头,包括超英、飞天、依风等企业的组织结构之后,发现这些行业的巨头都是将旗下的业务按照几大类别分别成立平台事业部,比如超英公司下设防务事业部、商用飞机事业部、飞机租赁与金融事业部等,再由这些平台事业部各自掌控相关的资源,各自独立核算,自主经营,这样就可以将总部的资源充分解放出来,专注于整个公司的发展战略之上。也就是说,将总部与下属的上百家企业、机构和研究所直接再增加一个层级,实现管理缓冲。

这一点对于毕盛公司尤为重要,由于历史原因,中国的航空资源十分分散,传统的制造工业都分布在一些重点工业城市,如沈阳、哈尔滨、上海、西安等,但又因为"大三线"建设的需要,在四川、云南、贵州、广西等地也设立了多个飞机制造与研究机构,如果直接由北京总部管理,完全顾不过来。

在此基础之上,刘人杰进一步创造了"纵横结合"。

在"同类相并"当中,虽然解决了同类资源整合的问题,但毕盛面临着其他世界巨头们所没有遇到的问题:这些资源在地理位置上的分布实在太广。依风也好,飞天也罢,他们所在的英国和法国,面积都仅仅相当于中国的一个省。而超英所在的美国虽然面积也很大,但所属资源也相对集中在几个重点城市。可在中国,几乎到处都有毕盛的足迹。

同时,作为国有企业,毕盛与地方政府的关系也十分重要,很多地方政府所属的投资平台在毕盛的子单位当中均有股份,错综复杂。

于是,刘人杰又按照地理位置,仿照军区的划分方式,将毕盛划分为毕盛哈尔滨、毕盛沈阳、毕盛西安、毕盛上海等十几个子公司,实现了矩阵式的纵——业务和横——地域相结合的格局。

尽管横向子公司和纵向事业部的总经理平级,在"纵"与"横"到底谁说了算这一关键点上,他最终选择将权力交给"横",即按照地域划分的子公司拥有资源的掌握权。

同时,作为制衡,在具体开展业务时,全部由事业部牵头,对应的业务子公司一起为其提供资源支持,共同对北京总部负责,事业部总经理也是在毕盛总部进一步升迁的必经之路。

举个例子，如果毕盛决定研发一款新型飞机的机载系统，这个业务将由毕盛机载系统事业部牵头，同时可能需要调动上海、西安和成都的资源，这样就同时需要毕盛上海公司、西安公司和成都公司的配合。

这一模式在推行之初，受到了毕盛内部的各种抵制，因为改变就意味着既得利益的丧失，意味着蛋糕将重新分配，那些即将失去利益的集团自然不甘束手就范。

好在刘人杰已经有所准备，他过去几年的铺垫终于在此次前所未有的改革当中起到了作用。到2003年，新的格局初步稳定下来。

这一系列动作令人眼花缭乱，其难度和复杂程度，外人根本无法想象，更何况早在两三年前，全国的传统国有企业都刚刚经历了社会影响十分深刻的下岗大潮。

刘人杰因为在毕盛公司改革成功，被评选为2003年"CCTV中国经济年度人物"。

李慕在2004年年初去英国总部出差之前，从机场贵宾休息室的杂志中，看到了刘人杰的详细报道，于是他立刻给张收成发了一条短信："你们毕盛的老大真的很牛，我不再挖你了，在毕盛好好干吧。"

在飞机上，李慕将头等舱的座椅放平，蒙上眼罩，仔细思考其中的意义。"毫无疑问，历史已经翻开了新的篇章。"他反复在心中重复这一句话。

身处沙展公司，李慕有远多于张收成和几乎所有毕盛同行们的机会接触到世界航空产业的真实状况和最新发展趋势，尽管这两年因为"9·11"的关系，航空业受到了很大的冲击，但人们总是要坐飞机的，不可能因噎废食。

因此，李慕一直有一种无形的优越感。在他看来，做任何事情，战略眼光的长远是最重要的，尤其是对于航空业这样的长周期行业。他经常毫不隐瞒地跟张收成说："你们毕盛就是缺战略眼光。"

但现在，毕盛的一把手至少证明了毕盛的人不全是如此，而至关重要的是，刘人杰是毕盛的最高领导者。一个团队可以到达高度的极限，是由最高领导者决定的。

李慕一直是一个春风得意的人，他家境优越，名牌大学毕业，有海外留学背景，收入不菲，坐飞机从来都坐头等舱，自身条件也很好。像他这样的人，是不少女人心目中的完美对象。但是，随着他交往的女人越来越多，他也渐渐做出了一个决定：终身不婚。

通过这些年的经历，他越来越绝望地发现，婚姻是一个束缚，是一个在社会资源还不够充足时两个人的苟且结合，与感情无关，是一种用自由换取稳定的妥协。

"既然我完全不用担心钱的问题，那为什么要结婚？如果是为了生孩子，我完全可以找个女人生下来，我自己就可以养活他。"

他曾经向父母表达过这个想法，却遭到了父亲的训斥："你是没有经受过挫折。很多时候，一个人面对这个糟糕的世界时，一定需要你的感情伴侣，这是一种精神和灵魂的需要，与钱无关。别以为你可以搞定任何事情，小子。再说，没有我跟你妈一起养育你，你能有今天？"

李慕承认自己没有经受过挫折，但在他看来，自己所在的沙展公司已经稳稳占据世界航空发动机业务相对垄断的地位，而民航业的格局由于被这些欧美厂商牢牢垄断，再加上美国联邦航空局（FAA）与欧洲航空局（EASA）掌握着适航标准的话语权，几十年内都不会有变化。"我有技术在身，又背靠大树，在沙展退休都没问题，干吗需要伴侣，这些女人都是自愿跟我在一起，也是自愿跟我分开的。"

他的安全感来自于他对自己安身立命的工作和事业，以及对自己能力的绝对自信。但是，读完刘人杰的这篇专题报道之后，他却第一次产生了一丝隐隐的不安。

他想着想着，在舒适的客舱中渐渐睡去。

六

相比李慕，张收成要传统得多，"我这破条件，只要有女人不嫌弃我，我就愿意跟她一辈子。"他常常对李慕打趣。

这个不嫌弃张收成的女人也没有让他等太久，就在他成为民品部部长的2003年，她就出现了。

贾南是一个典型的江南女子，来自无锡，生得亭亭玉立，面容红润。她虽然是独生女，家境也不错，却没有媒体渲染的所谓80后女孩的许多臭毛病。唯一让张收成感到头疼的，是她只爱吃家乡口味的淮扬菜，而对于自己极嗜的辛辣湖南菜，完全无法适应。

两人通过张收成在毕盛上海的同事介绍认识，并非一见钟情，但从相识到相恋也没有花太多时间，到2004年6月，便去领了结婚证。

李慕虽然对婚姻本身并不羡慕，但好友修成正果，自然也十分开心，毕竟他在两人谈恋爱的过程中给张收成也出过不少主意。

张收成和贾南领证的那个夏天，上海无比炎热，40多度的高温天连续持续数日。而比天气更热的，是人们对雅典奥运会的关注。

自从2001年北京获得奥运会主办权之后，整个北京，甚至全国，都在为2008年的那一刻做准备，而2004年的雅典奥运，无疑会成为最具参考价值的一届。

当然，更多的人不会考虑四年后的事情，他们关注的，还是这一届奥运会上中国的金牌数会不会更上一层楼。

在男子110米栏决赛之前，张收成就跃跃欲试地坐在电视前，等待着这个历史性的时刻。

刘翔出现在了起跑线上，他神情自若，简单做了做热身之后，便弓下身子，双脚紧紧地蹬在起跑器上，两眼专注地望向前方。张收成完全听不进去解说员那激动的话语，目不转睛地盯着刘翔。

当刘翔跑过终点，撞线夺冠的时候，电视里的解说员已经疯狂，贾南也在一边欢呼，而张收成还有些不相信自己的眼睛，"这简直太不可思议了！"

正当他也准备欢呼的时候，电话响起，他一看，居然是尹括打来的，于是连忙接听。

"小张，有没有看刘翔！"电话那头的声音很激动。

"看了看了！太厉害了！我简直不敢相信！"张收成的感情这才完全释放。

他原以为尹括要跟他讨论工作的事情，没想到对方仅仅是为了与他分享胜利的喜悦。

两人都激动万分地说着话，完全顾不上对方在说什么。几句话后，尹括突然用稍微正常的语速和语调说道："咱们国产飞机的项目，也得跨越好几道栏才行啊！"

张收成感到一丝突兀，心里嘀咕："这关头提啥国产飞机啊！"

尹括也不管张收成怎么想，继续说道："我听北京的朋友说，国家最近对国产民用客机立项进行了一次讨论，我们的刘老大也去了。据说，国家对于立项持十分正面的态度。怎么样？如果真有眉目，要不要到我这里来啊？"

听罢此言，张收成又一次激动起来："真的吗？大哥，你别诓我啊！"

"我干吗诓你，去年开会时咱们不都沟通过吗？咱们都相信国家会支持自主飞机的，你我都有同一个信念！"

在这个晚上，张收成也顾不上之前的顾虑，再一次向尹括表达了自己对于这个项目的信心。不过，他并没有立刻答应尹括邀请他加入制造中心的邀请，表示需要再考虑考虑。

对尹括来说，张收成没有答应他的邀请也在情理之中，毕竟在民品部他可以自己说了算，而若到制造中心来，即便是平级调动，也需要面对一个全新的团队。但是，通过这次谈话，他感受到了张收成的决心，这就够了。

当然，这个夜晚，整个中国的焦点都在刘翔身上。

接完尹括的电话，张收成打开电脑，在双重欣喜下上网浏览相关的新闻。

看着各式各样的溢美之词，他突然有一丝无奈："如果刘翔没有夺冠，结果估计会完全不同吧。成王败寇果然是永恒的规则。"他又想到了尹括刚才说的话，"毕竟他亲眼见证了民10的夭折，也一定是最希望国产飞机重新立项的人。难怪他会如此迫不及待地给我打电话。如果国产飞机真的重新立项，并且重新飞上蓝天，估计能抵得上10个刘翔吧。"

七

刘人杰再次体现出了他洞若观火的本事。

就在中国奥运代表团回国之后不久，刘人杰在毕盛公司内部组织了一次"向刘翔学习，实现航空工业跨越式发展"的专题活动。他召集了毕盛总部副总经理及以上级别的干部，各业务事业部的总经理和副总经理，以及各地方子公司的总经理等毕盛高层干部，在北京进行了为期两天的公司战略研讨活动。

在研讨会召开之前，刘人杰从秘书处拿到了最终的与会者名单，真可谓济济一堂。他的眼睛逐行扫过这些名字：

张峰，公司常务副总经理，湖北人，协助刘人杰管理全部的公司事务。

赵进军，公司副总经理，河北人，曾是毕盛河北公司总经理，最近刚被提拔到总部的年轻力量。

唐文波，机载系统事业部总经理，北京人，机载系统事业部负责毕盛公司所有机载系统，包括飞控、航电、液压、机电等。

王升，机载系统事业部副总经理，北京人，分管运营与项目管理。

葛希薇，机载系统事业部副总经理，上海人，分管国际交流合作。

武平，机载系统事业部副总经理，河南人，分管技术研发。

曾泰，毕盛上海公司总经理，福建人。

柯秦渝，毕盛成都公司总经理，陕西人。

吴迪，毕盛西安公司总经理，浙江人。

……

这些干部们年龄结构十分多元，从四十岁到六十岁，既有年富力强的，也有老当益壮的。刘人杰突然觉得自己所阅览的不是一张轻如鸿毛的纸，而是一份沉甸甸的点将图。

就在毕盛公司飞速发展的时候，中国民航也并没有闲着，经历20世纪80年代初既是裁判员（颁发适航证）又是运动员（同时作为飞机运营商）的局面之后，国家很快将两个职能分开，成立了国有航空公司，民航局只专注于民航产业的政策规则制定、行业秩序管理和适航审定。而经过二十年的发展，到2005年，国内的航空公司已经早已羽翼丰满，具备丰富的国内和国际的航线运营经验，三大国有航空公司——国航、东航和南航牢牢占据着市场的大半份额，剩余的市场则被海航、厦航等民营或者地方国资背景的航空公司瓜分，民航业进入了又一轮高速发展期。

只不过，业内人士常常会面对一些行业之外人士的提问："为什么民航都不买国产飞机？"虽然这个问题的答案很简单——"因为没有啊"，但回答完之后，这个问题却依然会在他们心中不停回响。

八

张收成在结识尹括之前，便已经通过各种途径对于尹善治的传奇经历有所了解，而从尹括那里听说更多的故事之后，更加对他佩服得五体投地。

"老兄，你老爸绝对是泰斗级人物，我觉得认识你就像是认识了整个中国航空史啊！"

"你小子啥时候开始学会拍马屁了？"尹括笑道，他一直想说服张收成加入他的团队，但他知道，现在时机依然没到。

两人的话题很自然又回到行业之上。飞天这几年在中国市场的份额迅猛增长，已经不是二十年前那个有些战战兢兢拜访中国民航的初创公司了，通过在T级飞机上首创电传操纵飞行控制系统等一系列的革新，它已经得到了与超英平起平坐的地位。

飞天的成功，无疑激励着每一个中国的航空人，"如果他们可以用二十年的时间实现跨越式发展，我们为什么不行？"

如果尹括和张收成的这些对话传到张峰的耳朵里，他一定会感到十分欣慰。作为协助刘人杰的毕盛公司常务副总，二把手，他直接负责毕盛公司与超英和飞天的合作。

"面对过于强大的对手，可以先从跟他们合作做起。"

经过张峰和他的前辈们多年的工作，与二十年前国内航空工业与外界基本孤立的状况不同，现在毕盛已经全方位融入了超英和飞天公司的全球产业链。全球最畅销的两款单通道窄体客机——飞天T级和超英8系列，有不少部件是在毕盛遍布西安、沈阳和成都等地的子公司和工厂里生产的，都算是中国制造。

在过去的几年，张峰跑遍全国，将这些为超英和飞天提供部件生产支持的毕盛企业调研了一圈。最近的一次是年初赴毕盛西安公司，这也让他印象最为深刻。

那天，他在毕盛西安公司的总经理吴迪和其他管理人员的陪同下，走进了"国航中心"。这个国航中心，与航空公司没有关系，而是"国际航空供应件生产中心"的简称，已经通过了超英和飞天最为严苛的供应商质量管理流程的审核，成为被他们认可的、具备国际领先水平的生产线。

这是张峰第一次参观国航中心，虽然有了心理准备，但他还是被其恢宏的气势震撼到了。

巨大的厂房下面，分为左右两个区域，左边为飞天T级生产部件，右边为超英8系列生产部件。生产线井井有条，工人们熟练地操作着各式特制工具，将一个个小部件铆合、拼接，到了生产线的底端，水平尾翼等飞机机体的结构件已然成形。

在各自区域的边墙上，悬挂着巨幅的飞天T级和超英8系列的照片，像两个图腾一般，让每一个人每次看到它们，都感觉被注入了力量。

"这飞机真漂亮！"张峰不禁感叹道。

随行的吴迪说："虽然超英和飞天已经把我们的民机市场瓜分殆尽了，但还是要感谢他们给了我们这个机会，提升我们自己的能力。"

张峰没有直接参与民10项目，但他年轻的时候曾经去过一次十厂，参观了民10的生产线，那简陋的状况让他至今难忘。

"如果现在在这里生产的是民10飞机的部件，那该多么美好。"他的思绪被生产线上的焊枪点燃了，"如果我们现在在重新造自己的飞机，机体结构已经完全没有问题了啊！这里既然能够为8系列和T级飞机生产部件，也可以按照类似的标准为我们自己的飞机生产部件。不知不觉当中，我们已经有这个能力了！"

九

进入2006年后，刘人杰越来越忙碌。在重组毕盛公司走上正轨之后，他将更多的精力放在了两年前国家给发改委下达的那个任务之上：全面对发展国产大飞机进行可行性评估。

对此，发改委成立了"大飞机专项专家组"，刘人杰是其中的成员。尹善治作为曾经民10的总设计师，也受到了邀请，但是他并没有接受："我已经老了，让我儿子去吧，他当时接替我担任的十厂厂长。"

可是，当发改委查看尹括的资料时，却发现他才四十多岁，而且目前还只是毕盛上海的一个副总，认为他达不到这么高规格专家团队的门槛。于是，这个专家组的成员大多都有足够高的行政级别，但专业水平如何，刘人杰并不乐观。

"可行性分析是立项的前提，总归是个好事，但这帮人还是有些弱啊！"刘人杰意识到了这一点，但他也没有办法，最后推荐了张峰也加入其中。

可行性分析需要回答一个基本问题：到底是继续买超英和飞天的飞机划算，还是自己造出一款飞机来划算？

谈及"划算"，经济账只是其中一个方面，飞机制造可以说是整个现代工业最高端、最复杂的一个，说是制造业皇冠上的明珠也不过分，而既然是明珠，除了值钱，自然还有其象征与形象等无形意义。不过，归根结底，这些无形的意义也都可以用金钱的方式来体现。

这就激起了刘人杰脑海中对于另外一个问题的灵感——毕盛到底值多少钱？

在几年前重组毕盛公司之后，刘人杰一直在寻找一种更加现代、直观、全面和可衡量的方式来管理。以前的毕盛，业绩当然是很重要的一方面，但毕盛的历史负担很重，业务也繁多，从飞机制造，到汽车摩托车，到商场酒店，到房地产，甚至到手表都无不涉及，每年对于各大子公司和平台事业部的考核都十分伤脑筋。当他开始参与大飞机可行性评估时，受到专家组里的财务专家的启发，脑海中蹦出两个字——估值。

"如果创造一套方法，将毕盛各个子公司和事业部的价值估算出来，每年估一次，考核的时候只要看价值是否增加，不就可以考核了吗？可是，要采取怎样的方法呢？"

有了目标还不行，还要找到方法，只会说"两点之间直线最短"的人是站着说话不腰疼的。脑海中带着这个问题，刘人杰有些茶饭不思。

这天，刘人杰难得在家吃顿晚饭，爱人见他有些恍惚，便关切地问道："老刘，怎么了？是不是工作不顺心？"

《爱人同志》这首歌的歌名可以完美地诠释刘人杰两口子。两人相识几十年，知根知底，相敬如宾。刘人杰稍微吸吸鼻子，他爱人就会去给他泡一杯云南老家的普洱茶。

"也没啥，就是最近在想个事，已经到了最后，可这最后一步该如何走一直没想好。"刘人杰有些累，不想说太多细节。

"嗯，你太累了，需要休息，别整天想着工作，去看会儿电视消遣消遣吧。"

刘人杰听话地打开电视，熟练地调到CCTV2。电视里，记者正在采访证监会的新闻发言人，询问去年下半年开始的股权分置改革的进展。

"我们的进展十分顺利，流通股和非流通股并存的现象是不合理的，同样作为上市公司的股东，应该具有相同的权利。我相信通过这次改革，会大大加强A股市场的流动性，促进我国证券市场的健康发展，进一步发挥金融对于实体经济的支撑作用。"新闻发言人的回答简洁明确，充满自信。

刘人杰猛然吸了一口气，正当爱人以为他又想喝茶的时候，他大叫一声："证券化！"然后，他冲进书房，从笔筒中抽出一支笔，又从旁边随便拿过一本书，翻到封三处——那里一般有一片空白区域，一把撕扯下来，在上面开始写写画画。

"我真是守着金饭碗讨饭吃！"刘人杰一边画一边骂自己。

在毕盛公司下属的子公司中，已经有几家在A股上市，有些还是上证指数或者深证成指的成分股，但由于A股在过去几年一直波澜不惊，2005年更是跌破1000点，交易量十分惨淡，他几乎都忘了这些上市公司的存在，尽管他们就在自己的眼皮底下。

刘人杰想："既然我不知道怎么估值，就让证券市场估值好了，公开透平，一目了然。我要在现有的基础之上，大力推进公司旗下的各个子公司上市，把握这次股权分置改革的机会。这样这部分资产的价值就知道了，再对剩下的资产估值就要简单很多。"

刘人杰很快便开始在毕盛内部推行这一计划。不久，他就发现，自己又走对了一步棋。

久违的牛市终于在2007年到来，在短短的不到两年的时间里，上证指数飙升到了6000多点。通过将旗下的子公司上市，到2007年底，毕盛已经拥有了20家上市公司，市值已经超过了3000亿元人民币。

这让刘人杰甚至有些不知所措：原来毕盛值这么多钱！而且这3000亿

还只是毕盛资产的一部分。

同样把握住这轮牛市机会的，还有李慕，他的资产在A股里增长了三倍。其实他并不缺钱，但他喜欢这种感觉。

"判断正确的感觉简直比赚钱还要好！"李慕得意地向张收成炫耀。后者与贾南十分保守，并没有将钱投入股市，而是在牛市开始之前按揭在上海市中心买了一套房。

"相信我，国家肯定会很快启动自主民用飞机项目的。"李慕接着迫不及待地与老朋友分享他的下一个判断。

"是吗？我三年前就听说国家开始关注这个事情了，但这三年也没啥动静啊。尹括虽然时不时告诉我一些消息，但我们毕盛内部都还没动静。"张收成有些将信将疑。

"经过这么多年的经济快速发展和这轮牛市，国家有钱了！有钱了就可以干一些大事，比如造飞机。"李慕自信地说。

十

经过近两年的反复讨论、论证和分析，在2007年年底的时候，大飞机专项专家组终于向国务院和发改委递交了国产大飞机项目的可行性分析报告。

投入多少？至少1500亿元人民币，最多不超过2500亿元人民币。但是，带来的收益是难以估量的。仅仅从金钱这一角度来算，每次购买超英或者飞天飞机的订单都要上百亿美元，这相当于，只要少买两三次超英和飞天的飞机，节省下来的钱就可以把自己的飞机造出来。更何况，飞机造出来之后，还可以出口，也许一开始进入不了欧美市场，但亚非拉国家还是会认账的。

"从长远的经济与战略角度考虑，中国必须有自己的国产大飞机。经过过去二十多年的发展，目前的时机已经成熟，可以启动这个项目。"这是在专家组最后一次讨论会上，大家一致的意见。

国务院批准了大飞机项目的立项启动，并指示专家组继续就如何开展这个项目进行进一步的讨论，并指示发改委、国资委等国家部委密切配合大飞机的专项工作。

"老兄，有没有看报纸上的文章？大飞机项目正式启动了！我们又要造国产飞机了！"张收成分外激动地拨通了李慕的电话。

李慕没好气地接过电话："我在美国出差呢，知道现在几点吗？凌晨三点！我说过的吧，迟早要来的。你害苦我了，我要兴奋得睡不着觉了。不是因为项目本身，而是因为我又一次猜对了。"

随后，张收成又打给了尹括。

尹括在电话那头激动地说："当然看了，现在我们制造中心正在传阅呢。"

见张收成主动打电话过来，尹括进一步提到："还记得雅典奥运会刘翔夺金那天晚上我给你打的电话吗？你要不要再考虑一下我的邀请？"

尹括指的，是希望张收成加入制造中心的邀请。当时，张收成婉拒了。在他看来，那个时候才刚刚有点儿风声，张收成谨慎是可以理解的，但现在事情已经落定，他十分自信可以将张收成招至麾下。更何况，现在是张收成主动给他打的电话，说明张收成对于参与大飞机项目的信念依然未变。

张收成自然是想参与大飞机项目的，毕竟等待了这么多年就是为了这一刻。但是，即便在这个时刻，他仍然有些犹豫。犹豫的原因无他，就是待遇。

在与李慕的交流过程中，张收成很早就得知沙展公司等外企比他们毕盛公司的收入至少要高两倍，这对于自幼家境贫困的张收成来说，是不得不考虑的。之前，他之所以一直没有接受李慕介绍他到外企去的建议，一方面是因为自尊使然，另一方面也是觉得自己去了之后没有用武之地，而如果在毕盛工作，等到国产飞机项目重新启动的时候，自己一定可以发挥作用。

"你们这些外企在国内就是一帮销售、市场、售后服务和技术支持人员而已。核心的战略、研发和财务等方面全都得听总部的。"这是张收成常对李慕所说的话。在他看来，男人确实怕穷，但更怕没有用武之地。

但现在，大飞机项目正式启动，从报纸上的文章来看，里面的基调是十分开放的，多次提及欢迎国际供应商参与。如此一来，这些国外供应商自然需要在国内招兵买马，做一些研发工作。当这样的机会出现时，张收成有信心牢牢把握住，实现收入的大幅增长，过上更好的日子。

见张收成依然犹豫不决，尹括决定给他一点压力："老弟，别瞻前顾后、患得患失了，我知道你对民品部长的位置还有些留恋。但是，依我看，那个位置就是个鸡肋，你要再干下去根本没有前途。你还信不过老兄我吗？到我这来，第一，你有自主权；第二，会给你更大的舞台。"

尹括略微迟疑了两秒钟，还是决定把下面的话也告诉张收成，"国家很快要成立一家新的公司来造这个大飞机，不会在目前毕盛的框架之下，我会到这家公司担任一个十分重要的位置，我希望你可以跟我一起去。当然，这件事还没完全确定，我把你当老弟才告诉你，你千万不要跟别人说。"

"这个消息够劲爆吧，我就不相信你不来。"在说出这番话后，尹括暗自思忖。

张收成果然被震撼到了，他没想到国家的气魄如此之大，居然准备再成立一家公司来做这个大飞机项目。而且，听尹括的口气，他是要过去当高管的，自己如果跟着他干，就将是这家新公司的元老。

就在张收成马上要开口答应的时候，李慕的电话打了进来。张收成隐约觉得李慕的电话也与大飞机项目有关，于是再次感谢了尹括的好意，表示自己需要再考虑考虑。

尹括有些动气，"小张，这么好的机会你都不来？过了这个村就没这个店了。要不是你刚才主动给我打电话，我还真没想着马上叫你过来，要知道，现在很多人都想往这家新公司挤呢！"

最后这句话，尹括说得有些危言耸听了。这个时候，都没几个人知道新公司要成立，怎么可能"很多人"都想往那儿挤？不过，他这个判断倒没错，如果消息公开了，蜂拥而至是可以预见的。

成立新公司，是刘人杰没有想到的，他曾经踌躇满志地希望将这个项目全部纳入毕盛的旗下，至少成为毕盛未来十年的亮点。而且，在他当时看来，除了毕盛，国内也没有第二家公司可以依赖。但是他低估了国家的决心，也低估了张峰的野心。

刘人杰将张峰带进专家组，相当于给张峰酝酿已久的化学反应添加了最重要的催化剂。

面容粗犷，声音洪亮，做事大开大合的张峰，是个典型的"九头鸟"。他善于长远规划和布局，也善于处理复杂的关系。也正因为此，刘人杰让张峰担任了毕盛的二把手，并且将与超英、飞天这些世界航空巨头们打交道的任务交给了他。

张峰与刘人杰并无过节，他其实十分钦佩刘人杰的才能，但是，他是不想长期屈居人下的。

十一

张峰的心气，与其家庭背景有关。他的父亲曾是国家航天领域的巨头——华宇公司的高管，虽然已经退休多年，但身体依然十分健康，被返聘为华宇公司的高级顾问，为目前华宇领导层的重大战略决策提供咨询。

而华宇与毕盛在中国的地位同样重要，只不过一个在航天领域，一个在航空领域。当初张峰进入毕盛公司，也是因为他父亲为了避嫌，没有让他去华宇。

进入21世纪后，华宇公司在航天领域取得的成就要比毕盛耀眼得多，比如"神舟"系列载人航天工程，"嫦娥"探月工程，"北斗"卫星导航系统，都是曝光率极高的自主高科技成果，可以说是妇孺皆知。相比之下，毕盛的成果看起来要寒酸得多，即便有，也是不能向外界透露太多的军事领域。

尝到了国际合作甜头的华宇员工，有时候会戏谑地称呼毕盛"土包子"，"他们只知道闭门造车，观念上太落伍了。"刘人杰也不得不承认这一点，虽然他已经在极力推动整个毕盛的开放化。

当大飞机项目立项调研的时候，除了刘人杰对毕盛信心满满外，其他专家，甚至包括相关部委的负责人，都对毕盛有些怀疑："他们已经失败过一次，这三十年也没有太多进步，到底行不行？"

张峰敏锐地抓住了这一点，虽然依旧风风火火地干着刘人杰交给他的任务，但与此同时，他还通过父亲和自己的各种人脉关系逐步影响相关负责人的心态——不能把大飞机项目交给有沉重历史负担的毕盛负责，需要另起炉灶，而且这家新公司需要一个合适的毕盛人掌舵。

打铁还得自身硬，张峰这两年在毕盛所取得的成绩也成了推动新公司的决定性因素，他向所有人证明了自己的实力。

张峰最大的亮点，是2006年成功引进了飞天T级飞机的总装生产线，让这家航空业的后起之秀在大连投资办厂，为他们最畅销的单通道窄体客机提供交付客户之前最后的总装服务。

在那之前，毕盛所承接的超英与飞天的飞机部件制造业务虽已不少，但在张峰看来那都属小打小闹。终于，他成功将飞天请到了大连，与毕盛大连公司合作，将整条T级总装线都搬了过来。

在这件事尘埃落定后，刘人杰十分兴奋地请张峰喝了一次酒，两人都喝得晕晕乎乎。

"老张，你这一招太绝了，这些年国家都在倡导跨越式发展，你这是典型的跨越式发展啊！从局部到整体，我们从此就可以从飞机层面了解国际最先进的总装流程了。"

"嘿嘿，每隔几年都给他们大订单，不拿点干货出来怎么行？还有人在叽叽歪歪说拿过来的只是最后的工序，给了我很大压力，老刘，这你得挺我！"

"我百分之百挺你！哪怕只是装装内饰、座椅，喷喷漆，也是好的，以前这些针对民机的工序我们都不会！"

"有你这句话我就放心了。"

"搞定了飞天，啥时候把超英也弄过来？"

"超英没有飞天那么放得开。不过我坚信，总有一天他们会主动投怀送抱。"

这时刘人杰转移了话题："老张啊，说实话，我觉得你在我这儿干屈才了，你比我强。"说完，他似醉非醉地看着张峰。

"看来我得赶紧期望天边一声响雷，然后把筷子扔地上？"张峰并未正面回答，而是反问了一句，然后端起酒杯。

刘人杰哈哈大笑起来，也迎着张峰的酒杯，碰杯，两人均一饮而尽。

看来，虽然刘人杰并未真正怀曹操之心，但张峰还是做了刘备。

实翼公司，这家为中国大飞机项目专门设立的崭新的大型央企，不久便在上海成立了。

在实翼公司敲定的内部会议现场，刘人杰有些失落，虽然在那之前他已经得知此事，甚至还参与过一些前期的调研，但当实翼公司真正成立时，他还是有一种自己辛辛苦苦养的孩子被别人抱走的感觉。当然，他也得到了与会专家和领导的不少安慰，"你在毕盛的担子已经很重了，组织上还是很体谅你的。"这些话关起门来说，真心实意居多。

作为嗅觉灵敏的人，刘人杰很快就调整好了自己的心态，他第一反应就是："至少可以让毕盛作为实翼的供应商，充分参与大飞机项目，这样对我的政治资本也没啥影响。相反，我的压力反而会小很多。"

会场上最志得意满的就是张峰，他被任命为实翼公司首任董事长兼总经理，而实翼的其他高层则基本由华宇公司派出，也都是他所熟识的。经过他的运作，整个实翼的管理层既实现了由他担任一把手，又由华宇派驻人员。

不过，让刘人杰感到欣慰的，是尹括担任大飞机项目的总设计师兼实翼公司副总，成为实翼管理层中除张峰之外唯一一位来自毕盛的人。"尹括有这个实力，他早就应该出现在这个团队当中。"刘人杰在工作当中虽然与尹括几乎没打过交道，但他知道尹括出自航空世家，其父尹善治更是毕盛的泰斗级人物。想至此，他对张峰不由钦佩起来，能够跨越好几级将尹括抽调出毕盛，并且擢升至实翼的副总，这不光需要眼光和魄力，还需要极佳的政治协调能力。而且，张峰还成功说服了各方势力，将实翼公司的总部放在上海。

会后，刘人杰找到机会与张峰聊了几句，在向他表达祝贺的同时，也告诫他大飞机这个担子很重，不要掉以轻心。

"放心吧，老刘，咱俩一起合作，把大飞机搞上天去！"张峰在会场上一直尽力抑制自己心中踌躇满志的信心，现在散会了，又是面对老朋友，他不想再忍。

这一点，刘人杰自然能够感受到。

十二

"看这架势，明天能不能在家过除夕还是个问题。"张收成望着浦东机场外的冰天雪地，无奈地对李慕说道。

贾南在一家中美合资企业工作，不巧正好过年的时候需要出公差，她原本气得打算违抗，但考虑到2008年以来经济不景气，生怕被裁员，只能忍气吞声地去了。于是，张收成只得和李慕一起回湖南老家过年。

两人订的是大年二十九一大早的机票，但到了下午，前续航班还没有到达。此时夜幕已经降临，停机坪上的寒冰在灯光下闪闪发亮。这场冻雪已经下了整整两天，虽然雪量不大，但一落地就冻得严严实实，机场跑道受到了严重影响，需要工作人员将地面的冰铲掉飞机才能安全起降。

飞机本身也披上了一层冰，浦东机场仅有的两台除冰车已经在喘着粗气超负荷工作，仍然无法及时顾得上十几架飞机。飞机们毫无生气地一动不动，身上的冰让它们飞不起来。

受到这场冰雪影响的不仅是浦东机场，整个中南地区都被这场冰灾覆盖，自然也包括湖南。于是，航班延误不可避免。

与安静的停机坪相比，候机大厅内人声鼎沸，混乱不堪。

"平时延误也就罢了，这大过年的，也不好好调配，明天就大年三十了，你们南航到时候管我们年夜饭啊？！"

"就是！就是！"

抗议的声音此起彼伏。

南航的地勤人员无奈地一遍又一遍解释，是因为天气原因，导致所有中南地区的基地都受到了影响，有飞机也调不过来。

"我们不管，这大过年的，你们就是骗子！"有人并不接受这样的解释。

"南航是骗子！南航是骗子！"有人带头，大家就齐声喊了起来。

李慕皱了皱眉头："哼，南航就算敢飞，你们敢坐吗？还真以为人定胜天啊？别以为一提'这大过年的'，就占据了道德制高点。"他和张收成远远地坐在一边，看着那群人的热闹，虽然他们也是那班飞机的乘客，但并没有加入闹事人群。在他们看来，航空公司希望航班准点这一利益诉求与乘客是一致的，可就是有人认为航班延误受到损失的只有自己，而航空公司却占了便宜。

"小成啊，上次我给你打电话说的那些事，你考虑过没有？那天半夜被你吵醒之后，我可是立刻联系了好几个朋友，第一时间给了你最新的动态啊！"李慕指的是两个月前自己在美国时半夜被张收成的电话吵醒的事情。

"考虑过了，我都去投简历面试了，但是没有一家合适的，我一直都很忙，还没来得及跟你说。"张收成答道。

"非要见面才能说啊，你都去面试了，也不把结果告诉我，赶紧的！"李慕着急地说。

李慕那天半夜接到张收成的电话之后，立刻给在国内的几家航电领域外企的朋友打了电话，得知他们也都已经知晓国产大飞机项目即将启动的消息，并且已经在第一时间汇报给了公司总部，初步反馈是总部都十分重视，"毕竟这是目前世界上唯一一个全新的大飞机项目，而且还是在中国这个未来航空业的最大市场，我们肯定会加强在中国的力量。"

于是，李慕赶紧给张收成回电话，却一直在占线，过一会儿才接通，"小成，韦讯和占士强这两大航电公司不久之后肯定会在国内招人，跟以往不同，这次肯定是为国产大飞机招聘的。之前我推荐你不去，现在你可以好好考虑了。"

现在，见李慕着急地问自己，张收成说："好好，我说还不行嘛。你给我电话后不久，果然他们公司的主页上就在招聘了，也有猎头跟我联系，我就去面试了。"

"那为什么说不合适呢？"

"韦讯要的是一个项目经理，但我问了问，人财物权力一点都没有，职位名字好听，但本质就是个在中国内地负责联络协调的。占士强倒是有些本地研发岗位，但都是普通工程师，我好歹在毕盛上海也是个中层干部了，再去从普通工程师做起，不合适吧。"

"那好吧，"李慕无奈地摇了摇头，"你小子找工作还真挑。不过也是，你现在毕竟也是个中层干部，不是初出茅庐的新手了。"

"是啊，我现在跳槽得十分谨慎，毕竟是有老婆有家的人了。"

"你少含沙射影啊！"

两人正互相打趣着，李慕突然眼神一亮，看见从不远处的一个登机口来了个南航地勤的姑娘，面容清秀，估计是另一个航班的，而登机口的人也不多。

"走，跟美女搭讪去。"李慕说着，便从椅子上跳起来，向那姑娘走去，张收成摇了摇头，也跟了过去。

"美女，帮我们查一查到长沙的航班具体是什么情况吧，谢谢啊。"李慕单刀直入。

"长沙的航班请去12号登机口，我这里是另一个航班，还早呢。"姑娘眼都没抬地说。

"那边可怜的地勤被乘客们围攻呢，我可不想给他们添麻烦。"李慕不动声色地说。他并没有抬出"这大过年的"这一万能用语。

姑娘这时才抬起了头，看到一张俊朗的嘴角含笑的脸。

"航班号多少？"姑娘又低下了头，抛出了这个问题。

"CZ3615，谢谢。"李慕也不说废话。

"这个航班已经在飞来的途中了，它的延误原因是长沙那边下了大雪和冻雨，有几架飞机又有坏件，零部件要临时从国外调。"姑娘略微查了查，把李慕想知道的全部说了出来。

"真是祸不单行啊……"李慕正准备继续问，张收成突然在旁边插了一句："看吧，还是得造国产大飞机，这样缺零件就可以从国内找，不需要去国外浪费时间。"

那姑娘听了，却冷笑一声："国产大飞机？我们公司多半不会买吧？就算买了，你敢坐吗？"

张收成浑然不觉李慕刚才的心理活动，却被姑娘的话震了一下："看来国人对国产大飞机毫不信任啊！这个印象得尽快扭转才行，真伤脑筋。"

十三

过了春节之后，尹括并没有太多新年的喜悦。父亲执拗地在寒冷的户外打太极拳，结果发了高烧，连续打了好几天点滴，最终虽然退烧，但老年人的身体就像逐渐微弱的烛火，禁不起太多的折腾，状况已经明显大不如前。

尹括觉得自己在跟时间赛跑，在被张峰任命为大飞机项目的总设计师后，他就发誓，一定要让父亲看到它的成功。

当初，当得知自己曾有机会成为大飞机项目专家组的一员，却因为级别不够而最终未能入选的时候，尹括一度十分沮丧，觉得自己最后的机会都已逝去，只能在毕盛上海制造中心虚度余生。

那几天，他在家里郁郁寡欢。尹善治看出了他的心事，但并没有跟他促膝长谈，只是有次晚饭后在房间练字时，自言自语道："忍他人所不能忍，成他人所不能成。"

尹括自然能听懂父亲的话，他明白祖辈们几乎都是靠着超人的坚忍才挺到了今天。相比战火纷飞、黑白颠倒的年代，眼下这点挫折，根本算不上什么。"玉在椟中求善价，钗于奁内待时飞"，虽然他并不喜欢贾雨村的人品，但这句话用来形容自己的心思，再贴切不过了。

当实翼公司的组建几成定局，但还没有正式宣布之前，张峰如所有的航空人一样找到了尹善治，想请他出山。

"尹老，您是我们的权威，没有谁能比您更适合担任大飞机项目的总设计师。"张峰的请求十分恳切。

"十分感谢你们的盛情邀请，很荣幸国家还没有把我忘掉，"尹善治说得十分客气，语气却比较平淡，"只不过，我的身体已经不允许自己再去负责这么重要的项目了，应该给年轻人更多的机会。"

"我看您身子板还挺好，我们会给您创造最好的条件，一定圆了您的民10梦。"张峰并不甘心，就把民10抬了出来。他原本还有些犹豫，怕刺激到尹善治，但最终还是决定铤而走险，只要能让他出山。

尹善治并不为所动："民10的梦一定能圆，只不过不一定由我自己去圆。如果允许我举贤不避亲，我推荐我的儿子尹括。他当时继任我担任了十厂的厂长，各方面素质都很出众。"

尹善治并不介意再一次推荐儿子。他相信从历史传承和综合素质来看，没有谁比他们尹家的人更适合来担任这样的角色。

张峰十分慎重地考虑了他的建议，并且亲自找到了尹括。如果说在与尹括谈话之前，他还心有疑虑，那么这一切都在他与尹括交流之后打消得一干二净。

"年富力强，内敛坚忍，动力十足！"这是张峰在心里对尹括的评价。在他看来，新的大飞机项目必须由这样的人领衔，相比于专业素质，这个人的身体和心理素质更加重要。

实翼公司成立之后，尹括用自己的表现证明了张峰的判断。除去华宇派驻的管理层成员，实翼的主体大多来自于毕盛，包括毕盛上海制造中心——曾经的十厂。而尹括的存在，让实翼整合事半功倍。

那阵子，张峰的精力仿佛取之不尽，用之不竭，他在北京、上海等地奔波，四处活动，组织实翼的结构，与关键人物谈话，决定重要岗位的职务。总之，他几乎把能做的都做了。

尹括的存在确实省了张峰不少事，他开始主持并且推动大飞机项目。这个项目才是实翼的根本，也是实翼之所以设立的前提。

初春时节，在张峰的见证下，尹括集合了实翼的主要技术人员，召开了大飞机设计启动会，开始谈及这款飞机的顶层设计。

"前不久张总已经将大飞机的名号定了下来——民21。现在已经名正言顺，我们需要聊聊具体的飞机设计问题，对此，大家有什么看法？"

大飞机终于有了属于它的名字：民21。这很好理解，因为它是21世纪民10项目的延续。

"我认为民21要以商业成功为最终目标，不能仅限于飞起来，否则国家砸这么多钱就浪费了。"有人提议。

"很好，我们要把民21放在市场上去卖，它是一个商品，而不仅仅是一件陈列品。"尹括对这个观点十分赞同。

时代的变迁，让人们意识到这一点，已经不像民10的时候那么难了。围绕这个目标，技术性能的要求就可以更加有的放矢。

"油耗要低，现在航空公司最大的成本就是航油。"发言的是动力系统的工程师。

"还是先从窄体做起吧，难度要相对小一点。"机体结构的工程师说道。

"要让驾驶舱的设计先进、大气，让飞行员和机组成员使用起来方便，尤其是飞行员，他们的偏好对于航空公司的采购也是有很大影响力的。"航电工程师也不甘示弱。

会场上一时间很热闹，所有人都希望在这个新公司和新项目当中拥有发言权。这是张峰所希望看到的，如果依旧在毕盛的旧体系下，断然不会如此。

尹括听了半天，一直没有说话，直到他发现会场逐渐平静下来，才不紧不慢地说："大家从各个方面提了这么多建议，都很好。那么，我们要不要把这些标准量化下来？"

"可是，要如何量化呢？"有人提问。毕竟，"重量要轻"和"最大起飞重量达到xx吨"需要完全不同程度的努力，前者动动嘴就好，后者可是要经过十分严密的推算。

"我看大家都认同我们要先造窄体客机的观点，不可能一口吃成一个大胖子，"尹括继续说道，"那么，目前市场上卖得最好的窄体客机是哪一款？"

"超英8系列？飞天T级？"

大家很快反应了过来。

"没错，既然我们要实现市场成功，又要造窄体客机，那么已经有非常成功的案例可供参考了。只要我们参考超英8系列和飞天T级的顶层设计指标，并在其基础之上做一些创新，不就成了？"尹括给出了自己的方案。

张峰有些惊异于尹括的能力，他原以为这个会议会十分冗长而乏味，大家会讨论各种技术指标和数据，没想到尹括直接将大方向和基调定了下来，这样后续工作就可以顺利开展了。

"可是，我们这是自主研发的国产飞机，直接借用超英和飞天的数据，这样好吗？"

尹括听到了这样的问题，对此，他顿了顿嗓子，然后平静地说："这个问题问得好。我相信这个疑问不但现在在座的各位有，而且当民21项目在不断开展下去的过程中，还会有人不停地提。所以，我想在此澄清一个概念，到底什么叫作自主研发，什么叫作国产飞机……"

"在我看来，只要民21这款飞机是由我们实翼公司生产制造出来，并且成功拿到适航证，卖给了航空公司，就是我们自主研发的国产飞机。它并不一定意味着从零开始的设计，也不一定意味着所有的零部件全部在中国生产。这是一个全球化的时代，超英和飞天也会从毕盛采购。既然有巨人存在，为何不站在巨人的肩膀上呢？大家不要忘记，即便是民10飞机，也有不少借鉴当时超英6系列飞机的地方。"

尹括说完了这段话，会场上一时鸦雀无声。

张峰可以感受到这段话对会场上很多人的冲击，毕竟他们大多来自于毕盛，也是头一次接触民机项目。他十分欣赏尹括开阔的思路，但是，心中还是浮现了一丝隐忧。

十四

实翼成立的消息，在毕盛内部引发了新一轮地震。

"国家要抛弃我们了？"这是很多毕盛人的想法。不过，更多的人在惊愕之后，依然回归了过去的生活，只是有一部分人开始仔细思考这件事情对于他们的事业前景意味着什么。

张收成这才明白尹括当初电话里说的是这档子事，他立刻给尹括发了一条短信表示祝贺。不过这次，尹括并没有回复他。

对此，张收成有一些忐忑，连忙从多个渠道去了解实翼的机构设置、薪酬待遇等情况。在这个过程中，他发现自己并不是唯一的一个。由于近水楼台，毕盛上海的内部最为躁动，张收成隔几天就能听到某个同事很快就要去实翼的传闻。

只不过，在毕盛内部打听此事是有风险的，毕竟这属于跳槽行为，一旦被领导知道自己的心思，多半会留下不好的印象。还好他有李慕这个同学。

"肯定是因为实翼的事吧？"李慕一接到张收成的电话，就猜到了他的意图。

"还是你懂我。"张收成笑道。

张收成将实翼的事情跟李慕一五一十地说了出来，他发现从毕盛内部听到的消息果然需要在外部进行证实才行。而李慕，也乐意从张收成这里了解毕盛内部的传言，虽然都很多不靠谱，但还是有不少在未来成了现实。

"所以，你又在纠结要不要去实翼？"李慕问道。

"没错。"

"实翼有人找你吗？"

"嗯……尹括，你知道的，实翼的副总，他曾经找过我，但当时我没答应，就是半夜吵醒你的那次。最近倒是没人找，但我在想，自己是不是做错了一个决定。"

"你确实做错了一个决定！"李慕决心好好教训教训张收成，"但是，如果你现在沉不住气，主动申请去实翼，就是第二个错误的决定。你需要考虑是否要在同一块石头上绊倒两次了。"

听李慕的语气有些严肃，张收成觉得问题有些严重了，问道："那你的意见是……"

"敬酒不吃吃罚酒的事情当然不要做。当时尹括亲自请你去，你都不去，现在又主动去投简历，就算真去了，尹括会怎么看你？对了，我倒想问，当时尹括让你去，你干吗不去啊？"

"当时他说得很含糊，说他要去一个新公司担任重要的职位，要是当时就告诉我是去做实翼的副总和大飞机的总设计师，我肯定就答应了。"

"你怎么这么迟钝，那时候还不能说得太细嘛，他能告诉你就很够意思了。"

"我还不是惦记着去外企嘛！跟着他干，就算能有更好的发展前景，如果工资不高，我还是会有所顾虑。我又不像你，可以不用考虑工资多少。"张收成的话有些埋怨的意思。当然，他并不是第一次以这种语气跟李慕说话，所以李慕倒也不觉得唐突。

作为张收成多年的好友，李慕自然知道他心底最脆弱的是什么。但是，为了照顾朋友的自尊，他从来没有说破过。

李慕决定说得婉转一点，因为他觉得张收成如果继续这样下去，将丧失一次又一次的机会，"小成，找一个工作，最好是短期利益和长远发展都要兼顾。但是，如果万一鱼和熊掌不可兼得，那我会舍掉短期利益，而取长远发展。假如你当时跟了尹括，从长远发展来看，一定比你继续在毕盛上海民品部干要更好。这一点你同意吗？"

"同意。"

"那尹括那边还有余地吗？如果你再找他，他会不会还给你机会？"

"我给他发了短信，他一直都没有回我。"

"这有两种可能，一种是他对你失望了，所以没回；还有一种就是他太忙，顾不上回。但不管是哪种情况，都说明你在他心中的位置不是最高的。所以，我建议你先忍住跳槽的冲动，在毕盛待一阵。如果那两家航电外企有更好的机会，或者实翼再一次主动找你，你再考虑。"

张收成听从了李慕的建议，按兵不动。

他的决定是正确的，毕盛上海有几个年轻员工迫不及待去实翼面试了，可结果令人失望，回到毕盛之后，他们的职业前途就被彻底葬送了。吴作为和刘挺都在私下里说："凡是在这个时候想跳去实翼又回来的，永不考虑提拔。"

实翼在毕盛内部引起的震动还未完全平息，四川就发生了八级大地震，震中汶川附近几乎被夷为平地，就连成都也有强烈的震感。那几天，所有的电视频道都变成了黑白色，全国都在哀悼遇难的同胞。

毕盛成都公司的几名技术骨干人员在事发时正好在震区工作，结果被压在了倒塌的大楼下面，再也没有出来。

柯秦渝连忙组织全公司的悼念活动，并且以最快的速度处理这几名员工的后事。这时，手下人汇报上来，在整理他们遗物的时候，发现了打印好的几份简历，这都是准备寄给实翼的。

处于悲愤中的柯秦渝立刻气不打一处来，马上拨通了赵进军的电话："赵总，打扰了，有个事情急着汇报。实翼成立后从我们毕盛挖人挖得很厉害，我这里刚因公殉职的几个技术骨干都打算给他们投简历。支持国家大飞机项目是好的，但不能这么挖兄弟单位的墙脚啊！麻烦您或者刘总跟实翼的张总说说吧，我这人微言轻的，直接找他不太好。"

在张峰去了实翼之后，赵进军接管成了毕盛的常务副总，面对手下大将对于自己前任的投诉，有些哭笑不得。"没问题，老柯，你先处理兄弟们的后事，你们那里是灾区，这段时间好好安慰安慰员工，该放假放假，该捐款捐款，需要毕盛总部和其他兄弟单位给予什么支持，尽管提！"

赵进军的承诺让柯秦渝的气消了些许，挂掉电话后，开始投入到灾后重建的工作中去。

十五

在实翼正式成立之后，张峰还没有召开过全体管理层会议，一方面是因为整个公司的组织架构和人员都未理顺，另一方面则是民21飞机本身的顶层需求也没有明确。直到2008年5月，时机终于成熟了。

在即将召开的会议上，尹括将主导的一个议题是民21飞机的设计理念和供应商管理体系。在飞机顶层需求明确之后，这是接下来必须解决的问题。

"这将是我这四十多年来参加的最重要的会议。"怀着这样的想法，会议前一夜，尹括竟然睡不着了。他躺在床上，听着身旁妻子均匀的呼吸，心潮涌动。从他血液里涌出来的兴奋感，是他继承了父亲的衣钵之后，终于一步一步地将尹家的光辉传统发扬光大的天生禀赋。而对于即将第一次面对整个实翼管理层，又让他多少有些紧张——毕竟在整个管理层当中，他属于年轻的，而且是张峰力排众议、破格提拔的。他清楚，如果自己不能尽快做出点成绩，将面临巨大的压力。之前的民21设计启动会，仅仅是面对技术人员，而且有张峰坐镇，他才稍微能够控制住全场。

尹括回想起尹茉刚刚一岁半的时候，自己与妻子将她放在两人中间哄她睡觉，尹茉就在两人之间狭小的范围内翻来滚去，看似享有无限的自由，却永远不可能翻过他们的身体。"我现在的处境，就跟她当时一样吧，虽然被赋予了总设计师的权力，但能够施展的空间要比父亲当年小很多。"

越是没有睡意，尹括就越想上厕所，短短两小时，他跑了四次厕所，把马上就要高考、复习到深夜的女儿被惊动了。

"爸，都快一点了，怎么还没睡？"尹茉打开门，露出一条缝，探出头来问。

"这么晚了，你怎么还不睡！熬夜就能提高效率吗？"尹括决定掌握主动权。

"还说我呢，你这跑来跑去的，不怕把爷爷吵醒啊？我熬夜是为了复习，又没吵到别人。我不好好复习，以后别人说民21总设计师的女儿大学都考不上，岂不给你丢脸？"尹茉吃软不吃硬。

尹括一时语塞，竟不知如何反驳。

见尹括有些窘迫，尹茉也没有乘胜追击，而是体贴地问道："爸，你是不是有啥心事啊？以前从没见过你这样。"

尹括犹豫了一下，还是往前迈了一步，站在女儿房间的门口，面对已经半打开的房门，轻声说："其实……是我怕给你丢脸，怕给你妈和爷爷丢脸，怕自己干不好。"

听罢，尹茉笑着安慰父亲说："爸，原来是你临阵紧张啊？怕啥？你是最棒的。再说，你女儿好歹现在读的也是重点高中，考个重点本科不在话下。放心，我会给你争光的。"

与女儿说完，尹括蹑手蹑脚地回到床上，这次终于顺利睡去。

第二天，尹括穿上白衬衣，套上一套藏青色西装，又面对镜子拾掇了一番，驱车来到实翼总部。这件白衬衣已经伴随尹括多年，在他还在毕盛工作的时候，就经常在重大场合穿，罔顾身边的领导很多都只是身穿毕盛统一的工装制服。现在到了实翼，他终于不用顶着异样的眼神，大家都穿着衬衫，张峰更是西装笔挺，领带、袖扣等配件一应俱全。

"他也严阵以待了。"尹括心里笑道，紧张感竟然消退了不少。

在按照惯例介绍完与会的领导后，张峰准时启动了会议。他首先让在座的管理层成员彼此自我介绍一番，然后开始向大家介绍实翼公司的使命、愿景、战略和组织架构与建设进展。此后，开始按照议题逐项展开讨论。

讨论终于轮到了民21项目本身的部分，大家的精神都为之一振，毕竟实翼公司目前只有这一个实实在在的项目。

尹括觉得嗓子有点儿发干，赶紧喝了口水，然后接过话语权。他首先介绍了飞机顶层设计的主要设计指标，包括座级、航程、最大起飞重量、发动机数量等。对于这些，现场并无具体问题，大家都清楚这几乎没有什么商讨余地。

很自然，议题到了供应商的选择，为了满足这些顶层设计指标，应该如何对飞机进行分解，并且选择对应的供应商呢？

尹括经过刚才的适应，已经完成了"热身"，渐入佳境，于是十分自信地说："各位，我们已经明确了民21要按照市场的规律来做，目前来看最新的民用飞机项目就是超英的9系列项目，很快就要首飞。它使用了许多新技术，大大提高了燃油效率和同级别飞机的最远航程，更重要的是，它是超英第一次采用现代供应链管理造出来的飞机。我建议我们也采用同样的方式——主制造商+全球供应商，而我们就是这个主制造商。"尹括开门见山，一点也不绕弯子。

见大家都没有吭声，尹括继续说道："为了造出世界先进水平的飞机，我们对供应商的选择就十分关键。我认为应该在全球范围内选择各个系统都是行业翘楚的公司，一方面有助于飞机本身的提高质量，另一方面我们也可以在合作过程中学习最先进的理念。我们要按照国际通用的招标流程向这些供应商邀标，他们一定会很乐意参与的。"

简单介绍完后，尹括顿了顿，问道："各位有什么看法？"

张峰接道："尹括说得很好，简而言之，我们要依靠供应链，同时要选择最好的供应商。"

话虽然如此说，但张峰的眉头却略微一皱，仿佛在思考些什么。

十六

"我有两点顾虑,张总,尹总。"说话的是沈宁,负责质量的副总,"我不是妄自菲薄,但是'主制造商+供应商'这种模式对于供应链管理的要求非常高,我们可能缺乏相关的经验,这或许会影响到供应商管理质量。另外,如果全部用国际知名供应商,我们必须承认目前大部分部件供应商都是国外的,我们相当于仅仅做组装工作,虽然拥有知识产权,但媒体和大众肯定会说我们忽悠,到时我们的公关压力会很大。"

沈宁拥有质量负责人的一切特征,最明显的就是谨慎,也就是什么都往坏处想。沈宁的开门见山让大家都没有想到,毕竟,负责供应链的副总郑立人这时还没有发话呢。但是,他所说的第二点正中张峰下怀,他正在思考如何将心里的想法提出来。

前阵子,张峰接到刘人杰的电话,说毕盛地方子公司的人向他和赵进军投诉实翼挖墙脚,"老张啊,我理解你们不是故意的,但是全国的航空人才就那么多,你们即便是被动地招聘,肯定也会有很多毕盛的人趋之若鹜,这一点我能理解。不过,我也希望你体谅一下我的难处,我们也是缺人的。"

对于刘人杰的抱怨,张峰并没有太好的办法,他不可能让实翼停止招人,民21项目需要大量的人才支持。对此,他思考了片刻,想到了一招,"老刘,咱们要不失之东隅,收之桑榆,我们很快要开始选民21的供应商,到时候会尽量往毕盛靠。"他知道这是刘人杰心底的诉求。

"沈宁的顾虑很有道理,尤其是第二点。"张峰说道,"现在整个社会都在讲企业尤其是央企和国企的社会责任和社会形象,千万别好不容易把飞机造出来了,名声却不好,人们会说我们只是个空壳子,里子全是外国人的。"沈宁连忙点头称是,尹括则若有所思。

"所以我在思考,我们应该也考虑考虑我们自己的航空工业,毕盛就是个现成的选择。更何况他们已经给超英和飞天提供过很多部件，也有丰富的经验，我们在招标时一定要把他们考虑进去。"张峰把想法说了出来。

听至此，尹括随即便说："张总，任总，我同意你们的看法。毕盛确实已经拥有很多国际经验，但与国际领先水平仍有不小的差距。而这些系统的性能将直接影响整个飞机的性能。如果过于强调'国产'的概念，我们也许造不出具有国际先进水平的飞机，这一点不得不承认吧！更何况民用飞机的乘客这么多，对安全性的要求是非常高的。"此前，他与张峰就供应商的选择沟通过，并没有发现他对毕盛的偏向，现在发觉，有些吃惊。

见尹括没有妥协，张峰心里有点儿不爽，"有什么话咱们会后再谈不行吗？现场就不能先给我点面子？"于是，他也不客气地说道："尹括的建议很好，我们当然要按照国际通行的规矩来进行。但是同时，毕盛作为我们在国内唯一的一家合作伙伴，难道不应该考虑吗？"

"张总，你误会我的意思了。我并不是说不给毕盛项目做，而是说要按照统一标准审核评估，除非你认为这样就意味着他们一定会落选，咱也没那么次吧，呵呵。"尹括也不想把气氛搞得很僵，因此用了开玩笑的口吻，毕竟张峰是他上司，对自己还有知遇之恩。

"那当然，毕盛当然很有实力。"张峰也笑道。他也不想在第一次管理层全体会议上就与副总吵开，实翼的领导层成员来自毕盛与华宇两大央企，现场还有中组部的派驻人员，和谐的氛围是他所希望的。

"大家来讨论一下，看看我们应该怎么平衡支持民族产业和制造先进飞机这两个方向。"张峰的头脑飞速运转，寻找下一步的计划。

这时候，坐在角落里的郝国庆发话了："老张说得没错，大家可以探讨一下，毕竟大家的出发点都是好的嘛。"他是中组部派驻的，目前负责实翼的党建与纪律检查工作。他干了一辈子的组织工作，原本打算退休，含饴弄孙，享天伦之乐，但由于领导们对实翼公司都寄予厚望，并且对于初期顺利整合来自两个不同公司的人员十分重视，所以他也是"临危受命"而来。对于如何化解内部矛盾，他得心应手。当两个人意见不合时，如果不存在根本利益冲突，他往往会将更多的人拉进来，减小压强，自己再从中斡旋，这样往往可以起到良好的效果。

郝国庆虽然身处体制内的核心机构，却有一套独特的识人方法，他能看出大家都是好意，根本目标都是让大飞机项目取得成功，这个大前提没问题，他就有信心稳住局势。当然，他也深知每个人都有自己的小九九。

张峰出自毕盛，与刘人杰很早就相识，一方面希望帮老朋友一把，另一方面也希望通过此举获得自己应有的回报。

尹括则相对年轻气盛，出身于航空世家，急需尽快做出成绩来证明自己。对他来说，以最小的风险让飞机飞起来，是最有利于他前程的选择，至于飞机是进口货还是国产货，并不是他优先考虑的。

而沈宁则是从自身的质量管控角度出发。如果铺开全球供应链，他没有足够的信心管控好供应商的质量，到时候出了问题，他可能是替罪羊，这是他不想看到的。

张峰已经迅速想好了点子，立刻接道："国庆，咱们是来自不同的系统，但都是为了一个目标聚在这里，这个目标就是要让我们自己制造的民用飞机飞向蓝天嘛，刚才我们的讨论也都是围绕这个目标的。我现在倒有一个方法，应该可以减小大家的认识差异。"

听闻此言，就连郝国庆也有些诧异："好个张峰，反应如此之快。"但同时他也很高兴事情又能推进下去，用不着自己继续费劲调和。

尹括、沈宁等人自然也洗耳恭听。

"大家都知道，飞机分为机体结构、动力和机载系统三大部分。这一点，不管是咱们的民21，还是超英8系列、飞天T级，都一样。机体结构，自然是指飞机的机身、机舱和机翼，相当于人体的躯干；动力则是指飞机的发动机以及辅助动力系统，相当于人体的心脏和血管；而机载系统包含了更多子系统，如飞行控制（飞控）、机电、航电、液压、高升力等，相当于人体的骨架、神经、脏器等。"张峰以一番技术含量十足的话开场，言简意赅。在场的高管绝大多数都有技术背景，自然被这番话吸引。

尹括脑海中迅速闪出一个念头，然后开始对张峰佩服得五体投地。

"先看第一部分，机体结构，毕盛已经拥有了为超英和飞天供货的经验，这一点我最清楚，绝对是国际先进水平。"张峰开始从他最擅长和最具有发言权的领域入手。

尹括连忙点头道："没错，这一点我认同。"

"那么，可不可以这么理解？机体结构的供应商我们可以优先考虑毕盛？机体结构都是大件，远程运输十分费力，这样能够使供应链本地化，何乐而不为？"

"这简直太强了，不但达到了自己的目的，还打消了我和沈宁的担忧！"尹括一边想，一边与沈宁等人表示赞同。其他人也都表示没有意见。

十七

张峰笑了笑，喝了口茶，恢复了他那惯有的气势："再看第二部分，动力系统，也就是发动机。这一点，大家都知道，咱们没这个能力，只能进口，而且选择还很少，全世界也只有三家——同继、沙展和捷劲。所以，我们刚才讨论的差异，就在机载系统上。尹总认为我国的毕盛能力还不够，可能有些妄自菲薄，而我又觉得他们都没有问题，可能有些自视过高。对此，我们今天没有必要讨论出一个结果，而是可以先把讨论范围缩小，会后再研究分析，下次进行专题讨论。毕竟这次管理会的议程还没有结束。"

一番话下来，真是缜密非常，他的思路不但符合刚才尹括脑海中的预期，还以十分完美的方式展现出来，尹括和在场的每个人都深深为之折服。

最终，实翼第一次全体管理层会议圆满落幕，郝国庆在会后记录当中写道："张峰的表现充分证明了他可堪大任，虽然性格十分张扬。"

然而，张峰的内心却远不如他表现的那样镇定。在会后，他还擦了擦额头上的汗珠，随后赶紧拨通刘人杰的电话："周末在北京吗？我过来一趟，后海老地方见！"

张峰所指的老地方，就叫"老地方"，一处位于后海深处的安静茶馆，门脸并不起眼，显然不是为游客准备的。张峰和刘人杰早在十年前这家店刚开张的时候，就把这里作为一个聊天的好去处。茶馆的老板是个老北京，从小在皇城根下长大，看人识人早已日臻化境，早就认识他俩，虽然知道他们不是普通人，却从未问过他们的身份。

刘人杰先到后，进了常去的"牯岭"包房，里面已经摆上了金骏眉和讨论时不能缺少的烟灰缸。这个茶馆里没有大堂座，全是包房，可以满足客人对隐私的要求。每一间包房都以名山大川命名，而刘、张两人喜欢的"牯岭"，也多少代表了他们对其庐山背景所代表的含义。

张峰后脚很快也到了。

"欢迎回北京，在上海的感觉如何啊？"刘人杰笑着问道。

"这不是很想念北京，就回来看看嘛。"张峰回应道，一看见茶几上摆着的金骏眉，他又问道，"怎么？开始换口味了？不喝你们云南茶，改喝福建的了？"

"曾泰不是福建人吗？他最近给了我点金骏眉，觉得味道不错，这次来见这儿有，便点了，不能每次都让你喝普洱嘛，咱们也应该换个思路。"

"曾泰那小子，挺会看人下菜碟嘛，他给了我两条烟。"张峰接话，"他居然知道我最喜欢抽黄鹤楼。"

"你那点爱好，毕盛的人谁不知道啊？湖北人抽黄鹤楼，再正常不过了。"

"老刘，我最近为你们的事情没少操心啊！"张峰这才开始将话题转移到正事上。

"什么叫'我们的事情'？是'咱们的事情'。来，说说具体怎么情况？"刘人杰回答得滴水不漏，他已经听说了实翼第一次管理层全体会议的事情，但具体的细节还是想从张峰这里了解。

张峰点上一根黄鹤楼，猛吸了一口，然后吐出来，"老刘，咱们都这么熟了，我就不绕弯子了。尹括对毕盛的能力持保留态度，虽然其他几个副总应该算是站在我这一边，但他毕竟是民21项目的总设计师，又出身于航空世家，而且第一次开会我不想给别人以权压人的印象，所以最后没有就供应商选择做出决定。但是，我已经明确机体结构的业务肯定是给你们了，现在的焦点在机载系统上。毕竟还没到火烧眉毛的程度，还有点时间可以考虑。不过我没想到尹括这小子还挺认死理，居然不顾我对他的提拔之恩。"

"老张啊，"刘人杰笑道，"你觉得还不火烧眉毛吗？虽然首飞放在六年以后，但大家都希望飞机越早飞起来越好，你们现在是在和时间赛跑啊！你啊，就是风风火火的，但有时候还是稍微欠一点政治敏锐性。"刘人杰并不忌讳把这话说出来，他跟张峰已经很熟了，深知他的优缺点，而张峰自己也清楚这一点。

刘人杰接着说："尹括那样表现，是好事，如果总设计师考虑太多非设计和飞机本身不相关的东西，这飞机造不好。这一点，他跟他爸当年对民10的执着一模一样。"

但张峰不认为自己这一次推迟决策时间是因为自己缺乏政治敏锐性造成的，他自己内心深处也有一丝隐忧，如今面对刘人杰，他觉得是时候说出来了。

"老刘，今天我们就说开吧，我没有在这次高层办公会上做决定，跟我自己心里的一个疑问有关，"张峰顿了顿，继续说，"这个疑问如果不得到你这边最坦率的回答，我的决定是做不安心的。"

刘人杰听罢，抿了一口茶，专注地看着张峰，示意他继续说下去。

"我也是从毕盛出来的，咱们虽然规模很大，这些年各项经济指标都很好，民用产品的份额在你的力推下增长也很快，但是，你认为我们真的在民用飞机的各个领域，尤其是机载系统领域，都真正具备了国际一流水平吗？"张峰问完，又抽了一口烟。

刘人杰继续看着张峰，没有说话，他知道张峰还没有说完。

"飞机是六年后才首飞，等通过适航取证可以商业化运营还需要更长的时间，但是，咱们不可能一直在现在的位置上待这么长时间。我们虽然个性相仿，但我经过这段时间的折腾，发现你的个性其实比我更强势，也更有后劲，可以更上一步。你需要一个台阶，而这个台阶我可以提供，我不介意成为你的垫脚石。但是，我不希望实翼在我在任的这几年出事，也不希望飞机到时候飞不起来。"

说完这些话，张峰舒了口气，这几天他心里一直在思考着这个问题，他不愿意在自己内心没有完全说服自己的情况下做出决定，更何况他需要刘人杰给他信心。他了解刘人杰就如刘人杰了解他一样，刘人杰的政治野心更大，现在面对这个千载难逢的机会，他不可能不想把握住。他愿意为老朋友搭把手，但是他也不想让自己遗臭万年。不过，他俩的关系，好就好在大家可以这样坦率地交流，虽然仅仅在私下里。

听完张峰的话，刘人杰并不觉得奇怪，因为他就是这么想的。别说张峰，就连赵进军和他毕盛的下属们也都觉得他有这个想法和实力。但即便如此，刘人杰也深知自己不能主动承认，他在实翼成立之前曾以为张峰有更高的志向，但逐渐发现他的高调就是想把实翼做好，便因此认为张峰有些"妇人之仁"，不能利用一切可以利用的条件。

刘人杰笑道："老张，我很喜欢你的坦率，我也知道目前我们的水平仍然达不到国际一流，但这次之所以力推毕盛成为你们的供应商，纯粹是想通过这次机会让咱们自己的工业得到一次真刀真枪的实践机会，从而上一个档次。你也不是不知道民10项目，最后没干成是我们的能力问题吗？"民10的失败，是他们这一代人心中永远的伤痛，不论过了多少年，每次想到那次面临触手可及胜利之时的溃败，那道貌似已经愈合的伤疤之下就会隐隐作痛。

张峰听罢，也有些激动，但很快平静下来，尽管他也经常唏嘘民10的遗憾，但他现在已经是成熟的管理者，必须时刻将情绪置于绝对控制之下。相反，他从刘人杰的回答中并未找到自己需要的那份自信。他深知毕盛的实力，但是需要刘人杰给他一份绝对的自信，哪怕带有夸张成分，也好让他最终做出这个决定。而现在，以刘人杰一向的感染力和煽动力，都没有表现出100%的信心，这让张峰没法放心。

"老刘，听你的口气，你也没有十足把握啊！"张峰笑道，"我们都知道，如果把民21作为一个学习型项目，最终我们的目标可能全都落空。"张峰话里有话，明面的目标是使毕盛的能力得到提升，暗地里其实也指让刘人杰自己更上一层楼。

刘人杰见张峰并未被民10的情绪所困扰，便也不再扯开话题，十分真诚地说："老张，对你我从来都实事求是，那些忽悠人的话咱不说。你知道我们的能力这些年确实有长足进步，我们已经给超英、飞天和其他国际知名飞机制造商供货多年了，拥有国际级的能力，但你要我给你打包票，我做不到。我们目前的供货经验主要集中在机体结构，机载系统的经验仍然有限，对于适航取证也缺乏足够的历练，但这些都像那层最后的窗户纸，一直阻挠着我国航空工业的崛起。平时在超英和飞天的项目中，我们受到各种限制，没法充分发挥，现在好不容易自己有了全权控制的民21项目，就在你老张的掌握中，你不想把那层纸捅破吗？"同时，他做了一个捅的动作。

张峰觉得很欣慰，那个熟悉的刘人杰又回来了。他也坏笑着回了一句："要捅破得自己足够硬啊！"

两人都笑了起来，气氛一下子缓和了许多。

十八

不过，在刚才谈话时，张峰的大脑一刻也没有停止过运转，朋友的野心、自己的前途、民族工业的发展、产品的竞争力，这些都是他在思考的内容。只有将它们都考虑在内，形成一个交集或者交点，那个相交的部分才是他的答案。

张峰抿了一口茶，决定停止刚才的话题，他需要发散一下思维，让头脑充分运动起来。

"老刘，有没有想过借助国际先进水平来提升毕盛的能力，尤其是你刚才说的机载系统方面？"张峰发问道。

刘人杰还在思考着如何通过民21来锻炼，听张峰这么一问，感到了一丝新意：对呀，锻炼的平台有了，但眼下自己能力还不够，那么要不要找个老师来帮把手呢？但很快，这个想法又被他自己否定了。

刘人杰提醒张峰："老张，想法很好。我们这几十年来有过这样的想法，但韦讯、占士强、霍克斯、威瑟斯彭等公司，它们可曾真正认真地教过我们？每次都是收了不少钱，教的东西却没啥用。"

"是的，但那都是比较浅层次的合作，比如转包协议、合作协议这种，双方一手交钱，一手交货。我们自以为拿到了技术资料、文档，但核心的部分是人，他们的人并没有与我们共同工作，课堂上学到的如果不能在实际工作中充分应用，等于没学。"张峰一下子来了精神，他似乎发现了解决问题的方法，"我们需要与他们构建更深层次的合作关系，让他们的人与我们在同一个地点按照他们最先进的流程和方式工作，让国际先进技术和管理流程都时刻影响我们的人，假以时日，我们怎能没有大进步？老刘，你想想，假如你们毕盛的人都能有这样的机会，何愁机载系统水平得不到迅速提升？"

"更深层次的合作关系……"刘人杰重复道。同时，他一边思索，一边看着张峰。

"合资公司！"两人几乎同时说出这个词语，说完后，相视一笑。

"是的，组建多个合资公司，争取全都由你们控股，办公地点全部放在国内，同时要求国外供应商派驻专家与你们的团队一起工作。让这些合资公司作为我们实翼的供应商，怎么样？"张峰一口气说出了他刚刚在心中形成的设想。就在几分钟以前，他还在苦恼如何找到那个交点，但在与刘人杰的互动中，它却突然从黑暗中蹦了出来。

刘人杰听后，眼神中充满了欣喜，尽管仍然带有一丝怀疑。"老张，没想到你还有这么激进的想法，如此大规模的合资，历史上从未发生过。可操作性如何？"刘人杰的大脑也在飞速运转，但他还是想鼓励张峰将他的想法全部说出来。

被刘人杰一鼓励，张峰继续说："操作层面我还没去考虑，需要仔细斟酌，但这个模式的益处是显而易见的——第一，你们将会参与民21项目的所有机载系统供应，成为这款飞机的最大供应商；第二，对我来说，也给飞机的成功增加了保障，万一你们做不出来，有合资公司的约束，那些国外知名供应商也会从他们自己的名誉以及商业前景的角度考虑出手相救，也能够给我们提供有力的支持，不愁飞机飞不起来；第三，对我们来说，可以利用这个机会大大扩展与国际先进水平的交流范围和深度。"

这些因素，刘人杰也已经想到了，这看上去是一个让各方都满意的方案。但他往往会在情况看似很好的时候想到风险，于是回应道："老张，咱们还要再想想它的弊端，风险管理也很重要啊！"

见刘人杰已经基本同意这个方案，张峰感到很有成就感，两人在毕盛共事的时候就经常彼此较劲，惺惺相惜，如果一方的建议得到另一方的认可，自是无比欣慰。

"风险也很明显，对于你们来说有两个。"张峰越说越起劲，"第一，你们要投入大量的现金来组建合资公司，这些现金原本可以全部应用于研发，现在却要用来支付外国人的技术、流程和工资；第二，如果外方不同意你们控股，而走平股公司模式，公司管理将会是很大的挑战。而对于我们来说，合资公司的供应商管理将会是最大挑战，表面上我们仍然只面对合资公司一家，但在实际操作中一定需要同时找双方来解决问题，因为合资公司还太弱小，没法走路，只能找监护人。"张峰的这些分析没有经过太多考虑便喷涌而出。

"又一次不谋而合。"刘人杰对自己暗暗说道。张峰对于毕盛的风险分析，跟他刚才想到的完全一致。

"钱不是问题，这几年效益都还不错，我们还有好几家上市公司。"刘人杰说，"至于管理，让我们的干部们去集思广益，总会有解决办法，如果咱俩把一切都落实了，还要他们干啥啊？"

见刘人杰这么说，张峰舒了一口气，又点了一根烟，说："那太好了，我回头也跟尹括说说。他对毕盛不放心，那就让他们去管控合资公司，看看情况多么复杂。"

"嘿嘿，老张，你对他有些不满啊！嫉妒人家血统纯正？"刘人杰打趣道。

"那倒不是，只不过他在第一次会上就跟我争执，多少有点不给我面子啊。"张峰只是轻描淡写。

"好啦，他还是很有能力的，能人就要好好用嘛。"刘人杰知道张峰不是心胸狭隘之人。

"那当然，我明天回上海就跟他们聊聊这个想法。老刘，你也跟赵进军他们去说说吧，咱们各自推进。"张峰把这次讨论画上了一个句号。

在回上海的飞机上，张峰特意好好感受了一下飞机起飞的过程，之前他从未特别在意。

飞机从开始滑行到离地起飞，只有短短的几十秒，但起飞之后，一直到定速巡航阶段，飞机要穿越对流层，面对航路上未知的各种天气、飞鸟甚至其他飞机，经历几十分钟的探索，才能爬上三万英尺的高空。

这段旅程，充满变数，注定颠簸。

▌滑行 Taxiing

一

地球的另一端，在美国俄亥俄州的一栋高档写字楼里，同继公司的员工此刻正在面临紧张的局面。

会议室中，他们小声交谈着，等着大领导的到来。这家公司的名号在业界可谓无人不晓，它有着一百多年的历史，发展到今天已经成为囊括电气、航空、医疗、能源、金融等多个领域的商业巨头。

航空事业部只是同继庞大的业务流当中的一部分，却也举足轻重。下辖的发动机业务一直是全球飞机发动机的领头羊，而另一块机载系统业务也在两年前收购了肯特公司之后开始迅猛发展。

这时，一名满头白发、颇具艺术家气质的中年男子跨步迈进会议室，径直走到中间的座位上坐下，将手上端着的一杯咖啡放在桌上，说："下午好，各位，俄亥俄的夏天真热，不是吗？"

旁边的一个光头男笑着回应道："没错，丹，不过我们更期待你带来更具热度的新闻。"

白发男子叫丹·里奇（Dan Rich），是同继全球副总裁兼航空事业部总经理，他刚从同继位于康涅狄格州的总部回来。在那里，他从同继CEO杰克·特里普（Jack Tripp）的口中得到了一个激动人心的消息：他们将与中国的毕盛公司组建合资公司，参与中国最新的大飞机项目。

"前不久杰克带着我们公司的高管访问团到中国，拜访了他们的航空巨头毕盛公司和新成立的实翼公司，重点探讨了民21项目的合作。现在，杰克已经将具体情况告知我，让我与你们分享，并且负责推动此事。"

"民21项目就是中国最近宣布的那个新的飞机项目吗？跟超英8系列和飞天T级同级别的飞机？"一个金发女人问道。她叫南希·桑德尔（Nancy Sandel），是航空事业部的副总经理，负责机载系统业务。

"没错，南希，这是中国一次充满野心的尝试。"光头男替自己的领导回答道。他叫阿伦·盖伊（Alan Guy），是航空事业部中国区的总经理，同时覆盖发动机和机载系统两个业务在中国的开展，也是副总经理级别，与桑德尔同级。

"确实是够激进的，跟他们每年两位数的经济增长速度很匹配。杰克的意思是，我们一定要与中国人共舞，加入这次狂欢，并且从中分一杯羹。"里奇接过话来，"下面我给大家介绍一下详细的情况，尽管你们可能已经听说过只言片语了。"

不久以前，实翼正式确定了供应商选择模式，启动针对民21项目的全球招标，其中，针对机载系统，特别提出了合资公司模式：所有的外国供应商要想参加竞标，必须与毕盛对应的事业部成立合资公司，由合资公司来担任供应商。

这个消息，对于商业嗅觉敏锐如鲨鱼的特里普来说，不啻刚刚滴落在大海中的血滴。

经过充分的准备，特里普专程拜访了毕盛总部，与刘人杰和赵进军进行了一次长达两个小时的谈话。特里普所提议的，让刘人杰和赵进军都激动不已。

在他们的高峰会议之前，刘人杰与赵进军已经见了好几拨闻风而来的国外知名企业，这些叱咤航空界的大佬们都十分重视实翼所确立的合资公司供应商模式。但尽管如此，在刘人杰和赵进军看来，与之前毕盛所经历的国际合作并无不同，他们承诺更多的仍然是技术支持、项目合作或者部分软件和制造工作外包，没有任何新意。而刘人杰和赵进军显然想借着民21项目获得更多的支持。

来得早不如来得巧，特里普的提议简单却有颠覆性，他主动提出将同继的核心航电（CAT）技术作为股本与毕盛成立合资公司。为了贴近启动客户实翼公司，合资公司将总部位于上海，同时为了今后的国际化做准备，打算在美国和英国也会适时各设立一个分部。合资公司的愿景是在双方母公司的强大支持下，成为世界一流的民用飞机航电产品和解决方案的供应商。

这个提议，让刘人杰简直不敢相信。于是，他和赵进军决定趁热打铁，两人不但很快就特里普的总原则达成了一致，还确定双方股份各为50%，同继会将CAT技术提供给毕盛供评估，毕盛再按照估值投入等值的现金。

刘人杰当然有理由激动。特里普的这个主动提议，与过去的无数失败先例相比，有好几个方面的变化：第一，合作的方式不仅仅是技术协议，或者是项目合作，而是一家具备完整功能的合资公司实体；第二，合资公司的总部设在上海，并且在未来拥有全球的分址，格局很大；第三，同继愿意以技术入股，而且这项技术还是最新的一款民用飞机超英9系列上所使用的技术。

刘人杰看到的不仅仅是这样一个合资公司成功的愿景，更是由此带来的毕盛公司在民用飞机国际市场上一次飞跃的愿景。

当然，如以往任何一次一样，特里普也并不是做慈善的，他的目的与这几十年来纷纷涌入中国的跨国公司一样——市场，而中国的民航市场是他们眼中的金矿。特里普在与刘人杰见面之后，又马不停蹄去拜访了新成立的实翼公司。回到美国后，他立刻召集高层开了一个闭门的战略讨论会，"中国的民用航空市场就是19世纪的加利福尼亚，我们得去挖点金子。这是一生一次的机会。"他总结道。

二

里奇刚介绍完整个背景，问题就来了。

桑德尔问道："那他们出多少钱？"

盖伊又代替里奇回答："取决于我们将CAT估值多少，对吗，丹？"

里奇回复道："当然，理想情况下自然如此。CAT技术在我们当年收购肯特时并没有花太多钱，如果能够全部作为股本投入合资公司，简直是太美妙了。"

桑德尔和盖伊听罢，都点头笑道："如果是这样，我们没有看到不这么去做的理由，毕竟中国的市场摆在那里，只要保护好超英在其中的知识产权就好。"

看到这样的业务拓展机会，他们自然不会放过。对此，在场的航空事业部航电技术总监沃德·埃文斯（Ward Evans）、项目总监白天凤（Tiffany Butler）和国际贸易总监安迪·古腾堡（Andy Gutenberg）也深表赞同。

不过，航空事业部总法务官斯坦·威尔逊（Stan Wilson）发话了："各位，从业务的角度看这是个好生意，但我担心有合规和法律风险。CAT技术有可能用于军机，卖给中国人会涉嫌违反武器出口管理条例，并且这部分资产出售之后，原肯特的人员应该如何安排？如果影响了本地就业，当地政府也会找我们的。"

事实上，从里奇刚传递特里普带回来的这个消息时，这个想法在大家心中都曾浮现过，只不过，作为职业经理人，他们被这个看上去十分美好的项目冲昏了头脑，因此忽略了显而易见的合规和法律风险。作为与中国合作的跨国企业，尤其是涉及一些敏感的领域，这几乎是不可避免的心理斗争。但威尔逊不能忽略，他的职责就是在大家都很乐观的时候泼冷水。

里奇说："斯坦说得很有道理。南希，阿伦，你们负责在整体上把握这个合资项目的进程；沃德，天凤，你们负责具体的业务推进。同时，斯坦和安迪要积极与总部的法务和华盛顿办公室联系，了解国会、白宫、五角大楼和超英对此事的态度，采用必要的游说让这件事情合规完成，我们既要赚钱，也不能越过雷池。"

"没问题，我们工程团队已经跃跃欲试了，他们急需新的项目来磨磨牙。"埃文斯十分自信。

"还有什么需要支持的吗？"里奇问道。

"人员，我们需要更多更有经验的人员。毕竟，我们的目标是通过与毕盛的合作获得民21飞机的核心航电系统等工作内容，毕盛没有经验，不能指望他们。我们的经验也有限，目前看来无法胜任。"白天凤是项目管理者，总是将困难先考虑在前面。

"你是认为我们工程团队能力不足？"埃文斯有些不满。

"收起你的浮夸吧，沃德。我们关起门来说，你的团队有航电顶层的综合集成经验吗？据我所知，9系列项目里这部分是超英亲自做的吧。而你也不能指望实翼像超英一样强大。"白天凤冷冷地回应。

"好的，天凤，你需要什么？"里奇不想看着下属们争吵，他喜欢寻找解决方案。

"招人，从韦讯、占士强那边挖人，越多越好。"白天凤已有了答案，"我只需要你能够开得起足够高的工资，丹。"

里奇听罢，并不意外，面露笑容说："没问题，我们可以高薪聘请人才，我这里不设预算限制。反正最终我们有中国人买单。"

如果刘人杰和赵进军得知同继从一开始就这么明目张胆地让自己当买单的冤大头，那么当初在与特里普做出那个决定之前一定会三思。可是现在，他们却无暇思考，因为实翼给出的项目进度是如此的激进，以至于他们必须尽快完成与同继的合资公司组建。

"这次同继所给的合资条件无疑是我们有史以来所能获得的来自于世界巨头最为慷慨的一个提议。民用客机领域不像军机有这么多秘密，大家都知道CAT技术确实用在了最新的超英9系列飞机上，如果我们能够成功将它吸收和转化进来，那么前景将不可限量。"刘人杰在高层办公会上如此定调。

"赵总，你来牵头，组织一支精锐的队伍，与同继那边沟通，研究具体的操作方式。我们要快，要赶上实翼公司那边对于系统交付的进度要求，但同时也要小心谨慎，结合此前我们的经验和教训以及其他同志的建议，我们不能盲目乐观。"他任命赵进军为合资项目的行政总指挥，并且部署基本原则。

　　"我们的原则，第一，全力支持保障实翼的工作，确保民21项目的成功；第二，确保合资公司完全消化同继转移过来的技术，建立自身的研发团队，成为可持续的行业内一流企业，而不仅仅是一个项目公司或者空壳公司；第三，我们的愿景，是在已有技术上进行创新，引领下一代民用飞机航电技术。"

　　任务总是一级一级往下传达的。赵进军领命之后，第一时间召集了毕盛公司大飞机事业部总经理唐文波和他的几个副总——分管国际交流、合作和业务开拓的葛希薇，分管运营与项目管理的王升和分管技术研发的武平。这四人都是毕盛的元老级人物，唐文波四十五岁，北京人，是赵进军升任毕盛公司副总经理之后的继任者，一直是赵进军的得力干将，四平八稳，考虑周全；葛希薇五十岁，来自上海，善于沟通，英语流利；王升则是唐文波的手下，来自北京，刚过四十，雷厉风行，爱憎分明；武平是技术专家，河南人，四十三岁，思维缜密，沉默寡言，但常常一语中的。

　　不过，除葛希薇有着丰富的国际合作经验之外，其他三人在赵进军召集开会之后都有抵触情绪。唐文波虽然被任命为同继合资项目的负责人，也是老毕盛人，在毕盛已经工作了二十多年，同时有过好几次国际合作的经验，但与其说是经验，不如说是教训，因此对于国际合作有一些抵触与成见。王升与武平与唐文波有些相似，他们身上的既有项目已经足够多，不想去沾染这个前途未卜的新项目，而且还是与外国人打交道。

　　"赵总，我真不想干这个活，你也不是不知道以往我们每次都被外国人玩得有多惨。王升和武平也有些怨言，我们都不太适合搞国际合作。要不咱们这次就锻炼新人吧，让夏秦来牵头？别每次都让我们这些老革命去顶，真的干不动了。"唐文波私下找到赵进军说。

"老唐啊，这件事情确实不容易，但你们都是身经百战的老毕盛人，是大飞机事业部的领导，也是我所信赖的人，于情于理，你都应该接下这个任务。夏秦虽然也是你的副总，但他是负责财务的，才三十出头，还不能牵头服众。"赵进军试图说服他，又补充道，"刘总十分看重这个项目，在我们与国外厂商合资的近十个项目中，他在高层办公会上点名这个项目是重中之重，我希望你能够担起来，这样你也会大大增加在刘总那边的曝光度。"

赵进军说的是实情，自从他接替张峰，被提拔为常务副总经理之后，他此前担任的副总经理之职一直空缺，由他自己兼任。刘人杰之所以这么安排，一方面是想观察观察赵进军的表现，另一方面，确实还没有找到合适的人选。毫无疑问，如果能够把同继合资项目做好，唐文波的胜算将非常大。

但唐文波不愿意接手也有他自己的算盘。副总的位置固然诱人，可同继合资项目的风险也十分之大，他早就听说同继的人都很狡猾，尤其是寻找合作伙伴或者收购对象时，业界有如此评价："他们就像秃鹫寻觅地面落单的羔羊一样不放过任何嗜血的机会。"面对这样的对手，他自觉胜算不大，如果失手，那么他目前大飞机事业部总经理的位置都将不保。对这个位置，毕盛上海和成都分公司的曾泰和柯秦渝早就虎视眈眈了。

"赵总，容我再考虑考虑吧，给我一点时间。平时你交代我什么任务，我都义不容辞，但这件事，确实非同小可。"唐文波请求道。

"好吧，给你一个星期。老唐，不要让我失望。"赵进军摇了摇头。不过，他还是想给唐文波一次机会，毕竟跟了自己这么多年。

三

三天之后，赵进军却接到了曾泰的电话："赵总，好久没向您汇报了，最近怎么样？"电话里传来爽朗的问候声。

赵进军笑着问道："曾总，你打这电话不是来跟我拉家常吧？"

"还是赵总懂我啊！我听说刘总已经决定将与同继的合资项目列为重中之重，准备迅速往下推进了。项目总是要人来做的嘛，我是想向赵总主动请缨，我们毕盛上海愿意全力支持，我们民品线有很多能人的，比如刘挺、张收成他们，你都见过的……我就是想请赵总在安排工作时多多考虑我们。"

"好的，感谢你们的支持，我最近正好在考虑具体实施的战略，你有什么建议，也欢迎随时告诉我。"

挂了电话，赵进军暗自笑道："好一个曾泰，消息很灵通嘛。老唐要是有他一半的进取心，早就当副总了。"

赵进军给曾泰的回复，原本只是一句客套话，他自然不可能当面打压下属的工作热情。但曾泰要的就是这句话，他打算充分利用，先斩后奏。

很快，曾泰就在毕盛上海内部做动员，用"一生一次"的字眼来形容这次毕盛与同继的合资项目，"你们可能一辈子才会碰到一次国家如此重视制造自己的大飞机，一辈子才会碰到一次国外的知名企业愿意拿出真刀真枪的技术跟我们搞合资。而更重要的是，你们又恰好有机会同时参与这两个一辈子才有一次的项目！"他的普通话虽然不标准，煽动力却一点儿也不逊色。

"一生一次！这不正是我要等待的机会吗？"张收成听罢，内心摇摆了很多次的方向针终于停止了摆动，坚定地指向了一个方向——同继与毕盛的合资公司。

对于尹括来说，这个民21项目更加弥足珍贵，因为他已经年近半百，以飞机项目动辄十年的周期来看，他的机会真的不多了，所以他要争分夺秒。

眼前摆的是下属们提交上来的第一轮供应商交流的资料，自从实翼发布供应商选择指导说明文件和信息征询书后，全世界的航空界都被调动起来了。尹括和他的团队接待了一波又一波的拜访者，从毕盛的各大下属单位，到世界知名的各大供应商，他恍惚间有种"万国来朝"的感觉。

同时，他十分清楚，所有拜访者的动机都只有一个——希望拿到民21的项目，成为其供应商，从民21背后那庞大的中国民航市场分一杯羹。但是，这也是好事，只有利益驱动，才能确保每个供应商都拥有持久的动力。

　　按照张峰的指示，尹括告知所有的机体结构和发动机潜在供应商，回去按照供应商选择指导说明，撰写针对信息征询书的回复。而对于机载系统的潜在供应商，他希望赶紧建立合资公司。

　　到底还是自家人亲，实翼不久就收到了毕盛旗下几大子公司关于机体结构的初步标书，内容、技术、商务和组织管理等信息俱全。"果然如张总所判断，机体结构件找毕盛就够了！"尹括一边阅读手下呈交的供应商初步标书摘要，一边感叹。

　　距离实翼最终确定供应商还需要经过正式标书遴选阶段，但哪怕基于现在的信息，尹括几乎也可以肯定，张峰的策略是完全可以实施的。

　　现在，在尹括自己手上，将诞生第一架中国自主设计研发的民用大飞机，每每想到这里，他都激动万分。

　　一方面，他为以毕盛为代表的国内航空工业所取得的长足发展感到骄傲。讽刺的是，他之前在毕盛时，完全没有机会了解到这一切，反而现在出来了，却可以更好地了解老东家。

　　另一方面，他有些惊异于世界知名供应商对于组建合资公司这件事情的热情。除去积极开展高层公关运作的同继公司，韦讯、占士强、霍克斯等世界一流的机载系统供应商也纷纷给出了合资方案。

　　"尹总，我们都有些应接不暇了。"赵进军有一次半开玩笑地对尹括说道。

　　不过，在这一切热闹的背面，有一个领域是尹括所担忧的，而且到目前为止，他还没有找到非常好的解决方案——那就是发动机。而飞机发动机是飞机上最重要的系统，没有之一。

　　从内心深处，尹括希望发动机与机载系统一样，也采用张峰确立的合资公司模式，这样就可以实现发动机的跨越式发展。但是，世界三大发动机巨头同继、沙展和捷劲，没有一家对此感兴趣，或者敢对此感兴趣。这不是钱能解决的问题，因为发动机是真正的工业之花，是飞机这个工业皇冠上的明珠，所以西方政府不可能让这样的技术流入中国。

这样，发动机的问题就变成了在三家垄断的厂家里选择一家，直接作为供应商。然而，看似简单的局面却意味着尹括和他的副手之一——发动机总设计师张超乙将十分被动，没有太多的谈判空间。

"小甲，感觉不管选哪家都是狼群和虎口，区别不大。你要多多费心了。"尹括常常笑称张超乙的父母有些多此一举，取名时叫"张甲"就挺好，干吗非要"超乙"。

张超乙今年四十出头，比尹括小几岁，常年剃着平头，标准的国字脸。他在技术上十分过硬，不过，由于过去二十年民10下马带来的技术断层，他的团队整体能力不足，他有些独木难支。

"如果要少让这些发动机巨头们占我们便宜，我需要一个得力的助手，我可以在技术上把关，而他更多从项目管理、商务等领域支持我。这样我虽然不敢说能够像超英和飞天那样在面对发动机供应商时底气十足，但至少可以不让他们认为我们好欺负。"尹括一边感慨，一边看着HR给他筛选过来的简历。他急需充实自己的队伍。

突然，他看到有一份简历十分惹眼。这个应聘者的教育和工作背景堪称完美，北大毕业，英国留学，目前在沙展公司工作，"简直太合适了，这样的人才我得马上叫他过来谈谈！"

他急忙将目光移到简历的上端，看到了这个人的名字——李慕。

四

"被同继抢先了，他们不会是玩真的吧！"这是韦讯、占士强等世界知名航电供应商中国区负责人在得知同继将与毕盛组建合资公司，并且将CAT技术注入合资公司之后，脑海中自然的反应。

长久以来，这些西方领先的机载系统供应商们都对自己的技术十分重视，就像呵护婴儿一般，哪怕有些技术已经过时，或者面临被淘汰，他们也敝帚自珍，不愿意拿出一点儿与发展中国家分享，哪怕可以卖个极好的价钱。

这些厂商之间心照不宣，达成默契，从不排斥与中国航空工业合作，但每次拿到一笔钱，都仅仅是给中国提供一些技术含量极低的支持，比如顶层的软件代码等。

然而，没有人满足于干一辈子低级的工作，还同时帮别人数钱。毕盛的能力也在逐年提升，如今已经逐渐不满足于这种简单的合作，而是需要更值得他们花钱的干货。

同继是最先发现这一变化的，并且敏锐地把握了民21这一千载难逢的时机，抢先与毕盛和实翼的高层明确了合作意向。好在确立合资意向并不等于被最终选为民21的供应商，在毕盛和同继的合资公司与实翼签订合同之前，一切都还有回旋的余地，因此其他厂商也迅速行动起来。

占士强中国区总经理范若成迅速找到了唐文波。两人是清华管理学院EMBA班的同学，毕业之后还经常联系，由于都在各自的公司发展得不错，成为行业内说话有一定分量的人，因此这种联系更加紧密和坚固。

"老唐啊，你们干吗要跟同继合资，应该跟我们合资啊！"两人一见面，范若成就抱怨道。

"那还不是因为你们不肯转移技术到中国来，这能怨我们吗？而且，这个合资都是我们刘总和赵总亲自拍板的，我也说不上话。"唐文波无可奈何。

"嗨，同继那破CAT技术，也不是他们的，那是他们前几年收购的肯特公司的技术。同继的传统强项是发动机，这你不是不知道，论航电，他们与我们占士强还是有不小的差距。"

两人一边喝酒，一边聊天，当范若成得知唐文波对于是否接下赵进军交给的任务仍然犹豫不决时，他强烈表示唐文波应该接下这个任务。因为他觉得民21项目与以往的任何一次国际合作都不同，国家的支持力度前所未有，只许成功，不许失败，这是大势，一定要顺势而为。

当然，范若成心里也有自己的小算盘。唐文波接手之后，他就能经常了解到合资项目进展的第一手资料，万一毕盛与同继出现裂痕——在他看来简直是一定的，占士强没准还有机会。

酒足饭饱之后，唐文波的秘书已经将车开到餐馆门口，两人上车。此时，唐文波的手机响起，是赵进军，"老唐，你今晚必须给我一个答复，这个活你到底接不接？曾泰已经动员五十人参与，名单都交给我了！"

唐文波一阵冷汗，愣了半晌，然后对着话筒说："我接，我接。"

现在，烦恼的轮到曾泰了。他原以为这次"突袭"可以让自己当上合资项目筹备组组长，没想到唐文波还是决定接手，而赵进军也让他当了一个副组长，让他没有办法直接提出抗议。"真是功亏一篑！现在还要担心这50人派出去后，今年的任务会受到影响，让柯秦渝占便宜了。"

毕盛成都的总经理柯秦渝刚接到唐文波的通知，要求毕盛成都配合机载系统事业部和毕盛总部的战略，派人员支持与同继的合资项目，并且告知他毕盛上海已经派出了五十人。

"曾泰这葫芦里是卖的什么药啊？派出五十人？那今年我们的业务收入应该能够超过他们了！"这是柯秦渝的第一反应。他和曾泰一样，都对唐文波目前那个岗位有想法，但由于成都与上海相比，在地理位置上存在先天劣势，尽管同为毕盛两家规模很大的子公司，可成都的业务收入每年都比上海低。长此以往，在以业绩为导向的毕盛，他几乎没有机会赢曾泰。

于是，他暗自高兴，一边拍着胸脯答应唐文波一定全力支持，一边在毕盛成都的管理办公会上嘱咐手下人继续关注现有业务，不要分心。

与此同时，张峰则在马不停蹄地处理另外一件事情，也是心无旁骛。在与刘人杰确立民21机载系统供应商的合资模式后，他将重点转到了公共关系上来，作为一家新成立的企业，实翼与国产大飞机一样，被不少人冷嘲热讽。

"国产汽车都卖不出去，还想造飞机？"很多人依然认为，一个国家的工业必须按照特定的路径发展，如果摩托车造不出来，就不能造汽车，如果汽车造不出来，就不能造飞机。

"京津城际铁路通车了，自主的高铁有突破，飞机不知道要等到什么时候。"说这话的人多少还是带有一些积极的态度。

在张峰看来，将飞机造出来是一回事，让人们打心眼里接受，并且敢去坐，又是另外一回事，而后者的决策机制涉及人们的既有观念，可能改变起来要比飞机制造本身更加困难。

张峰决心借着北京奥运会大获成功的春风，到处抛头露面，参与各种论坛，接受各大新闻媒体的采访。到2008年年底，实翼和民21项目在民众心中的知名度大大提升，"国产大飞机"成了网络搜索热词。

"老张，你太高调了，还是要注意啊！"刘人杰在电话里提醒张峰。在后海谈话之后，刘人杰彻底明白张峰对自己已不再是威胁，以前那种亦敌亦友的关系已经转变为诤友，他不希望看到张峰因为性格太张扬受到不利的影响。他此时正在继续推进毕盛各大子公司的资产证券化，受全球金融危机和A股熊市的影响，旗下上市公司的市值大幅缩水，但在他看来，这正是进行进一步改革的好时机。不过，这一切都在低调中进行，很少见诸报端。

"没办法，我就是实翼的代言人，我不高调谁高调啊！超英和飞天的飞机也都是还在纸上的时候就卖出去了，我们不能等飞机造好了才开始宣传啊！"

"与其默默地怂死，不如悲壮地战死。"张峰对着电话坚定地说完，狠狠地抽了一口烟，慢慢吐出去，居然在空中形成了一个烟圈。

五

李慕坐在头等舱靠窗的座位，看着窗外阴冷的天。此刻，他有些伤感，因为他要离开北京这座生活了多年的城市，搬去上海。尽管北京有诸多让他讨厌的地方，可他依然喜欢这里。

他在燕园求学，在未名湖畔恋爱，在这里结识了形形色色的人，包括女人。紫竹院的老式公房，亮马桥的高档公寓，蓟门桥的宿舍，顺义的别墅，都留下过他的身影。他一度觉得自己生活得无比充实，每一刻时光都没有闲着。当他不受到金钱限制的时候，时间是他唯一需要考虑的维度。

可是现在，坐在飞机上，他却感到一阵空虚，除去即将运去上海的那一批伴随他多年的家具，他在北京居然没有任何牵挂。

"如果小成在，他应该会来送我吧。好在很快就可以在上海跟他重逢了。"

想到此，他的心里好受了一些，突然又十分向往未知的上海之旅，"至少有朋友，还有希望，或许还有更有意义的生活。"

他此次去上海，是担任实翼公司发动机副总设计师，支持张超乙的工作。在过去几个月，他通过了实翼的三轮面试，最终成功获得了这个职位。与其说是成功获得，不如说是张超乙见他一面之后就相中了，面试只是走个流程罢了。

"这个小伙子我们必须抓住！"张超乙对尹括评价道。

最后一次面试，考虑到重要性，尹括与张超乙同时参加，他们只有一个疑虑：为什么李慕要放弃沙展如此优厚的待遇，到实翼这个收入只有原来一半的地方来。

"小李，你的素质和能力毫无疑问，但是，我们想知道为什么你要来我们这里。毕竟沙展公司这个平台很高，而你又已经有了不错的岗位。"张超乙问道。

这是他们的担心，也是他们的无奈：实翼作为国企，能够给予的待遇实在无法与知名外企相比。尹括的团队此前也收到过光鲜的简历，但这些竞聘者得知待遇后，几乎都掉头而去了。

尽管十分希望李慕能够加盟，在发动机这个关键系统上发挥作用，可他们还是好奇李慕是怎么想的。

"很简单，就是想做点儿自主的事情，"李慕对此问题早有准备，回答得十分平淡，"在沙展挣得再多，我也只是替人家修发动机，解决发动机售后问题，根本没法参与设计。而且，对于大事没有任何自主权，所有的权力都在英国总部。"

"这个没问题，实翼会给你充分发挥的平台，"张超乙连忙说道，"但是，待遇上少了这么多，真的没问题吗？"

"没问题，我并不缺钱。我知道这样说会有些自大，但是确实如此。张总，我是冲着这个事业来的。"

听至此，尹括立刻就认为必须要把李慕招进来，不过，这一瞬间，他又有些担心张超乙。李慕既然是冲着事业来的，那显然不想仅仅当一个副总设计师。

果然，听完这番话，张超乙迟疑了一会儿，并没有马上回答。

尹括不想再等，决定先拍板，回头再给张超乙做心理安抚，"很好，小李，实翼欢迎你！"

然而，李慕加入实翼的事情，张收成并不知道。李慕不打算跟张收成商量的原因，是他认为这个性格纯良、优柔寡断的好友一定会阻止他跳槽到实翼。

"正好给他一个惊喜。"李慕脸上浮现出一丝坏笑。

没想到惊喜是相互的。当两人在上海重逢时，张收成也离开了毕盛上海，加入了与同继合资的公司。

"你疯啦！"这是他俩对于彼此动向的第一反应。

在2008年的这个冬天，他们都刚刚三十出头，处于未来远远大于过去的年纪，他们的生活都已经收获了各自的成果，但同时也有更多的诉求。

六

2009年元旦，热闹与冷清并存。在上海的各大商圈和旅游景点，到处都充满了新年的气息。但是，李慕此时在冷清的房间里，却想起了朱自清写的《荷塘月色》中的一句话："热闹的是他们，我什么都没有。"

他犹豫了半天，还是拨通了张收成的电话。

电话的那头，是一个十分沉闷的声音："喂，我也正要找你呢。"

"你不用去无锡陪贾南了？她不是已经怀孕了吗？"李慕惊奇地问。

"没事，我明天回去也一样，不能让你第一年来上海就一个人跨年啊。"张收成依旧沉闷地说道。

永嘉路的星座酒吧是一家以威士忌和雪茄为特色的静吧，虽然位于市中心，但即便在跨年的时刻，这里也不显得吵闹。两个男人坐在一角，在昏暗的灯光中，看着对方不语。

"你居然提前就订了位，看来叫我跨年蓄谋已久啊。"张收成打破了沉默。

李慕抽了一口雪茄，缓缓地说："来上海之后这两个月我在熟悉实翼的新工作，没有找女人，别用老眼光看我。"

"你终于醒悟了吗？早就说了，别人是要充电，你是要充爱。"

"你小子……说吧，打算跨年跟我一起过，不仅仅是要安慰我这条单身狗吧。"李慕把烟吐出来。

"被你说中了。我们和同继的合资谈判已经开始了，事情很棘手，双方分歧不小，吵得不可开交，好几次都拍着桌子骂娘了。但骂归骂，我觉得我们跟他们比起来，就是游击队和正规军的区别，差距不小。"

"哈哈，被他们给唬住了？"李慕笑道，"看来我要给你扫扫盲，别被同继的表象给忽悠了。虽然沙展是英国企业，但都是外企，本质上差别不大。"

"愿闻其详！"张收成早就想跟李慕好好请教一下了。

"这些外企，都十分看重一样东西，就是所谓的企业文化。什么是企业文化呢？在一定程度上说就是企业给你洗脑，让你可以心甘情愿地为企业卖命。只不过，外企的这种洗脑，与你们毕盛通过各种学习、教育和考试来进行不太一样。在外企，这种洗脑一般都是通过所谓的能力建设、培训、职业发展规划课程、团队建设等听上去很好听的形式来进行，再辅以流程建设、较好的薪酬结构和福利待遇，在精神与物质两方面双管齐下。

尤其是同继，在企业文化方面做得尤为成功。他们的员工从入职开始，就有各种培训和轮岗机会，被教会如何按照既定的流程工作。这样的结果就是在他们对外的时候，无论是精神面貌还是工作文档，都仿佛是一个生产线上产出的一样，看上去十分专业，足以镇住你们这些长期习惯了随意行事的毕盛员工了。这是第一步。"

"哦？那第二步呢？"张收成饶有兴趣地听着。

"第一步只是一种外在的表象，即通过一致的公司形象、风格与文档模板等标志物来展现出公司的专业。第二步则是让员工从内心自发地认为'我们公司就是牛，而你们都是散兵游勇'。这样，当你们与他们对话时，会感到一定程度上的优越感，如果内心不够强大或者见的世面不够，便会被震慑住。"

"那这种优越感是怎么培养的呢？"张收成问道。

"一方面，是通过对员工进行公司历史和成就教育。同继是一家历史悠久的公司，这让它有先天的素材和优势，足以让员工因公司历史悠久而产生自豪感，虽然历史悠久和取得的成就与员工自己没有半毛钱关系，但人们总是乐意为此感到自豪，不是吗？在此之上，很重要的一点就是通过薪酬福利来进一步增加其自豪感。物质条件是不可或缺的，光谈光荣传统和奉献精神却不给实际好处等于耍流氓。外企在给实际好处方面也是很有技巧的。"

"可是，我听说同继的收入在外企当中并不高啊！"张收成插嘴道。

"是不算高，比如比我们沙展就低，"李慕笑道，"但他们有大多数外企都没有的福利。"

"你们沙展？你是实翼的人了，好吗？"张收成笑着打岔。

李慕并没有理会，继续说："比如，你们毕盛的人出差公干时，对于交通和住宿的标准是什么？我听说要到曾总或同等级别，才能够坐飞机吧，下面的人都得坐火车。住宿标准，像北上广深这样的一线城市一个晚上才300元，对吧？"

"嗯，前几年是这样，最近应该可以坐飞机了，但要买折扣票。不过住宿标准好像没有什么变化。"张收成答道。

"是的，这就是你们毕盛的特色，在差旅方面想尽办法省钱，以为这样可以节约成本，但其实是以牺牲员工的舒适度和自我认识为代价的，这种无形的损失其实很大。而外企不一样，交通方面，沙展的员工出差一直以来都是坐飞机，还是全程头等舱；住宿方面，我们会与一些知名的五星级酒店集团谈好协议价，为员工订五星级酒店，这个协议价事实上并不比那些快捷酒店贵太多，尤其是对于同继这种员工很多的企业来说，人越多，获得的折扣就越大。看上去这样每年可能会多支出一些，但员工在出差过程当中却能够保持较好的精神状态，久而久之，潜移默化中就增加了对公司的认同感。假如你们和同继在同一个地方开会，人家都是从五星级酒店出来，而你们从快捷酒店出来，碰面之后一聊，你们就会觉得自己比对方要矮半头，气势上就输了。"

"这第二步还有最后一个绝招，"李慕继续说道，"像你们毕盛那样的国企这几年也开始搞团队建设了，但大多就是找个地方旅游，或者一起吃个饭。而同继那样的外企早就开始开展'家庭日'了，每个月都会邀请员工的家人一起参加活动。这样虽然支出增加了一些，但员工的家人得到了一定实惠，回家后枕边风一吹，那员工必然对公司更加死心塌地。"

说完，李慕停了下来，抿了一口威士忌，然后看着张收成说："所以，你所遇到的同继的人，都是经过这些锻造的，自然让你感觉不一样。更何况，你现在在谈判的对象大都是他们的中高层干部，那都是混了多年的老油条了。你们毕盛还差得远呢，虽然这几年刘总上台以后已经有了很大的改观。"

张收成若有所思道："难怪，我觉得他们与我们的领导风格不太一样。"

"是啊，这也是为什么你们刘总希望组建合资公司的原因吧，他是希望你们能够好好与国际接轨。好好干吧，小伙子。"李慕戏谑道，"其实啊，天下乌鸦一般黑，呵呵。"

"哦？这是什么意思？"张收成问道。

七

跨年夜，星座酒吧中的对话仍在继续。

"我是说，这些东西都是些看上去很光鲜亮丽的东西，但其本质上与毕盛差不多，全世界都一样。企业文化里的那些好词语，也都仅仅存在于企业文化这个概念当中罢了。"李慕耸了耸肩，"比如，你现在对同继有好感，假如他们来挖你，你会不会弃毕盛而去？"

"说实话，我还挺动心的，一直都挺想去外企感受一下，尤其是同继这样的知名企业。"张收成十分坦诚地说。

"我就知道你会这么说。"李慕笑道，"那你觉得你去同继发展潜力大，还是留在毕盛的潜力大？你们刘总曾经那么器重你，可现在你加入了合资项目，再也回不去了。"

"刘总确实待我不薄，毕盛的平台也很好，要不然我也不会在这里工作那么多年。但随着位置往上走，总是不可避免会遇到权力斗争，外企在这方面可能更加正规一些，尤其是同继那样的大企业。"

"哈哈，你居然会这么认为！看来我确实要好好教导你一下了！"李慕听完张收成的话，十分得意，"为什么大多数人都认为外企的权力斗争和办公室政治少呢？其实不是真的少，而是他们距离权力中心太远了。作为分支机构的低级别员工，在总部的人眼中就是一条虫，有什么动机和你争？犯不上啊！等你真的升到一定级别，甚至去了总部，你就会发现面临的是国际化的竞争和办公室政治。有人的地方就有江湖，偏偏他们还喜欢将其精心地包装起来，来忽悠员工和你这样不明就里的谈判对手。"

说到这里，李慕正色道："所以，想真正干点事情，还是留在毕盛吧，或者是它的合资公司，虽然是平股，但毕竟也是中国人自己的公司，别想着去同继了。这些跨国企业都把中国作为其全球战略的一部分，他们看中的也都只是中国市场，所有的研发和大部分制造都在本土，在中国的只有销售和客服。"

"而且，十年二十年后谁胜谁负，还很难说呢，"李慕最后若有所思地说，"这也是我选择进入实翼的根本原因。"

听完李慕这一番话，张收成顿时觉得眼前清晰了很多，威士忌和雪茄带来的眩晕感也驱散了。他举起杯子，说："来，碰一个，你这次跨年外企科普教育让我胜读十年书啊！"

李慕也举起杯子，说："毕盛应该给我一笔钱，我成功给他们的主力队员进行了精神辅导，让他在心理和战略上对同继采取了平等甚至是蔑视的态度，而不是之前的敬畏。"

张收成哈哈一笑道："干了！"

在帮助张收成解决了些许面对同继的心理问题之后，李慕自己也毫不轻松。在沙展的时候，他是背靠大树，站在巨人的肩膀上。而实翼虽然在张峰的东奔西走之下已经具备了一定的社会知名度，但在航空领域，依然是一个刚刚呱呱坠地不久的婴儿，没有任何历史成绩与资本。

李慕突然发现，背后的光环没了，他只能靠自己，以前只需要花半小时就能解决的问题，现在至少需要三倍的时间，他现在已经得不到那些曾经让他厌烦的、对他指手画脚的总部团队支持，因为他自己就身在总部。

从一开始与三大发动机供应商开始接触，到2009年的春节过后，进展甚微。

"李慕，赶紧把发动机供应商选定下来啊！"张超乙催促道。在将李慕招至麾下之后，他一开始有着强烈的不安全感，生怕哪天被取而代之。但尹括给他吃了一颗定心丸，"实翼是国企，不可能亏待老臣，李慕虽然有能力，也需要证明他自己。民21项目没个十年八年是看不出成绩的，在那之前，只要你别犯错误，不会有什么改变。"

于是，张超乙释然了，放心地把选择发动机供应商的任务交给李慕去办，自己则潜心钻研发动机和动力系统设计本身。

"张总，还有多少时间？"李慕问道。

"上次尹总在项目进度协调会上已经提到了，发动机比较特殊，相对自成一体，但对飞机又至关重要，必须在今年上半年选定。其他机载系统可以慢一些，到明年上半年最终确定下来都没问题。如此一来，赶上2014年首飞的节点还有希望。"

"今年上半年……也就是说，只有四个月的时间了。"李慕不由得倒吸了一口凉气。

问题的根本不在于三家供应商不配合。事实上，他们都拥有由中国人组成的本地业务拓展团队，总部也十分重视，对于实翼的各种问题都能及时反馈。

也不在于他们的技术方案不过关。他们都是久经考验的发动机供应商，全世界每天起降的上万架飞机上所装备的发动机全由这三家提供。而他们针对民21提出的方案也确实都是最新方案，经过张超乙的仔细审阅，这些方案都非常优秀。

根本在于，他们就像结成了价格同盟一般，初步给出的报价都比实翼的心理价位要高出70%~80%。

"要是20%我也就忍了，可这么大的差价，张峰都不敢拍板吧。"李慕多次提醒自己。

李慕也知道，他们给实翼的报价，比给超英和飞天的报价要高不少。"不要以为我们不懂行情，你们此前给超英8系列和飞天T级的价格低很多！"

但是，每当他搬出这个对比时，供应商们也都振振有词："超英8系列和飞天T级在全世界一共卖出了上万架，量大，价格自然也低。我们钦佩民21想与这两款世界最畅销飞机竞争的勇气，但市场分析告诉我们，民21不可能卖这么多。而且实翼的成功尚未得到市场验证，我们的价格是基于数量和风险的考量之后得出的，并非漫天要价。"

不怕卖家喊出高价，就怕他理直气壮地喊出高价。

"得赶紧想想办法。"李慕曾经想利用沙展的内部关系，试图说服沙展降价，并且非正式承诺优先考虑他们。但曾经的同事们并未心动，在唾手可得的暴利面前，谁都六亲不认。

后来，他又试图说服同继和捷劲，不过这两家公司与他们的竞争对手一样，咬定青山不放松。

2009年春天是最近几年来李慕过得最沮丧的一个春天，面对发动机供应商他一筹莫展，还没有女人的陪伴……

八

自从女儿上大学后，尹括就觉得生活中少了些什么。

而尹善治的身体状况从去年年初的雪灾开始变差，一年多过去了，依然没有好转。他时常咳嗽，不再经常出去打太极拳，写毛笔字的时候，握着毛笔的手经常微微颤抖，笔下的宣纸上常常出现莫名其妙的墨点。

尹括看在眼里，急在心里。虽然在忙民21项目，但一有空他还是会回家陪父亲，每次他提及民21项目的进展，以及给父亲带去实翼公司的各种媒体报道时，父亲的脸上就会出现一丝微笑，咳嗽也能稍微缓解一点。

"爸，我们很快就要选定机体结构的供应商了，全部是毕盛旗下的子公司。"尹括又一次给父亲带去了好消息。

不过，尹善治沉默了一阵，并未出现以往的微笑，而是大声呵斥："到现在还没选定机体结构供应商？也就是说飞机还没开始造？发动机呢？机载系统呢？供应商选定了没？你看看人家，'嫦娥'都撞月了！"

由于话说得太多，尹善治剧烈地咳嗽起来，同时甩给尹括一份报纸，头版就报道了"嫦娥一号"按照预先设计的方案降落到月球上指定的区域，顺利完成一期探月工程。

尹括有些哭笑不得，"爸，是'嫦娥奔月'。再说了，造飞机跟造空间探测器能是一回事吗？他们只要把探测器送上天就行了，我们不但要把飞机送上天，还要确保它顺利平稳地落地，不能一撞了之啊！"

这个道理尹善治当然懂，但他心里很急。过去的几年，他原本已经开始放宽自己的心态，不再去关注飞机制造和行业的事情，可自去年身体开始变差以来，他又越来越担心自己活不到民21真正上天的时候。

父亲的这个心情，尹括怎能不知？安抚了父亲之后，尹括感到有点烦闷，便抄起一件外套，去小区散步了。

到了小区，尹括拨通了郑立人的电话，等了一会儿才接通，他吼道："老郑啊，机体结构的供应商最终什么时候能敲定？我们这边已经把最终技术评估意见给你了。"郑立人是实翼公司负责供应链和运营的副总经理，与尹括平级。两人是大学同学，虽然后来在不同的单位工作，却一直保持着联系，没想到民21项目又把两人联系在了一起。

电话那头传来迷迷糊糊的声音："待会儿，容我稍微清醒清醒。"

"清醒？你干吗呢？"

"老婆出差了，儿子又上大学不在家，我最近忙得厉害，浑身不舒服。刚才捏脚呢，太舒服了，都睡着了。"

"捏脚？正规的还是不正规的？"尹括揶揄道。

电话那边传来骂娘的声音，两人又彼此玩笑了几句。

"好了，机体结构供应商怎么了？"郑立人的声音恢复了正常。

"没什么，就是想问问啥时候能最终确定下来。既然我们已经决定全部给毕盛，那就让他们开工吧！张总去年下半年做了那么多的宣传工作，咱们需要时不时地制造一点进展支持他，维持民21项目在社会的热度。"尹括并没有告诉郑立人，自己其实是希望让父亲高兴。

"有道理。我明天就问问材料准备得如何，要是齐全了，再让沈总从质量和流程上最后把把关，然后就提交张总宣布吧。"

"好！我也给沈宁打个电话，搞质量的喜欢吹毛求疵，我要催催他！"尹括挂了电话，心满意足地回家了。

"民21的机身和机翼等结构件都给我们毕盛了！"唐文波万分感慨，又不无失落，因为与他的机载系统事业部没有任何关系。

他主持召开了同继合资项目谈判的内部会议，与会的除了他和几个副总之外，还有曾泰和张收成。曾泰虽然未能如愿获得合资公司组建团队一把手的位置，但还是从赵进军那里得到了一个副职，支持唐文波的工作。

同时，他的前期努力也让毕盛上海成为与同继接触的桥头堡，而张收成就是冲锋队长。他的冲锋队队员大多来自于毕盛上海，都是吴作为和刘挺很不情愿吐出来的。

"看来我们得加快点速度，是不是，唐总？"王升问。

"不是我们不想快啊，同继那边把合资合同的草稿都起草好了，把厚厚的几百页英文文件扔给我们，他们就在那等着。而我们呢，两眼一瞪，鉴别合同文本的工作量太大，而且还是英文的，是不是，小张？"武平把问题抛给了张收成。

"没错，我们的人都是技术出身，对于法律和商务条款实在有些外行，而且英文水平也不算好。"张收成无奈地回复道。

自从张收成不顾刘挺的阻拦，义无反顾地加入毕盛的这个合资项目以来，他的视野得到了很大的扩展，曾泰将他安排在负责人的位置上，也算是寄予厚望。但他发现自己和所带的团队实在缺乏经验，这个差距不是光靠勤奋就能弥补的。

此时，葛希薇开口了，她是毕盛国际合作经验最丰富的人之一，"那也是没有办法的事情，我们与同继的差距不言而喻。他们已经有过多次国际并购和合资的经验了，就连这次要卖给我们的CAT技术也是几年前他们收购肯特的时候获得的。"

"我们不能闭门造车，要寻找外力支持。"葛希薇总结道。说完，她看着唐文波问道，"唐总，有预算吗？"

"我得去问问赵总，但考虑到他和刘总都如此看重这个项目，钱应该不是问题。"

同继也没有闲着，他们在地球的另一端讨论着相同的事情。

"南希，阿伦，我们要把思路放开阔一点，不要只盯着与毕盛的合资公司，要盯着整个民21飞机。我们的目标是，同时拿下它的发动机和核心航电系统。"丹·里奇鼓励下属们想出一个整体方案。

在过去的几个月里，他们招兵买马，一方面开展与毕盛的航电合资项目，另一方面直接接触实翼，争取成为发动机的供应商。但里奇逐渐意识到，可以将两者整合起来。

"既然我们有发动机产品，又在筹备与毕盛的航电合资，那为什么不能给实翼一个一揽子解决方案呢？这简直太完美了！"

讨论结束后，阿伦·盖伊赶紧把谢丽·威叫到自己的办公室，急切地说："谢丽，我们要将目前民21项目的战略做一些调整与整合，将发动机和航电两条线并成一条，一方面向实翼推广'发动机+航电'的整体解决方案，另一方面说服毕盛利用他们的影响力，让实翼尽快明确我们与毕盛的合资公司正式成为民21的核心航电供应商。"

"明白！看来，我得靠瑞秋（Rachel）支持我去完成这个任务了。"谢丽·威笑道。

九

瑞秋其实是台湾人，瑞秋只是她的艺名，本名叫陈淑珍。

改革开放后，由于看好大陆的发展前景，她在读完大学后便离开了台湾，到大陆工作。几年后，她嫁给了一个浙江商人，生了一个女儿，并且在上海置业定居，她的人生轨迹看上去十分顺利。但在十年前，就在她跳槽成功，进入同继工作后，她突然发现自己一直深爱的老公居然在浙江老家有一个交往多年的小三，还为他生了一个儿子。面对这个突如其来的打击，她毫不犹豫地选择离婚，却被精明的老公算计，未能得到女儿的抚养权。

此后，她在工作中干得风生水起，成为同继中国航空事业部的中国区总监，但在感情上一直不顺，交往了几个男人都无疾而终。不过，也正是这些经历，练就了她十分敏锐的观察力，再加上女性身份，让她在男人占绝大多数的航空业获得了不少优势。她与毕盛和实翼的很多中高层领导都相识，对大陆企业，尤其是国有企业的特点洞若观火，是同继在中国业务开拓的重要一员。

"同继的陈淑珍找到我，提出了一个新的方案，希望把同继的发动机和CAT航电技术一起打包装在民21上，你们怎么看？"尹括召集了发动机和航电的设计师们探讨同继提出的最新方案。

张超乙示意李慕先说，他现在专注于技术，其他事务已经全部交给了李慕。

李慕说："同继的方案本身没有问题，它已经是民21的第一选择，比沙展和捷劲的方案都好。我们之所以一直没有选它，是因为同继的报价也是三家里最高的。我目前还在通过各种方式与他们谈价格。"

"所以，如果我们愿意考虑同继的这个方案，就意味着关键在于航电？"尹括点了点头，然后将视线转移到航电系统总设计师靳明以及他的副手宋板桥身上。

"航电并非同继的传统强项，在这方面他们比韦讯和占士强有不小的差距。虽然CAT技术确实用在了最新的超英9系列飞机上，但整个航电系统的综合集成能力十分重要，同继几乎不具备这一能力。9系列的这个工作是由超英自己做的。"宋板桥先答道。

"不过，他们目前正在从韦讯和占士强挖人，组建团队，同时搞定了刘人杰和赵进军，将与毕盛建立合资公司，而且在与我们的接触中，他们号称可以帮我们做航电综合集成工作。所以，如果我们以发展的眼光看问题……"靳明补充道。

"你是说，我们不应该这么快就排除他们作为航电供应商？"尹括问道。

"没错，尹总，他们目前与毕盛走得很近，毕盛也打算与他们合资，如果排除他们，恐怕得先去跟毕盛通气。"

尹括此前一直关注于飞机顶层的设计和机体结构供应商的敲定，在机载系统这方面并未花太多心思。但现在他发现，由于涉及合资公司，他所面临的局面比预想的要复杂得多。

"看来，我们得多跟毕盛沟通了。我回头去找找赵总。"尹括一边轻轻地点头，一边若有所思。

场面一时沉默。

这时候，李慕打破了沉默，"尹总，我有个朋友目前在负责毕盛与同继合资项目谈判的具体工作，我可以跟他聊聊，从工作层面提供一些信息。"

张超乙的脸上掠过一丝不快，但想到尹括曾经的提点，又立刻恢复了正常表情。

"哦？是吗？你朋友叫什么？"尹括猜测自己应该也认识。

"张收成，他经常提起你，你们应该认识。"

"哈哈，原来是这小子，当时在毕盛的时候我就想他过来，他还嫌我们待遇差，原来去合资项目啦！"尹括回忆起之前与张收成频繁接触的日子，然后收起笑容，指示道，"挺好，你去跟他多聊聊，了解第一手资料。"

其实，尹括大可直接给张收成打电话，但他目前的身份已经不可同日而语。对此，李慕自然明白这一点。

"同继真能折腾，陈淑珍又跑你们那儿去推新方案了？"张收成撇了撇嘴。

李慕原本想连贾南也一起请，但她已经临盆在即。虽然对于结婚生子没有兴趣，但李慕还是很羡慕张收成人生的每一步都走得顺理成章，水到渠成。

"可不是，她说同继想把发动机方案和CAT航电方案绑定起来。"

"连环计……"张收成点评道。

"是的，把所有的船都连在一起，看来我们得用火攻。只不过，这把火到底是什么，我们还没主意，尹总也希望我们进一步了解和研究。对了，他还记得你呢，你们有很久没见了吧。"李慕提醒张收成，不要断掉与尹括的联系。

"嗯，我会去找的，但他现在是民21的总设计师了，一定很忙，我也忙着弄合资公司的事情，想找个时间不容易。我还是先帮你想个火攻的方式吧。"

同一件事情，从不同的角度去看，往往会得到截然不同的结论。在李慕看来，他很难让同继在发动机上降价，因为他无可依仗；但在张收成看来，同继希望与毕盛合资，希望毕盛出资，又处于一个战略上劣势的地位，尽管在战术上他们已经处于领先地位。因为毕盛可以选择与同继合资，也可以选择韦讯、占士强或者其他公司为合资对象，毕竟在航电领域，这些供应商的实力远超同继。同样，实翼也完全可以不选择同继的合资公司作为民21供应商。

此前，同继没有提出这个一揽子解决方案，毕盛对于同继的影响只限于航电领域，而不会传递到发动机领域。实翼由于发动机与航电的设计团队相对独立，尹括也来不及去全盘考虑。现在，既然对方主动把战船连起来，实翼和毕盛可以联合起来做些事情。

所以，张收成的建议是：让毕盛答应同继，更加积极地帮助他们一起说服实翼选择CAT为民21飞机的核心航电系统，但同时希望同继拥有支持中国国产大飞机的长远战略眼光，在发动机的价格上做出让步。

"太棒了，我们之前怎么没想到呢！"李慕拍了拍脑袋说，"我回头就去跟尹总汇报。你可帮我大忙啦！"

"我这是牺牲自己啊！如果真让民21选择同继的航电系统，我们的工作将面临很多问题。不过，走一步看一步吧，先把发动机的问题解决再说。"张收成摇摇头。

十

李慕在实翼的办公室里接待了陈淑珍，并且向她表示，实翼愿意接受同继的打包方案，但前提是同继要将发动机的方案大幅降价。

"陈姐，尹总的意思是，如果同继有诚意，我们也有诚意全面合作。否则，发动机我没有理由选择同继。而航电那边，据我所知，占士强和韦讯等公司依然在做工作，他们的技术与经验比你们要成熟很多，毕盛虽然目前在跟你们谈合资，但合同还没有签署，不排除出现意外。"李慕说得很明白，不过他还是尊称陈淑珍为姐，毕竟公对公，没有必要把私人关系搞僵。

"很高兴你把话说这么清楚，我回去向总部反映一下，如果能够满足你们的要求，我们就从了吧。我也不忍心看你一个好端端的帅哥被各大发动机供应商蹂躏摧残啊！"陈淑珍很享受与李慕打交道。

尹括正往张峰办公室走的时候，远远看见陈淑珍下楼，可他并没有主动去打招呼，"对付女人，还是让李慕去吧。"

他好不容易约到了张峰，汇报民21项目的进展。

"张总，我们在发动机供应商的选择上近期将有突破，同继方案很可能降价。"尹括见到张峰的时候，他正在伏案批复材料，所以便先捡要紧的说。

"很好！"张峰抬起头来，脸上有一丝疲惫，眼里也浮现出血丝，"同继方案如果可行，是最优选择！毕竟它已经在超英8系列和飞天T级上占据了大半份额，民21需要向它们看齐。正好同继航空事业部总经理丹·里奇最近要来拜访我们，你到时肯定也会接见，如果还有什么最后的分歧，让我来跟他敲定。"

"那太好了。"

"尹括，做得不错，如果发动机供应商能够尽早搞定，我们就可以把精力放在机载系统上了，那边全是合资公司，情况也最复杂。"

"是的。说到合资公司，同继正在与毕盛谈判，要将他们的CAT技术引入这家合资公司，给民21使用，其实这也是让同继在发动机价格上让步的砝码。"

"用同继的航电呀……"张峰停下了手中的笔，看着尹括问道，"你们有信心吗？"

"说实话，我们的航电团队信心有点儿不足，毕竟航电不是同继的传统强项。不过靳明有些担心毕盛的态度，感觉刘总和赵总在毕盛的各家合资公司中，最看重同继，如果拿不到民21项目，恐怕有些问题。我前两天跟赵总通了个电话，他虽然说供应商的选择由我们实翼来定，但我感觉他是希望我们选择同继的。所以……"

"你希望我去跟刘人杰进一步确认？"张峰听出了尹括的意思。

"是的，毕盛与同继的合资是刘总亲自拍板的，只有你能够得到最权威的答案，赵进军恐怕也做不了主。"

"没问题，我待会就给他打电话！"张峰立刻拿出一张便笺纸，记下这件事情，并且贴在电脑显示屏上。

尹括又向张峰谈起了其他系统的进展："总的来说，都还在计划之内，飞控、液压、起落架等系统的供应商都相对容易选择。毕竟传统的供应商不多，而且都历史悠久，经过了市场考验的，毕盛下面对应的事业部正好可以与他们对接。"

"不错，担子很重啊！"张峰感叹道。

到了太阳落山的时候，刘人杰接到了张峰的电话，两人讨论了一阵关于是否把核心航电系统交给同继的问题。最终，刘人杰问道："老张，咱俩是不是今天就得定个调？"

"没错，时间不等人。"

"那照我的意思，给同继！"

"理由呢？"

"你觉得我们与世界领先水平的差距，是发动机大，还是航电大？"

"当然是发动机。"

"没错，假如我们跟两人赛跑，一个把我们远远甩在身后，我们现阶段再怎么努力，都只能望尘莫及；另一个只领先我们两三个身位，我们再加把劲没准就能追上，那我们是不是应该先去追这个人？"

"我明白你的意思了。既然发动机暂时追不上，不如选目前最先进的同继方案，而航电则可以冒一点险，尝试介入我们自己的力量。"

"是的，这么多年，只有这一次国外供应商愿意把他们真正的技术给我们，更何况超英9系列也在用，所以我们得抓住。不过，我建议你们选择合适的时机宣布，别让同继太早得知我们的决定，我不想与他们谈合资的时候太被动。"

"没问题，那我们就一起冒险吧。"

"一起进退！"刘人杰斩钉截铁道。

"老刘，很久没听你喊口号了嘛，最近毕盛内部建设搞得风生水起啊！"解决了核心航电的问题，张峰轻松了许多。

"哈哈，我们历史沉淀多，不像你们是新生公司。不过话说回来，你去年搞的实翼和民21的宣传公关很有社会影响力，能不能最近再继续宣传宣传，正好我也搭个便车？"

"哦？你又有什么花样？"

"我打算把毕盛旗下的上市公司进行进一步重组和资产注入，然后全部改名，采用毕盛为前缀，比如'毕盛系''毕盛动力'等，这样资本市场一看到公司名称，就知道我们毕盛的企业。"

"你要打造'毕盛系'？"

"对，要进一步利用资本市场的力量。眼下全球金融危机到了谷底，我觉得很快就要复苏反弹了。"

"行，最近正好各大供应商的一把手都要来拜访，我就帮你造个势！"

十一

丁约翰是典型的上海老克勒，家底殷实，父亲是上海滩金融业大亨，海外关系深厚广泛，加拿大枫叶卡在身。他那考究的发型和笔挺的西装，所有这些一丝不苟的细节，是他用于赢得客户良好印象必不可少的加分项。连约翰这个名字，也是他出生受洗时牧师给取的，就是为了听上去更加洋气，久而久之，他自己都快忘记谁是丁沪生了。像埃略特这样的全球知名会计师事务所，就是需要他这样的资深合伙人来拓展本地市场。

当马梅敲门进入丁约翰近100平方米的办公室时，他正在思考一桩民营企业并购的案子。对于这样的中断，他习以为常，也总是能够在中断结束后迅速回到思维的断点。

"约翰，有个大客户，毕盛希望我们支持他们与同继的合资事宜。"

马梅没有说一句废话，这点让丁约翰很满意。

这个消息虽然简短，却让他的眼神开始放光，"是毕盛？是同继？"这两家公司的名号都很响亮，他想确认一下。

"是的，就是它们。"马梅回应道，"今早毕盛给我们电话，说是有关国产大飞机民21项目，还说要尽快找我们讨论，你看什么时候有空？"

"那就明天下午好了，可以邀请他们到我们办公室来，这事得抓紧。"丁约翰听到了几个关键词，嗅觉敏感的他意识到必须马上抓住这次机会。

"好的，马上去办。"马梅利落地出去了。

丁约翰挥舞了一下拳头，兴奋起来。作为一个资深合伙人，他喜欢有挑战性的事情，而这次毕盛的项目向他打开了一个全新的领域——飞机制造。他已经有些迫不及待和手下的两个得力干将马梅和金文一起面对这次挑战。

第二天下午，位于恒隆广场20层的埃略特迎来了张收成和他的团队。恒隆广场是上海顶级写字楼，有许多国际知名公司都将他们的中国区甚至亚太区总部设在此处。

张收成一进入这栋楼，便感慨了一句："果然是高档地方，我们那办公环境寒碜太多了。"他团队的几个主要骨干成员，同样来自于毕盛上海的刘强、陈均、黄海辉和景常利也都对此赞叹不已。

丁约翰站在宽敞的会议室门口迎接潜在客户的到访，他按照西式礼仪，带着职业性的微笑，说了声"Welcome"，与张收成一行人一一握手。

双方坐定，丁约翰说："张总年轻有为，很荣幸能够与毕盛探讨你们与同继的合资项目。坦率地说，我们之前没有接触过飞机制造业，但是，我们在相关的航空运输业和高端制造业有丰富的跨国并购、合资与合作的经验，前两年国航与国泰航空的合作，以及国航对上海航空的收购，都是采用我们作为咨询方……"

"国航收购上航？估计成不了吧，东航和上航应该会合并。"陈均插话道。

张收成示意陈均不要插话，转头说道："抱歉，丁总请继续。"

"没关系！"丁约翰原本叫张收成"张总"是为了表示敬意，毕竟张收成现在依然只是个中层干部。但是看到这个细节，他凭借多年的阅人经验，判定张收成变成"张总"只是时间问题。

"总而言之，我们很乐意与毕盛探讨合作，也相信我们的丰富经验和专业素质，可以帮助毕盛做好这个合资项目。"

丁约翰说完后，将具体的细节沟通交给了马梅和金文，自己则重点关注客户的反应。这是他成为资深合伙人之后的习惯，除非客户到访的级别非常高，否则他一般都只会负责开场白，然后交给得力的手下去做，自己则察言观色，并且把握大的方向。

听完双方的讨论，他大致明白了毕盛是希望能够借助埃略特的专业能力帮助毕盛完成与同继的谈判，包括审阅合资合同和CAT技术的估值这两项主要工作。

"是个大项目，而且两家合作方都是财主，一定得抓住。"丁约翰暗自下定决心。

"抱歉，我打断一下。张总，你们的专业性和敬业精神让我们佩服。不过，由于没有签署保密协议，我们不能再进一步讨论了。我个人建议，如果毕盛对我们的能力满意，不如开始探讨合作的细节。"半天没说话的丁约翰这时开口了。

"这只老狐狸，居然拿保密协议做幌子，我都没嫌给你们透露这么多信息会对我们不利。"张收成心里骂道。

不过，他现在也认为需要把关注点放在合作本身上。他此行的目的是要敲定外协方，而埃略特是葛希薇推荐的，他不想让领导心中不快。但是，他也不想让丁约翰这么快就如愿以偿。于是，张收成也示意下属暂时停止发言，"丁总，你说得对，我们不如探讨合作本身。"

"张总果然好决断。我想了解一下，你们除了埃略特之外，还有没有找其他潜在的合作方？"

"丁总，不瞒你说，我们还联系了纳什和芝加哥咨询，这两天也会去跟他们谈。"张收成虽然说得不动声色，但其实他们根本就没有找这两家。

"哦……那你们的合资项目对于进度有什么要求吗？刚才听大家的讨论，应该比较急吧，需要赶上整个大飞机项目的进度。"丁约翰见无机可乘，便换了一个方向，他不想给张收成太大的压力。他的直觉判断张收成对于自己的团队兴趣很大，应该是真心想合作，但又想谈谈条件。

"进度当然有要求，但是我们也会谨慎选择合作伙伴。毕竟，毕盛的合资项目可不仅仅跟同继一家，目前行业内的知名企业都在与毕盛探讨针对民21项目的合资。"张收成说的也是实话。

"所以，张总的意思是……"丁约翰决定以退为进，进一步验证自己的判断。

"丁总团队的能力自然出色，不过我们还是要对各家的服务范围、价格等具体的合同条款进行综合分析之后，才能做出决定。"

"他果然对我们有兴趣，但就是想压价。我倒可以稍微让一点，只要你们下定决心给我做。"丁约翰猜到了张收成的意图，他决定抛出大招。

"没问题，我们期待张总与纳什和芝加哥咨询谈完之后再做决定，待会儿我让马梅把我们的服务内容、价格与条款先给你们看看。顺便说一句，我们曾经与同继深度合作过，在他们医疗事业部的一个跨国合资项目中扮演了全天候咨询的角色，我们很熟悉毕盛这次的对手。"

十二

唐文波很快就从赵进军那里得知了刘人杰和张峰的决定：民21的航电系统将会选择同继，所以要加快与同继的合资谈判进展，尽快把合资公司建设好。

"妈的！为了发动机把航电牺牲了！"唐文波心里骂道。他从一开始就对这项工作并非全心全意，现在发现不但接了个烫手山芋，还又粘又重，甩都甩不掉。

在向曾泰、王升、武平和葛希薇传达了领导的意思，让他们加快进展之后，唐文波拨通了范若成的电话："老范，对不住了。你们占士强彻底没戏了，大领导已经明确由同继与我们的合资公司来提供核心航电系统。"

"老唐，还有挽救的余地吗？"范若成显然不想束手就擒。

在唐文波看来，这已经是板上钉钉的事了，但是他不忍心把真相告诉老同学。

"我个人觉得，你只能再从实翼那边突破，我们这边基本不可能了，刘总一向是说一不二的。如果你们可以说服尹括和张峰不选或者少选同继的航电，没准还有一线希望。"

"好，我马上去！"范若成此时脸色铁青，心底泛上来的乌云笼罩在他周围，透过这片乌云，他仿佛可以看见自己将很快从顶峰跌入谷底。

不久之后，尹括在办公室接见了来访的范若成。他十分清楚对方的来意，也知道决定已不可能再更改。但占士强也是实翼十分重要的供应商，在民21项目中包括飞行控制系统在内的好几个重要的机载系统都很有可能将由他们提供，因此尹括也不敢怠慢。

满脸堆笑的范若成如履薄冰般地递上了占士强与毕盛的最新合资方案，对尹括说："尹总，从航电技术能力和历史经验上来看，我们远比同继强，这你也知道。否则当年他们也不会想收购我们了。"

范若成所说的，尹括自然知道，几年前同继收购占士强是业界的一件大事，同继的企图之一就是获得占士强的航电系统，从而成为航空工业的霸主。但最终，交易被欧盟的反垄断委员会否决了。没办法，同继只能退而求其次，收购了肯特。而现在，同继准备卖给毕盛用于组建合资公司的CAT技术，原本是属于肯特的。

看到眼前的这份占士强的最新合资方案，尹括不禁感慨："他们终于动真格的了，可惜已经太晚了。"

尹括的感慨没错，范若成为此费尽了九牛二虎之力，总算让保守的占士强总部同意了"三步走"技术转移方案，与毕盛组建合资公司。首先将现役的航电产品的生产、制造和供应链转移到合资公司，再将部分研发项目转移过去，最后再转移完整的技术。

按照他的想法，这三步要走完怎么也得需要五年时间。到那时，这项技术已经远非最好的，还可以以出口管制和包含第三方的知识产权等理由裁剪掉一部分，变成一个"阉割版"的技术。如果这个方案可以被实翼和毕盛接受，他将为占士强挽救一个看上去几乎已经不可能逆转的败局。

说白了，就是同继给的CAT技术是现货，而占士强给的是期货，只不过期货的产品质量和成色要比现货好，而其他厂商连期货都不愿意给。所以，如果占士强的这套方案早几个月提出，对于毕盛的吸引力绝不会比同继小。

可是，范若成毕竟来晚了。在商业世界，什么都可以挽回，除了时机。

经过简单的交流后，尹括决定不再吊范若成的胃口，但也不想把话说得太直接，以免伤害眼前这位已经有些六神无主的跨国公司中国区高管。

"范总，你们的这套方案确实很好，我十分感谢占士强对于民21项目和与毕盛组建合资公司的重视。目前实翼还没有选定航电供应商，所以，你需要赶紧与毕盛接触，看他们是否愿意在你们和同继之间进行取舍。"

这基本上就是婉言谢绝。尹括显然不知道唐文波已经把消息告诉了范若成。

范若成沉默了一阵，挤出一句话："谢谢尹总指点，我们会与毕盛接触。"

尹括点了点头，还未接话，范若成又低声补充道："无论是不是能够合作，我们占士强都会全力支持民21项目的。"

离开尹括办公室的时候，范若成觉得世界都坍塌了。但是，他的职业精神让他还是昂着头，将身体继续挺在同样笔直的西装里，用尽全力迈开步子走出实翼大楼。

此时已是初秋，江风吹来，范若成哆嗦了一下，刚才强撑的身体开始摇晃起来，他觉得自己仿佛要虚脱了。在占士强摸爬滚打这么多年，好不容易成为中国区负责人，眼见可以利用民21这个千载难逢的项目更上一层楼，进入占士强总部，可现在却戛然而止，一切都结束了。

送走范若成后，尹括站起来，走到窗边，点燃了一支烟，"这些公司，一开始都矜持得不得了，什么都不想给，就想空手套白狼。当看到机会马上要溜走的时候，才愿意挤出点真东西。与父亲那时候相比，时代果然不同了。"

想到同继，尹括突然想起来，李慕曾跟他说过张收成现在正在参与毕盛与同继的合资项目，"那小子现在怎么样了？感觉有一个世纪没见他了！"

十三

张收成进入了一种既甜蜜幸福又烦乱苦恼的状态。

经过十月怀胎，贾南顺利产下一名女婴，整整7斤重，出生的时候哭声很大。

在领导们决定一定要跟同继把核心航电系统的合资公司建成，把原本的媒妁之言变成父母之命后，张收成的担子更重了。虽然他的团队工作都很得力，现在又有丁约翰的埃略特团队进行商务和法律上的专业支持，但无奈时间不等人，那些合资合同文件又十分难啃，他们始终在超负荷的状态下工作。

现在，他又被赋予了新的角色——父亲。对于这个角色，他觉得难度比谈判合资合同大多了。

一个周末，正当张收成焦头烂额、笨手笨脚地帮贾南给女儿贝贝喂奶时，李慕带着一堆礼物上门拜访。

"贾南正在给贝贝喂奶呢，你先回避一下啊。"张收成笑道。

"我是来找你的，又不是看你老婆和女儿。"李慕一边把送给贝贝的礼物放下，一边晃了晃手里的烟，"我就不进去了，咱们出去蹓跶蹓跶。"

对此，张收成求之不得，毕竟他在家里憋久了，工作又劳累，确实需要稍微喘口气。

"今天总算有空来解救我了！"走出楼道后，张收成点燃烟，使劲吸上一口。

"看来你憋坏了啊！还是我好吧，自由。"李慕笑道。

"我现在觉得男人跟小孩的感情是需要培养的，而女人的母性则是天生的。"

"那当然，毕竟不是从你肚子里出来的。"李慕吐了一口烟。

"你今天来不会只是为了送点礼物吧？我先替贝贝谢谢你啊。"

"当然不是。我们有一阵没见了，肯定得互通有无吧。"

"嗯，那倒是。我们刘总和你们张总已经决定核心航电选择同继了，所以，我们必须与同继成立合资公司，没有变数。不过，这消息你应该知道，毕竟这跟发动机的选择息息相关。"

"是的，我们已经选定同继的方案了，合同刚刚签署。"李慕表示他知道这件事情，"还得感谢你们毕盛啊，没有你们的支持，我们不会以这么优惠的价格搞定同继。不过，航电上就要多费心啦！"

"合同都签啦？恭喜恭喜，怎么没见新闻出来？发动机供应商选定，可是民21项目的重要里程碑！"张收成确实为自己的好友感到高兴。

"新闻在我们内部公关宣传部门审核呢，应该下周一就发。能够搞定这件事，我也稍微松了一口气。张超乙你知道的，我的直接领导，也是发动机的总设计师，虽然当初他招我进来，但我感觉他一直都对我有些成见。这次把同继搞定，也总算证明了自己一回。"

"那家伙心胸不太开阔啊！但是我有预感，兄弟你肯定很快能够取代他的位置，这是他怎么防都防不住的。"张收成十分肯定自己的判断。

"哦？是吗？你哪来的信心？"李慕十分好奇。虽然他刚进实翼的时候，并没有这个野心，但随着工作上受到张超乙的掣肘越来越多，他不得不去考虑到底如何对付这个人。毫无疑问，取而代之是最好的方式。

"贝贝刚出生的时候，我不是群发短信了嘛，没想到尹括居然给我打了个电话。我们好久没联系了，于是聊了好一阵。他现在担任民21的总设计师，真是日理万机。"

"不错，我早就说过你应该和他重新搭上线。"

"我们还聊到你了，我自然帮你说好话啦。听得出来，他对你的能力和成绩还是十分认可的。据我之前对他的了解，能够得到他如此好评的人不多。我相信他心里有重用你的想法，只不过现在张超乙也还正当年，不太可能轻易把他给弄走。"

"哈哈，还是兄弟靠谱！"李慕十分得意道，"以后多帮我吹吹风啊！虽然我跟尹括的交流也不少，但毕竟在工作中是上下级的关系，他不可能受到我的影响。你们是老相识，而且曾经都是失意者，他反而会更看重你的判断。"

李慕说得没错，尹括也好，张收成也罢，在那次毕盛上海的内部会议上都坐在会场中不起眼的角落，两人都仿佛置身事外。那时候，他们都没想到自己会有朝一日走到聚光灯下，进入舞台的中心。

"这两年变化很大啊，我也没有想到因为民21，我们的生活状态都会发生了这么大的变化。"张收成感慨道。

"嗯，估计尹括更没想到吧。不过，尹括确实有能耐，如果不是他，民21不会取得目前的进展，机体结构和发动机供应商全都选定了，机载系统供应商据说也选得差不多了，基本上外方都已确定，就差跟你们毕盛谈合资了。"

"是吗？那天跟他通电话，他还是挺轻描淡写的，还在跟我开玩笑，说要是我当时跟他去了实翼，现在靳明的位置就是我的了。"张收成显然还略微有点儿悔意。

"你少来，当初可是你自己患得患失的。不过，要是你真成了航电总设计师，咱俩就算是正儿八经的同事了，发动机系统和航电系统的交联肯定没啥问题，我们配合多默契啊，哈哈。"

李慕又接着说道："他虽然轻描淡写，但是他现在的压力和工作量有多大，我们这些系统的总设计师和副总设计师还是能看到的。他作为张峰的副总，为张峰分担了不少压力，让张峰可以专心去跑上层路线，去抛头露面，做些宣传公关工作。"

"都不容易啊！"两人沉默了一阵，各自闷头抽着烟。

又走了一阵，李慕决定去看看贾南和贝贝，进门之前，他想到一件事："对了，虽然我之前给你进行过外企教育，但我还是想再提醒你一次：面对同继的时候，别怕用最坏的恶意去推测他们，不要以为他们是有底线的，尤其是合同条款，在最终签署之前，一定要多留个心眼，多看看关键条款和关键数字。不是不信任他们，而是要保护自己。"

"嗯？是不是你刚签发动机合同时遇到类似的问题了？"

"是的，在售后服务合同那部分，每小时的售后服务价格里，明明有个数字是0，双方谈妥后，在打印签署之前，我下意识地看了一下，却发现变成9了，吓出我一身冷汗。"

"这么嚣张？你没当场指出来？"张收成惊讶无比。

"我当然说了。但毕竟没有抓现行，他们又死不承认，说是Word版本的打印版拿给同事的时候，校对不小心给改的，还态度特诚恳地说下次一定先转成pdf格式，再去打印。"

"唉，看来我接下来跟他们谈判得再多个心眼才行啊！"

十四

小孩一旦出生之后，便长得飞快。张收成印象中的贝贝还是刚出生时的小不点，可一年过后，她长大了不少，已经能够坐起来安静地玩芭比娃娃。

到了2010年，民21也从刚出生时的弱小变得初具雏形。在上海世博会刚刚揭幕的时候，实翼在一次新闻发布会上首次展示了完整的机体结构和发动机模型，张峰充满信心地宣布：实翼公司将携民21飞机部分机体的1∶1模型首次参加年底的珠海航展。社会舆论又一次将焦点聚集在了国产大飞机上。

一个午后，罗晓慧盘腿坐在飘窗下的窗台上。外面淅淅沥沥地下着小雨，空气中充满了氤氲的水汽，水汽把窗外的世界笼罩，从窗口望出去，以往清晰可见的上海世博会标志性建筑——中国馆红色的棱角都消失了，被包裹在雾中，威武不在，显得柔弱起来。世博会正在如火如荼地进行，但那热闹却被黄浦江隔在对岸，这里一丝一毫都感受不到。

　　她刚刚看完一份平时常看的《外滩画报》，里面有一篇对民21项目发动机副总设计师李慕的专访。"居然能在这份杂志里看到关于飞机的报道，真新鲜！可惜没有配图。"

　　遗憾之余，她将杂志扔在一边，转过头，打开崭新的苹果笔记本，充满期待地点开微博，习惯性地"批阅"她所关注的人们留下的痕迹与点滴。

　　"他又更新了！"当她看到"慕容不易"的更新消息时，眼前一亮，迫不及待地点开。

　　这条新的消息是博主"慕容不易"新发布的一组照片，配以十分简洁的文字"海天佛国，我在心中默念：请赐我一份缘"。

　　"哇，他去斯里兰卡了，好漂亮的照片！"罗晓慧的瞳孔都放大了，充满羡慕地看着这些摄于遥远的印度洋的照片，雨林、海滩、寺庙，无不充满着异域风情，对她这样一个在上海本地长大的城市姑娘，有着无比的吸引力。

　　她忍不住在照片下面写下了一句评论："关注了很久，出来冒个泡，抢个沙发。"随后，还配以一个害羞笑脸的图标。

　　罗晓慧并没有说客套话。半年前，一次在微博上无聊闲逛时，系统向她推荐了"慕容不易"，她点进去一看，立刻就被里面的内容吸引了。这个博主放的是真人照片，看上去属于那种让人舒服的帅，年龄与自己相仿的样子，粉丝数量却比她要整整多二十倍。从博主的微博内容来看，他条件优越，工作忙碌，生活丰富，但字里行间并没有让她感到浮夸，而是显得十分真诚。于是，她关注了他。之后每次上网时，她都会有意无意地点开他的主页去看看，但从来不留言。

就在罗晓慧发出评论之后没多久，系统提示她新增了一个粉丝，私信的图标也在闪烁。她点开一看，这个粉丝的名字正是慕容不易。她心中感到一阵小小的激动，又点开私信，里面写道："谢谢关注，潜水太久对身体不好，冒泡是正确的。"透过这几句话，她仿佛看到了博主在另一端偷笑。

"为什么会觉得兴奋呢？"罗晓慧一边纳闷，一边回复："谢谢对我微博的关注和对我的关心，很羡慕你的生活呢。"

"有啥好羡慕的，每个人都有自己的精彩，我展示的都是希望被别人看到的一面。"那边很快回复。

"你每次都是一上来就跟别人谈大道理的吗？"罗晓慧一边敲字，一边抿嘴笑了笑。

"不是，我一般都很轻浮，但不知道为什么对你喜欢装正经。可能因为你是我的粉丝中唯一一个用真名的吧，罗晓慧就是你的真实姓名，对不对？"

"我懒，直接用真名多好，到哪儿都不会忘记。你的正经是装出来的吗？"

"那要看你是不是美女了，你既然用真实姓名作网名，为何不用真实头像？"

"我不是美女，你要失望了。你除了头像，也没有在微博中放过自己的照片啊。"

"有没有照片是1和0的区别，两者相除可是等于无穷大，差别大了。有了一张照片之后，多几张少几张只是1和n的区别，又有何妨？"

"你是理科生吧？"

"这么巧！你也是？"

"是的。"

"嗯……学理科的美女，有意思。"

"再说一遍，我不是美女。我是无意中看到你的微博的，但看了几个月，发现你挺真诚，而且很有想法。"

"那你是不是喜欢我了？"

"你少自作多情，欣赏而已。"

"交换下手机号吧，这么聊多累，我们可以见面聊啊。"

罗晓慧看到这里，迟疑了一会儿，"难道他是那样的人吗？"

犹豫之后，她回复道："我们都不了解彼此，可以先留QQ或者MSN号。"

"就是因为不了解所以才要见面啊！我只有手机号，从来不用QQ和MSN。"

"可是为什么要见面呢？"

"首先，因为你是第一个回复我今天那条微博的，算是有缘分吧；其次，你也是第一个对我的微博名字感兴趣的人；再次，我很想看看你跟我说的是你的真实想法还是假装的；最后，我想看看你长什么样，我觉得你是美女。"

"首先，这纯粹是巧合；其次，这也是巧合；再次，我不装；最后，我不美。我觉得我们还是在网络上交流好了。"

"我只是建议见面而已，没有其他意思啊！"

看到这句话，罗晓慧差点就回复"既然没有其他意思，干吗还见面啊"。可她突然发现自己对这个网络另一端的陌生人似乎不仅仅是欣赏，关注他的微博半年多以来，她仿佛已经十分了解他了。不过，女人的矜持让她重新组织了语言："我们还是在线聊吧。"

"那好吧，我手机号给你，先下线了，有需要随时联系我。"

罗晓慧正在构思要如何继续这段对话时，慕容不易就留下一个电话号码下线了。措手不及之余，她还有些隐隐的担心。

自从半年前无意中看到慕容不易的微博以来，她便被他的世界所吸引。虽然理智的她告诉自己：网络上的这些记录很可能是具有欺骗性的。不过今天，她还是忍不住给他留言，而他竟然很快就回复了。关键是，他刚接触她就要求见面，而要求未达成便只留下一个手机号码下线了，"他不会同时在对好几个女人这么做吧？"这是她心中惴惴不安的原因。

十五

上海世博会接近尾声的时候，毕盛与同继的合资合同谈判进入了攻坚阶段。距离明年1月合同正式签署只剩下几个月的时间，没人愿意承担拖延所带来的后果。

曾泰在担任有名无实的合资项目副组长两年之后，终于忍不住，找到赵进军辞去该职位，并且建议张收成接班。

"赵总，毕盛上海的日常工作已经占据了我全部的时间，实在无法抽出时间来支持唐总的工作，无法为合资项目贡献力量。小张本来就是我们的中层干部，在这两年表现也很出色，我推荐他来接手副组长的位置。"

对此，赵进军并不感到意外，他从一开始就知道曾泰觊觎唐文波的位置，也表现得十分积极。但他并不想失去唐文波这个忠心耿耿的下属，于是还是把组长的位置给了他，同时给了曾泰一个副组长的虚职。

"太可惜了，曾总，失去你我们的力量削弱不少啊，尤其是现在正处于与同继谈判的关键阶段。"赵进军客气地回应。

"没问题的，小张能力很强，他完全可以填补我留下来的空白。"曾泰已经顾不上揣摩赵进军的心思，只想早点撒手这摊子事情，否则今年毕盛上海的业务收入很可能被毕盛成都超越，这是他无论如何都不想看到的。

对赵进军来说，放走曾泰其实并不足惜，但将张收成提为副组长，他还心有疑虑。他顾虑的倒不是张收成的能力，毕竟他已经在过去的两年证明了自己，而是按照毕盛的体系与流程，张收成还不具备担任副组长的资格。

"我得问问唐文波和他那几个副总的意见。"赵进军对自己说道。

结果出乎意料又在情理之中，唐文波、王升、武平和葛希薇都赞同张收成担任副组长，"小张能力很强，在合资公司建成后肯定要代表我们毕盛被派到合资公司去，有必要让他先锻炼锻炼，与同继的斗争可是持久战。"

"行，那就这么定！"赵进军不是拖沓的人。

得知张收成升职之后，他手下的人都嚷着要他请客。张收成也顺应众意，在Dr.Beer请大家好好喝了一顿。

这是一家店如其名的酒吧，以多种多样的啤酒和热闹非凡的环境而闻名，尤其是周末的晚上，人多得转个身都难。

啤酒喝多了，就容易上厕所。在厕所里，张收成居然看到了李慕。

"你小子也在这里？怎么不事先说一声？"

"这么巧！你在这干吗？贾南知道吗？"李慕坏笑道。

"她当然知道，我在搞团队建设呢，你要不要一块儿？以客户和专家的身份给我们上上课？"

"不了，我刚从北京出差回来，馋这里的五连杯特色酒了，就过来喝了两套，没想到人这么多，得先闪人了。"

张收成也没有强留，"行，那咱们再聊，今晚我得跟他们再喝一会儿。"

"这里可不太便宜，要不要我帮你付账？"李慕十分诚心。

"滚，我还没穷到那份上吧。"张收成骂道。

李慕蹓跶出酒吧，虽然已近午夜，但周末的上海市中心依旧热闹非凡。他今晚没有开车，但哪怕已经深夜，居然也打不到车，正犹豫着要不要折返回去跟张收成他们一起再喝点，手机突然收到一条短信："慕容不易你好，明天下午两点有空吗？可否请教你一个问题？在地铁四号线南浦大桥站碰头可以吗？"

短信来自一个陌生号码，也没有署名，但李慕读了之后，嘴角浮现出一丝笑容，觉得整个身体都轻快了起来，"干脆就走个两里路再打车吧！"

犹豫再三，罗晓慧还是向慕容不易发出了那条邀约。其实，她的内心斗争非常激烈，很担心碰到一个网络骗子，但她想了解这个人的愿望又是如此的强烈。最后，她鼓起勇气，选择了一个白天的时间，地点也在家附近。

不过，当李慕到达地铁站附近的那家咖啡店时，还是皱了皱眉："没想到上海市中心还有这么混乱的地方。"

咖啡店里面倒是一个温馨干净的小世界，将喧嚣隔绝在窗外。李慕要了一杯咖啡，坐在一个角落的位置，但视野却很开阔，可以看到进店的人。虽然已经经历过很多女人，但他居然有些紧张，"难道是因为我第一次见网友吗？一直觉得这种方式很无聊，喜欢哪个人，直接面对面沟通不就好了？"

距约定的时间已经过了半小时，李慕一杯咖啡都喝完了，那个女人却还没有出现，李慕有些不悦："我还第一次等女人等这么久，不会被诓了吧。"

这时，店门被推开了，一个年轻女孩走了进来，只见她一头披肩黑发，一袭米黄色风衣里面是一件精致而严实的白色衬衫，下身则是一条紧身牛仔裤，配以一双短靴，拎着一个简单的手包。她全身上下没有一件名牌，但组合起来却很有气质。她在店里环视了一圈，看到了李慕，凭直觉认为这就是自己今天要见的人。迎着李慕有些发呆的目光，她走了过去，羞涩地说："对不起，我迟到了。我刚才在外面转了好半天，一直犹豫要不要进来。"

李慕扑哧一声笑了出来，刚才的不悦也烟消云散，看着这个戴着金色细框眼镜的大眼睛女孩说："还第一次听到这么实诚的理由。别紧张，坐，罗晓慧是你的真名吧？"

"嗯。"罗晓慧小声地说，眼睛都不太敢看李慕。

李慕没有想到今天的见面会是这种情况，他之前设想了很多可能发生的事情。但显然，这个姑娘应该也是第一次见网友，与他一样。

"那，今天约我到这里来，有什么问题要交流吗？"李慕决定主动一点。

"其实没什么，只是想看看你真人是什么样子，想问问你环游世界的见闻和感想。"罗晓慧依然有些腼腆。

"那你不怕我是坏人了？"李慕笑着问道。

"所以我选了白天啊，而且这里离我家很近，旁边不远还有一个派出所。"罗晓慧认真地回答。

李慕真是要忍俊不禁了，他还是第一次碰到这样的姑娘。在他过去丰富的感情经历当中，他遇到过各种各样的女人，有热情主动投怀送抱的，也有娇羞含蓄欲拒还迎的，但每个女人，他都能看透对方想要什么，如果他恰好愿意给，便一拍即合。

可眼前的罗晓慧，显然与他过去遇到的女人都不一样。首先，她很单纯，虽然主动约见自己，但从她的言辞和表情来看，她所说的就是所想的，并没有更深层次的暗示；其次，她的关注点也更多是非物质层面的东西；最后，她有一种独特的气质，让他眼前一亮，而且是由内而外散发出来的。

李慕的好奇心被调动起来了，他很想好好与罗晓慧聊聊，"她如果不是老谋深算，便是纯洁无比，不管是哪种情况，我都遇上对手了。我的空窗期已经够长了。"

十六

一个月之后，李慕实在忍不住，约了张收成吃饭。

"小成，不是说好不带贾南吗？怎么她又来了，欺负我这个单身汉啊？"李慕见贾南也来了，打趣道。

"李哥，本来我没想来的，但收成说你最近有新女友了，所以八卦的心把我带过来了，很失望你没带她来。早知道我就在家带娃了。"

"他还真什么都跟你说啊！别提了，我还第一次遇见这么难搞的姑娘，我跟她已经见过三面了，天南海北都聊过，也谈过人生和理想，但她死活不愿意跟我一起出来见人。"李慕有些挂不住面子。

"是吗？还有你约不出来的姑娘？"贾南开玩笑道。

张收成也在一旁帮腔，"李慕，她不会每次叫你出去都去些高档消费场所吧？把你当冤大头饭票了？"

"不会啊，要是这样我早就不理她了，我经验多么丰富啊！"李慕表示很费解，"她主动关注了我的微博，主动邀请我第一次见面，之后我两次邀请她出来她都同意了。我们每次消费也不高，她还非要轮流结账，不让我总出。"

"哈，老革命遇上新问题，有意思。"贾南愈发来劲了，"我觉得吧，李哥，这姑娘应该是有点喜欢你的，但是没有安全感，虽然你才貌财三全，可她并不确定你是不是认真的。所以，她不想让你认为她已经是你的女朋友了，才不愿意跟你一起见别人。比如今晚，如果她过来了，那就相当于默认了你们的关系。"

"这些我都懂，我就是在想怎么样才能搞定她呢。"李慕并不是不清楚目前的情况。

"显然，这姑娘不是看上你的钱了，至少现阶段不是。早就让你多走走心，走走心懂吗？"张收成用手指着胸口，接着贾南的话说。

"你俩就一起欺负我吧。小成，我们几十年的感情，还比不上贾南跟你几年的枕边风啊？"李慕撇了撇嘴。

"李哥，知道什么叫'金风玉露一相逢，便胜却人间无数'吗？"贾南毫不示弱，但懂得见好就收，"你们好好聊聊正事吧，我就不当灯泡了，我要回家带贝贝。"说罢便起身走了，留下两个男人在她身后行注目礼。

"你小子真有福气，贾南不错，适合做老婆。当初我支持你的决定是正确的吧。"李慕见贾南走远了，便开始邀功。

张收成笑道："你眼光那么好，怎么拿眼下这个妹子没辙呢？"

"我没辙只是发现自己以前用的招式对她好像行不通，但是我相信我的眼光，她一定是个独一无二的女人。"李慕十分自信。

"那我就期待你的'捷豹'啦！"张收成特意一语双关，以前李慕每搞定一个妹子，总是喜欢开着他的那辆深绿色捷豹载着她到处兜风。

"借你吉言，我一定要跟她一起过圣诞节！"李慕斗志昂扬道。

"好了，你别铩羽而归就好。今晚咱们别只谈风月啊，机会这么难得。"张收成打算把话题引到正事上来。

"行啊！"李慕倒也转变得很快，"副组长，你先谈谈你们合资的进展呗。还是发动机好，选用成熟公司的产品，不确定性相对少些。"

"别忘了你们搞定同继方案与我当初给你的建议也有关系啊！可这样也导致我们现在跟同继的合资谈判举步维艰。"

"那是那是，多谢再造之恩。说来听听，有哪些困难？看我有什么可以帮上忙的？"

张收成略一思索，说："困难太多了，简直一言难尽。不过到现在为止，大多已经克服，我们与同继的目标是在今年圣诞节之前完成合同小签，明年年初正式签约。"

"哇，搞大了啊！"

"是的，高层确实十分重视这次合资，重视民21项目。不过从另一个角度来看，我们也被架在那儿，十分难受。因为从目前的境况来看，仍然存在三个大问题。"

李慕饶有兴致道："哦？愿闻其详。"

"第一个问题，我们毕盛的人力储备不足。如果要实现合资公司的宏伟目标，不能光把CAT技术买过来了事，关键在于我们要有足够多的人去吸收、消化、掌握和应用。但毕盛在这个领域本来人手就不足，也不可能全部派到合资公司去，有些人自己不愿意，有些则是各个子公司不愿意放人。"

"这个好理解，你们好多人都是干军品的，任务也很重，不可能为了民21牺牲军品线。"

"是的。第二个问题，同继的CAT技术储备与能力比我们所预期的要低很多。这个很伤脑筋。随着谈判的深入，我们愈发觉得他们的宣传有水分。"

李慕惊奇道："那之前他们说什么你们都信啊？"

张收成无奈道："这是顶层拍板的事情，大伙儿当然要执行，主要是毕盛好多年没碰上这么好的事情，而同继的CAT确实也用在了超英9系列之上，这并没有错。要知道，这架飞机是划时代的。"

李慕笑道："理解，理解。尹括有时候私下里会跟我说，张峰有时候过于强势，对于飞机设计干涉过多，希望民21向9系列学习。可是，9系列可是超英近百年积累的成果，而且毕竟是宽体机，跟民21不一样。"

"大家都很急，想跨越式发展，这也是落后于人不得不采取的方式啊！"张收成摇了摇头，"但是，这样心态很容易被人利用。我个人越来越觉得，同继十分准确地洞察了我们这个心理，所以刻意模糊了CAT这个概念。CAT可以作为核心航电系统没错，但它可大可小，CAT的提供商可以具备综合集成整个航电系统的能力，也有可能只具备提供CAT硬件本身的水平。很明显，我们此前认为同继是前者，而迹象表明，他们更接近后者。"

"木已成舟，现在也没法挽回了。不过，从另一个角度来看，人手也好，能力也好，都是可以慢慢积累起来的，就看时间站不站在你们与同继的合资公司这一边了。刚才你说有三个问题，那第三个是什么？"李慕是一个朝前看的人，对于既定事实不会纠结过多，而是会立刻去思考接下来的可能性。

"说的也是。这第三个问题就是近期要解决的了。我们与同继关于CAT技术的估值还没有达成一致。"

"这都马上要签合同了，原来连CAT值多少钱你们都还没谈拢？"李慕再次张大了嘴巴。在他看来，估值应该是双方最早就应该定下来的，其余的条款都基于估值多少而定。

"毕竟不是一笔小钱，这是毕盛在这个领域史上最大的一个合资项目。不过，他们的犹豫倒真的救了毕盛，就像我刚才说的，以前我们还挺看好CAT，可现在却越来越觉得同继忽悠的成分很大，对于CAT的价格也越来越存疑。而同继的报价却一直没有降过，他们反而还想尽一切办法提价。"

李慕听罢，反而笑了起来，"这不是很正常嘛。不过，副组长，这个问题反而是最好解决的。你根本不用操心，因为你的组长唐文波和他的领导赵进军也做不了主，最后还得是刘人杰跟同继的特里普来拍板，就跟他们最初决定组建这个合资公司一样。从这个意义上说，你们的合资合同是一定会签的，不然就是这两人的失败。"

"可是，我们现在与他们谈判的焦点就围绕在估值上啊！我总不能现在跟我手下的弟兄们和埃略特说'刘老大会拍板的，我们就应付应付吧'。"

"当然不能，你现在反而要赶紧让他们做好几套方案出来，上中下策，一应俱全，然后交给唐文波。在与同继的谈判当中，也要坚持把每一个细节谈得越细越好，在领导没有松口之前，一步都不能退。"李慕信心十足地建议道。

"很具体的建议嘛，好用吗？"

"当然。好歹我在沙展待了那么久，同继可是我们的死对头，到实翼之后又跟他们谈发动机的合同，对他们很了解。他们的风格就是十分激进，为了利益最大化没有底线，而且很擅长走上层路线。这看上去很难缠，但了解之后只需要坚守阵地，在领导没松口之前坚决不松口就行。坚守难，妥协比坚守更难，因为坚守你不需要动，可应该妥协到什么程度，你不知道。"

十七

尹括难得与父亲进行了一次长谈。

这是个周末，由于已是深秋近冬时节，尹善治早上没有出门锻炼，而尹括也难得没有加班——他已经连续很多个周末都在办公室里度过了。

"爸，最近身体感觉如何？"早饭后，见尹善治一声不响地坐在沙发上看报纸，尹括试图打破屋里的平静。

"我很好。"尹善治头也没抬，"最近媒体上关于民21项目的消息又有些密集嘛，张峰也到处讲话和接受媒体采访。行啊，飞机没造出来，风头倒是出尽了。"

显然，话里带有些责备的意味。

"爸，张峰也很不容易。你也知道，虽然国家很重视这个项目，但民众对'国产飞机'还是持怀疑态度的，他当然要时不时地进行宣传。'酒香不怕巷子深'的时代已经过去了。"尹括认为父亲有些偏激，"更何况，张峰还老是念叨着来看你呢，他总说你是泰山北斗。"

尹善治听罢，怒道："这小子就是喜欢夸大其词，到处忽悠！我哪配得上泰山北斗，民10都没搞出来。"

尹括有些后悔，他本来想让父亲好受一点，没想到却揭了他的伤疤。

正当他有些不知如何接话的时候，尹善治喃喃说道："唉，要论泰山北斗，连冯如都谈不上啊！"

一听父亲自己转移了话题，尹括松了一口气，决定利用这个机会让话题距离民10更远一点。"冯如？就是高祖父的那个好朋友吗？他还配不上泰山北斗吗？他发明的飞机只比莱特兄弟的晚两年啊！"很快，尹括就发现自己对这个话题也十分感兴趣。他一直钻研于眼前的民21项目，但对于中国航空史，却已经生疏了，几乎都忘记了自己的父亲以及所在的这个家族就是见证者。

提及历史，尹善治的劲头上来了："冯如死得太早了，他要是能多活几十年，或许可以称之为泰山，但是北斗，还是要给王助。"

听到这个名字，尹括恍然大悟："原来是他……也是高祖父在美国留学时的朋友吧！只不过他没有像冯如一样那么早回国。他好像是超英公司的第一任总工程师。唉，老了，记忆力衰退得厉害，这么重要的人我居然一下没想起来。"

原本消气了的尹善治又骂道："你老了？那我岂不是要入土了？真是一代不如一代。"

尹括嬉笑道："那怎么可能，你身子好着呢。"

尹善治没有继续这个话题，而是说起了王助："知道我为什么认为他是北斗吗？"

"不知道。"尹括决定卖乖。

"因为他给我们这些后辈们指了一个方向，我们通过努力，能够成为像他一样成功的飞机总设计师。只可惜，我这辈子没指望了，你小子还可以加把劲，要是民21最后成功了，你也没算白活。"

尹括沉默了，父亲骨子里的骄傲和不服输还是没有变过。虽然民10成为他永远的痛，但他对自己的要求从未松懈过。

"飞机制造真是残酷，对于总设计师来说，一辈子做一个机型就差不多了，而一旦失败，就完全没有翻身重来之日。"尹括心里涌出一丝寒意。

不过，他很快就回到现实，安慰父亲说："爸，民21项目的进展还行，现在毕盛的那些子公司已经开始生产制造机身机翼这些机体结构件了，发动机供应商也已选定，就差机载系统了。"

尹善治果然完全无视这些进展，就如他所料想的那样，"为什么机载系统还没选定供应商？"

"爸，别急嘛。机载系统供应商都是毕盛跟国外知名企业合资的，为了学习最先进的技术和流程。"

"干吗不自己造？几十年还没点进展吗？这些年来，我们跟国外合作过多少次了？哪次学到了真正的东西？"尹善治连珠炮似的发问。

尹括这次不想绥靖："时代不同啦，不能再闭门造车。再说，你当年造民10的时候不是也借鉴过超英6系列吗？"

这无异于将了一军，尹善治一时语塞。不过，作父亲的自尊心让他很快反驳，"我们那个时候是落后没办法，你现在还这样干，就是裹足不前！飞机制造绝对是民族工业，不管是哪个系统，都要掌握核心的东西，同时还要有钱，否则就受制于人。你想想，90年代中期印尼试图造自己的飞机，最后不就因为外国公司给予技术支持的承诺没有兑现，再加上金融危机的冲击，最后下马了吗？"

虽然父亲过于民族主义，有时候执拗得近乎顽固，但看到他思路依然很清晰，尹括无奈之中，还是有些欣慰的。

两人在这个早上的谈话，大多时候都在争论，但总的来说，尹括乐在其中，因为这样的日子实在太少了。更何况，他很快就要面临一次前所未有的公众亮相——珠海航展。

珠海航展是中国唯一的国家级航展，自从20世纪90年代开始举办以来，每两年一届，时间都在11月，如今已经成为整个中国航空业的盛会，国际影响力也在逐年增加。

张峰早在一年前就定下来，一定要让实翼公司携民21项目首次亮相这个重要的展会，而且越高调越好。然而，民21显然不可能在2010年就造出来，于是他在与尹括商量之后，决定把1∶1的模型给搬过去。

与张峰的外向不同，尹括总体性格依然比较内敛，他不太喜欢和擅长与媒体打交道，以及出席这样的场合。但是，这次张峰十分重视，要求实翼的副总级别及以上的人员悉数出席。为此，他还对尹括说："尹括，你是主角，要多多发言，让公众认识你，让他们知道民21项目的背后，站着一个航空世家出身的总设计师！"

十八

就在北方大多数城市都笼罩在阴冷和晦暗的天气当中时，位于南方一隅的珠海依然阳光普照，十分温暖，一件单衣加一个薄外套便足以撑过这里的11月。

三灶机场附近，巨大的场馆群已经搭建完毕，场馆边屹立的两座巨型长征火箭模型和附近空旷处停泊的数十架飞机，已经让展会的主题不言而喻。

场馆内，人头攒动，珠海航展正在如火如荼地进行。

"真是一次中国航空人的自娱自乐。"李慕感慨道。此时，他正与张收成一起在各大展台边蹓跶，实翼的新闻发布会还没开始，两人正好抽空转转。

他说的倒没错，因为众所周知的原因，在中国举办的航展上是看不到美国的F16和法国的幻影、阵风的，大多数是毕盛的各大子公司生产制造的飞机。俄罗斯和巴基斯坦倒是会来捧捧场，但前者的苏式飞机毕竟独木难支，而巴基斯坦的枭龙说到底还是中国的。

好在民用飞机不受这些地缘政治的影响，超英和飞天每次都会大张旗鼓地出现在珠海航展上，毕竟中国市场是他们眼中的肥肉。不过，今年的航展情况有些微妙，实翼将首次展示民21飞机的1:1机体模型，这款飞机正是超英8系列和飞天T级的竞争对手。

虽然没有人认为已经年近百岁的超英和正值壮年的飞天会惧怕几乎还处于幼儿园阶段的实翼，但长久以来的双头垄断格局或许在未来的某一天会发生变数。

"发布会快要开始了，赶紧去吧。"张收成提醒李慕，作为民21项目的骨干力量，他们都受邀于此次发布会。

尽管已经参加过多次类似的活动，但当两人抵达位于航展新闻中心的发布会现场时，还是有些惊异于其规模。

整个会场布置得十分豪华大气，以国旗的红色和实翼公司商标的主色为基调，主席台已经摆放就位，观众席的椅子整齐地排放着。只见每一把椅子都经过精心布置，铺着米黄色的布，椅背上还挂着一架纸飞机，巴掌大小，正是民21的样式。

"这规模，估计可以容纳400人吧！"李慕一边嘀咕，一边按照会场前的指示找自己的位置，一路上遇到不少熟面孔。

李慕是实翼的员工，又是民21发动机的副总设计师，因此座位比较靠前，而张收成作为供应商代表，在相对后排。当他们无意中转过头去，才发现观众席之后的媒体阵仗一点不比观众席逊色，至少两排长枪短炮架在后面，距离观众席最后一排约10米的地方，正对着主席台和观众席。

"刚才进来的时候光顾着跟熟人打招呼，都没注意到。看这架势，张峰真是够拼啊！"张收成正想着，突然发现了不远处的赵进军和唐文波，见到领导，他自然要过去打招呼。

最重量级的嘉宾永远是最后出场。张峰、刘人杰、尹括等人陪同领导缓步走进会场，伴随着会场的掌声，在第一排坐下。

发布会的主持人是实翼公司的行政副总段小瑜，她先说了几句客套话，然后邀请领导们一一上台讲话。

几次鼓掌之后，终于轮到张峰出场。

"尊敬的各位领导，各位来宾，女士们，先生们：刚才各位领导的鼓励和殷切希望对我们实翼全体员工来说都是莫大的荣誉与动力。在这样一个阳光灿烂的日子里，我有一个振奋人心的好消息要跟大家分享，那就是，我们的民21飞机已经获得了300架的启动订单！"

此言一出，仿佛在刚才已经凝固的会场上空中搅动起一阵风暴，所有的人都为之一惊。

"此前大家预测过各种数字，没想到是300架这么多。"李慕心想。他作为实翼的中层干部，居然事先都不知道这个数字，可见这次张峰的保密有多严。

原本的计划是让尹括先向媒体介绍民21的研制进度，但在最后时刻，张峰决定由自己率先宣布民21的启动订单数。"这样可以极大地勾起大家的热情，进而更加关注民21的具体研制。"这是张峰的看法。

尹括不得不承认，张峰说的是事实，自己已经好多年没有在这样重大的场合发言了。在被张峰请出山之前在毕盛上海的那几年，尹括几乎完全退出了各种舞台，连开会都不愿意坐主席台。在加入实翼之后，他虽然稍微外向一些，但也绝大多数时间专注于飞机设计，深居简出，很少面对媒体。他内心深处的骄傲依然蛰伏着，没有释放出来。

果然，如张峰所料，听到这个消息所有的人都打起了精神，有为民21高兴的，也有持怀疑态度的，会场中开始各种窃窃私语，而观众席之后的媒体记者们也像打了鸡血一般，毕竟这才是干货。

在成功攫取会场的关注之后，张峰接下来大致介绍了这300架订单的组成，并且对这些启动用户表示了感谢——他们的代表也在会场之中，当被张峰点到时，站起来接受全场的鼓掌。

除了同继旗下的飞机租赁公司预订了10架之外，剩余290架的订单全部来自于国内的航空公司和飞机租赁公司。

李慕想："这并不奇怪，实翼并没有历史记录，民21也是一款全新的飞机，外国客户心存疑虑也很正常。国内的航空公司还是很给力的，至少民21的待遇比当年民10要好多了。"

紧接着，他又意识到，这10架订单全部来自于同继旗下的飞机租赁公司，"这个同继，真是要把身家性命都跟民21绑定在一起吗？既是发动机和航电的供应商，又是民21飞机的客户。这棋下得真妙。"

他的想法在张收成那里也得到了共鸣，他的发小此时想的也是："即便不选同继的发动机，凭借这10架订单，实翼也会把核心航电给同继吧！看来我们跟他们的合资只许成功，不许失败了。"

十九

尹括上台之前，他觉得自己的腿有点儿软，在强迫自己深呼吸了好几次后，才勉强走上了演讲台，可是面对着眼前黑压压的人群、会场的灯光和不远处此起彼伏的闪光灯时，他还是几乎将大脑中储存的语句忘得一干二净。

慌乱中，他的眼睛瞟到了坐在第一排的张峰，后者正目光坚定地看着自己，他突然回想到几年前的那次谈话，"珍珠掉落在泥土里，可它还是珍珠，更何况你是一颗经历过几代锤炼的家庭中所孕育出来的夜明珠。我想让你发光，但是，你要愿意让我为你将周边的泥土抹去。"

"拼了，在场的还有谁比我更了解民21呢？！"当他下定决心，镇定下来的时候，会场里的掌声也恰好平息。所有人都在等待着一次意义非凡的演讲。

毫无例外，尹括首先感谢了所有的领导，然后进入他发自肺腑的发言。

"或许有些冒犯，但我最想感谢的是我的父亲尹善治。在座的可能有人知道，也有人可能不知道，在近四十年前，他成了民10项目的总设计师。从此，在我年少的印象中，他几乎从未有过一天安生日子，他为这个项目殚精竭虑十几年，最终却黯然收场。民10虽然下马了，但是这个项目在我父亲身上打下的烙印，直到今天还深彻入骨，无法消除。"

说到这儿，尹括有点儿哽咽，但他在会场里一阵低低的惊叹声中很快调整好了情绪，"有人说，我担任民21的总设计师，是不是托了我父亲的福，甚至还有人说，我完全是靠着我父亲的关系才能担任这个职位。我想说，是也不是。说是，是因为我在父亲的耳濡目染中长大，知道要想设计一款飞机需要付出多大的努力，从未低估过其难度；说不是，是因为我父亲在我接受民21项目总设计师责任之前，曾经多次流露出不希望我步他后尘的想法。但是，不管怎样，没有他，就没有我，如果不对困难有最坏的打算，我不可能坚持到今天，我们整个民21设计团队也不可能坚守到今天。如果不是为了向他证明我可以超越他，我也不会站在这里，向大家分享民21项目研制的最新进展。"

尹括的语气越来越富有感染力，他很顺理成章地从一点点个人情感过渡到本次会议的主题。

而在观众席里，虽然议论声并未停止过，但每个人都在关注着这个表情坚定、气质淡定却又充满热情的中年人。

"我非常感谢我们实翼的民21项目团队和所有参与民21项目的供应商与合作伙伴。在你们的共同努力下，目前民21飞机的研制严格按照既定计划进行，如果按照这个进度，我们在2014年结束之前实现首飞，完全没有问题！"

尹括首先谈及了大家最关心的进度问题，而这个信息比刚才张峰宣布的300架订单更加引起场下的轰动。

听闻此言，李慕先是愣了一下，然后暗自笑道："尹总终于开窍啦！必要的时候需要撒谎，这无关乎道德。"

关于民21的研制进度，实翼的内部人员都知道将会不可避免地拖延。但是，在现阶段，显然不能让外界知道。

尹括显然并未因此感到不妥，他继续说："到今天为止，我可以很自豪地宣布，民21飞机的所有机体结构件，包括机头、机身、机翼、尾翼等，全部实现了国产化，供应商也已经选定，并且我们已经跟他们签署了主合同，他们已经在开始工作。"

为了照顾非航空专业的媒体，他补充了一句："机体结构，通俗来讲，就是飞机壳子。"

媒体区传来一阵笑声。

"好个尹括，今天简直是质变啊！"张峰感慨道。

尹括依然信心满满地说："发动机的供应商也已经选定，同继公司将提供最先进的发动机产品。这使得民21在2014年首飞，2016年正式交付，投入商业运营时，比同类机型油耗低20%。"

他没有说明"同类机型"是什么，但在场的人都明白。

"在机载系统上，我们这次采用了前所未有的创新模式，通过国内企业与国外知名供应商合资，来为民21飞机提供产品。经过仔细的选择与评估，在毕盛公司的支持下，国内目前在谈十一家合资企业，覆盖航电、飞控、液压、电气、起落架等几乎所有领域，其中，有十家已经签署了合资合同，正式开展民21项目工作。最后的一家，则是由毕盛与同继合资而成，这家合资公司将成为至关重要的核心航电系统供应商。现在，合资合同的谈判已经进入最后阶段，预计在本年内有望完成签署工作。"

还不等人群有进一步反应，尹括便高声总结道："因此，我可以自豪地宣布，到今年年底，民21项目所有系统的供应商都将选定或者成立。从明年年初开始，项目将全面进入联合设计阶段。"

在这一点上，尹括并没有任何夸大其词，这些供应商的代表都在场，他不可能一下子忽悠所有人。

将这些信息都传达之后，尹括结束了自己的演讲。这时人群有些措手不及，原以为会听到更多，但这个民21的总设计师，显然已经介绍完了情况。

在一片热烈的掌声中，尹括步伐坚定地走回座位，经过刚才，他觉得自己的那份自尊已经完全找回来了。当他准备坐下时，张峰小声说道：

"干得漂亮！"

当其他人还都沉浸在尹括的讲话中时，张收成却感到一丝窘迫，"仿佛我们拖了民21项目后腿似的。不过，在圣诞节前，无论如何，也都会有一个结果了。"

二十

张峰的精心策划得到了回报，实翼的这次新闻发布会十分成功。在珠海航展的这几天，实翼成了媒体的宠儿，上至张峰和尹括，下至其展台前的工作人员，都被各大媒体争相采访。

张峰对此并不特别在意，而刘人杰却很看重。

"老张，你这次运作太神奇了，我得好好向你学习。"刘人杰对张峰说，"话说你当年跟我敲定合资模式的时候，可是说不想走仕途了，这话还算数吗？"

面对刘人杰有些调侃的问话，张峰不以为然道："我跟你老刘还玩虚的吗？放心，我就想把民21干好，然后逍遥养老去。"

刘人杰哈哈大笑道："还好你不玩虚的，不然估计没人玩得过你！"

在远处看着张峰与刘人杰聊得火热，李慕努了努嘴，正准备去停机坪上好好看看参展的飞机，忽然一阵清香传入他的鼻子。

"香奈儿的香水……"李慕下意识地扭头去看，却看到一张熟悉又陌生的面孔。

罗晓慧！虽然人群混杂，但如此近的距离，两人不可能仅仅擦肩而过。

"慕容不易？"罗晓慧也很吃惊。

李慕觉得自己很幸运，有点儿恍惚，"你怎么会在这儿？"但他马上缓过神来，似笑非笑地补充道，"请叫我李慕，谢谢。这么专业的场合，使用网名多不正规。"

罗晓慧扑哧一笑道："没想到你也来看航展啊。"

"我可不是来看的，我是专业参展商……"还没说完，李慕就注意到了罗晓慧的胸牌，上面分明写着：飞天。

罗晓慧也几乎同一时间注意到了李慕的胸牌，惊呼："你是实翼的？"

两人都觉得有些啼笑皆非，以网友身份见面，见过两三次，却从未问过对方的职业。没想到，两人居然在同一行业。

这时，两人间的那种微妙的关系，也在这一刻发生了变化。在进一步了解到李慕是实翼的发动机副总设计师之后，罗晓慧又叫出声来："我曾经在杂志上看到过你的访谈，好像是《外滩画报》！没想到就是你！"

"没想到就是你！"这句话像一把钥匙，将李慕心中一直关闭的专一之锁给打开了，可能因为一直没有打开过，锁孔充满着锈斑，钥匙搅动的时候有些吃力。因此，在这个时刻，他感到胸口有些发疼。

"简直是命中注定遇见你啊！"虽然心中十分诚恳，但李慕说出来的话却还是很油滑，"不过，你现在跟我们见面那几次不太一样，那时是清纯美，现在则是成熟美。"

罗晓慧浅浅一笑道："清纯美嘛，对付你就够了，我在飞天负责政府关系工作，光清纯可不够。"

"原来你有两面啊！啥时候让我也见识见识你成熟的一面？要不是今天碰见你，我还真被骗了。"

"我并没有骗你啊，你见到的我，就是我的真实状态。相反，在航展这样的场合，我不得不把自己装扮起来，所以，现在的我，是飞天的门面。"

"那你是哪款飞天飞机的舱门？T级？R级？W级？还是研制中的V级？不会是已经退役了的A级吧？"李慕饶有兴致道。

罗晓慧并没有理会李慕故意的调侃，而是反问道："没想到你对我们的机型这么了解啊！"

"那当然，现在我可算知道你是飞天的了。"李慕一语双关。

"知道又怎样？实翼要多少年才能追得上飞天啊？"罗晓慧也还以颜色。

"嘴巴真厉害，政府关系怎么去做啊？"李慕不甘心。

"你以为政府关系就是成天去衙门里求爷爷告奶奶吗？飞天这么强大的公司，走到哪儿都是当地政府的座上宾。"罗晓慧没有给李慕任何机会。

"真伤脑筋啊！"李慕有些难以招架，于是决定换个话题，"航展这几天珠海的酒店特别紧张，你住哪儿？"

"知道了也没啥意义啊，你想干什么？"

"没想干什么，只是想看看万一离得近，可以请你去喝一杯。"

"那现在我们离得这么近，要不要请我去喝一杯？"

李慕一时语塞，因为航展所在地是珠海机场附近，周边十分荒凉，连餐馆都没有，更何况咖啡厅或者酒吧了。而他此时又是万万不能离开现场驱车一个小时去城里的，毕竟待会儿还有跟同继的会议。

"你看，虚情假意吧。"罗晓慧得意道。

"现在当然不行啦，航展上的事儿多着呢。"李慕老老实实解释道。

可是在罗晓慧看来，李慕老实说话的时候反而显得比较可爱。

"我住在魅力假日酒店，就在拱北口岸那里，你只要记住欠我一顿就行了。我也马上有会，并不比你清闲，失陪了。"罗晓慧打算给李慕一个台阶下。

说完，罗晓慧扭头离去，留下一丝淡淡的香味，在李慕鼻子边萦绕，让他呆立在原地，动弹不得。

脚虽然动不了，但李慕的脑海中却已经经过了无数次运算，他下决心一定要把这个双面佳人追到手，"管她结婚了也好，生孩子了也罢！"

而将背影留给李慕的罗晓慧，在走出几步之后，脸上依旧挂着一丝微笑。那种笑与她平时在工作中的笑不同，是从内心里涌上来散布在脸上的，焕发着职业微笑所不具备的光芒，因此更加美丽动人。

二十一

这年12月初，一场持续的大雪席卷了申城，整个街道被白色铺满，为这个洋气的城市迎接圣诞节营造了绝佳的氛围。

张收成觉得珠海航展之后的日子过得飞快，他还没来得及细细咀嚼，桌上的台历便翻到了最后一页。

位于金融中心区陆家嘴的金茂大厦，不但是曾经上海第一高楼，也是上海数一数二的高档写字楼。挺拔的主楼和敦实的裙楼使它像极了一座宝塔，楼底堆积起来的白雪变成了宝塔周边的云彩，看上去威严而安静。

在33层的乐威律师事务所里，正气氛热烈，剑拔弩张。

"阿伦，我再重申一遍，你们的估值太高了，那技术根本不值那么多钱。我们毕盛可是真金白银出现金，也十分有诚意想把这个合资公司建成真正有实力的行业翘楚，希望你们也拿出诚意来。"又是在一段关乎细节的争论之后，唐文波总结道。他已经经历过好几轮类似的来来往往，这次在上海，他不想再拖延下去。虽然刘人杰和特里普已经就双方的合作确定了基调，就股权比例也达成了一致。但是，CAT技术到底值多少钱，成了毕盛与同继争论的焦点。

坐在谈判桌对面的，依然是同继公司航空事业部中国区总裁阿伦·盖伊，他也是同继公司的合资项目估值谈判小组组长。

"亲爱的唐总，我从不怀疑毕盛的诚意，我们同继也是百分之百专注于合资公司的成功。至于我们的技术是否值10亿美元，毫无疑问，它应用于目前最先进的民用飞机超英9系列上，能够被超英公司选中，已经是顶尖的代名词。超英9系列很快就要投入商业运营，到时候你们就能看到它有多成功。我们只希望把最好的技术给合资公司，并不是想从中赚合作伙伴的钱。"

话音刚落，同继的其他几个谈判代表发出了阵阵笑声，谢丽·威发出的笑声尤其尖锐。她虽然像一个憨厚的中年胖大婶，为人却十分刻薄，这让毕盛十分头疼。

"自从刘总与杰克达成合作意向以来，我们已经在其他问题上都达成了一致，这次在上海，我们也希望能够与毕盛以绝对的诚意就最后一些分歧达成一致。再过十几天就是圣诞节了，我的两个女儿还在美国等着我回去呢。"

唐文波见同继依然没有让步的意思，便说："我们中国人是不过圣诞节的。我认为我们还需要更多的时间沟通，正好外面在下大雪，我们也没有其他活动，就安心在这里努力工作吧。"

毕盛的代表们笑了起来，这是一种中国式的戏谑，同时也传递了一个信息：虽然外界普遍认为我们一定要在圣诞节之前达成协议，但如果合资条件太差，我们不怕耗着。

盖伊自然知道，他也跟着笑了，与以往数次一样，他提议："我们不如休息一会儿吧，这里的咖啡和点心都是世界级的。"

休会期间，唐文波把毕盛的代表们叫到了旁边的一间小会议室。对于这样的情形，张收成已经很熟悉。乐威是同继聘请的律师事务所，耳目众多，自然不能像他们一样随便端杯咖啡拿块饼干找个小桌坐下来就聊工作。

唐文波皱着眉头道："他们就是狮子大开口，想空手套白狼呢，一个子儿都不出却让我们掏10亿，还扛了这么久。"

葛希薇接道："唐总，您就别生气啦，这几个月来不都是这样吗？也不知当时刘总是怎么被那个特里普忽悠的，哪能让他们一个子儿都不出呢。"

"我相信他也不可能同意美国人狮子大开口的。咱们出的都是白花花的银子，绝不能便宜他们。"听完葛希薇的话，唐文波的情绪虽然稍微平复了一些，却依然愤愤不平。

大家都叹了口气，各自喝了点水，一时小会议室内十分安静。

张收成突然想到了什么，打破了沉默："唐总，葛总，咱们不是聘用了埃略特会计师事务所吗？要不要让他们到现场来参与一下？"

葛希薇听罢，觉得是个不错的主意，但没有马上开口表态，只是看着唐文波。她不确定以唐文波的自尊心是不是愿意那样。但她认为，在估值这个问题上，自己也好，唐文波也好，还是整个毕盛团队也好，都没有埃略特专业，虽然他们在后台做了大量支持性工作，但如果在谈判桌上也能发挥作用，那当然不是坏事。

出乎她的意料，唐文波很爽快地答应了："是个好主意，小张。我们花大价钱聘请他们过来，是应该好好利用。"

"没问题，那我马上跟他们联系。"张收成得到确认后，便拿起手机与马梅联系。

不久后，在乐威律师事务所最大的一间会议室，济济一堂，同继的代表在盖伊的带领下，人员齐整，乐威的律师坐镇左右。毕盛这边的规模也是史无前例，除了唐文波和他的下属们，埃略特的人也第一次加入这个战局。在最后的阶段，双方终于充分重视起来，这场拉锯战终于到了最后的决胜时刻。

"今天有几张新面孔嘛，他们是……"盖伊注意到了埃略特的加入。

唐文波笑着介绍道："他们是我们聘请的会计师事务所——埃略特公司的代表，正如同继有乐威的支持一样，我们也求助于埃略特来为CAT技术估值提供专业的分析服务，秉着对同继的尊敬和对合资公司的负责态度。"说完，他示意丁约翰自我介绍一下。

丁约翰明白自己不能喧宾夺主，所以说得很简洁，"大家好，我是丁约翰，埃略特的合伙人，旁边是我的同事金文和马梅。很高兴有机会与大家当面探讨CAT技术的估值问题，这对于我们埃略特来说也是十分重要的机会。"

"欢迎加入！"盖伊爽快地表示欢迎。他其实一直希望让埃略特这样的国际知名机构参与进来，这样在谈判的时候，至少可以确保同继与毕盛在同一个频道上。而此前他感觉两边更多的是自说自话，同继提供了十分翔实的数据分析给毕盛，毕盛每次都要砍价，却又无法提出足够的支持，只是持续声称CAT技术的资料内容太少，而10亿美元的要价又太高。

相比于乐观的盖伊，威尔逊则稍微有些紧张。他一直以来都确定毕盛的那种不重视定量分析的粗放手段是没法逼迫同继降价的，除非最后上层施压。现在到了最后时刻，毕盛祭出了埃略特，显然是有备而来。

双方又寒暄了几句之后，直接进入正题。

二十二

在两年多的合资合同谈判中，张收成从未遇到过这么紧张的局面。

整个会场，人员众多，但焦点全部集中在丁约翰和威尔逊两人身上，他们一个是毕盛的全权代表，有着极高的财务、会计和法务素养，另一个是同继航空事业部的总法务官，久经沙场。但是，或许是这个关头实在太过紧要，而在场的参与者在过去的两年多又逐渐耗尽了耐心，在这样的气场下，事态慢慢朝着失控的方向发展。

威尔逊老生常谈地搬出同继的方法论，辅以十分坚实的数据，支持CAT技术10亿美元的估值，一个子儿都不能少。

丁约翰则不紧不慢，并没有另起炉灶，而是干脆直接利用威尔逊的方法论，但是在诠释数据的时候采用毕盛这边的理解。如果说之前唐文波他们的反驳属于简单粗暴，同继完全可以不理会，那丁约翰的理论则如同太极拳，利用对方的力道回击，打在对方方案的最核心部位。

比如，同继预测超英9系列飞机在未来二十年可以再卖出去2000架，所以CAT技术的价值将十分巨大。对此，丁约翰说："超英完全可以不认你们这个合资公司的CAT，他们只认同继。所以，这个价值只属于同继，并不会被带进合资公司。"

又如，同继预测民21飞机在未来二十年可以卖出去4500架，所以，也将带来巨额收入。对此，丁约翰说："我们当然希望国产民21飞机可以大卖，但是，这个预测属于最乐观的情形。我们不得不承认也存在未来二十年只能卖出去500架的可能性，所以需要选择一个更加符合实际的数字。"

还如，同继预测这个CAT技术在未来具备无限的技术演进和扩充可能性，从而可以带来很大的经济价值。对此，丁约翰说："万一整个航电系统的发展趋势与CAT相背离，CAT技术成为过时的技术，不但不具备更新演进的可能性，还可能被淘汰，那样的话，其价值将大打折扣。"

丁约翰见招拆招，有理有利有节，让张收成他们听得十分过瘾，而对面的同继团队脸上则越来越难看。

"时间不站在毕盛那边，我们只要坚持到底不松口，他们一定会妥协。"这是同继上上下下的看法。但现在，有了埃略特的强力增援，可能会产生变数。毕竟，丁约翰所说的并非没有道理，而如果将这样的对比方案呈交给特里普和刘人杰，同继几乎不可能不让步。

见丁约翰即将说完，威尔逊忍不住问道："所以，你们认为CAT的估值应该是多少？"

"8000万美元！"丁约翰脱口而出。

现场紧张的气氛被彻底点燃了。

张收成简直不敢相信自己的耳朵，唐文波和葛希薇也十分惊诧。在过去的数次谈判中，他们面对估值这个问题的时候，总是采用"为了体现诚意，你们需要打折"这种模糊的、非量化的表达方式。而在丁约翰亲自上阵之前，虽然埃略特提供过不少支持性材料，但都没有他自己这次所展示的那样直接与犀利，反而充斥着很多财会专业信息，导致毕盛团队在谈判时常常因为其晦涩而使用不多。

"这只老狐狸，肯定预料到我们最终会请他出场，他想扬名立万！"唐文波心里骂道。

葛希薇也是这样想的，但她也心存疑虑："不但骗过了同继，连我们毕盛也骗过了，这样的奇袭会有效果吗？"

"简直是无理取闹！"盖伊再也忍不住了，脱口而出，"唐总，我很失望埃略特的方案是如此的荒谬，CAT技术是航电技术皇冠上的明珠，简直是无价之宝！"

在过去的几个月中，他经常有冲动想呵斥毕盛的砍价方式，但一直隐忍不发，而这次，情况不一样了。可即便在盛怒当中，他也没有忘记暗示这是"埃略特的方案"，希望能够分化一下他们与毕盛。

见盖伊发话了，威尔逊也立刻跟进抗议："太离奇了，这是我这辈子见过的最离奇的事情。8000万美元连纽约市中心的顶级豪宅都买不到，却想买到目前服务于超英9系列飞机上造福于整个人类的CAT技术？！"

这个反应完全在丁约翰的意料之中。

虽然看到对面阵营失态，唐文波也有些吃惊，但他心中突然有一丝快感："哼，你们也有惊慌的时候啊！"他明白，自己需要出场了。

他示意丁约翰不要回复，慢悠悠地说："阿伦，首先我要纠正一下，这个方案是我们毕盛的方案，埃略特是我们的合作伙伴，为我们提供了宝贵的专业建议，但方案不是他们的。同时，我们这个方案也是按照与你们相似的逻辑和方法产生的，并非空穴来风。这个8000万美元的估值是有数据支撑的，否则，我们干吗不要求免费呢？"他决定继续煽风点火。

"什么？免费！你们一定是疯了！"盖伊有些气急败坏，这让所有人都有些意外。张收成也吃了一惊，他没想到国际知名企业的高管居然在商务场合如此失态。

唐文波也毫不客气地回击："你说什么呢？你才疯了，不要以为你们很拽啊！说到底不就是想要我们的钱吗？我们除了同继还有很多选择呢，而你们不找我们就休想参与任何实翼的项目！我跟你说，在中国市场你们同继别想赚到一毛钱！"他也已经忍了很久，每次谈到估值，都有种昨日重现的感觉：毕盛花了一大笔钱买国外的技术，最后钱花了，东西却没学到。这种无力的轮回感让他愤怒。

唐文波的回应成为双方谈判主将的直接冲撞，整个现场的气氛紧张到了顶点。此时，张收成连大气都不敢出，他觉得如果此时有人朝对方扔一支笔过去，一定会引发一场全武行。

眼见情势快要失控，乐威的现场负责人坐不住了，他意识到必须马上将引线浇灭，否则后果不堪设想。

"阿伦，唐总，我建议我们先休息一会儿，我们为大家准备了充足的茶水、咖啡、点心和一些空房间。估值谈判是需要耐心和专注的，大家先提提神嘛。"

二十三

盖伊和唐文波都恢复了理智，虽然两人的表情依然愤怒，满面通红，却也同意了乐威的建议，让各自的团队先出去透透气，等到大家都情绪稳定时再继续谈判。

出了大会议室，张收成迅速找到了一间位置十分不错的空会议室。一关上门，唐文波怒道："这次他们居然敢说脏话！不过也好，我也出了口心中恶气，这帮贱人，真是不骂不解气！"

葛希薇也随声附和。他们在估值这件事情上，看法都是一致的。

正当大家七嘴八舌地谴责同继、发泄心中的不满时，张收成隐约觉得这样有些不妥，"中途这段休息时间是十分宝贵的，不应该只顾着过嘴瘾，得想办法讨论讨论下一步的对策才行。"抱着这个想法，他找到了丁约翰。

丁约翰虽然实现了自己的目的，但也感觉到目前的情势过于感性化，毕盛的人势必要在房间里发泄一番，自己不便待在那里，于是便让金文和马梅先在茶水区等候，他随后过去，三人打算过一会儿再进去。

"约翰，"张收成跟丁约翰已经熟识，便不再称其为"丁总"，他知道丁约翰也不会介意，"我建议你进去跟唐总他们说一说，赶紧商量商量下一步怎么办。唐总他们现在正在气头上，我的话他们不会听，但他们对你还是很信服的。"张收成小声地向丁约翰建议。

丁约翰略微吃了一惊，他原以为所有的毕盛人都已经失去理智，只顾着发泄了。他点了点头，说："没问题，我拿上咖啡就回来。"然后，他走到茶水区，对金文说："你俩在这儿坐一会儿吧，我先进去跟他们商量商量，你们待会进来就行了。"

丁约翰进了会议室，里面的气氛十分热烈，大家依然在你一言我一语地声讨同继。他稍微皱了皱眉，找到一个空当，赶紧说道："唐总，大家休息得怎么样了？要不我们讨论一下接下来的对策？我发现同继的估值材料很严密，态度也很坚决，对我们挑战不小。"

他决定先来一段"长别人志气，灭自己威风"的言论，将场面气氛从沸点彻底打到冰点，以便大家充分冷静下来，进行理性思考。

唐文波本不太乐意马上开始谈工作，他还有一些恼怒没有发泄出来，但见丁约翰发话了，便点点头道："好的，你有什么想法？"

"经过刚才这一刺激，同继的人目前一定也是群情激奋，他们会觉得自己很看重的技术受到了侮辱，他们一定是真心认为CAT技术不只值8000万美元的，虽然也未必值得了10亿美元那么多。可我们也知道，是不可能以8000万美元完成这笔合资的，最终的数额一定也会超过8000万美元，对不对？"丁约翰打算先向唐文波打听毕盛的底线。

"你小子真行，连我都不知道8000万，你这一招还真是奇袭啊！"唐文波笑道，"不过，坦率地说，我也不知道我们最终能够接受的报价是多少。"唐文波的情绪恢复了正常，他明白刚才只是让同继乱了阵脚，离最终获胜还很远。

他说的也是实话，无论是赵进军还是刘人杰，并未给过他一个数字。这就是毕盛的工作方式，领导们的心思你永远需要猜，而最后拍板的时候还没有到来。

"那就对了！所以，接下来我们与同继的谈判就不是集中在估值这个数字本身了。他们知道我们绝不可能接受10亿美元，我们也知道他们没有意愿接受8000万美元，至于最后那个数字谈到何处，其实不是最关键的问题。关键在于，我们要如何与他们谈。"丁约翰分析道。

唐文波等人也点头表示同意。

"他们采取的估值方法跟我们没有本质区别，顶多是用的术语不太相同罢了。在方法一致的情况下，我们需要专注于每一项的数据假设。只要我们能够尽可能多地推翻他们的数据假设，并且说服他们采用我们的数据，我们就能够将最终的价格往我们所希望的方向移动，就像拔河一样。"丁约翰十分冷静地给出了他的方案。

"唐总，要想采取这个方案，我们的团队就需要您的团队的大力支持，因为虽然讨论的是数据，但为什么选择这个数据，则需要对行业特别了解的专家出来阐述道理才有说服力，不能随便拍脑袋啊！"丁约翰见毕盛的人都没说话，就有些急了。他知道自己只能作为骚扰对手侧翼的轻骑兵，绝对不能成为主战部队。他说得没错，如果没有专业人员的判断，仅靠自己了解的市场数据，是没法与同继持续交锋的。

葛希薇最先反应来，说："谢谢丁总，这个方案我觉得可行，不过靠我们几个也不成。"她转头对唐文波说，"唐总，我建议我们赶紧让夏总到上海来，他一直在后方支持我们，现在是派他上前线的时候了。"

她说的夏总，是毕盛机载系统事业部负责财务的副总夏秦。夏秦是事业部最年轻的副总，今年才三十六岁，属于毕盛新生代领导干部的典型代表。他是研究生学历，本科学的是航空电子相关专业，硕士则进修了财务管理，既懂专业，又懂财务，是个复合型人才。原本他并未参加合资项目的工作，但随着估值问题越来越接近浮出水面，在埃略特参与进来的同时，他也被派去支援唐文波，成为毕盛团队中的一个财务专家。考虑到这个背景，葛希薇认为他是毕盛与埃略特配合的最合适的人选。

当然，还有一个因素，就是葛希薇担心唐文波再碰上盖伊，两人已经争吵过，短期内有可能再起冲突。而她自己也早已看厌了盖伊一行人的嘴脸，其他人的级别又不够。

听完葛希薇的话，唐文波立刻眼前一亮，说："好主意啊，我们怎么把他给忘了呢！我马上给他打电话！"说完就拿起手机。就在他准备拨号的时候，手机却主动响了起来，屏幕上显示的名字是刘庆，赵进军的秘书，他赶紧接了起来。

"喂，刘庆啊。"唐文波热情地说道，"对，我们在跟同继继续死磕估值呢……没事，没事，现在是休息时间，我们在开内部小会……哦……

什么？啊……好的，我知道了……那他们的行程都定好了吗？……嗯，嗯，好的，明白……压力很大呀，哈哈。好的，那先这样。"

挂了电话，唐文波稍微愣了愣，然后说："赵总今晚就要赶来上海了，据说同继的桑德尔和里奇也会过来，看来这事快要定了。"

房间里的人都"哇"了一声。

"看来终于要在圣诞节之前完结了吗？"张收成思索道。

"得赶紧跟同继讨论，领导们过来如果还是看到没有进展，估计会有想法的。"葛希薇向唐文波建议，"别忘给夏总打电话啊。"

唐文波赶紧拨通了夏秦的电话，让他坐今天最近的一班飞机来上海，并且告诉他赵进军也会赶过来。

见毕盛又重新行动起来，丁约翰舒了一口气，"唐总，那咱们就继续跟同继PK吧。在夏总到达之前，我们可以先开始。"

二十四

距离圣诞节只有三天的时候，连续的大雪终于停了下来。

昨晚，赵进军抵达上海之后，立刻召集所有毕盛参与最终谈判的人员开了一个紧急会议，主要议题就是：如何在最后冲刺阶段善始善终地完成合资合同的谈判。刘人杰和特里普已经通过电话，正式同意在今年圣诞节之前关闭所有的合资合同分歧，完成合同的小签。正式签署将在美国西雅图完成，届时赵进军将代表毕盛签字。

为了完成这个任务，赵进军抵达上海，同继那边丹·里奇和南希·桑德尔也会赶来，敦促双方的谈判团队来完成最后几大议题的谈判。

最重要的估值谈判，由夏秦带领葛希薇和张收成参加，埃略特的丁约翰团队全程支持。由于唐文波跟盖伊对骂过，赵进军认为他不再适合参与最后的谈判，因此团队改由夏秦领衔。

对于这个安排，张收成心里十分激动，他将会见证历史性的时刻。晚上回到住处之后，他就兴奋地给李慕打了一个电话："我要参加最后的核心谈判啦，看我怎么去摘同继那颗'航电皇冠上的明珠'吧！"

李慕听了则有些不以为然，"哎哟，恭喜啊！不过，估值这种事情，最终还是要由双方老大拍板的，你别蹦得太显眼了，没意义。估值虽说是最重要的，但你们和同继的合作是'战略'合作，懂不？什么叫战略合作？就是亏了钱也要打破门牙往肚里咽，你们已经绑定同继了，估值已经没有意义了。"

虽然了解李慕一直是这样的风格，但张收成却有点气不过，"要不是当初为了支持你们的发动机，我至于这么辛苦吗？非要跟同继绑定在一块儿，你现在还说风凉话。"

"好，好，小成，祝你马到成功！"李慕笑道。

第二天一早，在乐威律师事务所的大会议室内，毕盛与同继的人再次聚集在一起，与两年多以前一样。那时，张收成才刚刚参与这个崭新的项目；而现在，他已经成为毕盛合资合同谈判的中坚力量。不知不觉中，时间在忙碌的工作当中逝去，不论是队友还是对手，此刻在他眼里看来都显得十分可爱。赵进军明显两鬓斑白了一些，而唐文波的头发则稀疏了不少，对面的桑德尔法令纹更深了，里奇则身材更胖了。"每个人都在用生命在参与这件事情，没有谁置身事外。"张收成对自己说。

就在他还在感慨时，赵进军和里奇已经完成了寒暄，将最后三天的讨论定了基调。

"让我们一起努力，争取在明天下午解决战斗吧！我希望我可以提前一天回到俄亥俄陪家人过圣诞节。"里奇说道，"赵总，还有什么建议吗？"

"谢谢丹，我再简单说两句。"赵进军决定再花一点时间为他的团队争取一些谈判砝码，"很高兴我们双方走到现在，真是不容易。我认为估值也好，其他分歧也罢，它们都是围绕着CAT技术——这个同继为合资公司带来的技术之上。那么，什么是CAT技术？所谓的分布式计算技术，对于航空界的外行来说听上去很高深，但我们都是业内人士，知道它的核心是多个线程的任务对于资源的共享以及最优化和合理的分配，本质上它与我们每个人用的个人电脑并无多大区别。我希望我们双方团队都能够透过现象看本质。祝大家好运！"

里奇听完赵进军这一番话，有些无奈。在过去与毕盛打交道的过程中，他发现毕盛的领导干部们大多属于技术官僚（Technocrat），工科技术背景，非常喜欢纠结于技术细节，而缺乏大局观与商业经济意识。赵进军虽然已经算是其中的翘楚，依然没法完全摆脱这个窠臼，即便在这个时刻，他还不忘记提及CAT技术的本质。

领导们发完话，大家便分组干活。乐威已经在大会议室旁准备好了几间相对中等大小的会议室供不同主题的谈判，在茶水间也布置好了点心、水果和各种饮料，供毕盛和同继的代表们在极度紧张的脑力劳动之后可以稍微补充一下能量和水分。

在估值谈判会议室，气氛一如既往的紧张。毕盛在最后关头让夏秦替代唐文波作为谈判负责人，有效缓解了与盖伊的矛盾。与唐文波相比，财务专业出身的夏秦性格更加沉稳，虽然才三十六岁，却有着与年龄不太匹配的成熟。同继方面并没有换人，盖伊和威尔逊依旧坐镇。

就如丁约翰此前分析的一样，双方的焦点，很快就由昨天的意气之争转到了客观假设数据之上。双方对于估值的巨大差异，主要是源自迥异的数据假设。在最后的时刻，双方终于基于同样的方法论，遵从相同的逻辑，一起探讨估值问题。

张收成看在眼里，心中不禁感慨："仅仅是一项谈判，双方达成这个基本的一致便花了两年多时间，还是因为有截止日期的前提下才实现的。今后双方的合作，还不知道要遇到多少问题呢。"

经过整整一天的谈判，估值问题与CAT技术转移计划等几个分歧项依旧保持着分歧状态。

尽管如此，毕盛与同继的谈判团队都意识到，圣诞前最后这三天的谈判象征意义大于实际意义：总得留几个棘手的问题让领导定夺。刘人杰与特里普虽然不在现场，但他们才是最后的导演与决定者。

在张收成的记忆里，这一天乏善可陈，他已经记不清具体谈了些什么，仿佛谈了许多，又仿佛什么都没改变。因为在当天下午的总结会上，赵进军和丹里奇都表示："我们需要让刘人杰和特里普来决定。"

不过，即便如此，他和所有人一样，都不能休息，因为已经达成一致的合资合同文本需要最后定稿。最终的合同包括十份文档，从主合同正文到各个附件，都需要他们与各自的会计师团队以及法务共同审阅。

真正的不眠之夜！

多年后，张收成还记得那个晚上，在陆家嘴通宵不灭的霓虹灯丛当中，金茂大厦33楼昼夜通明，毕盛和同继的团队，除去丹·里奇和赵进军以外，所有人都在熬夜审合同。当然，丹·里奇和赵进军也没有闲着，他们各自在向两家公司的最大领导汇报合资合同最后的状态。

二十五

咖啡和洗手间的冷水，支撑着大家在时钟一圈又一圈的转动中挺下去，直到凌晨三点，葛希薇和威尔逊代表毕盛与同继将各自对合同的最终评审意见汇总。所幸的是，针对已经同意过的条款，双方没有再节外生枝，只剩下主合同文本、合资公司基础设施建设方案附件和技术转移计划附件这三个文件因为仍然未能达成一致而暂时处于搁置状态。

双方的大多数成员，此时都坐在大会议室，有的斜靠在椅子上，有的趴在桌上。在过去的两年时间里，他们在这里奋斗了几百个小时，现在终于累了。

在一片昏沉中，赵进军和丹·里奇一起走了进来，"告诉大家一个好消息！"

他们的出现，无疑给所有人都注入一针强心剂，所有人都迅速强打起精神，充满期待地看着两人。

丹·里奇示意让赵进军来宣布，后者也不客气，说："刘总与特里普已经就最棘手的估值问题达成了一致，双方各退一步，CAT技术最终被估值为6亿美元。毕盛将以6亿美元现金注资合资公司，同继则以CAT技术注入合资公司，双方各占50%的股份，齐心协力，将合资公司打造成世界一流的航电系统提供商。"

"果然是各退一步啊，同继降价40%，但是依然一分现金都不出。"张收成昏沉的大脑中首先浮现的便是这个念头。

"哇！"会场上有人喊了起来，紧接着又有人带头鼓掌，瞬间掌声一片，大家都在用最后的力气宣泄着心中的畅快。

里奇微笑着等着掌声减弱，说："不过，我得再宣布一个不太好的消息。各位仍需要以最专业的精神继续工作，将剩余四个问题谈妥，我和赵总已经被授权，可以做出决定，但我们都认为双方可以再沟通沟通。"

早晨6点，在乐威律师事务所的两间相邻的小会议室中，气氛依旧热烈，仿佛黑夜未曾来过。

张收成在疲惫中再一次打起精神，在浓咖啡的作用下，他看着对面的白天凤，她虽然比自己要大好几岁，但依然保持着专注。"她这种职业精神值得我学习。"

他与白天凤需要就合资公司的唯一工作场地问题达成一致。在刘人杰与特里普最初讨论的只言片语中，同继似乎同意将合资公司的唯一工作场所放到上海。毕盛坚持，只有这样，才能让CAT技术真正落地到中国来。但是，随着民21项目和双方谈判的进展，同继显然开始往后缩，希望能够同时保留其在美国和英国的分址。

最后的时刻，已经基本成为体力的比拼，双方所能引用的数据和支撑材料都已经在过去的数次谈判中陈述殆尽，没有新的惊喜。但是，依然没有人让步，两人心里都明白这个问题需要大领导拍板，只不过表面工作还是得做，万一对手坚持不住崩溃了呢？

"张总，我再重申一遍，承认合资公司从成立之日起就不止一个工作场所，面对现实，是我们同继在帮助毕盛，也是同继对民21项目的支持。因为，如我们说过很多遍，你们也应该清醒地认识到，你们毕盛现阶段根本派不出足够多的人员来承接CAT技术。"白天凤虽然已经口干舌燥，却仍然平心静气地试图说服张收成。她昨天早上画的妆经过了一天一夜都没有机会补，口红的艳红色已经淡化成暗红色，脸上的粉底也脱落不少，岁月的痕迹逐步显现，但她的眼神依旧聚精会神。

张收成正准备回应，会议室的门忽然被推开，丹·里奇急切地冲了进来，问道："你们谈得怎么样了？"

白天凤回复道："还是没有进展。"

"我早上7点就要去机场回美国了。隔壁技术转移方案已经达成一致，你们这是最后一个开口项，我希望在我离开之前得到一个好消息！"丹·里奇用不容置疑的命令式口吻说道，然后转身离去。

张收成下意识地看了看表，已经是6点30分了，"他让我们在半小时之内解决战斗？凭什么？他又不是我领导。"

白天凤也感受到了里奇传递的急切。作为同继在现场谈判的最高负责人，他自然享有特权，可以在23号早上就飞回美国过圣诞节，而不像其他人，要等到23号晚上。同时，他也希望可以在圣诞节前送给特里普一个完美的圣诞礼物。不过，白天凤也能感到张收成的逆反情绪，毕竟里奇不是他的领导，没有道理向他指手画脚。

张收成感觉到了这突如其来的变化在白天凤心里造成的影响，也意识到了里奇其实已经在授权，只需要拟一个妥协方案就好。沉思片刻后，他说："天凤，很明显丹很希望我们能够尽快完成这个开口项的谈判，我注意到你也很疲惫。刚才丹说技术转移方案已经确定，我建议我们马上与他们确认，看看这个方案的具体内容是什么。因为地点与技术转移是紧密相关的，如果达成一致的方案是一次性转移，那毫无疑问，我们就应该坚持最初刘总与特里普的原则，将合资公司地址定在上海；如果达成一致的方案是分批转移，那自然我们就要接受现状，允许合资公司创立之初就同时在美国和英国拥有设施和人员。这是我能想到的在最短时间解决这个问题的方案。"

"好的，我没意见。"白天凤见张收成已经退让，自己也不想再坚持，毕竟最后时限马上就要到了。

他们分别将意思带给各自公司的法务人员之后，便分头确认。

当张收成找到负责技术转移谈判的葛希薇时，她已经准备随便找个地方小憩一会儿。"小张，我们最终还是同意同继的分批转移计划了。但是，我们把他们建议的分五个阶段压缩为了三个阶段，前两个阶段转移CAT技术相关资料和文档的40%，最后一个阶段转移剩下的20%，三个阶段要在合资合同正式签署日期开始的两年内全部完成。"葛希薇向张收成介绍道。

这显然是毕盛的退让，但也不得不说现实让毕盛只能如此。张收成已经无力去想，便找了茶水间一个角落的椅子，靠在上面睡了。

二十六

冬日的阳光透过玻璃幕墙洒进金茂大厦33楼，将乐威律师事务所照亮，用无声的暖意唤醒在这里奋战了一天一夜的人们。

张收成挣扎着坐起来，看着其他会议室里陆续揉着眼睛走出来的队友或者对手，"最后的时刻了，再坚持坚持吧！"他对自己说道。

浓咖啡再次成为抢手货。乐威律师事务所明显准备不足，茶水间里的咖啡豆已经用完，不得不差人去楼下的星巴克买现成的咖啡上来。

在大会议室里，人们陆续坐好，但大多数人实际上是靠在椅子上，等待着赵进军和丹·里奇的到来。

早上九点刚过，赵进军走了进来，虽然也是一夜未睡好，但他看上去精神不错，目光坚定，脚步矫健。

"丹这个时候已经登机，他先抛却我们回家过圣诞了。"赵进军以玩笑开场，"所以，今天上午的总结会，由我和桑德尔来主持。"

"不愧是毕盛的高层领导，精力旺盛！"桑德尔对赵进军暗生佩服。想到这里，桑德尔笑道："没错，赵总，我们需要先宣布好消息吗？"

"那当然，大家都很疲惫了，需要好消息来提提神。"赵进军回应道，"我也很久没有一天一夜连轴转地工作了，但这次无疑是值得的。经过大家最终的冲刺，我们已经成功就所有问题达成一致，合资合同所有的文本都达到了签署状态。"

"耶！"桑德尔很配合地欢呼了起来，并带头鼓掌，会议室又响起了一片掌声。

"所以，今天上午，我们大家不再需要唇枪舌剑了。我们只需要最后一次体现我们的专业和专注，一起将昨夜剩下的几个合资合同文本审阅一遍，然后，大家就可以回家与家人过一个轻松的圣诞和新年假期。"赵进军待掌声结束之后，将这最后的任务交代清楚。

其他人都很欢欣鼓舞，张收成则在心中还有一个疑问："合资公司的地点问题到底在合同里是怎么写的？"坐在对面的白天凤向他看去，两人对视，眼神中都充满着疑惑。

在审阅合同时，张收成迫不及待地找到合资公司基础设施建设方案附件，看到了这句话："在合资公司成立之时，上海作为合资公司总部，是合资公司唯一的基础设施和业务所在地……"正当他满心狂喜的时候，又看到了后面有一个括号，括号中写道："因实际条件或客户要求等客观条件的变化，双方经友好协商共同认可后，可以对此进行调整。"

白天凤也看到了这句话，她的嘴角微微上扬："果然是充满着智慧与妥协的语言，既给了毕盛面子，又给了我们余地。"

临近中午，所有的合资合同文本均已审阅完毕，毕盛和同继在一间小会议室完成了文本小签。

虽然正式的签署要等到一个月之后，但双方都明白，在这个圣诞节前的日子，是双方合作的里程碑。在过去的近三年时间里，所有人都使尽了浑身解数，终于等到了这一天，大家都期待回到家，洗个澡，好好睡上一觉，然后与家人度过久违的假期。

同继的人一个个离开了乐威，回到酒店收拾行李，准备奔赴机场，毕盛的人则在赵进军的召集下在小会议室进行最后一次会议。

"辛苦了！我知道大家都不容易，赶紧回家好好休息，陪陪家人。合同的签署只是万里长征的第一步，我们的合资公司组建在元旦之后会很快启动，到时，我们再见。"赵进军的结束语并非单纯的慰问，而是传递了一个信息：一切都才刚刚开始。

对此，葛希薇深有体会。就在刚才的小签会上，作为同继的法务代表，威尔逊或许因为此前在估值谈判中与毕盛发生过冲突的关系，举止十分不雅。他居然将身体深深靠在椅背上，抬起双腿架在办公桌上，每签完一份文件，便轻佻地将文件甩给坐在桌对面的葛希薇。在唐文波的抗议之下，威尔逊才收敛了一点，把腿放下。不过他签完文件之后也一直不正眼看葛希薇，而是直接把文件推给她。

"简直是在签署丧权辱国的不平等条约！"这是葛希薇心中的强烈感觉。这个场面也让唐文波意识到：合资合同的签署并非双方冲突的结束，前面的路还很长。所以，他才将此事告诉赵进军，并且建议后者在散伙之前再开一次小会。

这段插曲，张收成不得而知。他走出金茂大厦，心中充满着对未来的憧憬：合资公司成立之后他的新岗位；将女儿送回外婆家后，与贾南在圣诞和新年假期的二人世界；年末与尹括的聚会。

起飞 Takeoff

一

在与同继签订发动机合同的时候，实翼在浦东机场附近祝桥镇的民21飞机总装厂房开始破土动工。与此配套，实翼还将与浦东机场合作，在浦东机场附近兴建一条崭新的跑道，将专门用来给民21飞机试飞。

珠海航展结束后，尹括带领着飞机设计团队，在负责生产制造的副总杨志的陪同下，马不停蹄地来参观实翼的新厂址。

杨志不但与《水浒传》里的那个杨志同名，连长相也有些相似，脸上也有一小块青色的胎记。对此，"青面兽"常常自嘲："但愿我造出来的飞机也像杨志的宝刀那样抢手。"

杨志与实翼管理层的大多数人一样，来自于航天系统的华宇公司。虽然与尹括一样同为实翼的副总经理，但尹括毕竟是总设计师，深得张峰的青睐，同时实翼生产制造的团队大多来自于曾经的十厂，即毕盛上海制造中心，几乎都是尹括及其父亲尹善治的旧部，因此，杨志在实翼的话语权要逊于尹括。

对此，性格本来就大大咧咧的杨志并未觉得有什么不妥："设计本身就比生产制造更有创造性。超英也好，飞天也罢，大家记住的都是设计师的名字，至于谁负责生产线，没人关注。"不管是真心还是假意，他这样的态度无疑有利于实翼管理团队的稳定。

有了生产制造部门的配合，尹括开始安心下来，想道："飞机将不会只停留在纸面上了。"

在他被张峰破格提拔到实翼的副总和民21项目总设计师的时候，他其实还是有些不够自信。虽然内心的自尊与骄傲让他认为自己能够配得上这个职位，但在刚上任的那几个月，他还是十分小心谨慎的。毕竟自从刘人杰重组毕盛之后，尹括离开一线领导岗位已经近十年，他很清楚重新回到这个阵地上将面临怎样的挑战。

不过，随着民21项目开始深入，他逐渐将自己的能力与才干充分发挥出来。在珠海航展这个重要的时间节点前，他完成了所有飞机系统供应商的选择，包括所有的机载系统供应商。所以，当他走向航展新闻发布会讲台的时候，已经从一个蛰伏了很久的失意者成长为重归舞台中央的领导者。

2011年新年刚过，在新年第一次实翼高层办公会上，尹括便信心十足地向同僚们介绍："民21飞机的联合设计阶段正式开始。"

所谓联合设计，就是在供应商全部选定之后，大家都在现场联合办公，就飞机各个系统之间的交联关系讨论研究清楚，形成统一的系统接口文件，然后将这些文件交给实翼评审，看是否满足实翼对于飞机的整体设计。

说是正式开始，但其实早在机体结构和发动机供应商选定的时候，各大机载系统供应商就已经开始与实翼接触，"联合设计"就已经开始了。

现在，万事俱备，可以乘着东风一路向前。

当联合设计阶段结束的时候，各家供应商就可以按照实翼的需求各自分头工作，一步步将这些需求往下分解，从系统到产品，再到模块，再到器件，直到最终的软件和硬件级别，逐级完成设计工作。在通过实翼的设计评审之后，再按照设计图纸和指标制造出产品和交付物，呈交到实翼面前。

在这个过程当中，又区分为详细设计和试制等几个阶段，一环扣一环。当然，不同系统的详细设计阶段和试制阶段的完成时间不一定相同。而当实翼接收到各家供应商送来的交付成品时，将会进行整体性的综合测试，把所有的系统装配在一起，总装下线，然后进一步在地面上进行测试，通过后便可以首飞，首飞成功后，再经过数千小时的飞行测试，通过民航局的审定，就能拿到适航证，最终卖给航空公司，投入商业运营。

当尹括宣布这一决定的时候，他觉得多年的等待从这一刻开始进入了最终实现的阶段。

张峰看着尹括越来越自信的表现，十分欣喜，更为自己当初的那个决定感到庆幸，"还好当时力排众议把他给弄了过来。不然，整个中国我还真想不出谁更加适合这个位置。"

在会议结束之前，尹括还宣布了一项重要的人事变动，即发动机总设计师张超乙因为违法被撤职，由李慕接替他的位置，成为发动机总设计师。

"这个张超乙啊，真是自作孽。"在宣布这条决定时，尹括心中无限遗憾。

张超乙确实是自作孽，就连李慕事先都不知道自己将会这么快被扶正。

在珠海航展期间，国航、东航和南航这三大国有航空公司均在会场设置了十分豪华的展台，展台前也都不约而同地派出了公司客舱服务部形象气质极佳的空姐空少们，以期吸引观众的注意。

那天中午，张超乙受陈淑珍的邀请，到距离展会十公里以外的一家高档餐厅，跟同继的一行人吃了顿饭。估计是在展会吃不好给憋坏了，他在餐厅大快朵颐，还喝了几杯。一边有美酒，一边有陈淑珍嗲声嗲气的吹捧，让张超乙不禁飘飘然起来，等回到会场时，已然有些自我膨胀。

微醺之下，张超乙路过了南航展台，看到那里只站着一个空姐。这个空姐个子不算高，但身材丰满，面若桃花，本来就已十分惹人喜欢。张超乙借着酒劲儿，竟然斗胆上前去搭话。

搭话本来也没什么，这姑娘肯定被不少人搭过话，可是被一个带着酒气还动手动脚的中年男人搭话就是另一回事了。姑娘见状，连忙往后退，显然避之不及。

张超乙不知哪儿上来的邪性，竟然一下扑了过去，将姑娘扑倒在地，同时手还不闲着，开始到处乱摸，引得姑娘大声叫喊："抓色狼！"

这呼喊声在空旷的会场上空回响，几乎每个人的注意力都被吸引过去，毕竟航展上还从来没出现过如此情况。于是，周边上百号人都成了目击证人。

面对这样一目了然的非礼行为，大家自然是群情激奋，一边把张超乙从姑娘身上给揪起来，一边找到警察说明情况。

在得知张超乙的身份后，警察还十分谨慎，生怕抓错了人。毕竟"搞发动机的"说出去还是挺唬人的，更何况这人还是目前举国瞩目的民21项目的发动机总设计师。但经过仔细调查，并且仔细查看了会场的监控录像之后，警方最终确认情况属实，把他拘留了几日。

做出这种有伤风化的事情，实翼自然不能容忍。更何况张超乙除了在技术方面有所专之外，从其他方面来看，还真的不够胜任他目前的职位。因此，酝酿了几周之后，尹括决定将他换掉。

在过去的两年中，他逐渐发现李慕比张超乙的综合素质要高出不少，更适合担任发动机总设计师一职，但一直没有机会——毕竟实翼作为国企，不像民营企业可以随意进行重要人事变动。

现在机会主动送上门来，尹括便不再犹豫了。

"尹总终于要初露峥嵘了吗？"李慕得知此事之后，浮现在脑海中的第一个想法居然是这个。

二

西雅图的冬天，并不比北京好过。尽管空气很好，但淫雨连绵，天色始终阴沉，刮起风来，一点都不令人舒坦。走在户外，穿着稍微宽松一点的衣服，朔风便无孔不入地钻进去，带来一阵寒意，即便站在阳光下也无济于事。

而在电影《西雅图不眠夜》的取景地——联合湖西岸的万怡酒店内，却格外温暖。赵进军站在窗边，望着联合湖和它的周围，此时正是夕阳时分，一天中最美的时刻。他抿了一口特意从北京带来的小瓶老白干，一边品尝家乡的味道，一边思考着明天的签约仪式。

在过去的岁月中，赵进军赢得了一次又一次的挑战。而这一次的西雅图之旅，他又面临着一次新的开端。他心里明白，如果能够再次成功把握机遇，自己将毫无悬念地在几年后成为毕盛历史上最年轻的总经理。刘人杰已经在私下里向他表示过自己希望步入仕途。赵进军深知，如果刘人杰顺利进入政坛，自己必将成为继任者。

然而，这一次的挑战，并非简单的开拓市场和业务，也不是简单的在国内闯荡，凭借毕盛的历史地位和与各级政府的良好关系，这两者对于赵进军来说并非十分棘手。但这次，他面临的是国际化，对手则是历史悠久、位列世界500强的同继公司。

正当他的思维不断扩张的时候，敲门声把他思维的触角切断。"赵总，唐总他们已经准备好了，等您一起去吃晚饭呢！"敲门的是刘庆。赵进军穿好风衣，围上围巾，打开门，门口站着五个人，除了刘庆，还有唐文波、武平、王升和葛希薇。

唐文波提议道："赵总，我们去派克市场吧，你不是喜欢喝咖啡吗？那边貌似咖啡馆很多。反正我头还晕得厉害，这16个小时的时差确实要命，不如吃简单点好了。"

"是的，星巴克第一家店就开在那边。"刘庆接道，"我刚才查过了，离这里不远。"

"哦，是吗？"赵进军来了兴致，"那就去吧，正好去看看星巴克当年是怎样打响第一枪的。"

夕阳下的西雅图，十分美丽，酒店北边不远的太空针塔直入云霄，被夕阳染成金色。湖光山色之旁，是繁忙的街道。这里的街道并不宽，以双向两车道为主，但行人和车流有条不紊，这一点异于绝大多数国内城市。

有GPS相助，刘庆很快就把车开到了派克市场。尽管夕阳尚未完全让出天空，但黑夜已经开始迫不及待地袭来，风也变大了起来。派克市场的很多摊位已经关门，作为鱼市，空气中的海腥味儿依然十足，顺着冷风钻到人们的鼻子里。

唐文波打了个冷战，心里略有怨念："老赵真是喜欢附庸风雅，这么冷的天非要去找一家咖啡店，找个馆子喝点热汤多好。"他倒是忘了刚才是自己主动提醒赵进军来喝咖啡的。

六人进入市场后右拐穿过一条窄巷，左边是已经歇业和正在打烊的海鲜摊位，右边则是一排排小店。顺着过去十几家店后，大家看见一个不起眼的门脸前挂着星巴克的牌子，图案和文字与其他地方的略有区别，这应该就是第一家店了。

赵进军饶有兴致地走了进去。只见店内有一根金属柱子，上面表明了这家店的特殊地位，纪念品区域也以历史为卖点，卖的杯子和咖啡都带有怀旧色彩。店内很挤，没有桌子可供堂食，只能外带，但赵进军驻足在其间，看着纪念柱出神。

葛希薇和刘庆见赵进军没有走的意思，也在旁边陪站着。唐文波、王升和武平三人受不了，出门各自点上一根烟，狠狠吸了两口，使时差带来的困乏得到了一些缓解。

过了一会儿，赵进军带着葛希薇和刘庆出来了，满脸兴奋地说："不简单，星巴克只花了四十年时间就从这间小屋扩张到了全世界，拥有一万多家分店，没有坚定的战略和国际化路线，是不可能实现的。我们毕盛能否把产品也推广到全世界，尤其是发达国家的市场，关键要靠国际合作。这次与同继的合作至关重要。"

翌日上午10点整，四季酒店宴会大厅，一个对于毕盛至关重要的签约仪式开始了。世界航空界的主要人士，以及关心此事的各界媒体代表悉数出席，而其中最重要的主角，则是赵进军和丹·里奇。

在他们的见证下，赵进军和丹·里奇分别代表双方在合同上签下了名字，一项崭新的事业诞生了。

在欢乐和对未来充满期待的音乐中，午宴开始，赵进军不断地与业界人士和媒体朋友举杯相庆。在他心中，这个合同的签订无疑又为自己进一步的升迁添加了一份重量的砝码。想到这里，他有些酒不醉人人自醉的感觉。朦胧中，他看到了丹·里奇这个在过去两年间的对手，便走了过去，迎接着对方同样十分热情的眼神，两人碰杯。

"赵总，今天值得让我们好好庆祝一下，不是吗？这可是一生一次的机会！"里奇踌躇满志道。

"一生一次……一生一次……"赵进军又一次听到这个词之后，神经像是被击中了一般，眼前的觥筹交错逐渐模糊。

三

毕盛与同继在西雅图的正式签约，宣告了民21项目所有的机载系统供应商全部合资完成。当消息传回国内时，尹括特意向父亲汇报了此事："现在所有的供应商都已经就位，民21进入了全面联合设计阶段。"

尹善治不为所动地说："别得意得太早！"

果然，几天过后，中国与美国的超英公司签订了400亿美元的订单，其中绝大多数是民21的竞争对手——超英8系列。

"超英订单的新闻看到了吗？你们是不是羡慕嫉妒恨啊？"李慕不放过任何机会跟罗晓慧联系，而中国与超英签订的巨额订单显然是刺激飞天最好的武器。

接到李慕的电话，罗晓慧浅浅一笑道："前两年不是刚买了我们的飞机吗？欧洲和美国的关系是要平衡的，如果全部买我们的飞机，美国会有意见。我国现在两边都不能得罪啊！"

她知道李慕是没话找话，作为业内人士，谁都知道飞机订单背后的意义。"作为实翼的发动机副总设计师，你对国家时不时地送给超英和飞天大礼包有什么看法？是不是也会羡慕嫉妒恨啊？"罗晓慧进一步刺激李慕。

"不好意思，现在在下是发动机总设计师。"李慕故意放慢了语速，将"总"字格外突出地说了出来，"再说，国家对民21项目的支持你又不是看不到，有你们飞天颤抖的时候。"

"哦？发动机总设计师是部什么片子？高清版吗？"罗晓慧故意曲解李慕的意思，她喜欢给他出其不意。

李慕一愣，然后马上理解了罗晓慧的意思。他原以为可以让罗晓慧惊呼一下，没想到她如此淡定，还反过来调侃自己。"真是碰到对手了！"刚接触的时候，李慕认为罗晓慧是真单纯，但现在他越来越觉得这个女人深不可测。不过，这样也让他的兴趣更加浓厚。

见自己的话起到了效果，罗晓慧接着说道："恭喜李总升职，要不要请我吃饭以示庆祝？"

李慕马上感到春天来了，没想到她居然主动提这一茬，于是立刻忙不迭地回应："美女肯赏脸自然好，等我订好地方通知你。"

在这个时刻，他完全没想到自己升职，也应该跟张收成好好庆祝一番的。毕竟，后者在年前与尹括的那次久违的碰面时，也曾帮李慕说了些好话。如果张收成知道李慕此时那颗被罗晓慧充满的内心，估计会狠狠地啐他。

张收成并没有随毕盛代表团赴西雅图参加签约仪式。他其实很想去，但却因为级别不够而没有去成。对此，他十分郁闷，但也只能腹诽而已。

曾任毕盛谈判组副组长的曾泰，又重新回到了自己管辖的毕盛上海。他坚信，把这个举足轻重的毕盛子公司做好，才是自己继续向上爬的阶梯。

此时，他正忙着主持一年一度的全体职工大会。

台上的曾泰意气风发，在毕盛与同继的合资合同签署之后，他将对民21项目的有力支持作为本年度工作的亮点，向全公司进行宣传："在整个毕盛派驻合资公司的团队当中，我们公司派出的人员无论是能力，还是在其中发挥的作用，都是首屈一指的，为此我们也得到了赵总和唐总的充分肯定！这与张收成团队的辛勤工作是分不开的，也离不开公司其他部门对这个项目给予的大力支持。在此，我要格外感谢吴总和刘总给我们人力资源的支持，没有来自军品和民品两大阵营的充分挖潜，没有来自集团内部和社会的充分招聘，我们就无法建成这支队伍。尽管我们的人数依然无法完全应对民21项目未来的工作量，但我相信我们的队伍能够更加壮大，在接下来的项目执行过程当中继续成为中流砥柱，发挥出更大的作用！"

在这个时刻，张收成心中终于好受了一点。毕竟，在被正式派驻合资公司之前，他仍然是毕盛上海的员工，得到一把手的公开点名表扬，是他所认可的奖励方式。然后，他拿出手机，群发短信给团队的几个骨干："咱们哥几个晚上去聚聚吧。"

夜幕降临，在一家家常菜小餐馆的包房内，气氛非常热烈。

"咱们是既能吃洋荤，也能吃土菜。"张收成启动饭局时说道，"但春节之前，还是要吃中餐的。家常菜就着白酒，吃着舒服。"

刘强、黄海辉和陈均三人都举起杯，与张收成相碰之后，一饮而尽。景常利由于年纪比几人都要大不少，这样的活动一般很少参加。

"大伙是真正辛苦了！虽然每次咱们聚餐我都这么说，但这次是最真心的一次。"张收成高兴道，"如曾总在会上说的，经过与同继两年多的斗智斗勇，咱们终于把这个合资合同给签了。月初赵总在北京主持了一个总结会，曾总和我过去了。会上他传达了刘总对大家的慰问，并且表示刘总会在资源上给予合资公司更多的支持。大家都好好干！"

"总算没有白干啊，领导们还是看得见的！"黄海辉感慨道。

"哈哈，那当然，领导的眼睛是雪亮的。"陈均也凑热闹道，"我想知道，张总，刘总说的'资源上给予更多的支持'是什么意思啊？涨工资吗？"

这么一问，大家的眼睛都一亮，毕竟这才是实际的东西。

"老实说，我也希望能够涨工资，我们跟同继比工资，一个天上，一个地下。但是，目前确实还没有明确的说法。不过，合资公司法人实体很快就要组建了，到时候你们都会被派驻合资公司工作，到时候的薪酬待遇一定会比现在高，这一点我可以向大家保证。"张收成只能继续表现出充满信心的样子。

"太好了，这才是最给力的消息啊！为这个就得干一杯！"黄海辉起哄道。于是众人又是一杯酒下肚。

张收成对这顿饭印象特别深刻，不光是因为这是一次类似于庆功宴的聚会，也不仅因为所有人后来都喝多了，最重要的，是因为喝了很多酒后，他向这几个骨干透露了毕盛领导层在整个合资合同的谈判过程中关于合资本身以及合资公司建设的内部激烈讨论。

这时大家才知道，建设合资公司远不是看上去那么众望所归的战略，如果不是刘人杰和赵进军强力推进，很有可能半途而废。上至毕盛集团的其他几位副总，下至唐文波、王升等大飞机事业部的领导，都做好了与同继谈崩的准备。而对于合资公司建成以后的公司治理结构、薪酬待遇等重大事项，他们的意见也有很大分歧。这个项目的复杂程度和未来所面临的挑战，远远超出了大家的想象。

"这是历史伤疤与现实无奈的又一次激荡冲突，曾经以为恢复完好的伤口一次又一次地濒临复发。目前的结局看上去并未跳出历史的怪圈。"张收成一边向他的团队分享亲眼所见、亲耳所闻和道听途说，一边带着醉意点评道。

尽管如此，但历史不正是由人创造的吗？这是张收成在失去知觉之前，脑海中闪现的最后一个念头。

四

2011年的春天比往年都要早一点到来。

当感受到那股消解冰冻的温暖气息时，尹括长舒了一口气，他知道父亲今年又熬过来了。

此时，他正坐在张峰那间宽敞的办公室里，向这个张扬的实翼掌舵人汇报民21项目的最新进展。

"张总，三件事情：第一，联合设计进展比较顺利，各大机载系统供应商都比较配合；第二，与这些供应商的主合同谈判进展也在按计划进行；第三，适航取证工作也已经启动。"

十分简单的语言，勾勒出了整个民21项目的现状。这三点并非全部由尹括负责，与供应商的主合同谈判事实上由郑立人的团队进行。只不过，张峰常常要求郑立人把状态告知尹括，再由后者一起汇报。

"这样我比较省事，一次性就了解了全部的内容。"这是张峰的说法。

但是明眼人都能看出来，现在尹括俨然成了"常务"副总经理，至少在民21项目上如此。如果在几年前尹括刚出山时，他是断然不敢接受这样的安排。但是现在，他已经当仁不让。

听完尹括的介绍，张峰十分满意："很好，陈涵的动作很快嘛！适航取证越早启动越好，民21最终还是要卖出去的，没有适航证，设计得再好也白搭。"

陈涵是负责适航取证的总设计师，尹括的下属，由于适航取证的极端重要性，张峰也经常直接听取他的建议和想法。

两人聊完之后，张峰问道："上次你将张超乙撤换掉，他有什么意见没有？"

"张峰果然对于人事安排格外重视啊！"尹括一边想，一边回答："他能有什么意见？他确实犯了错，要不是我们做工作，他没准还要在珠海多待些日子。不过，念及他为实翼做了这么久的贡献，我还是联系了郑立人那边，把他安排到供应链去担任一个副总监的职务，依然还是中层干部，只不过降了半级。"

"嗯，郑立人没什么意见吧？"

"没有，他跟我关系很好。而且现在他让张超乙负责液压系统了，不再是发动机，不然免不了还要跟李慕合作。他对李慕接班还是有些意见的。"

"是吗？可能他认为李慕太年轻吧！这小伙子我见过，很不错。我们要敢于提拔年轻干部，这一点我站在你这一边。"张峰表态道。

"没错，张超乙一直认为此前在发动机供应商的选择上，李慕并未起多大作用，主要靠郑立人团队的发动机供应商负责人干活，李慕只是最后摘果子。所以，我现在让他去液压系统试试，看主合同谈判他到底需不需要液压副总设计师的支持。"尹括笑道。

如今，实翼的供应商管理已经向超英、飞天等企业看齐，不再由一个单一的供应链部门管理，而是由供应链和设计部门一起参与，确保商务和技术上都万无一失。此前在发动机供应商的选择上，李慕作为发动机副总设计师，就是与供应链部门的对口人员一同工作。所以，张超乙认为李慕占了便宜。而尹括的此番安排，则是让张超乙从另一个角度去自行感受。

"好一个安排啊！"张峰点了点头，"你小子果然有一手。"

五

从张峰的办公室出来后，尹括又觉得自己充满了能量。

在过去的几年，作为民21项目的总设计师，要说没有过绝望和沮丧的时刻，那是假的。毕竟实翼几乎是从零开始造飞机，却要面临超英和飞天这样的对手。而且，实翼选择的供应商几乎都是业界的翘楚，经验也都要远超自己。这就像一个技能尚不熟练的骑士要驾驭一匹战马，去攻陷城防坚固的堡垒一样。

但是，张峰却永远精力充沛，充满信心，总是能让尹括和整个民21设计团队在低落的时候都振作起来。而他自己，也在逐步吸收这种特质，变得更加强大。

在刚才两人结束谈话之前，张峰提了一个建议："我们需要召开第一次全体供应商大会，正式将这些供应商引导进入全力工作状态，让他们投入足够的资源给民21项目。我们还要引进供应商打分系统，每年对他们进行评比，给好的供应商颁奖，敦促落后的供应商进步。"

这并不是新鲜概念，因为超英和飞天等主要飞机制造商会采用这样的形式。只不过尹括在忙于民21设计的本身，一时忽略了这种形式上的主权宣示。

"我得去找郑立人商量商量。"想到这里，尹括朝郑立人的办公室走去。

刚送走尹括，张峰陷入了思索，突然手机响了，一看，是刘人杰打过来的，便调整了一下情绪，接了起来。

"老刘啊，祝贺你们跟同继把合同给签啦！"张峰首先表示祝贺。

"嗨，我让老赵去的西雅图，自己没去。前阵子搞资本运作搞得有些过于风生水起，现在得到上面汇报情况呢。"刘人杰虽然心有抱怨，但语气中却饱含着自豪。

"必须的！你那毕盛系现在已经规模很大了，二十几家上市公司，想不引人注目都不成啊。说吧，这次不会又是要让我给你们煽风点火吧？"

"哪有，我有这么心急吗？我纯粹是关心民21项目的进展，所以打电话问问，没有其他目的。"刘人杰笑着解释道。

"你这电话还真及时，尹括刚在我这儿汇报完。简单来说，都在如期推进当中，请刘总放心。"

"我有啥不放心的！说真的，我还是有些不放心你，行事宣传太高调了。"

张峰一听，虽然知道刘人杰是好意，但还是有些无名之火："老子都这样行事多少年了，到这个时候怎么能软？我就不信邪。而且，我干的是大飞机，是国之重器。不高调能干成吗？"

"哈哈。"刘人杰见张峰有点儿上火，便打了个哈哈，把话题转移了。

两人又闲聊了一会儿。挂掉电话之前，刘人杰承诺："民21的那些机载系统供应商都是跟我们毕盛的合资公司，要是有什么问题，尽管跟我说。"

这句话是此次电话里最给力的一句，而张峰要的就是这句话。

"没问题，我不会客气的。咱们啥时候找时间聚聚吧。"张峰说得没错，两人现在一个在上海，一个在北京，又都忙碌万分，想聚聚还真得挤时间出来。

同样需要挤时间出来陪家人的，还有张收成。前段时间，毕盛与同继的合资公司建设，吞噬了他几乎所有的时间。

开春之后，毕盛和同继的首批派驻员工正式进驻位于上海市郊的办公地点，开始联合办公。合资公司在合同签署之后，开始落地。

这片区域曾经是一片坟场，在相当长一段时间都属于三不管地带。直到21世纪的头几年，在全国房地产疯狂生长的时候，坟场也不再被视为禁忌，反而经过房地产商的包装，变成了汇聚人气之地。

由于租金相对市中心便宜不少，毕盛和同继将合资公司暂时的办公地点选在此处，同时在位于浦东的张江高科技园区出资盖楼。作为航空业重要的合资企业，它从一出生就得到了上海市政府的不少优惠政策，包括批给合资公司盖楼的这块地，便是低价卖给毕盛和同继的。

但这些优惠政策，像张收成一样的这些企业员工暂时都体会不到，他只知道，自己要忙疯了。他一度极为崩溃，打电话给李慕诉苦："去西雅图签约这样的好差事不让我去，脏活累活却全都让我干。现在韦讯正在招人，我干脆去他们那算了。他们航电能力强，待遇又好。"

李慕也并没有比张收成轻松多少，自从担任发动机总设计师之后，工作量大增，但他还是耐心地开导后者："你现在就处在九九八十一难的最后一难了，知道吗？你这三年的付出，领导们肯定是看在眼里的，别功亏一篑。"

虽然知道李慕说得对，但张收成还是骂道："你突然这么'伟光正'，我还有点不习惯。"

可是骂归骂，该干的事情还得干。

摆在张收成面前的事情还挺杂，他既是毕盛工作层面的领导者，要处理手下几十号毕盛派驻人员的人事、待遇和工作安排问题，稳定他们的情绪；又是与同继的谈判代表，需要跟这帮老对手们继续斗智斗勇，为毕盛在合资公司争取更多的利益；同时，他还要与实翼签订项目的主合同，毕竟合资公司是民21飞机的核心航电系统供应商，要参与联合设计。

"真是三合一的工作啊！"

不过，他的坚持确实很快就收到了成效：合资公司即将成立董事会，组建领导团队。最近，外面开始有不少传闻，说同继那边放弃提名，副总经理就是张收成。

曾泰在办公室里接见了张收成，"小张，好久不见，都瘦了啊，工作很辛苦嘛！"

"嘿嘿，合资公司刚成立嘛，等走上正轨了就会好些了。"

曾泰看着张收成，斟酌了片刻，然后说道："我先跟你说点事情，你千万不要跟别人说。"

张收成仿佛听到了胜利的号角。一般来说，领导这样说，就是有重要的事情要宣布了。而他，期待听到那个传闻变成事实。于是，他连忙点头道："曾总放心，绝对不说，打死我也不说。"

"好！"曾泰并不相信张收成的话，但满意他的态度，"我将成为合资公司董事会的成员之一，合资公司的总经理将从同继派来，也会成为董事会成员。"

"恭喜曾总，有你在董事会，弟兄们都放心了。"张收成第一时间表示了祝贺，尽管他心底有些遗憾："原来跟我没关系。"不过，曾泰进入董事会，确实对于毕盛，尤其是对毕盛上海的派驻人员有利。毕竟是老领导，多少还是会关照的。

曾泰看着张收成，接着说："董事会都同意副总经理由毕盛派遣，我们也都同意了，这个人就是你。"

六

在取代张超乙成为发动机总设计师后，李慕从某种程度上开始理解他在珠海航展的举动了。

作为副总设计师，他当时只需要专注于供应商选择等少数几个领域，而总设计师所覆盖的领域要远超他的想象。从飞机的发动机和动力系统设计本身，到发动机团队的管理和建设，到供应商的管控，几乎所有与发动机相关的事情，都是他的责任。

李慕参加工作以来，还第一次遇到如此复杂的局面。他可以理解张超乙平时有多大的压力，而那次的举动无疑是一次不受控制的释放罢了。同时，他也更加佩服尹括。光一个系统的总设计师，就要面临如此多的工作，更何况整个飞机的总设计师。

发动机可以说是整个飞机最重要的系统，它的设计也相对独立，并且会早于其他机载系统开始。所以，每次尹括召开各大系统总设计师办公会的时候，李慕都是最忙碌的一个。靳明和廖泉总是笑话李慕"新官上任三把火，别把自己烧死"，李慕则反驳道："你们航电和飞控只不过没到这个阶段而已，等过阵子，有你们叫苦的。"

尹括则扮演和事佬的角色。在他看来，团队成员之间互相拌拌嘴是很健康的，最怕的就是一潭死水般的沉寂。

这天，在与同继的发动机团队开完会之后，李慕筋疲力尽地回到办公室，斜靠在椅子上，长舒了一口气。

"要说服他们接受我们的需求太难了，只要需求的指标跟他们目前的设计不相符，他们就要抵触。跟强势供应商打交道真累。"他的身体虽然在歇息，思绪却一直很活跃。

他不得不认真思考，因为他的直觉告诉自己，发动机的进度很有可能出现拖延，"如果一直不能说服同继接受我们的需求，就只能退而求其次，接受他们的需求。但是要确保他们的产品在民21投入商用时依然先进，不能让他们拿过时的产品来忽悠我们。"

至于如何说服他们，以及在说服不了的情况下，如何鉴别产品的先进性，需要下大功夫。

然而，问题开始隐隐出现的领域并非只有发动机。

随着联合设计阶段进行了半年后，靳明和廖泉等人也发现，他们所负责的航电和飞控系统，面临的问题丝毫不比李慕少。

航电的问题，在发动机供应商选择的那一刻就已经埋下。航电并非同继的强项，而民21的核心航电系统等主要的航电部件却都交给了同继和毕盛的合资公司。这个领域传统的强者韦讯和占士强，反而只是通过他们分别与毕盛成立的规模小得多的合资公司，拿到了一些边边角角的业务。

问题的关键在于，核心航电供应商需要将整个航电系统进行集成，然后进一步集成飞机上的其他系统，中枢神经的作用可不是开玩笑的。而同继投入的CAT技术和人员并不具备这个能力，尽管在此前相当长一段时间，他们都宣称如此。

"被同继骗了，他们原来不会航电系统综合集成啊！"

"可是，超英9系列上不是用的他们的CAT吗？他们难道没有做航电集成？"

"9系列上的航电集成是超英自己做的。"

"这帮大忽悠！"

"那人家也忽悠成功了呀，刘人杰和张峰不是都选择了他们吗？"

这是实翼航电团队内部常常发生的对话。他们发现，当他们希望同继帮助自己将整个航电系统内部以及与其他飞机系统的交联接口定义明白的时候，后者总是语焉不详，或者提供的资料自相矛盾，漏洞百出。

靳明因此开始头疼，他常常在内部会上向郑立人反应，要求后者在主合同谈判时增加对同继的要求，"合同还没签，他们在法律上依然不算我们的供应商，我们还有一些谈判的余地。得赶紧让他们派驻专家，增加投入，不然航电系统会是大问题！"

飞控的问题与航电有所不同，但并不容易解决。

相比航电供应商，飞控的占士强和霍克斯两家供应商的经验都很丰富，能力上不存在任何问题。但由于他们也要跟毕盛的下属单位组建合资公司，作为民21的供应商，而合资公司在组建的过程中则问题百出。

最大的问题是占士强和霍克斯都觉得毕盛的投入太少了。

"飞控这么大的系统，为何你们只投入几千万美元？同继那个CAT，你们就给了6亿美元。投入少，那我们能够带来的技术也只有那么多，抱歉。"

正如列夫·托尔斯泰所说："幸福的家庭都是相似的，不幸的则各有各的不幸。"

可是，对于靳明和廖泉来说，现阶段他们没有办法，只能硬着头皮往前拱。毕竟，到了这个阶段再更换供应商，就得不偿失了。

这一系列的问题都上升到了尹括主持的会议上。

"李慕，你先给我一个判断，发动机的进度要延迟多久？"听完李慕的汇报，尹括直接问道，"我赞同你的感觉，但是我们不能靠感觉设计飞机。如果能够量化你的感觉，要尽快告诉我。"尹括重点突出，从发动机开始问起。

李慕感到了一丝压力。当副总设计师的时候，他更多的是提意见，而不需要做决定。现在，这个做决定的人换成了他自己，他才发现每次决定都很难做。

"我保守一点吧，估计得一年到一年半的时间。"

"保守是什么意思？"

"就是最坏的情况。即同继完全不接受我们的需求，坚持用他们的成品供货给民21。这样我们就需要认真去分析他们提供产品的技术成熟度和先进性。"

尹括听罢，看着李慕的眼睛说："你确定？"

李慕有点儿心虚，但是依然迎着尹括的目光说："确定！"

"好！下一个，靳明，你们航电呢？"尹括将注意力转移到了航电方面。

靳明苦笑了一下，说："我现在很难估算，关键要看同继他们到底能够做到什么程度。他们已经承诺会增加技术力量，包括通过内部挖潜和外部招聘，来增强对我们的支持。但是，他们信守承诺的记录并不是很好。所以……"

尹括打断了他："不要说理由，你就根据你的专业判断，先给我一个估算吧！"

会场上一片安静，各大系统的总设计师们都感觉到尹总相比以前已经越来越强势了。

靳明有些底气不足："两……两年吧。跟李慕一样，我也是保守估计。"

"好！廖泉，你们飞控呢？"尹括又转向了下一个目标。

在这个会上，尹括从他的下属们手中搜集了各自负责系统的预计延误时间，有些系统，比如机体结构，比较乐观，基本上按照计划在进行；而有些，比如航电，则已经有了两年左右的预计延迟。

"这还只是联合设计阶段啊……可以预计，未来这些问题会更加棘手。"尹括在宣布散会之后，一个人皱着眉头在会议室里坐了一会儿。

"不过，我一开始也没有奢求过民21可以一直按照计划进度完成吧。超英和飞天的飞机项目延误个三四年都是常事，我们也不可能例外。"

七

这个夏天，尹括感受到的炎热，才刚刚开始。除了民21项目的延误将不可避免之外，他很快又将面临一次信任危机。

尹括难得一次在家吃晚饭，饭后，他打开央视新闻频道，一边听着新闻，一边在房间里踱来踱去，脑海中全是民21项目的事情。可是，电视里的新闻很快便将他的思绪打断。

"什么？动车在温州脱轨了？！"尹括听到这个新闻，赶紧将目光投向屏幕。果然，自己没有听错，他简直不敢相信自己的眼睛。

与民21这款国产大飞机一样，高铁也是国家力推的自主高端制造业的代表。而且，由于不存在适航取证这个环节，它的进展比民21还要快。就在前不久，时速为350公里的国产高铁已经通过测试并投入运营。

很多人都会拿高铁来刺激尹括："你看看人家高铁，这么快就实现国产化了，还达到了这么高的时速，以后短程飞机就没啥竞争优势了，你们这大飞机造出来还有市场吗？"

对此，尹括总是反驳道："高铁和飞机是互补的，即便几百公里的路程，也还是会有人选择飞机，更别提1000公里以上的距离了。"

但是，如果把高铁和飞机比作国家的两个儿子，高铁却处处争先。不免让人觉得飞机是那个扶不上墙的小儿子，更何况当年的民10项目就失败过。面对高铁的进展，如果说尹括完全感受不到压力，是不可能的。

不过，此时他脑海中浮现的第一个念头就是："不好，我们得赶紧做点什么，要保护民众对国产飞机刚刚建立起来的信心！"

在他看来，虽然高铁和飞机常被用来比较，但两者的本质都是中国制造，一荣俱荣，一损俱损。现在高铁出了事故，一定会让舆论引申到国产飞机的安全性上来。

他顾不上仔细去看新闻里对于事故的详细报道，便立刻拨通了张峰的电话："张总，高铁出事了，我们也需要有所应对才行。"

张峰此时正在毕盛西安考察，他此行是应刘人杰之邀请，赴承接了民21机体结构件工作的各大毕盛子公司考察项目进展。在发动机和机载系统延误的坏消息接踵而至时，他需要看到一些正面的东西。如他所愿，在机体结构件上，毕盛的进度让他感到欣慰。

而这个消息，犹如一道电流，将他刚稍微缓和一点的情绪又重新刺激了一下。

"真的吗？我今天还没时间看新闻呢。"张峰下意识地确认消息。他此前一直冲在民21宣传的第一线，对于产生负面影响的因素敏感异常。

"是真的，央视已经报道了！"尹括忙不迭地说，"我担心舆论会将火烧到我们大飞机身上。原本公众就对国产飞机的安全性存疑，好不容易我们通过珠海航展建立了信心，这件事有可能让之前的努力前功尽弃！"

张峰认可尹括的判断，此时很想出个主意。但经过一天的生产线考察参观，他已经有些疲倦恍惚，思路竟一时跟不上来，于是只能问道："那你有什么建议？"

尹括在看到新闻的一瞬间，就已经想到了一个方案，于是便脱口而出："还记得咱们春天提及的供应商大会吗？这几个月郑立人那边一直在牵头组织，如果能够尽快召开，可以邀请各大媒体采访，不光采访我们，还要采访那些供应商，让整个民21的参与者共同发声，向社会传递信心。"

"好主意！可是，春天就定下来的，怎么到现在还没开成？"张峰从短暂的恍惚状态中回过神来，又恢复了敏锐。

"供应商的数量超出我们的想象，尤其是机载系统，由于都是合资公司作为供应商，而现阶段这些合资公司又刚组建，还不具备足够的能力，所以需要同时邀请它们的母公司。这样，每个系统都有三家供应商。"尹括明白，面对张峰的每个问题，他都必须给出答案，不然将会被追问至死。

他自己对于郑立人团队的工作效率虽然也有些微词，但并不想在这个时刻告黑状，在背后摆人家一道，而是主动进行了解释。

张峰显然并不满意这个回答："供应商再多，能有一百家吗？从3月份到现在都四个月了，一百二十天，平均每两天邀请一家都做不到吗？"紧接着，他立刻意识到尹括并非这件事情的负责人，便补充道，"我不是责怪你啊。"

尹括自然也知道张峰的风格，但是，他还是下意识地辩驳了一句，不知算是为自己说话，还是为了保护郑立人，"主要是这些供应商分布在世界各地，欧洲的，美国的，还有国内的，协调起来比较困难……"

话还没说完，张峰就生气地打断："我不管，今天是7月23日，我再给你们两周的时间，8月初我必须要看到供应商大会召开！还要尽可能多地邀请各大媒体！"

显然，这已经不是商量，而是命令。

尹括还是有点儿不甘心，或许是之前张峰对他一直十分爱护的缘故，他竟然忘却了他们根本上还是上下级的关系，而权威是不容挑战的。"8月初啊……难度很大，欧洲人都休假了，毕盛也要放高温假……"他不由自主地继续辩解道。

张峰彻底恼了："不行，我们是客户，是主机厂！如果是超英或飞天召集供应商开会，供应商有选择的权利吗！我不跟你说了，你让郑立人给我打电话！"

就在张峰挂断电话的瞬间，尹括终于服软地说了一声："是。"

"是的，我们是主机厂商，我们是客户，没错。可是，我们能跟超英和飞天比吗？"尹括将手机扔到沙发上，无奈地苦笑。

其实，归根结底还是实翼自己的经验不足，能力有限，被供应商们看扁了。

很多时候，当他的团队向供应商提出需求的时候，只要对方不愿意接受，都会以"你们经验不足，根据我们的经验，你们的需求是不正确的"为理由搪塞。这句判断有多少真实成分，实翼自己的人也没法下定论，这才是可怕的地方。

想到这里，尹括的烦恼再次涌上心头，他觉得浑身燥热，不顾爱人和父亲的反对，又将空调调低了两度。

八

实翼的首次供应商大会到底还是在8月初举行了。

据说，张峰在挂掉尹括的电话之后，不等郑立人给他来电，便径直找到这个负责供应链的副总，将他骂了个狗血淋头，最后还甩下一句狠话："如果这个会不能尽快开成，你就别干了！"

又据说，张峰当晚在跟毕盛西安的领导用过晚餐之后，借着酒意，亲自给欧美各大供应商的一把手发去了邮件。在简单地礼貌邀请之后，又加上了这样的话："我希望在8月初的供应商大会上看到你们授权的代表参加。如果他们选择在那个时候出现在地中海边的沙滩或者加勒比海的某个小岛上，而不是实翼上海的会议室，我可以断言，你们将不会在民21项目的主合同上看到我的授权和签字。"

更绝的是，这封邮件，全部是用中文写的。

"张峰简直是头独角兽，锋利得可以刺穿一切障碍。"尹括将这些

"据说"告知父亲的时候，这样点评道。

尹善治听完，笑道："当初我和丁厂长要是有这股劲头，没准民10的结局会不一样。"

显然，尹善治对于民21项目的关注又逐渐多了起来，而他从2008年以来每况愈下的身体居然也逐渐有了好转。

"父亲还是希望能够见证他未曾见证的时刻吧。"尹括想。

在供应商大会的第一天，上海难得下了一场雨，将气温调节到了让人感到舒适的温度。

张峰在开场白上志得意满地发言："谢谢大家抽空参加实翼的第一次供应商大会，尤其感谢那些原本有休假计划的朋友。但是，这几天上海的天气将十分凉爽，我相信你们过来避暑也不是一个坏的决定。"

尹括在接下来的发言中，将三天会议的议程向所有供应商代表灌输，"我希望各位供应商朋友秉着开放、专业和负责的态度与实翼的团队一起，充分交流沟通，将目前民21项目在联合设计阶段所遇到的问题一起解决，或者找到解决的办法。让我们大家一起努力，民21的成功也是你们的成功！"

被张峰教训过的郑立人也振作起来，鼓励大家多配合媒体采访，"我们按照国际最通行的供应商管理流程，遵循最严格的适航流程和标准，选择了大家。所以，民21项目不是中国闭门造车，而是与你们这些行业内最先进的合作伙伴共同研制一款先进的飞机，满足未来航空运输业的需要。"

基调一定，会议便开得十分顺利。

正如尹括所料，温州动车事故之后的两周，全国媒体在聚焦其中的问题和追责时，也延伸表达了对于民21这款国产飞机的顾虑。

"民21飞机会不会步动车的后尘？"

"前车之鉴，民21何去何从？"

"爱国，真的要冒生命危险吗？"

诸如此类的评论报道充斥着全国各大媒体。

在各大互联网平台上，类似于"动车出事了，你会不会去坐未来的国产民21飞机"的问卷调查结果显示，民众的信心陡然下降。

好在这次供应商大会适时召开。

在这次大会上，不但张峰和尹括相继接受了各大媒体的专访，就连同继、占士强、韦讯等民21项目的知名供应商也相继发声，力挺民21飞机的安全性和可靠性。

"这次的阵仗真的很大，你们行啊！"张收成在会场趁着有点空闲，跟李慕说。

"张峰确实给力，这次真的是力挽狂澜，化解了一次信任危机。"李慕也十分佩服。

越是深入参与民21项目，他越发觉得张峰和尹括他们的不易。

这时，陈淑珍带着几个同继从美国派来的代表过来跟李慕打招呼。

"稍等啊，我先跟他们扯两句。"李慕撇开张收成，跟同继的人随便聊了几句，又回到张收成面前。

"陈淑珍你认识吧？"李慕问道。

"当然，我们跟同继谈合资的同时，她可没少出馊主意。她是同继中国的业务拓展经理，既负责发动机，也负责航电。"张收成回忆起过去三年与同继针锋相对的日子，又想到现在居然与当初谈判桌对面的人们在同一个办公场所并肩工作，觉得生活真是充满了意外。

"你别说，这个女人还真有两下子。她刚跟我说她说服了好几个她的美国同事在媒体前作为发动机供应商为民21说好话。"

"是吗？看来她对民21还是有感情的嘛。"

"有没有感情不好说，但是她真的很懂人的心理。虽然是台湾人，但她知道我们的媒体很多时候更相信外国人的话。这次大会如果只是张峰和尹括表达对民21的信心，却没有这帮金发碧眼的老外撑腰，宣传公关的效果就没有那么好了。"李慕感慨道。

"你这么崇拜她，不会跟她有点儿什么吧？口味有点重哦。"张收成调侃道。

"滚！我有那么饥不择食吗？罗晓慧我还没追到手呢。"李慕咬牙切齿地说。

"你还惦记着那个飞天的女神呢？当心利益冲突啊，别让她从你这儿把实翼的情报都套走了。"张收成打趣道。

李慕转而笑道："放心，实翼在人家飞天的眼里不算什么，他们根本不屑于套取我们的情报，至少在未来二十年之内都是。"

张收成努了努嘴，"这个评价，好像也适用于占士强和韦讯们对于我们跟同继成立的合资公司啊！"

九

早在张峰和尹括利用供应商大会挽救民21的社会信任危机之前，民21项目本身的亮点之一——合资公司成为供应商的这种模式也在经受着来于各方的挑战。

毕盛与同继针对核心航电系统成立的这家合资公司，是所有在民21项目中成立的合资公司里母公司投入最多、规模最大、行事最高调的一家。它的一举一动，无不牵动着行业内的神经。所以，当它的董事长唐文波最终将合资公司命名为"希杰"之时，反对与嘲讽的声音就不绝于耳。

不过，在张收成看来，不管取什么名字，都会有人不满意，像可口可乐这样的好名字是可遇而不可求的。关键是要取个短小精干的名字，尽快建立合资公司自己的形象与品牌。

自从被任命为希杰的副总经理之后，张收成也自然看得更加长远。

那天，他正在自己的新办公室里看材料，突然秘书敲门进来："张总，总经理博利斯先生今天来了，他说想跟你聊一聊。"

张收成立刻反应道："好的，我马上去。"

总经理办公室就在他的隔壁，已经空置了一段时间，按照合资合同的规定，董事长将由毕盛的人来担任，总经理则是由同继来指派。之前，他听说同继正在几个候选人之间做选择，没想到这么快就定下来了。

正当他准备起身时，门外传来一句标准的普通话："张总你好。"

张收成愣了愣神："难道是个中国人？"他疑惑地望向门外，看到的却是一个膀大腰圆的美国白人，身材微微发福，却不显臃肿，反而显露出足够的威严。稀少但梳理整齐的头发之下，是一双精神的蓝眼睛和一张写满城府的脸，脸上的皮肤保养得不错，但眼角附近深深的皱纹却暴露了他的年纪。

见张收成愣在那儿，这人走进门，伸出右手道："你好，我叫博牧之，很高兴认识你，你果然很年轻！"

汉语说得很标准。

张收成下意识地伸出手，一边与这人握手，一边有些踌躇地说："……你好，我是张收成，叫我收成就好。敢问，你的名字是？我是说，你的本名……"

博牧之显然已经见过无数次这样的场面，并不觉得奇怪，于是哈哈大笑道："我是中国人，就叫博牧之。"转而他又说道，"开玩笑的，我本名叫莫尔斯·博利斯（Morse Boris），但是我不用这个名字很多年了，叫我博牧之就好。"

张收成这才缓过神来，说："你的汉语说得真好，几乎听不出来你是外国人。"

博牧之得意地说："是吗？大家都这么说。我在中国已经生活二十五年了，太太也是中国人，所以，我也是中国人。"

张收成赶紧招呼他坐下，让秘书给倒上茶水，两人用汉语聊了起来。

原来，博牧之大学毕业后就来到了北京大学读研究生，并在那里认识了他现在的妻子，于是他在一番纠结之后，决定在中国发展。

凭借着语言天赋，他很快便掌握了汉语，并且把握住了中国改革开放的机会，利用自己美国人的身份和汉语能力参与到中美贸易中，迅速积累了财富和广泛的社会资源。在被同继招来担任希杰的总经理之前，他在一家能源行业的中美合资公司担任总经理，对于中国市场和企业管理有着丰富的经验。

"同继真会找人，这样的人我们毕盛是断然找不到的。"张收成暗自感慨。

他当时就认为，有这样一个人担任总经理，今后的工作应该会相对简单了。毕竟，他曾认为自己要跟一个固执的、不懂中国国情的美国人打交道。

两人初期的配合倒也十分顺畅。由于在合资合同谈判期间，毕盛和同继双方已经就一些重要原则达成一致，因此他们只是重新梳理了一下合同内容，并没有进行太深入的探讨。

直到6月的第一次希杰全体员工大会。

尽管这个时候希杰在联合设计阶段因为能力问题已经开始让客户感到不满，但随着管理层的确定，内部还是一副万丈高楼平地起的劲头。

博牧之携整个希杰管理层第一次全体亮相，每个人都做了自我介绍，最后，他用标准的普通话做了一番激情洋溢的演讲。

被博牧之流利的普通话和富有感染力的演讲所倾倒的希杰员工们回以热烈的掌声，张收成当然也在其中。不过，他的内心隐约感到一丝不适："这种煽动真的有助于这家新公司的发展吗？"

这次会议是希杰的良好开端，博牧之的讲话极大地激发了员工们伴随着新鲜感的士气。很多毕盛的派驻人员深感震撼，从而对同继倾慕不已："还是同继厉害，能够找到这样的总经理，果然有国际大公司的风范。"

希杰就如很多新生事物一样，人们总是对其充满期待，而同继找来的这个博牧之，则更增加了人们对它的谈资。

更何况，在实翼的第一次供应商大会上，希杰派出了人数最多的代表，而它的母公司同继，也在发动机和航电两个领域，派出了金发碧眼的"专家"们侃侃而谈，这在很大程度上提升了公众对于民21的信心，帮了张峰和尹括一个大忙。

十

丹·里奇曾经与赵进军一起将希杰公司的成立比喻为婚姻，如今，这个比喻已经被广为传播，得到了毕盛和同继双方从上到下的一致肯定。

如果希杰真的象征着毕盛与同继的婚姻，那么首先它是一场包办婚姻，由双方的大家长刘人杰和特里普迅速敲定；其次，虽然是包办的，却融入了现代婚姻的男女平等原则，双方各有50%的话语权，谁也无法一家独大；再次，毕盛应当算男方，毕竟下了6亿美元的聘礼，手笔很大，而同继也毫不含糊，以在超英9系列飞机上得以成功应用的CAT技术为嫁妆，有来有往；最后，同继并不是全心全意嫁给毕盛的，除去两人在上海的婚房，她还在美国的娘家留了一块地，万一两人闹别扭，可以随时跑回去。

但是，它与婚姻最大的区别就是：婚姻当中的当事人只有男女两人，而在这里，即便大家长们首肯了这门婚事，真正的结合还需要毕盛和同继的每一个人都心往一处想才能实现。就像当只有两根绳子时，要想拧成一根绳子十分简单；若是有上百根绳子时，拧成一根就没那么容易了。

经过一年半的扩张，到2012年6月，希杰由最初毕盛和同继母公司派遣的几十人，一下子扩大到了200人。而这些人的背景和身份又十分多样。

毕盛这边，按编制分，像张收成这样的管理层人员依然享有毕盛的事业编制，而新进毕盛的员工就只有企业编制；按地域分，则分为毕盛上海派遣的本地员工和毕盛成都等其他子公司派驻的外地员工。

同继那边则更加复杂，分为外派员工、本地员工和社招员工，在同继的地位依次递减。外派员工都是同继从美国派来的外国人，除了丰厚的薪酬之外，还充分享受各种外派待遇；本地员工是从同继航空事业部中国区派往希杰的员工；社招员工则是同继为了实现对希杰的支持，从社会上直接招聘而来的员工，虽然仍然以同继的名义派遣，却从未在同继上过一天班。

五种不同背景的员工身份，自然造就了不同的想法。他们当中有真心实意要把民21项目做好的，有奔着传说中的高薪而来的，有为了上海户口和子女教育的，还有仅仅奔着同继的企业光环来的，不一而足。这些人都带着冲劲，共同作用，形成一股乱流，在希杰这个刚刚成形的容器当中蠢蠢欲动。博牧之所面临的复杂局面不言而喻。

没过几个月，他在这容器口精心铺设的和谐封印开始出现裂痕。而且，裂痕是因他本人而起。

由于在中国生活多年，又娶了中国太太，还操着一口流利的普通话，博牧之常常忘记自己的本名叫莫尔斯·博利斯。他在几个大型合资企业有过高管经历，虽然年近六十，却依然意气风发。在中国，他一边享受着美国国籍带来的各种便利，另一边又赶上了中国改革开放三十年巨大的经济发展机遇，左右逢源，呼风唤雨，在中国拥有广泛的人脉，还与同继好几位高管都熟识。

当盖伊主动邀请他担任希杰的总经理时，他听闻总投资额只有12亿美元，其中只有6亿美元是现金，一开始还嫌这个舞台太小，直到盖伊许以优厚的薪酬待遇，并且格外突出民21项目的意义，才最终答应。

只不过，这一次他错了。

希杰与以往博牧之所经营的企业最大的不同，在于虽然总投资额不算高，但它的母公司毕盛和同继却是体量远远超出这个数字的巨无霸企业，而希杰也并非他们各自唯一的合资公司。可以说，虽然希杰是两家母公司看重的战略合作，但万一没有做成，无论对于毕盛，还是同继，都不至于伤筋动骨。

而他以往所在的企业却恰恰相反，都是母公司规模并不算很大，但却各自举全公司之力成立合资公司，背水一战。很多时候，他认为自己长袖善舞解决了问题，是因为身后两大母公司的强力支持，甚至说是狐假虎威也不为过。

与此相关的是他低估的另外一个因素：毕盛和同继的派遣员工都有着较为强烈的母公司自豪感，很多问题需要他放下身段与他们沟通。

抱怨首先来自于同继派遣的技术骨干埃文斯："莫尔斯这小子，在中国待久了就把自己名字都忘了，见他要称呼为'博总'，这是中国人的坏习惯。在同继，我们哪怕称呼特里普都叫杰克的。"

张收成也不止一次听到手下的人议论："那个假中国人总是一副高高在上的样子，并没有做什么实际的事情。"

毋庸置疑，总经理是一家公司最重要的人，尤其是对于希杰这样的初创企业。大海航行靠舵手，博牧之没有把自己当作那个需要站在船舱第一线、亲手操纵与恶劣天气和复杂海况做斗争的舵手。他以为自己在驾驶巡航阶段的飞机，只需要做机长广播就好了。

当总经理在员工当中，尤其是在管理层当中的威信受到质疑时，公司的凝聚力就会出现问题。

就在博牧之还浑然不觉、自我感觉良好的时候，张收成已经默默地承担了很多。他十分清楚形势仍然严峻和复杂，所以一直很小心地在平衡各方力量：作为毕盛的派遣人员，他需要考虑毕盛的利益；而作为希杰的管理层人员，他需要为公司与员工谋利益；面对实翼，他需要照顾客户的利益；面对董事会，他又要对股东负责。

因此，他不得不殚精竭虑。作为希杰的副总经理，他自然首先希望民21项目的进展不要受影响，同时，他也不能承受因为过于专注工作而忽略其他因素可能带来的后果。

十一

一天下班后，张收成邀请段兰在公司附近的一家小餐馆吃饭。

在管理层中，来自毕盛的只有他和财务总监段兰两人。

段兰来自于毕盛沈阳，是一个和蔼的中年妇女，在毕盛待了大半辈子，深信"和谐为王"的观点。

"段总，您是咱们毕盛的前辈，不知道有没有感觉公司目前的状况有些糟糕？"在说完自己的体会之后，张收成请教段兰。

在私下里，他总是对段兰十分尊敬，从来不摆副总经理的架子。虽然身在希杰，但两人仍然算是毕盛的员工，在这里，"长者为尊"依然是不变的规则。

"小张，我也注意到了。"段兰也从来不谦虚，在她看来，张收成年轻有为，勤劳肯干，但在经验方面还是欠些火候，"其实，老博也注意到了这一点，我见他私下里跟董事们讨论过好几次，希望能够找到原因和解决办法。"

"但是他似乎不知道自己才是问题的来源，我一开始以为只是毕盛的人对他有怨言，后来却发现那几个同继的总监似乎也不怎么待见他。现在人心不齐，民21项目的进度越来越慢，实翼对我们的抱怨也越来越多……"

段兰听罢，呵呵一笑，见张收成还有些疑惑，简单点评道："不用担心，小张，项目进度变慢，客户抱怨，板子也不会打到你头上。"说罢便吃起了菜，没有说更多。

张收成似懂非懂，也陪着吃菜，没有继续往下问。他隐约觉得，有大事要发生。自从进入希杰以来，这样的感觉还是第一次出现。

而对于整个民21项目来说，尹括也渐渐有了"山雨欲来风满楼"的感觉。

自去年8月的供应商大会之后，又过了一年时间，他愈发感到，项目的延迟已成定局，这不再是实翼内部的秘密，各大供应商也都心知肚明。可是，如果不正式宣布，反而会影响实翼的信誉。

为此，他召集了一次紧急会议，决定商讨出一个方案，再向张峰汇报。除去他的研发团队之外，郑立人和杨志也被邀请。

"发动机的问题主要在于同继最终还是没能接受我们的要求，他们坚持采用目前正在研发的产品涡扇3，并且坚称这款产品非常适合民21飞机。我们在需求和技术指标上的争论花了太多时间，我刚做出决定，放弃说服他们，转而对这款涡扇3进行分析。"作为发动机的总设计师，李慕总是第一个发言。

他的话里有些无奈，最终实翼还是从了供应商，谁叫自己的技术储备不够呢？

不过，虽然发动机的研制进度延误了，但好歹同继是一家成熟的供应商，他们对涡扇3的研发也的确在进行当中，并且是最先进的一代产品。实翼现在做出决定不再强求同继完全接受自己的要求，而是对其正在研发的涡扇3进行监督，倒也不算最坏的结果。

相比李慕，靳明面临的问题更大。

"航电领域的主要问题还是希杰的能力问题，同继虽然在过去的一年里从占士强和韦讯等公司挖了不少技术人员，但毕竟没有足够的航电综合经验。目前整个航电系统的集成依然问题重重。"靳明叹了一口气。

尹括迫不及待地插话："听上去，感觉是我们在出海前就上错了船，现在开到深海，再换船也来不及了，只能不断地在脚下这艘船上挖潜。"

靳明点了点头道："恐怕是这样。"

现场一片寂静。

靳明没有说明的是，在过去的一年中，希杰和同继的竞争对手们，包括占士强和韦讯其实并未完全放弃努力。他们觉得，只要主合同没有签署，他们依然有一丝希望可以翻盘。于是，这几家供应商各自抛出了核心航电系统和航电系统集成的解决方案，多次找到靳明，希望说服他悬崖勒马，选择更加成熟的供应商。

靳明并非没有动心，经常在深夜里一个人痛心疾首，甚至垂泪。

不过，他最终还是没有做出任何更换供应商的努力。因为，一个声音从他内心更深的地方传来："同继的决定是刘人杰和张峰做的，万一最后真的失败了，你也不用负责任。可如果你现在促使供应商更换，最终如果航电系统依然问题百出，甚至还影响到了发动机的供货，那你就是民21项目的罪人！"所以，靳明没有继续说话，而是示意尹括自己说完。

于是，尹括让廖泉说明飞控系统的状态。

"飞控的问题依然在于毕盛在与占士强和霍克斯成立的合资公司上投入不够多，导致这些外方合作伙伴没有尽全力支持。不过，他们提供的都是成熟技术，我们目前依然在保持着对他们的压力。我相信，到最后关头，他们会加大投入来确保自己不是影响项目进度的害群之马。"相比靳明，廖泉显然要轻松很多。

"好吧，总算有了点儿好消息。"尹括努了努嘴，示意其他几个系统的总设计师继续。

经过了解，尹括得知，目前，起落架、液压、电源、照明、布线等系统虽然也都存在各自的问题，但大幅延误的风险并不存在。

机体结构依然是表现最好的，到目前为止依然在按照原计划进行。

陈涵负责的适航倒没什么大问题，现阶段他只需要让各大系统的技术团队遵守适航流程即可，还没有到需要他大力介入的阶段。

听完汇报之后，尹括总结道："从研制的角度来看，联合设计阶段已经延误，这是事实。目前看来，我们要准备好延误一年时间完结联合设计阶段，才能开始进入详细设计阶段。"

"在我们做出决定是否要宣布这个消息之前，郑总，杨总，你们有什么进一步的建议？"尹括不想冷落他的同僚。

十二

郑立人原本以为自己负责的与各大供应商主合同谈判的进度会拖后腿，可听完尹括团队的汇报，发现研制进度的延误更加惊人，便暗地松了一口气。

"主合同谈判也存在一些延误，这些机载系统供应商由于都是合资公司，又都刚刚成立，能力肯定不足。我们试图让他们的母公司，即毕盛和国外合作方都在合同上签字，成为四方合同，这样就使得合同谈判更加复杂。"由于机体结构件和发动机的主合同均已签署，郑立人现在只需要关注航电、飞控、液压等机载系统供应商的合同。

"好的，那你预计大概延误多久？有研制这么严重吗？"尹括问道。

"不同供应商的合同谈判团队风格不同，有些比较好说话，有些则比较死板，很难给一个定数。最坏的情况，一年半吧，但大多数我预计只有半年的延误。"郑立人回答得十分全面。

"明白了，连延误都跟研制保持基本同步啊！"尹括试图开个小玩笑，但没有人反应过来。他只好继续询问杨志。

"我这边目前进度还行，没有出现延误。祝桥总装厂的建设和设备的引进都十分顺利。浦东机场那边也比较配合，跑道已经在修建过程当中，在民21首飞之前肯定能够完成。"

或许是感受到刚才尹括试图把气氛搞活跃一点，杨志也努力了一次，说："大家都知道，我这边目前主要是搞基建，采购设备，这在国内不可能拖延嘛。"

这次有人笑了出来。尹括看过去，正是李慕。

见领导看着自己，李慕收敛了笑容，他不清楚这个反应是否顺了领导的心意，便赶紧把心中所想的另外一件事情说了出来，以分散大家的注意力。

"尹总，我观察到的还有另外一个因素影响着项目的进展。"

尹括原本也并不想责怪李慕，听他这么一说，便顺势问道："哦？说说看。"

"刚才我们谈到的延迟原因，大多是别人的原因，但我不得不说，经过这一年多的观察，我们自身也存在问题。"

"好，继续说。"尹括鼓励道。

"那就是，我们很多的技术人员，英语能力，尤其是专业英语能力仍然欠缺。"李慕把自己的观点抛了出来，然后继续解释，"大家都知道，在飞机制造和民用航空业，目前处于垄断或领先地位的都是国外的公司，其中又以美国公司占据绝大多数。从诞生之日起，这个行业的资料都以英文写就，为飞机颁发国际认可的适航证书的美国联邦航空局（FAA）和欧洲航空安全局（EASA）所制订的各种适航标准也全是英文。作为这个行业绝对的后来者，中国的飞机制造企业、航空公司和民航机构也只能去主动接轨，接受英语是行业通用语言的现实。"

见大家依然看着自己，李慕便继续说道："我们其实也接受了这一现实。在平时与供应商讨论的设计资料、技术文档，全都是英文的。就连我们作为一家中国公司，与同为中国注册的合资公司供应商即将签订的主合同，也全是英文的。"

郑立人点了点头。

"而我们的技术人员大多没有海外工作或者外企工作的经历，很多人大学一毕业就进入了实翼，或者从毕盛和华宇两家国企被派到实翼，英文能力确实存在很大问题。这样就严重阻碍了与供应商的交流，自然也从某种意义上来说拖慢了项目进度。"李慕把话说完了。

尹括赞许地点点头道："嗯，很有道理。"

李慕受到鼓励之后，又斗胆补充了一句："所以，尹总，郑总，杨总，我个人认为，目前民21项目的延迟原因是多方面的，而其中包括我们自身的不足。所以，如果此时正式宣布民21进度延误，其实是正视自己、正视事实的表现。只要在宣布的通稿中仔细斟酌行文，传递出我们真诚的态度，反而比打肿脸充胖子效果更好。"他是现场最年轻的一个，也一向不把面子这个东西放在很重要的位置上。

听罢，尹括沉吟了一下，说道："嗯，谢谢李慕的建议。大家还有什么其他要补充的吗？"

见没人发言，尹括说："那好，我明天就去向张总汇报，听听他的指示。"

会后，尹括叫住了李慕："很不错，以后你要多多发言，虽然其他人都比你年纪大，资历老。"

"谢谢尹总鼓励！"李慕点头道。

"上次张收成向我推荐过你，他果然没有看错人啊！"

听尹括提到张收成，李慕的话匣子便打开了："是吗？我跟他是发小，也是多年的老朋友了。他也曾向我提起你，说你们前些年在毕盛上海时就认识，一直对你十分崇拜。"

通过第三者的话来赞美别人是一本万利的技巧，因为对方永远不会去找这个人确认。

"哈哈，这小子！"尹括笑道，"不过，时间过得真快，他跟我推荐你那次，还是2010年年底。去年供应商大会上我们匆匆见过一面，也是一年以前了。"

"哦？你们最近都没联系吗？张收成已经在希杰担任副总经理了。"李慕赶紧把这个消息告诉了尹括。

"这个我听说过了，当年我就觉得他有这个潜质。"尹括当然不可能不知道这回事。

不过，李慕再次提及张收成，让尹括突然想到，航电目前面临着重重困难，而自己的小兄弟在希杰内部已经有了一定话语权，他或许能够帮上忙。

与李慕分开后，尹括一边走回自己的办公室，一边琢磨明天跟张峰汇报的事情。"不能只给他摆出问题，得想想有什么解决方法，不然估计又得被骂。"经过了这两年的磨合，尹括已经对张峰的脾气十分了解。

"发动机的进度完全取决于同继的涡扇3的研制进展，可以控制的主动权不大，但航电和飞控等机载系统说到底都是供应商的投入问题。我们的人英语能力欠缺应该可以通过一些培训在短期内进行弥补……"

尹括在飞速思考，直到他想到了一个解决这些问题的答案——钱！

十三

"来了？坐。最近有部电影叫《2012》，你看到宣传了吗？说今年年底就是世界末日了，这样倒好，咱们也不用为民21发愁啦！"张峰显然心情不错，这让尹括稍微放松了一些。

"不是每次汇报都能报喜啊，忧也得报，但得以合适的方式，在合适的时机。"尹括想着，感觉至少今天这个时机是对的。

"听说了。我女儿还给我打了个电话，也跟我说，这要是真的，我也不用为民21操心了。"尹括顺着张峰的话说道。

"哈哈，这部电影的票房估计差不了，有咱们这想法的人太多啦！"

张峰示意秘书泡上茶，然后让她把门带上，只留下尹括。

"张总，昨天我跟郑总和杨总把民21项目的整体情况做了一次'会诊'，向你汇报一下。"尹括开门见山道。

"好，果然你每次来都有重要的事情。我刚回了趟湖北老家，带了些神农架的青茶，味道很好，你尝尝。"张峰热情招呼道。

尹括端起茶杯，稍微闻了闻，确实有一股清香，便说："闻起来很不错！"

张峰得意地说："没错，这茶完全是纯天然种植的，每年的茶期也很短，产量极少，你会喜欢它的。我们慢慢聊，你慢慢喝。"

接下来，尹括便将目前民21项目所面临的问题一五一十地向张峰说明。他说得十分具体，因为张峰喜欢看到细节和证据。

他一边说，一边关注着张峰的表情。果然，后者的脸色从一开始的眉飞色舞逐渐变得凝重起来。

"你是说，民21项目的进度将延误一年？首飞从最初计划的2014年6月推迟到2015年6月？而且，你还想正式宣布这一消息？"张峰想明确这一关键信息。

"是的。我们需要正视现实，隐瞒没有好处，其实现在很多行业内部人士都知道了。"

张峰没有说话，但显然有些烦躁，他翻出了一包烟，然后点上。

尹括注意到，这不是他常抽的黄鹤楼。

吸了几口烟后，张峰才缓缓地说："知道了。飞机项目延误是很正常的事情，况且实翼还是个新公司，不可能比超英和飞天做得更好。我去年去那几家机体结构供应商考察，毕盛的弟兄们也告诉我，他们对于按时交付机壳是有信心的。现在担心的还是机载系统的进度。"

听闻此言，尹括松了一口气，他生怕张峰大发雷霆，将自己训斥一顿。他喝了一口茶，此时温度正好，果然味道清冽，口感十分舒适。

"你有什么办法吗？怎样避免项目进一步延误？听起来这些问题只会随着时间的推移继续发酵。"张峰的关注点果然转移到了解决方法上。

好在尹括已经有所准备，他缓缓说道："发动机的问题相对简单，只需要让李慕与郑立人的团队密切配合，严格监督同继的涡扇3产品的研制，鞭策他们加快进度。

"航电的问题主要在希杰，就是毕盛和同继的那家合资公司。由于同继本身在航电系统上的经验不足，导致他们无法提供足够的集成和综合支持。现在同继已经在各种招兵买马，填补能力漏洞，但成本很高，希杰希望我们给予一定的支持。

"飞控的问题则在于毕盛的合作方认为毕盛对于合资公司的投入过少，他们不愿意给予更多的资源支持。

"其他几个机载系统面临的问题与航电和飞控的也基本类似。

"至于我们自己英语能力的问题，我觉得可以寻找专业的英语培训机构给一些骨干人员提供培训课程，在短期内提高他们的能力。"

尹括一口气说了这么多，最后总结道："说到底，我们可能还需要多出一些钱，花在供应商身上也好，花在我们自己员工身上也罢，在我看来，钱可以解决以上的大部分问题。"

听罢尹括的方案，张峰点了点头，表示赞同："这些问题确实需要解决，而且目前看下来，也只能靠增加投入了……"

他顿了顿，喝了口茶，润了润嗓子，然后坚决地说："好在能用钱解决的问题就不算是真正的问题。"

尹括见张峰并未反对，十分开心。可是张峰紧接着说："问题在于，国家给我们民21项目的经费是有限的，要填补这些窟窿，估计要花的钱还不少。我可不敢去冒增支的险，否则审计上会有大问题。"

尹括对此也有准备，说："我昨晚给宋总打过电话了，他说国家对民21项目的拨款也不是一步到位的，而是分阶段进行的。现阶段的开支十分紧张，可以利用的拨备估计只有1000万元左右。"

宋红兵是实翼的首席财务官，平时沉默寡言，很少公开露面，只是在幕后掌管调配着整个民21项目所需的资金。张峰对他十分信任。

张峰再次沉默了一阵，然后自言自语道："看来，我得去找一趟老刘了。"

十四

"哈哈，你们终于不嘴硬了，宣布民21项目延迟了？"在给李慕打电话时，罗晓慧的语气带着调侃。

接到罗晓慧的电话，李慕永远都是十分开心的。只不过，这次她来调侃自己和民21项目，让他有点儿不悦："你就知道幸灾乐祸。"

罗晓慧并未察觉到李慕的情绪："我就说嘛，我们的V级都延误了，民21怎么可能幸免。"

李慕并不想就这个话题与她继续深入下去，便转移了话题，跟她随便扯了几句，然后借口要开会，便挂了电话。

此刻，李慕的心理十分复杂，不仅仅是因为民21项目延误，虽然他作为发动机总设计师，对此也十分着急。可真正让他抓狂的是，直到现在，他跟罗晓慧的关系也一直没有进展。至于原因，工作忙见面少是一方面——他经常周末都要跟他的团队一起加班。另一方面，自上届珠海航展结束后，他原以为自己与罗晓慧的关系会突飞猛进地发展，可是一年多过去了，对于李慕想更进一步的暗示，罗晓慧从来不接茬。

现在，两人就是一种比朋友更亲密但还没到恋人的状态。但是，李慕并不满足于现状，他希望完全征服罗晓慧。让他恼火的是，他此前对付女人的各种手段似乎在罗晓慧身上都像被吸入了黑洞，完全起不到效果。

眼见2012年的珠海航展只剩下几个月的时间，他发誓："一定要在今年的航展之前把她拿下！"

又到了希杰全体员工大会的时间。

与去年第一次大会的热烈气氛不同，这次大会，尽管员工数量增长到了300人，可整个氛围却十分沉闷。希杰的员工们，无论是母公司派驻的，还是后来招聘进来的，都在文化冲突与内部斗争中感到了一丝疲惫。而他们所承接的民21项目核心航电系统的工作进展缓慢也让实翼强烈不满。

在多次内部管理层办公会上，张收成与来自同继的项目总监白天凤、技术总监埃文斯等人都强烈呼吁董事会尽快采取行动，稳定军心，增加资源，以免希杰刚刚起航就沉入海底。

博牧之作为总经理，又是希杰管理层中唯一的董事会的成员，并非没有看到这些困难。但是，他依然十分自信可以很快解决。"我之前管理过的那些合资公司，体量都比希杰大很多，员工人数也是希杰的数倍，都没有出问题，大家不要杞人忧天。再说，母公司同继已经从行业内挖了不少专家来支持民21项目了。"

在这次全体员工大会上，他在讲演中说道："我们有实力雄厚的母公司支持，一定能够成长起来，打败占士强，打败韦讯！让我们以后对子孙们提起来的时候，都十分骄傲地说，'我们希杰的成就，从那时就开始了，天生骄傲'。"

讲话一如既往的富有煽动力，下面的掌声依旧十分热烈。

不过，张收成敏锐地察觉到，这次的掌声虽然依旧热烈，但与第一次演讲后的掌声相比少了一些诚意。

在台下，坐着唐文波和曾泰。两人交头接耳了一阵，边聊边看着台上的博牧之。他们这次作为董事会的代表也被邀请过来，博牧之显然还是费了些心思。

然而，没过多久，董事会传来了决定——解雇博牧之。

归根结底，公司的精神面貌和唯一项目的进展都是总经理的责任，当问题积重难返的时候，董事会一定会首先拿总经理开刀，因为整个管理层团队，几乎只有博牧之一人是没有母公司背景的。

唐文波在董事会投票的时候直接发话："为了希杰的未来，我建议大家做出明智的选择，从大局出发，不要顾及私人恩怨。"

最后，连招他进来的盖伊也投出了赞成票。不过，他也为博牧之争取到了很大一笔违约金，够他躺在上面舒服地睡一段时间。

博牧之从高调登场到黯然陨落，迅速成为希杰公司最大的内部事件。在他离开之后，很多员工依然在茶余饭后提及他的讲话："我们需要同甘共苦的领路人，他却以为自己是过来开Party的。"

短暂的开心之后，张收成却更加郁闷。因为，在第二任总经理到来之前，所有的职责都压在他一人身上，让他不堪重负。

十五

在连续接待了来访的好几拨供应商高层之后，张峰终于有时间联系刘人杰了，在电话中，他表示自己近期要去北京出差，约刘人杰去后海的老地方叙叙旧。刘人杰爽快地答应了。

在老地方牯岭包间，张峰向刘人杰介绍了民21项目遇到的问题。显然，在这之前刘人杰并不知情。

刘人杰自从将各大合资公司的管理权限下放给赵进军之后，将更多的精力放在了毕盛自己的主业发展之上。在他看来，合资公司虽然是战略性的，可也正因为如此，不可能短期内见成效。

"上次给你打电话的时候，你并没有说啊！赵进军也没跟我汇报过合资公司还有这么多的问题。"刘人杰问道。

"嗨，上次咱们那个电话都多久以前的事了！再说，老赵他除了这些合资公司，还有一摊子事情要管，哪顾得上？我们实翼才是最关注民21项目进展的。"张峰答道。

刘人杰笑了笑道："老张你这是在责怪我啊！"

"责怪不敢，但是确实需要你出手相救。"

刘人杰一听，立刻打起精神，后背离开了沙发靠背，问道："我能怎么救？"其实，他心中立刻想到了张峰一定是找他要钱，不过，他想确认这一点。

"还能怎么救？得出点儿钱啊！目前那些合资公司，你也知道，本身是没有足够能力的，我们当初设立合资公司的目的也是希望他们在民21项目中成长，并不是指望他们一开始就能挑大梁。至于外方的合作伙伴，要么能力不足，需要更多的钱去招人，要么有能力又嫌你们毕盛投入得少，不愿意增加资源……"

"嫌我们给得少？我们光为了希杰就投入了6亿美元啊！"刘人杰有些惊诧。

"这样看来希杰还真是个害群之马啊！"张峰笑道，"就是因为你们给希杰投入太多，导致给其他合资公司投入太少，占士强和霍克斯都是飞控的大供应商，他们从你们那里得到的投入加起来还不到一个亿呢。而且，给希杰6亿美元还不够，同继的能力差距要靠时间解决，不是钱能弥补的。"

刘人杰沉默了一阵。他此前已经听说同继的实际能力比最初自己所预想的要低，而当初与特里普敲定合资的时候，自己也并没有考虑这么多。

"还是太相信外国人了……"刘人杰叹道，"不过，至少同继拿过来的CAT技术本身还是完整的，也确实是超英9系列中所使用的，这点他们没有骗我。老张，你也知道，这样的条件在过去几十年我们也没有碰到过，已经是一个很大的进步了。"

张峰点了点头道："这我当然知道。只是他们玩了点花样，只给主厨打过下手，提供过几样材料，就号称自己可以做主厨，关键是我们还信了。"

"可是，之前我们连这几样材料都没拿到过，照样给了不少钱。"刘人杰辩解道，"我们要想实现快速赶超，是需要付出溢价的，这点你不得不承认。"

"可是溢价有点儿高，而且现在很可能还要追加……"张峰并不领情。

不过，他也意识到，现状是无论如何也改变不了的，还是要往前看，于是接着说："老刘，我今天不是来讨伐你的。再说，合资公司的决定是咱俩一起敲定的，如果不考虑成本，只从战略的角度看，这步棋并没有走错。"

刘人杰默默地点了点头，他同意张峰的看法。

两人都没有说话，各自掏出烟。刘人杰突然注意到张峰的烟与平常抽的黄鹤楼不同，便凑上去看。

张峰笑道："来一支尝尝？这是黄鹤楼的一个子品牌，叫梯杷，谐音'提拔'，是前阵子一个小弟送的，有意思吧！它的过滤嘴里还有一个小珠子，抽的时候可以咬碎，能强化香气。"

刘人杰突然想到了什么，感慨道："你看看我们，把普通的香烟稍微换个包装，改个有寓意的名字，就能让他价格飙升，成为送礼佳品。这种心思全用在了烟酒之上，但是在航空领域，却让外国人这么忽悠。别人把技术包装一下，随便就卖能我们几亿美元，还几乎没法还价。"

"老刘，别说得那么惨，这步棋肯定还是走对了嘛。与以前相比，我们还是有些进步的。"现在轮到张峰反过来安慰刘人杰了。

"好了，说吧，你这次需要支持多少？"刘人杰终于问到了实质性的问题。

张峰伸出一只手，手指全部摊开。

"5个亿？！"刘人杰惊呼，"这我可出不起！"

"没那么多。"张峰笑道，"我跟宋红兵和尹括仔细探讨过了，现阶段5000万美元差不多。但是其中绝大多数要由你们直接注入毕盛跟占士强、霍克斯的合资公司。希杰那边稍微意思意思就好，关键是要抛砖引玉，让同继也再出一些，不能只让你们掏钱。"

刘人杰松了一口气："那还差不多，5000万美元我应该支持得起。经过这几年的资产证券化，我们毕盛旗下的上市公司一直都很受资本市场关注，不是吹牛，比你们实翼有钱。"

"哈哈，那当然，我们现在就是一家被国家包养的公司，要等民21飞机卖出去才有营业收入，怎么也是五年以后的事情了。"

"只要五年吗？你们不是已经宣布延迟一年了吗？"刘人杰揶揄道。

"有了你这5000万，我们一定会把进度赶回来的！"张峰不服气道。

"行！你有信心就好。"

解决了钱的问题，张峰决定继续寻求刘人杰的支持。"老刘，我知道你很忙，要实现毕盛资产的保值增值，同时还要解决发动机的问题，但我希望你可以多关注一下民21项目。去年我去西安、沈阳等地考察机体结构件的供应商时，你们毕盛确实很给力，对我们十分支持，但他们也表示，希望得到你和赵进军的更多关注。"

刘人杰皱了皱眉，说："确实，我这段时间对民21关注得不够。其实我们毕盛才是民21的最大供应商。"

"那当然。"

"好，那我近期跟老赵商量一下，去几家合资公司转转，给大家打打气！"

十六

2012年9月，张收成完全没有对国庆假期的期待。在博牧之被解雇的这两个月里，同继仍然没有找到接替者，所有的工作几乎都压在他的肩上。眼下，他还面临一个重要的接待任务——刘人杰月底要来希杰视察。

对此，整个希杰管理层严阵以待，毕竟这是母公司来的最大领导，同继的特里普还从未来考察过。在张收成看来，这次刘人杰的到来与以往任何一次母公司领导来访的意义都不同，这是一次背书，是表达毕盛对于希杰这家合资公司最坚定的支持。

刘人杰到来的那天，秋高气爽，天公作美。

整个希杰董事会和管理层成员，以及毕盛上海的高管们，都在公司楼下等待。刘人杰的专车刚停下，唐文波和曾泰代表董事会一起迎上前去，"刘总，欢迎来希杰指导工作。"

这是张收成第一次如此近距离看到刘人杰，他身材虽然不高，却有一种不怒自威的气质，步伐矫健，散发着比实际年龄年轻十岁的精力。"毕盛的一把手，确实气度不凡。"张收成暗自感慨。

刘人杰走到希杰的管理层面前，与大家一一握手。

"刘总，张收成是希杰的副总经理，目前总经理之职暂时空缺，所以他也代行其职。"唐文波向刘人杰介绍道。

刘人杰看着张收成说："你好，年轻有为啊！"

"一只有力的手！"这是张收成与刘人杰握手时的感受。

在与希杰管理层进行小范围座谈时，刘人杰首肯了整个董事会和管理团队的功劳，认为他们能够克服各种不利条件，将公司建设和民21项目推进到目前的状态，实属不易。他还向所有人许诺，毕盛会全心全意支持希杰公司的建设，对其成为世界领先的航电系统供应商有必胜的信心，"这也是为什么我们的名字叫毕盛。"刘人杰还不忘打趣道。

但是，由于有同继的人在场，刘人杰也只能说一些场面话，他期待的是毕盛派遣员工的专场见面会。

这一刻终于到来了。

公司的大礼堂挤满了人，里三层外三层，在整个希杰，毕盛派驻的员工有将近200人，绝大多数是工程师。他们平时都深深埋在各自的电脑前或者实验室里做着设计工作，难得有机会聚集起来。现在大领导来了，都要凑来看看热闹。

刘人杰站在这个多层人环的核心，待礼堂大门关闭，唐文波示意大家安静之后，他顿了顿嗓子，说："各位毕盛的同志们，虽然你们现在是希杰的员工，但你们只要一天是毕盛人，就一辈子有毕盛的烙印，我始终把你们当毕盛的兄弟姐妹！"

十分有感染力和煽动力的开场，在场的很多员工自发鼓起掌来。

"我非常感谢和羡慕大家能够鼓起勇气，投身于民21项目这个伟大而具有历史意义的重要项目之中，为中国人自己的大飞机飞上蓝天添砖加瓦。说实话，如果我年轻二十岁，我也愿意跟你们一样，出来闯一次！"刘人杰话音刚落，又引起一阵掌声。于是，他不得不再次停顿，示意大家安静。

"但是，我们都知道这个项目不像去菜市场买菜，去超市选购商品，甚至不是造汽车，而是制造现代工业皇冠上的明珠——民用飞机。我们都知道，它的制造商实翼公司由于刚成立不久，经验和能力都有限。在如此艰难的条件下，民21项目核心航电系统的工作能够取得今天的进展，全部都是在座各位的功劳。现在我建议大家为自己鼓掌！”

掌声雷动。

“所以，我前段时间跟张峰和赵进军说，我一定要亲自来这里与大家见个面，给大家打打气，告诉大家，你们不光有希杰的支持，还有我们母公司的支持，你们不是孤军奋战！”

“同时，我也代表母公司，给大家提几点希望。”

“重点来了！”张收成竖起了耳朵。

“第一，希望大家继续保持艰苦奋斗、勇往直前的精神，一鼓作气，乘胜追击，坚持到底，获得民21项目的伟大胜利！”

“第二，希望大家理解我们为希杰和民21的巨额投资是必要的，其最终的收获不可限量！哪怕让同继的专家们到上海来与大家并肩工作的成本很高，我也坚信这都是值得的。希望你们好好把握这个千载难逢的机会，努力提高自身业务水平，把CAT技术真正转化为我们自己的知识产权。我知道，有同志一定会说，以前的合作我们都花了钱，却没有达到好的效果。我要说，那是因为我们那个时候还没有花足够多的钱，往往花到一半，还没见效就收了。而这次，我相信真正的大事是需要花大钱来办的。”

“第三，相比于我们花掉的钱，大家每个人才是我们真正的财富。掌握了最先进航电技术的毕盛人，永远是我们毕盛的核心资源和最受重视的部分。‘问渠哪得清如许，为有源头活水来’，希望大家不要只看眼前，要把眼光放长远，抛却杂念。”

当刘人杰提完这三点之后，现场的掌声又一次响了起来，经久不息。

听完刘人杰的话，张收成得出了一个结论：从毕盛的顶层，就已经认同与同继的合资是战略方向，而且不计成本，以确保民21项目的顺畅和CAT技术转移的成功，使得希杰真正具备独立的能力。

但同时，张收成想得更远。

或许，毕盛并不打算像刘人杰宣称的那样，让希杰成为一家长久的独立公司。毕盛投入这么多钱，就是为了真正将CAT技术学会，并且培养起来一支本地专家队伍，而这支队伍都是希杰的员工。在未来的某一天，当毕盛需要这支"特种部队"回去参与新任务的时候，只要将希杰散伙，收回所有的派遣员工，或者干脆购买同继手中的希杰股份，将希杰变成如毕盛上海、毕盛成都那样的全资子公司即可。

想到此，张收成不禁一抖，觉得自己就像是一副巨大棋盘上的棋子，而操纵这盘棋的人，就站在距离他不到十米的地方。

十七

张收成没想到，好不容易送走了刘人杰，国庆节依然过不踏实。因为实翼对各家供应商下达了死要求，必须在2012年年底之前完成联合设计阶段，正式进入详细设计，并且表示，实翼的各个系统设计团队都将与供应商一起并肩工作，直到目标完成。

由于工作量很大，他犹豫再三，还是下令所有人在国庆期间要加班四天，只能休息三天。这样，原本计划与贾南的国庆日本之旅就泡汤了。

当他刚进家门，无奈地将这个坏消息告知贾南时，正站在门口的贾南呆住了。她低声说："我连东京到大阪的一路行程都已经设计好了，本来还想来请功的，没想到你给我当头一棒。"

"小南，对不起啊。"张收成充满歉意地说。

"对不起，对不起，你每次就只会这么说。"贾南的语调提高了起来，"早知道如此，你就跟民21结婚好了，或者跟实翼啊，希杰啊，甚至跟那个老女人白天凤结婚好了，干吗跟我结婚！贝贝都上幼儿园了，你陪过她几天？"

"怎么说话呢！"张收成原本被一肚子事情憋着，被贾南这么一激，火也有点大。

"我怎么说话呢！你看看你，自从参与民21项目以来，陪我一起吃过几次晚餐？我们连蜜月都没过！如果不是贝贝的缘故，我甚至都觉得我还是单身！"贾南的声音更加高亢，夹杂着哭腔，"这次咱们说好了一定去日本，就当蜜月游的，我还把贝贝送到外婆家去了，结果你跟我提前两天说不去了！有你这样的老公吗？"

张收成沉默了，这次他确实没理，谁愿意被心爱的人放鸽子呢？

"你每天忙得累死累活的，万一有个三长两短怎么办？你那么点收入，光有副总的头衔有啥用啊？能当药吃吗？"贾南简直要哭出来了。

原本张收成打算一直听贾南发泄完再哄哄她的，他们俩在一起几年来，很少吵架，每次有点征兆张收成稍微一哄就化解了，他清楚贾南的柔软之处在哪里。但这次，贾南把话题引到了收入上，正好戳中张收成的痛处。

由于希杰的薪酬体系要到年底才能最后确立，传说中的高工资自然也没有兑现，张收成还是按照毕盛的标准领工资。虽然之前在他自己的努力之下调整过一次，但无论是与同为希杰管理层来自于同继的总监相比，还是与市场相比，都要低不少。更何况，他从小到大因为缺钱而受到的眼色已经成为他内心最深处的脆弱点。

"嫌我收入少了？那当初别嫁给我啊？现在说这话是什么意思？再说了，不是跟你说过，到了年底就好了吗？"张收成也提高了嗓门。

"你！你居然这么说！我是心疼你的身体，为你感到不值！你怎么能这么想呢？你当初没房我不也嫁给你了吗？"

"现在嫌我当初没房了？"

局面已经失控。

贾南看着张收成，眼眶中含着泪水和怨念。这是张收成认识她以来，第一次被这种眼神关照。她咬了咬嘴唇，挤出几个字："晚饭我不做了，你自己解决吧，我出去一会儿。"说罢，她拉开门，跑了出去，重重地将门关上。

张收成感到不对劲，赶紧冲向门口，使劲打开门，飞奔到电梯口，一看电梯没有动静，心想："坏了，她是走的楼梯。"于是赶紧折返到楼梯口，只听见楼底隐约传来脚步声。

他也顾不上脚上还穿着拖鞋，几个箭步也冲下楼去。此时正好是下班高峰期，街上人来人往，嘈杂异常。他徒劳地望了半天，贾南早已没入人流之中。

张收成发了会儿呆，黯然回到家中，正在纳闷贾南怎么在这么短的时间就穿好衣服和鞋跑出去，忽然发现门口放着一个购物袋。想必她原本打算出门买菜，已经把衣服和鞋穿好了，满心欢喜地期待自己买好菜回来时就能得到一个充满爱意的拥抱和吻。没想到，一切都破碎了。

他赶紧连着给贾南打了五个电话，毫无疑问，她没有接。张收成无力地躺在了沙发上。在过去几年中，确实如贾南所说，自己没有给家人太多的时间。在他的生活当中，每天就是希杰、实翼、民21项目。面对贾南的宽容与善解人意，他却变本加厉，有时候在可加班可不加班的情况下，他总是在办公室和同事们忙碌，而不是回家陪贾南和贝贝。

"我不是一个好丈夫和好父亲！"他充满愧疚地自责。

感性之后，需要理性的回归。张收成开始冷静分析贾南的去处。

"她在上海有几个闺蜜，如果去了闺蜜家，我倒也放心了。"张收成首先思考着贾南的朋友圈，但很快放弃，因为他发现自己没有她闺蜜的电话。

还有一个可能，就是回娘家。从上海到无锡，如果坐高铁，一个小时就到，而且车次很多。

"不行，不能让她回去，这是我们之间的小事，不能让父母参与进来，更不能让贝贝知道。"在做出这个决定之后，张收成再次拨打了贾南的电话，依然不接。

他赶紧发了一条感情真挚的道歉短信，并且承诺今年之内一定实现她蜜月的愿望，哪怕丢掉工作。他不指望正在气头上的贾南能回复，但只要她看到就好。

转眼，两小时过去了，张收成的手机一直静静地躺在那里，没有任何声响。他虽然没吃晚饭，但肚子一点也不饿，脑子一直在转着。猛然间，他眼前一亮，赶紧拨通李慕的电话。

"李慕，赶紧给贾南打个电话，她刚跟我闹别扭，离家出走了，我怎么都联系不上她。"

"那我打电话给她肯定也没用啊，不是跟你打一个效果吗？"李慕正在公司加班，与团队分析同继涡扇3的产品特性，有些忙碌。

"我哪有这么傻，我是给你一个机会解决个人问题。"张收成神秘地说。

"解决我的个人问题？你现在自身难保好不好？卖啥药赶紧说，我现在正忙着呢。"李慕急切道。

"好好，那我就长话短说。你赶紧联系罗晓慧，让她帮你一个忙，就说你最好的兄弟的老婆跟他闹别扭，怎么联系都联系不上，让她给贾南打个电话。她的电话号码对于贾南来说是陌生的，贾南应该会接。贾南接了之后，就让罗晓慧说她是你的女朋友，说你今晚想请大家吃个饭，正式把她介绍给大家。而之所以你自己不打电话，是因为怕被当成我的说客。"张收成一口气把刚想出来的主意说了出来。

李慕愣了一会儿，激动地说："高，实在是高！但你怎么知道罗晓慧一定会帮我这个忙呢？"

"一定会的，相信我！不多说了，赶紧着。"张收成十分自信地催促道。

两个小时以后，张收成、李慕、贾南和罗晓慧四人首次碰面。

那晚，最高兴的并不是张收成，而是李慕。他全程都笑得合不拢嘴，看着罗晓慧，无比激动。

在当面深情道歉之后，张收成获得了贾南的原谅。"你这个亡羊补牢做得还比较到位，给我打了二十个电话，发了十条短信，还承诺年内一起度蜜月，我就再给你一次机会吧。"

"小南，你去哪儿了？"

"我打算回娘家的，打了个车，没想到今天这么堵，罗晓慧给我电话时，我才刚到虹桥站。不过你这招真够可以的，帮李慕解决了个人问题啊！"

"危机就是转机嘛，当年他没少撮合我们，我们也得涌泉相报不是？"张收成嘿嘿笑道。

"讨厌！我今天哭了好久，真是泪如泉涌了。今晚你要好好补偿我。"

"没问题，无以为报，只能以身相许了。"

不远处，李慕和罗晓慧两人却对张收成与贾南的情话毫无察觉，他们沉浸在自己的幸福世界里。

十八

在得到刘人杰的支持之后，张峰顿时觉得腰杆又重新挺了起来。

他下达了命令，要求尹括与所有供应商在2012年年底完成联合设计阶段，郑立人与所有供应商完成主合同的签署。"2012年肯定不是世界末日，我们肯定能够见到2013年的曙光。所以，必须要将历史遗留问题在2012年做一个了结！"

从国庆节开始，实翼与所有的供应商都在冲刺，牺牲的只有假期时间，而那些合资公司供应商的外方合作伙伴，加班的劲头更足。毕竟，感恩节和圣诞节都在年底的最后两个月，因此，它们只能充分利用10月的时间。

那段时间，在实翼的现场办公室里，经常能看到面容憔悴、神情恍惚的外国人加班到深夜。"真是够拼的，年纪也一大把了，还要不远万里来到中国干民21项目。"李慕也常常在晚上加班，看到这些供应商代表，不免感慨。

在张收成的帮助下，他终于捅破了最后那层窗户纸，与罗晓慧正式走到一起。当他问及罗晓慧过去几年的心路历程时，罗晓慧调皮地说："我知道你喜欢我，你也知道我喜欢你，但是，我想让你主动直接跟我说，不要老玩那些花样。"

她说的直接，无非就是张收成教他说的："你用我女朋友的身份给贾南打个电话，她是我最好的兄弟的老婆，现在两人闹别扭，只有你能救我了。"

只不过，遗憾的是，在确立关系之后，由于工作忙碌，李慕还没好好陪过几次罗晓慧，他甚至有种又回到以前的关系的错觉。

他曾经试图让罗晓慧搬过来与他同住，但她拒绝了："我爸妈不同意。"

"还是先把精力放在发动机上吧，得在年底之前完成对涡扇3产品的技术状态评估。"李慕这样安慰自己。

相比研制工作的紧张，郑立人所面临的挑战其实更大。此前，他一直挺同情老同学的，还常常跟尹括开玩笑："老尹，民21的总设计师不好当吧？每个系统的研制工作都有不同的问题。"

没想到，现在他自己面临的问题更大。

从某种意义上说，研制工作再难，好歹有行业的标准和流程，供应商里的外方合作伙伴也大多是成熟的厂商，经验丰富，只需要投入足够多的钱让他们全心全意参与项目即可。但是在合同谈判这事上，问题就要复杂很多。研制工作可以给一个最后期限，合同谈判却不成。因为谈判对手一旦知道了你必须在某个时间点做出决定，就已经处于有利的位置。

"老张真是的，干吗拍这个板！"郑立人有时候私下抱怨。

唯一值得庆幸的是，作为四方合同的一方，按理说是自家兄弟的毕盛在此前的合同谈判中也常常不配合，提出自己的诉求，弄得实翼很难堪。现在，估计是刘人杰也下了命令，来自于毕盛的挑战几乎没有了。

当人们在忙碌的时候，时间总是过得飞快。转眼间，12月到来，上海各大商场里的圣诞装饰又一次立了起来。

尹括看着各大系统总设计师们11月最后一周汇报来的材料，紧锁了多日的眉头终于稍微舒展开来，"年底完成联合设计应该没问题了。"

正当他准备让秘书泡杯茶稍微休息一下的时候，桌上的电话响了。

"尹总，你在办公室啊？我马上过去一趟，有重要事情汇报！"是靳明的声音。

"又来了……航电的问题真是层出不穷啊！"尹括很无奈，便吩咐靳明赶紧过来，"快来，我待会儿还要去跟陈涵讨论适航取证的事情。"

没过一会儿，满头大汗的靳明几乎是冲进了尹括的办公室。

"别急，歇会儿再说。"看着眼前这个心急火燎的手下，尹括无奈地说。

靳明是吉林人，身材高大，符合一般人对于东北大汉的印象。但是，他却在广西长大，所以说话是标准的南方口音，一点东北味儿都没有。他说话音调略尖，每次说话，都会让人一时无法将声音和人联系在一起，加上性子很急，不免常常给人不够沉稳的感觉。

"尹总，今天从希杰和同继处得知，航电主干网的光纤方案行不通，我的团队与韦讯等其他几家航电供应商的外方合作伙伴也得到了这个确认。"靳明把问题说了出来。

"什么？！"尹括大吃一惊。

由于民21的核心航电系统采用类似超英9系列的CAT技术，因此尹括和靳明在整体航电主干网络的设计上，也准备向9系列学习，采用最先进的光纤，而不是传统的铜缆来作为主干网的传输介质。

光纤的好处与其缺陷同样明显，它可以实现高速的数据传输，抗电磁干扰能力强，同时重量很轻。对于燃油成本占据总运营成本近40%的航空公司来说，飞机每轻1千克，在一次航行中就能节省不少航油。所以，超英9系列在造出来之前，便已获得了800多架的订单。

为了与超英8系列和飞天T级竞争，尹括在一开始便决心走光纤路线，这将成为相对超英8系列和飞天T级的重要优势，因为后两者都是铜缆。

当然，光纤的缺点也很明显，它十分脆弱，对于飞机的总体结构设计、布线和安装要求非常高，维护成本也不低。

"为什么到现在他们才告诉你光纤行不通？"尹括不甘心，继续询问。

靳明此刻稍微缓了缓神，一边擦汗，一边回答："希杰和同继此前完全照搬9系列的方案，却忽视了民21是单通道客机，而9系列是双通道客机的事实，导致设计的核心航电系统过大，满足不了飞机的安装要求。如果将其调整到适应民21的尺寸，光纤的走线会十分困难，还可能产生电磁干扰。"

尹括并非航电专家，他只能选择相信靳明，但是，他还是不想放弃，最后问道："你确定目前采用光纤已经绝无可能，只能走铜缆吗？"

面对尹括的问题，靳明沉默了一阵，最终还是点了点头，轻声说："以我的能力判断，恐怕是这样。"

"那后果是什么？"尹括得到答案之后，就想了解对策。他在不知不觉中也受到了张峰的影响。

"最直观的后果就是增加整个航电系统的重量，目前估算恐怕要增加3千克。至于在电磁干扰等方面的影响，还需要进一步分析，我们还有近一个月的时间，应该可以完成。"

"3千克！"尹括心里喊道，"那就意味着以目前的油价计算，航空公司每飞一趟1000公里的航程，就需要增加几十万元人民币的成本！"

见尹括没有说话，只是阴沉着脸，靳明赶紧补充道："我建议在后续的设计阶段，设置'减重奖'，重奖那些可以改进系统重量的供应商！"

"好吧……也只能如此了。"尹括明白，决定还是要下的，"'减重奖'我们原本的计划就有，现在只能增加奖金了。"

靳明得到批准后，赶紧走出办公室，继续回去干活，留下尹括深深地陷在椅背上，闭着眼睛，左手捏着两眼之间，使劲地揉着。

十九

"其他所有的供应商都已经准备签合同了，为什么你们还这么固执？！"郑立人几乎是吼了出来。

在关闭了仅存的几个开口项之后，还剩下最后一个。

他面对的，是占士强的中国区总经理范若成和他们来自美国的航空航天事业部法务总监特蕾莎·劳尔（Teresa Raul）。

眼下12月已经过半，经过最后的冲刺，实翼已经陆陆续续与各大机载供应商完成了合同谈判。这些合同已经达到了签署状态，安安静静地躺在郑立人的电脑硬盘里，随时准备打印出来，然后再由郑立人签上字，被赋予法律效力。就连一向难搞的同继，也已经与实翼关闭了所有的合同开口项。这份涉及实翼、毕盛、同继和希杰的四方合同也随时可签。

现在，只有占士强，在飞控系统的主合同上，依然有最后一个条款与实翼纠缠不清。郑立人忍不住，亲自上阵，并且也让占士强派来了能够拍板的人。

劳尔是个墨西哥裔美国人，由于是第一代移民，英语口音还带有明显的西班牙语口音，尤其是发出"r"音的时候，这让原本英文还不错的郑立人十分苦恼。

她的皮肤是十分健康的小麦色，虽然已经年过半百，但身材保持得还不错，年轻时应该是个美人。

不过，郑立人无暇顾及这一点，他只希望将合同谈定。

至于范若成，更多的是袖手旁观，他过来纯粹是因为郑立人出马。作为占士强在中国本地的最高领导，他必须要给这个面子。此前，他费尽了周折，都未能说服实翼选择他们的航电，导致升职去总部的希望打了水漂，因此看到郑立人有些急躁，心中反而充满了快意。

郑立人与劳尔争论的焦点，是飞控系统下自动飞行系统的控制律是否应该由实翼提供。这原本是一个技术性的问题，但廖泉希望它在主合同当中也规定清楚，以免事后双方扯皮。

自动飞行系统是飞控系统的重要组成部分，顾名思义，它主要负责飞机在自动巡航以及下降着陆阶段实现飞机自行控制，而不需要飞行员的介入，减轻飞行员的工作负担。至于它的控制律，简单来说，就是用来控制这个系统工作的规则和逻辑。

除去自动飞行系统，整个飞控系统也有控制律，这个技术十分重要，因此美国对其限制出口，占士强也自然无法向实翼提供，实翼只能自己开发。但是，自动飞行系统的控制律并不在美国出口管制的范围，到底由实翼自行开发，还是由占士强提供，就成了双方争论的焦点。

"一定要让占士强提供自动飞行系统的控制律，并且写进合同里。他们的经验比我们丰富。"这是廖泉与尹括对郑立人的请求。

但是，占士强方面表示反对："这个控制律按照行业惯例一般是由主机厂商来提供的，供应商没这个责任。超英和飞天也是这么做的。"

郑立人手下的谈判代表一开始被这个说法给唬住了，因此就让这个条款搁置在那儿，先去谈别的内容了。随着张峰设定的大限将近，现在只剩下这最后一块硬骨头。

劳尔摊了摊手，说："如我们此前说过很多次的，这是主机厂商的责任。"

她不知道，实翼也是会成长的，而提供自动飞行控制系统的厂商，世界上也不止占士强一家。

郑立人示意旁边的手下成员不要说话，自己继续说："你们的说法是偏颇的，这个控制律分明就是既可以由主机厂商来提供，也可以由供应商提供。而且，一般供应商都会遵循主机厂商的要求。在民21项目上，实翼要求占士强提供这个控制律，也感谢占士强的支持。"

劳尔显然没有料到郑立人会这样说，她是第一次参与这个合同的谈判。在她来之前，她的团队反复告诉她，实翼经验不足，对于自动飞行系统的控制律可以由供应商提供这一点，并不清楚。

她望了望范若成，希望他提供帮助，同时自己在脑海中飞速寻找辩词。

范若成看了这么久的热闹，也正想参与一把，于是说："郑总，你这个消息是从哪里得知的？占士强是世界上最强的飞控系统供应商，我们的话难道你还怀疑？"

他本不想说得这么尖刻，但话一出口，就有点儿忍不住。毕竟，实翼给他的伤害太大了，而他不得不厚着脸皮一次一次与实翼的人见面。现在总算找到机会可以稍微奚落一下客户，他明知道不对，却不想放过。

可是，他也低估了实翼学习和调研的决心与能力。

郑立人换回中文，话便说得更加顺溜："范总，我们找霍克斯、韦讯、英宇航等飞控供应商都询问过了，没有人站在你们这边，都说他们给超英和飞天提供过自动飞行系统的控制律，难道占士强是个特例？还是你们的控制律不够好，所以超英和飞天不要？"

范若成讨了个没趣，便讪讪地缩了回去，不再说话。

虽然不懂中文，但劳尔也看出范若成没能讨到便宜，好在她已经想好了对策。

"郑先生，我们此前所陈述的并非绝对，只是我们所认为的行业惯例，如果实翼确实希望我们提供控制律，也不是不可以……"

郑立人一听，便急切地说："把话说完。"

"开发这套控制律是需要投入人力与资源的。我认为，它并不在目前我们讨论的合同范围之内。"

"原来是想要钱！"郑立人心里直骂娘。不过，他知道时间不多，如果能够关闭这个开口项，自己也算完成任务了，如果价格还比较合理，他不介意谈一谈。

"所以，你的意思是……"他问道。

劳尔见郑立人上钩了，继续说道："增加工作内容恐怕需要收费。"

"是吗？这笔费用需要多少？"

劳尔并不急于回答，而是故意拖延："我只是法务，对于技术工作的费用并不在行，如果你不介意，我现在可以打电话询问一下我们的技术人员。"

"居然还故意卖关子！"郑立人有点儿气愤，便指着范若成说，"他也不知道吗？"

范若成已经不想再插手，耸了耸肩，说："郑总，我也不是技术专家啊，还是等特蕾莎打个电话吧。"

"好，那你打吧！"

劳尔得到许可，便走出会议室，到走廊里去打电话。

显然电话很快接通了，这个时间在美国已经将近晚上11点，郑立人不相信美国工程师这么敬业，"一定是事先就准备好的，他们就是冲着钱来的，想最后再讹一笔！"

在一阵笑声之后，劳尔走了进来。郑立人盯着她，没有说话，等着那个答案。

"2000万美元。"她厚实的嘴唇吐出了一个数字。

"什么？抢钱啊！"郑立人几乎是吼了出来。他身边的几个下属也都面露惊讶之色。"如果是200万，我咬咬牙也就忍了，你也太狮子大开口了！"郑立人心里怒火中烧。

正在此时，门外传来一个声音："发生什么事了？"

张峰走了进来，他正好在这层楼其他部门交代工作，走过会议室时，听到了郑立人的吼声，便过来看看发生了什么事。

范若成刚才还一副事不关己的姿态，一见张峰进来，便立刻换上了笑脸，迎上前去问好："张总好。"

"哟，范总啊，好久不见，今天什么风把你吹来了？"张峰倒也十分客气。

范若成正准备组织语言回答，郑立人马上抢过话头："张总，我们跟占士强谈合同呢，还有最后一个开口项，他们死活不让步。"

"完了，大事不好！"范若成心里叫苦。

张峰一听，问道："最后一个开口项？什么情况？说来听听。需要我做决定吗？"

在这个关头，范若成偷偷向劳尔介绍道："这是实翼的总经理张峰。"

劳尔也赶紧打招呼。

张峰和善地与劳尔握手，然后坐下，想听听郑立人的说法。

郑立人自然不会放过这个机会，把他们刚才的争论点，以及劳尔的报价说了出来。

张峰听毕，想了想，然后问范若成："是这个事情吗？范总？"

范若成只能小声回答："是的。"

张峰又跟郑立人说："你用英语跟这位女士再重复一遍刚才对我说的话。"

郑立人马上照做。

张峰接着问劳尔："是这个事情吗？劳尔女士？"

劳尔不明就里，爽快地回答："是的，张先生。我们认为控制律不属于占士强的工作范围，如果实翼确实希望提供，我们估算了一下，需要2000万美元的研发费……"

还没有听她说完，张峰便站了起来，缓步走到会议室门口，然后回头跟郑立人说："告诉占士强，要么免费给我们做，今天把合同签了；要么我马上给霍克斯打电话，把这个合同给他们。"

二十

2012年的最后一天，灾难到底没有到来，太阳照常升起。

这天是周一，但张峰决定，实翼公司全体放假，让全体员工提前过元旦节。

李慕起床的时候，天已经大亮。他将窗帘拉开，刺眼的阳光射进房间，将十足的温度带给床上侧卧着的美丽躯体上。

罗晓慧不乐意地动了动，说："快把窗帘拉上，太晒啦！"

李慕笑了笑，又拉上窗帘，重新回到床上，将罗晓慧抱在怀里。

罗晓慧转过头来，睡眼惺忪地看着李慕说："你是前阵子忙惯了吧，放假还起这么早？"

"是吗？不早啦，已经十点多了。"

"哦，那为什么我觉得没睡够呢？"

"谁叫昨晚你非要折腾我到那么晚。"李慕坏笑道。

"讨厌！"罗晓慧将头埋进枕头，然后又仰起头来，用手捶了李慕一下。

过了半晌，罗晓慧再次躺在李慕的怀里，将满头秀发铺在他的胸前，盈盈地说道："你们张总还不错嘛，民21项目进度这么紧张，居然舍得让你们提前一天放假。"

"不放假我哪有时间陪你到这里来啊。"

"说的也是，但是你不觉得斯里兰卡是我们的有缘地吗？慕容不易？"

"哈哈，确实不易，在你给我发私信之后，我可是花了两年才追上你啊。"

"是不是在此之前，你从没有花这么长时间追过一个女人？"

充满陷阱的问题。

李慕自然知晓，便转了转眼珠，反问道："我都忘记了，还有别的女人吗？"

罗晓慧娇嗔道："你太坏了，故意不说！"

又不免一阵缠斗。

当他们终于下床穿好衣服，已经过了正午。两人走出房间，穿过走廊，眼前就是浩瀚的印度洋，在午后阳光的照射下，海面闪闪发亮。

"我们去吃午餐吧，那边有一个临海的餐厅，吹着海风，喝着啤酒，多惬意。"罗晓慧提议。

"好啊，我肚子都饿得咕咕叫了。"

穿过细软的沙滩，绕过几颗椰树，便到了这家叫作Luna的餐厅。正是午餐时间，已经有不少清凉着装的人们在这里用餐。

凭海临风，李慕心情大好，不禁话多了起来，不再仅仅是些儿女情长。

"我之前跟你说过我来实翼之前，曾经在沙展公司工作过多年吧？"

"说过啦，还好你不在沙展了，不然我属于跟供应商谈恋爱啊！"

罗晓慧说得倒没错，飞天飞机的发动机选用沙展的居多，主要原因在于两家公司都在欧洲，交流沟通都方便，就如超英的飞机多选择同继发动机一样。

"那你加入实翼这几年，有什么感想吗？收入肯定比以前要低吧？"罗晓慧继续问道。

"那是自然，不过，收入我并不看重。最大的收获是，我可以掌控一些事情了。即便不能做决定，只要上个楼就能得到答案，而不用像以前，要顶着时差去求英国人。电话邮件说不清楚的，还要三天两头往英国跑。"

"那倒是，我现在也还是要经常跟法国开电话会，想想也是挺气的，凭什么每次电话会都得放在我们的晚上？"

李慕想了想，继续说道："不过，这些都是些小问题啦。关键是，到了实翼之后，我可以真正接触到中国航空业的核心人物，真正深入地了解这个行业，了解这群人。以前在沙展的时候，只能够通过肤浅的交流来推测他们的状态，而现在，完全是亲身感受。"

"是吗？有什么不同呢？"

"在此之前，我一度认为他们都很保守、不思进取，不干正事。看看民10的命运吧。"

"那现在呢？"

"其实有太多有想法、有干劲的人。毕盛和实翼虽然是两家国企，但我能感觉到，大家都很努力，他们不但要使出吃奶的劲儿去追赶你们这些行业领先者，还要与既有的旧体制、旧模式做斗争。他们渴望改变，渴望突破。"

"我怎么觉得有种重上中学政治课的感觉呢？有没有实例？别老讲大道理。"罗晓慧的兴趣被调动起来了。

"就拿张峰和尹括来说吧，他们都是我的领导。张峰十分有魄力，而且敢于打破窠臼，如果不是他，民21项目不可能进展到现在这一步，因为他下达了死命令，联合设计阶段才得以完成，与所有供应商的主合同也都成功签署。若不是因为他，今天我们也不可能坐在这儿呀！"

罗晓慧目不转睛地看着、听着。

"还有尹括，他的父亲就是民10的总设计师，可以算是出生在航空世家。他对于飞机整体的理解十分深刻，在技术层面就是整个民21团队的灵魂。他比张峰更注重细节，如果没有他，张峰也会很伤脑筋。"

"听上去像是黄金搭档呀。"罗晓慧总结道。

"是的，他们都是卓越的领导者，民21项目确实得由他们这样的人牵头，才有希望成功，不过……"

"不过什么？"

"个人的力量再大，也突破不了体制，他们还是在体制允许的范围内左冲右突，受到的限制太多。"

罗晓慧喝了一口饮料，问："你的意思是？"

"我一直在想，凭什么造飞机就一定要由国企来做呢？超英在创办之时不就是个民企吗？如果是私人企业，想必受到的限制会少很多吧，再加上张峰这些人的领导，没准比目前的实翼做得更好。"

"造飞机投入这么大，私人哪有这么多钱啊！"

"只要投资回报足够大，我相信会有人愿意尝试的。"

见话题越来越正经，也越来越无趣，罗晓慧开始撒娇道："好啦，我们是来度假的，干吗又谈工作？我可不希望你跟他们一样，工作简直就是生活的全部，那样人生还有什么意义呢？"

"放心，我不会啦，我只要有你就好了。"

这时候，起了一阵海风，将海浪吹起阵阵微波，轻轻地拍向沙滩。海风穿过Luna餐厅，也拂过罗晓慧的面庞，将她的头发撩起，摩挲着。罗晓慧赶紧伸出手去，将头发捋到脑后，以免影响进餐，与此同时，她的脸略微朝左，正好面向着太阳的方向。

看着这一幕，李慕不免呆住了，他觉得这简直是世界上最美的画面。

巡航 Cruising

一

结束联合设计阶段后,民21项目正式进入详细设计阶段。

在这个阶段,各大供应商不再派驻大量的技术人员到实翼与其他供应商联合办公,而是带回在联合设计阶段定义完成的系统接口文件,各自开展工作。在实翼的办公现场他们只留下一两个驻场人员负责平时设计的沟通与交流。这样一来,实翼一下冷清了许多。

上海地处长江以南,冬季没有集中供暖,人们即使在室内,很多时候也不得不裹着厚衣服,一旦迈出房门,在寒风中不免瑟瑟发抖。

一抖两抖,日子到了2月,快过年了。

尹括的心思倒也没有全部放在民21项目上,这些天来他一直关注着超英9系列飞机。

进入2013年后,仿佛生肖犯冲一般,好几家拥有超英9系列飞机的航空公司在1月初的短短几天之内,连续发生多起事故,问题从电池起火、燃料泄露,到挡风玻璃出现裂痕,等等。

经过调查之后,为了保险起见,超英停飞了所有的9系列飞机,进行故障原因检查。

"就连超英这样的成熟公司，行业领头羊，都会出现这样的问题，我们不可能不引起重视，在详细设计阶段就要尽可能将民21可能出现的问题都考虑到并且做出预防性设计，争取不影响试制阶段。如果在试制阶段甚至更往后的阶段才发现问题，纠正的成本会更大。"在春节前的最后一次民21项目总设计师办公会上，尹括指示道。

　　"明白！"在座的各大系统总设计师齐声应道。

　　在与同事们互相拜早年之后，李慕正准备离开会议室，想了想，还是走向正在收拾的尹括，打算独自跟他拜个年。

　　"说到底，设计还是要在安全性和经济性之间找一个平衡点，如果过分考虑安全性，系统的设计全部采用充分的余量，确保每个系统在失效时都有备份，势必大大增加成本。之所以现在的飞机都只用两个发动机，而不是此前的四个发动机，就是基于经济性的考虑。如果纯粹从安全性上来看，四个发动机当然比两个要更加保险。"在跟尹括说话之前，李慕依然在从他所负责的发动机的角度，思考着刚才的议题。

　　"李慕，今年辛苦啦，回家好好过个年吧！这次还是跟张收成一起回湖南吗？"尹括注意到了李慕，主动跟他说。

　　李慕原本想主动发问的，没想到被尹括抢了先。

　　"哪里，尹总比我辛苦多了，民21这款飞机太复杂了，机载系统供应商又那么多，而且全是合资公司。相比之下，我觉得发动机简直太轻松了。"李慕可不是客气，他真心觉得尹括不容易。

　　刚准备打住，他突然想到尹括还问了一个问题，便答道："不了，今年张收成不回去，他要去无锡到她老婆家过年，他们轮着来。尹总呢？还是在上海过吧？"

　　"今年不待了。连续几年都在上海待着，太无聊，上海一到过年就变成空城。尹茉去年到多伦多读研究生了，过年没假，没法回来，老爷子现在身子骨又硬朗了起来，说要去绍兴过年，那边还有几个远房亲戚，热闹热闹，顺便给我奶奶扫扫墓。"

　　"尹茉一个人过去，你不担心啊？"李慕问道。

"没事，她姑姑在多伦多呢，正好照顾。对了，我还有个妹妹，很早就到加拿大定居了。"

"是吗？也在咱们这个行业吗？不会是在蒙比特吧？"李慕开玩笑道。

尹括也被逗乐了："没有，她跟航空完全没关系，跟她爱人两口子都在做金融。都说我们是航空世家，其实吧，也就我爷爷是飞行员，我爸是民10的总设计师，然后到我这儿。我估计尹茉以后也不会干这行了。她学的是人类学。"

李慕并不这样认为，说："国内的航空业才多少年历史，祖孙三代都干这行还不够称之为世家啊？再说，你的曾祖父跟冯如和王助都相交很深，这两人在我国航空史上的地位就不用说了吧。"

李慕这倒不是奉承，他对于尹括的崇敬发自内心。

"好久没有跟别人聊起我们家了，说起尹恬，她有多久没去看奶奶了呢？"聊到这，尹括不免感慨，"我也有五年没去了，这五年应该又有不少变化吧。"

尹括不是一个相信命运或者定数的人，但奶奶埋骨兰亭这事儿，却让他不得不认为是老天开眼。

从20世纪70年代末到2013年，这四十多年，神州大地发生的变化可谓天翻地覆，他们祖祖辈辈居住的大场已经变得完全认不出来，而当年的万寿酱园也一点儿踪影都找不到了。然而，兰亭棋盘山下的这处公墓却没被动过。周边的村镇出现过几次拆迁，却从没有人打这块地的主意，这让生前饱受流离之苦的奶奶可以宁静安详地长眠。

原本尹善治一直想将母亲的遗骨转移回大场故乡安葬，但随着年代的久远，处理起来也并不那么容易。而且，在如今的大场也很难找一片如此安静的墓地了。

"她已经属于这里，我们就不带她回家了。"上次扫墓之后，尹善治对尹括说，他也终于下定了决心。

在尹括的记忆中，早些年都是父亲带着自己来扫墓，随着年龄增长，自己已经变成了主动的那个人。

二

大年初一，吃过早饭，尹括稍微收拾了一下，便带着爱人和父亲起身出发，往绍兴赶去。

出门的时候，寒风阵阵，乌云沉沉，阳光只在清早探了个头出来便又缩了回去。尹括驾车，沿着沪杭高速行驶，进入浙江省之后，天气愈发冷了起来，还下起了小雨。尹括心中一阵紧张，又想到了五年前他们上一次去扫墓时下的冻雨。"就是那次冻雨和极寒的春节，让父亲的身体差了好几年。"想到这儿，他将车内空调温度往上调了调。

"这人呐，就跟车子一样，要常开，电瓶才不会没电，我还是得多动动。"尹善治在后座上自言自语。

这话有一定道理，尹括一天忙到晚，身体反而没啥毛病，就是有时候觉得累，那是缺乏睡眠导致的。他一直为民21憋着一股劲儿，这股劲儿就像一个电瓶，给他的身体源源不断地供电。

开着开着，三人惊奇地发现，现在多出了好几条新修的高速路。原本下了高速之后还需要再开上一个多小时才能到墓地，现在从高速出口出去，拐几个弯，半个小时不到就到棋盘山脚下了。

五年间发生变化的不仅是高速路增多了，这一路上新修的房子也密集了起来，除去本地村民自己修建的那种方方正正的三层小楼之外，还有不少是开发商建起来的商品楼房，一栋一栋地矗立在那儿，让他们感到有点儿压抑。好在看到墓地依然在那里，才让他们惴惴不安的心彻底放了下来。

在这五年里，不知何时，墓地周边被修建了一圈低矮的红砖墙，将这片巴掌大的地方与周边明确地隔开，从砖的颜色来判断，应该有一些日子了。

"还是有好心人啊。"尹善治十分满意，迫不及待地向里面走去。

天空开始飘下了小雪，这里位于绍兴乡下，气温要比城里低几度。不过，三人早有准备，全都裹得严严实实。

尹善治领着尹括夫妻到了他母亲的坟前。坟头的形状没变，但盖满了杂草，坟前的石碑旁边，竟然摆着一篮鲜花。

"看这花，应该就是最近两天才放这儿的。"尹善治十分纳闷，"难道是那几个远房亲戚今早特意过来的？这样我们可太过意不去了，这次直接过来，都没先去他们那儿打个招呼拜个年。"

"爸，会不会是因为这个？"尹括发现鲜花旁边不远处立了一个新碑，之前他们过于急切地寻找这里，以至于没有注意到。

只见碑上刻着：抗日英雄——中国空军第八大队飞行员尹飞扬之妻刘丽娥之墓。

看到这句话，尹善治的眼泪不禁滑落，流过他那满是皱纹而略带颤抖的脸，"他们，终于立碑了吗？"

当年拨乱反正之后，尹善治就试图寻求完全公开自己母亲的身份，让当地人知道，埋葬在这里的，不是一个普普通通的老太太，而是当年淞沪会战中为国捐躯的飞行员的妻子。然而，由于种种原因，一直没有成功。后来他也有些心灰意冷，便逐渐忘记了，以至于上次来的时候，他想都没去想。

可现在，这块碑居然立起来了。

看着激动的父亲，尹括轻轻地扶着他的肩膀，说："爸，奶奶若泉下有知，一定会很欣慰的，爷爷终于得到了承认。"

"是的。"尹善治与儿子抱在一起，仿佛生怕自己站不稳。

待情绪稳定，尹善治带着泪痕，缓缓地对尹括说道："这次过来真的太值得了，来之前我心里还打鼓，生怕自己坚持不了，现在好了，我肯定可以多活几年。"

尹括十分高兴，在他看来，脚下这片几十年来都未曾变迁的坟冢就是父亲的充电器和时光机。父亲在上海的时候，常常一个人闷闷不乐，但每次来扫墓时，都精神倍增，话也多了起来。

尹善治有两块心结，一个是民10项目，另一个则是奶奶的去世。现在，第二个心结算是彻底解开了。

解开心结后的尹善治并没有在意漫天的大雪，他一边撑着伞，一边继续说道："尹括，我心里有些话，之前一直不敢说，怕说了会让自己伤心。但现在，我终于可以对你说了。"

尹括点了点头。

"民10项目虽然是我的全部心血，但是我也一直对它恨之入骨，其中很大一个原因，就是因为我为了它完全忽略了家人，尤其是你奶奶，让她一个人回到绍兴。而当她去世之后，民10也没有最终成功，我一直陷入深深的自责。我相信，她是在憋屈中走的。"

尹括完全理解父亲的心情，他自己现在又何尝不是如此？生活完全被民21项目占满，几乎没有时间陪伴家人。

"终于，你爷爷的功劳得到肯定了，他再也不用被我描绘成没有身份的人……"说道这儿，尹善治又有一些哽咽。

尹括连忙上前，再次拥着父亲的肩膀，让他缓缓神。

尹善治再次从感伤中恢复过来，脸上出现一副下定决心的表情："现在我就一个念想，要振作起来，帮你把民21项目给做出来！"

"那太好了，父亲的建议和经验是无价之宝。"尹括露出微笑。

自从几年前他多少靠着父亲的推荐担任民21总设计师以来，一直想从父亲那里了解一些民10的来龙去脉，尤其是失败的真正原因。但父亲对此，总是语焉不详，讳莫如深。

很多人，包括张峰，都曾经对他说："家里有这个宝，还不知道好好用。"对此，尹括一直十分委屈，不是自己不想用，而是父亲十分执拗。

正当父子俩准备开始交流的时候，尹括的爱人在旁边看不下去了，"你们爷俩不会想在这儿摆龙门阵吧？这么大的雪，别冻坏了。咱们先去拜年，到晚上你们再围着火炉慢慢聊吧。"

两人觉得挺有道理，尹括笑了笑道："都把你给忘在一边了。我们走吧。"

从坟头往墓园外，又留下几行脚印，连接着过去与明天。

三

张收成的苦日子终于结束了。

年初，希杰自己的薪酬体系开始执行，这是由来自同继的人力资源总监任羽牵头的薪酬改革结果。

毕盛与同继相比，除了企业文化和领导风格之外，相差最大的就是薪酬。前者是典型的国企，工资待遇僵化死板，而且比市场水平要低，虽然经过刘人杰多年的改革，可并没有太大改观。当一些年轻员工提出抗议的时候，毕盛各大人力资源部门的负责人总是说："但是我们毕盛稳定呀！你不可能既要稳定，又要高收入。"

这句话在同继的人看来就十分可笑："稳定？我们同继都一百多年历史了，够稳定吧？可是我们给员工的薪水也是按照市场来定价的啊！"

现在两边的员工被派入希杰，成为希杰的员工，薪水要怎么定？从希杰的董事会到管理层，关于这个问题争论过很多次。一开始毕盛的领导们，尤其是唐文波和葛希薇都反对，理由是："如果希杰的薪水那么高，我们毕盛的人都想过去，这样会造成毕盛人心不稳，影响毕盛的工作。"

于是，一吵就吵了两年，张收成虽然心底希望"与市场接轨"，却碍于自己是毕盛派遣员工的身份，在台面上还不得不反对同继。

好在最终还是"市场派"占据了上风，董事会最终同意，希杰的薪酬体系将参照同继的职级标准，与市场接轨，关键岗位还要高出市场水平30%。

希杰的副总经理，当然属于关键岗位。所以，张收成一下就收入倍增。当他第一次看到新的工资卡上的数字的时候，简直不敢相信自己的眼睛，一个月的收入竟然达到了六位数！

贾南看到之后，开心地抱着张收成的脖子跳了起来："我就知道你行的！"

令张收成高兴的另一件事，则是希杰的新总经理也终于上任了，他不用再一人身兼两职。不过，这也意味着另一种麻烦的到来，那就是斗争。

与上一次情况类似，这个总经理依然是同继推荐的，比博牧之年轻不少，今年刚满四十岁。

这个叫特瑞·布尔（Terry Bull）的男人拥有不逊于博牧之的完美履历，但却是以另外一种方式呈现出来。他从大学一毕业就进入同继公司，先后参加了多个同继内部的"管理培训生体系"，在同继公司的多个事业部轮岗——这是同继用于培养未来领导者的独特手段，通过培训与实践完美结合，淬炼出具备领导力的全才。在被派往希杰之前，布尔在同继医疗事业部的一家全资子公司担任总经理。

当张收成告诉李慕这个消息的时候，李慕笑道："看来同继这次是玩真的了，派了个绝对血统纯正的嫡系过来。"

张收成皱了皱眉，说："确实是嫡系，之前的老博虽然也是同继找的，但感觉说话还比较公正。这次这个布尔十分强硬，由于是同继一路培养起来的，立场也明显偏向于同继，这几天沟通下来感觉他比博牧之要难搞多了，我很担心，他的到来将使整个希杰管理层分化成为楚河汉界，毕竟原来就不是铁板一块。"

"为何总经理都由同继找呢？"李慕问道。

"还不是合资合同规定的！第一届董事会和管理层毕盛派董事长，同继派总经理，每三年变更一次。"张收成答道。

"你们的合同是2011年签订的吧？那就是说，你到明年就可以当总经理啦！小成，我看好你哟。"李慕打趣道。

"好了，你别在这异想天开了，毕盛这么多人，怎么可能轮到我？我觉得目前这个副总经理的位置都已经是祖坟冒烟了，是我爸妈受穷一辈子给我攒好的人品。"张收成显然没有考虑过这个可能性。

"一切皆有可能嘛，我当年也没想过自己会来实翼啊。当时我是多么讨厌国企，你又不是不知道。"

张收成哼了一声："说的好像你现在多喜欢国企一样。"

李慕想了想，道："那倒也是，我是冲着民21来的，而不是实翼。"

"不过……"李慕紧接着说，"实翼里还是有不少强人的，这点不得不承认。"

尹括打了一个喷嚏，他怀疑自己在棋盘山下的那场雪中受冻而引起的感冒还没有彻底痊愈。

这次回上海之后，父亲尹善治的精神状态让尹括十分欣喜，老人家不但话多了起来，还更加主动关心起民21项目的进展。

"尹括，我当年最大的一个教训，就是过于认死理，只专注于技术本身，而忽略了技术可以起到的外延效应，在民航局适航的关键时候，没有从技术的角度去影响他们。这一点老丁骂我骂得对，我对不起他。"

"可是，你当时不是确实觉得飞机在技术状态上还存在问题吗？"

"确实存在问题，但飞行试验了很多次都成功了。我现在回想，如果不断改进设计，随着我国改革开放开始，有了更多零部件的进口渠道，没准可以让它最终成功呢。可是，如果适航证拿不到，成功的机会都没有。"

看着陷入沉思的尹括，尹善治最后总结道："不光要遵守规矩，还要灵活，要经权结合。"

"经权结合"，这句话从此一直藏在尹括的脑海中，时不时就会蹦出来提醒他一下。

尹括赶紧喝了一口热茶，生怕自己的感冒再拖下去，变成顽疾。民21项目正式进入详细设计阶段之后，各大系统的设计工作将全面铺开，他不能缺席。

在这个阶段，实翼的各大系统团队要在各自总设计师的带领下，将联合设计阶段的成果进一步固化，不但要完成所有系统和部件的设计，还包括其工艺生产流程。而且与之前不同，这个阶段的主要工作将在实翼内部进行，与供应商之间的联系不如之前那样频繁。所以，一旦出了问题，就得靠自己的能力解决。而很多问题，都是实翼第一次遇到的。尽管有适航和行业的通用流程与标准可供参考，可依然等同于摸着石头过河。毕竟，就如驾驶飞机一样，哪怕给你一本飞机操作手册，你也需要慢慢摸索，才能真正将其驶离地面，飞向天空。

就在去年举办的2012年珠海航展上，实翼继2010年首秀之后再度高调亮相，正式宣布了总订单数超过500架，达到了盈亏平衡点。

尹括觉得自己肩上的担子越来越重了。

四

"怎么回事！给同继提出的那几个关于涡扇3的问题，都过了十天，还没个消息！"李慕向叶见卿吼道。

叶见卿是郑立人团队中的一员，任发动机供应商管理总监，带领一支三人的团队。

在联合设计阶段结束后，按照实翼的组织架构，李慕手下的副总设计师杨琪就将重心转移到技术上来，而将与供应商打交道的事情全部转移给叶见卿和他的团队。

对此，李慕曾经向尹括抱怨道："为什么联合设计和合同谈判阶段杨琪可以直接参与供应商的选择与交流，我当初没有转正职之前也干过不少与供应商打交道的事情，可现在到了详细设计阶段，反而将这些工作全部交出去给供应链管理那边了？他们不懂技术啊！"

尹括无奈道："我们人手不足，没办法。详细设计阶段需要更多的人手，只能让她专注于设计上了。你也知道，她的技术能力很强，要不也不可能这么年轻就提拔为你的副手。"

面对李慕的责难，叶见卿自知没理，小声答道："李总，我们会赶紧跟进的。"

李慕急了："这周之内一定要让他们给我们答复，不然进度会受影响了。"

"了解。"叶见卿一边回应，一边心里默默地不满，"这个毛头小子，居然敢指使我。"

他是毕盛的老员工，在郑立人的团队里也是资历最老的一个，今年已经四十五岁，所以被委以发动机供应商管理的重任。可是，他团队里的三个下属都是大学毕业没几年的新人，虽然学的都是对口专业，但未曾正儿八经地参加过飞机研制项目，很多时候依然是纸上谈兵。最关键的是，当他们从李慕的团队拿到针对涡扇3的问题时，发现里面有很多综合性的描述，既有技术指标，又有需求。很多时候他们无法理解，只能硬生生地将问题转发给供应商，而没法做出更深入的解释。如此一来，与供应商的交流效率反而更加低下了。

李慕再次写了一封邮件给尹括和郑立人："……在联合设计阶段的时候，由于供应商有大量技术专家与我们坐在一起办公，很多问题可以进行现场交流沟通，得到迅速解决。但进入详细设计阶段之后，驻场的供应商代表大多是年轻的和缺乏经验的，而我们的供应链管理团队也缺乏足够的技术储备与经验，导致与供应商沟通的效率十分低下。我们原本经验不足，需要大量借鉴和请教供应商，对于供应商管理的疏忽将会给项目带来不可预料的延误后果。因此，我建议增加供应链管理团队的人手。据我所知，超英和飞天的供应链管理团队有上千人，而我们目前加起来一百人都不到……"

尹括读了之后，苦笑道："你还是太年轻气盛啊，这个问题大家怎么可能没意识到，只不过不可能一朝一夕解决罢了。相比专业技术人才，富有经验的供应链管理人才更加难寻，后者需要复合型知识结构。"

但是他不想打击李慕的热情，还是回复了一封邮件给郑立人，并抄送李慕："请郑总考虑，协助设计团队更好地解决供应商管理问题。"

然后，他马上打了一个电话给郑立人，他不想给老同学留下颐指气使的印象。

"老尹，这个问题我们也意识到了。上次李慕冲叶见卿吼了一顿，他回来还找我告状呢。"郑立人表明自己知道这件事。

尹括连忙说道："那我替李慕赔个不是啊，老叶被后辈那么吼，不要有什么想法才好。"

"放心吧，我会做工作的，李慕也是为了工作着急嘛，不是针对老叶个人。不过，说实在话，解决办法真不多。你也知道，这个行业内有经验的供应链人才就那么点儿，人家在超英和飞天工作稳定，拿着高薪，干吗到我们这儿来啊？所以只能招一些新人慢慢培养，但这又需要一个过程……"

"你说我们为什么不能提高点待遇招一些高水平的人才啊？"尹括下意识地问道。答案他或许也知道。

"我们是国企嘛，还是体制比较死板，不过，相比毕盛来说，我们还是要灵活一些的，你那不是也高薪招了一些外国专家吗？"

"嗨，别提了，引进这些专家还真是费了不少心思，流程太麻烦了。目前来看，也还没有很好地融入我们这个团队。有些是水平太高，我们暂时还没到那个阶段，有些则有些名过其实……"

意识到自己说得有点太多，尹括马上停住了。

郑立人笑道："没事，老尹，大家都知道，也不是你的责任……"

挂了电话，郑立人意识到，供应商管理和项目管理目前已经是实翼最大的软肋之一。民21项目刚启动的时候，他们还没有觉得管理如此之多、遍布全球的供应商会有这么大的挑战，尤其是在联合设计阶段，供应商们都在现场，给了他们"一切尽在掌握中"的错觉。

"得赶紧想想办法，不然我肯定是项目延误的最大罪人，还得赶紧去向张总汇报。困难得先告诉领导，不能捂着。"郑立人想到这儿，便起身朝张峰的办公室走去。

郑立人刚出门，迎面急匆匆地过来一人，差点与他撞个满怀。他刚要开骂，突然发现来人是个五大三粗的汉子，圆脸平头，面容凶悍，很有气场。

"大勇，你怎么这么急啊？"认出这人是机体结构件的总设计师文大勇之后，郑立人问道。

文大勇是整个民21系统设计师团队中最年轻的，比李慕还要小两岁。

"郑总，您这是要出门？我有个急事，耽误您两分钟时间！"文大勇显然很急。

郑立人想了想："万一跟自己要跟张峰汇报的事情有关呢！"于是将文大勇请进门。

文大勇一进办公室，屁股还没坐到沙发上，便发话了："郑总，你要救救我啊！"

"什么情况？"郑立人有些摸不着头脑。

"我们团队刚才估算了一下整个飞机机体结构的总重量，如果按照目前的设计和工艺水平，将超重7吨。"

"7吨！当年飞天L级这么大一架飞机在设计刚开始的时候也只是超重8吨，可是人家能够装500人，是上下双层的宽体客机。"郑立人听到这个数字简直不敢相信，连忙确认，"你确定吗？为什么不在去年年底联合设计阶段结束之前说出来？那时供应商都在，应该可以迅速解决。"

文大勇窘迫地说："当时你也知道，尹总因为最后时刻航电系统超重3千克的事情都大发雷霆，虽然因为时间所迫批准了改动，事后还是狠狠地把靳总批了一顿。当然，最重要的是，那时候我们还没有发现这个超重的事情……"

郑立人知道，现在如果马上汇报此事，文大勇至少会受到处分，工作没准都难保。"你这小子！怕尹总骂你，就不怕我骂你吗？"郑立人把门一关，就提高了嗓门。

文大勇赔笑道："郑总是搞商务的，灵活一些嘛，不像尹总那么认死理。"

"我问你，这些机体结构供应商不都是毕盛的人吗？怎么会搞出这么大的事情？"郑立人知道骂他也无济于事，得想想办法。文大勇工作热情，有奉献精神，对于机体结构件的了解也相当透彻，如果真因为这个错误丢了工作，对于实翼也算是一个不小的损失。

"就是因为太相信自己人了，他们从项目一开始就表现得特别配合，所以去年年底他们提交联合设计的资料时，我们也没仔细审查。现在进入详细设计阶段，发现如果按照目前的设计和工艺，会严重超重。"

"那是他们的问题？"郑立人要明确责任。

"也不能那么说，他们其实还是按照我们当初的需求做的，说到底还是我们的责任。现在出现问题，还是因为我们的经验有些欠缺，我面对一些指标也不是拿得很准。"

"好，那你要我怎么帮你？"

见郑立人同意帮忙了，文大勇连忙满脸堆笑道："不会很麻烦，只要郑总召集那几家供应商到上海来，再跟我们开个联合技术交流会就好。他们有超英和飞天的机体结构件的供货经验，肯定能给我们提出很多好建议。"

"把他们全部叫到上海来？你不怕动静太大？尹总万一问起来，你怎么回答？"郑立人想看看文大勇是不是把所有的因素都考虑到了。

文大勇胸有成竹道："我来这里之前，已经向尹总报备过了，说目前进展很好，所以希望邀请机体结构供应商到上海来开展进一步讨论，他同意了。"

"你小子，脑子还真活！这次我帮你渡过难关，下不为例！"郑立人认为此事紧急，决定先办完这事，再去找张峰。

五

如果以简单化、结构化的方式来看一架飞机，可以把它理解成用很多块积木搭起来的，每一块积木就代表飞机上的每个系统。飞机制造商会将整体的重量和尺寸设定一个数值上限，然后将这些数值分解到每一块积木，交给供应商，让他们去设计制造。不管采用什么方式，这块积木的重量和尺寸都不能超过飞机制造商给他们设定的数值上限。

在飞机制造中，要更复杂一些，除去重量和尺寸这两个指标之外，还有一个功耗，三者形成了对供应商设计的最基本的限制条件。

从理论上来讲，供应商提供的"积木块"的重量、尺寸和功耗当然是越小越好。但在现实中，不同供应商出于对成本、自身产品路线等因素的考虑，并非完全遵守实翼的规定。

而有时候，可能实翼本身给出的规定就存在问题。这便是为什么郑立人的部门十分重要的原因，他不但需要管理所有供应商，还要跟实翼的内部设计技术团队沟通。

"我之前不该笑话尹括他们的，我们自身的问题也不少。"在连续遇到问题之后，郑立人开始反思。

他将反思的结果整理成清晰的思路，找了个机会上报给了张峰。再三思考之后，他也邀请了尹括出席。

窗外春雨丝丝，生机盎然，可在张峰的办公室，却气氛凝重，三人心事重重。

"所以，项目刚进入详细设计阶段三个月，你们就告诉我明年年底可能首飞不了了？要知道，我们之前已经宣布过一次半年的延期了。"张峰问道。

尹括看了一眼郑立人，见他没有回答的意思，决定自己说。

"现在还只能说有风险，供应商的管理和项目进度的管理是个大问题，如果不解决……"

"那刚立项的时候你为什么不说话？"虽然是尹括答的话，但张峰却把矛头指向了郑立人，在他看来，供应链是郑立人的责任，"那次办公会上，尹括虽然跟我的意见有些不同，但他也当面表达了，沈宁也从质量的角度提出了他的观点。反而你这个负责供应链的副总一句话都不说，我还以为你有这个能耐！"

张峰最不喜欢突然冒出来的问题，他希望团队在问题还没出现的时候就先告知自己，做个预警。在联合设计阶段，他亲自去毕盛的几家机体结构件供应商处考察过，在合同谈判的最后阶段也一句话搞定了与占士强的飞控合同，他原本认为供应链应该没什么问题。

"进入详细设计阶段之后，项目可能出现延迟的因素更多在于我们自身的设计经验和能力不足。"这是张峰一直以来的认识。然而，现在尹括和郑立人告诉他：不，你错了，最大的问题来自于我们对供应商和项目的管理。

更让张峰恼火的是，除去这个问题本身突如其来，让他没有防备之外，还有一层心理上的因素。承认自己技术能力不足，要比承认自己管理能力不足，相对更理直气壮一点，后者毕竟更多被看成主观的因素。就像你不是厨子，不会炒菜，或许是个问题，但情有可原。但如果给你一笔钱，让你把做这道菜所需的原材料买回来，你都做不到，那就是真丢脸。

张峰之所以没有意识到这一点，跟他此前在毕盛的经历有关，那时候他分管的内容之一就是这些毕盛子公司们对超英和飞天的供货。他那时发现，超英和飞天的供应链管理十分高效，让你几乎意识不到它的存在，以至于他认为一切都顺理成章。于是到了实翼之后，他便忽视了供应链管理本身也是需要时间积累的。

面对张峰的诘问，郑立人显然有些慌张，尹括在旁边悄悄地说："没事，你不是准备方案了吗？"

经由尹括的提醒，郑立人才反应过来，连忙回答："张总，确实是我之前对于形势的复杂估计不足，过于轻敌了。我这些天与尹总一起，经过广泛调研和讨论，形成了一套解决方案，这次过来主要是想向你汇报一下。"

问题加解决方案，这是张峰喜欢的汇报模式，于是他示意郑立人继续。

"我们主要考虑从三个角度来解决这个问题。第一，人员自身。目前无论是尹总的技术团队，还是我这边的项目管理团队，都面临人手不足的问题。因此，我们需要人力资源部门的配合，在未来三个月内召开一次大规模的社会招聘，只针对有经验的人员，待遇方面希望张总给予我们所能给的上限，吸引真正有能力的人才。"

"招人啊，你俩都认为确实缺人吗？"张峰想得到确认。

尹括和郑立人都点点头。

"那好，我回头跟宋红兵和张思樱说一声，让他们配合你们的工作。"两个副总都说要招人，张峰没有理由反对。

"谢谢张总。第二个角度则是组织架构。目前技术团队属于尹总管辖，而供应链团队属于我管辖，两个团队缺乏足够的互动。我们考虑，将联合设计阶段时我们双方紧密互动的那种模式延续下去。针对每个系统，都同时从尹总的技术团队里和我的供应链团队里抽调人员出来，组成一个联合团队，就叫'联合产品团队'，英文缩写CPT。这样，针对每个系统，都有对应的CPT团队去跟供应商打交道，提高沟通效率。我们研究了一下，超英和飞天也采用类似的机制。"

最后这句话显然分量很重。张峰略一思考："没问题。最后一点呢？"

"这个……"郑立人显然有些犹豫，然后下定决心说，"最后一点行不通，刚才来这里之前我跟尹总商量了一下，都认为还是不可行。"

张峰并没有太多的好奇心，他对下属的判断充分信任："你们仔细斟酌后，觉得不行，那就算了吧，也没必要谈了。"

经过一番激烈讨论，三人觉得形势开始明朗起来，眼前仿佛出现了一条路，可以让他们穿过目前的险境，顺利抵达成功的彼岸。

"既然确定了方案，我这边也批准了，你们就赶紧行动，一天也不要耽误。正如你们也意识到的，我们的差距还是很大，即便这些方案见效，我们依然需要以十倍的勤奋去弥补。"张峰一边结束这次谈话，一边最后交代。

出了张峰办公室后，尹括和郑立人都长出了一口气。

"还好刚才你没把第三点说出来，不然张总好不容易放晴的脸肯定又要转阴了。"尹括调侃道。

"要不是你最后提醒，我没准真说了。"郑立人摊了摊手，"好了，我先下去张罗这件事，毕竟张总让我来牵头CPT。"

"没问题，随时联系。"

与郑立人分手后，尹括也慢慢走回自己的办公室："只要我们降低对于民21的设计要求，很多问题便会迎刃而解。可是，这一点连我自己都无法通过，怎么可能告诉张峰呢？我们比一般单通道客机要略宽一点的机身，和更省油的空气动力学设计，以及发动机采用最先进的涡扇3产品，都是要比超英8系列和飞天T级要优秀的，这也是我们民21的竞争力所在，如果全部妥协掉，那我们为什么要做这款飞机呢？"

六

实翼成立CPT团队的消息瞬间传遍了各大供应商。

"你们就折腾吧……"范若成对此不以为然。在航电上输给同继，在飞控合同谈判的最后时刻被张峰的强势风格压服，他觉得自己与民21项目一定犯冲。

但是，他不可能丢弃占士强中国区总经理这个职位，而身居此职，就意味着他不可能脱离民21项目——他被占士强任命，代表公司进入了与毕盛的合资公司董事会。合资公司将为民21项目提供一部分飞控系统，剩余的部分由毕盛和霍克斯的合资公司提供。心底希望看热闹，台面上还要表现得无比支持，他确实很纠结。

但总的来说，供应商们都对实翼此举表达了衷心的欢迎。

"说到底，都是一条绳上的蚂蚱。谁也不希望民21项目延误，都投入了大把人力物力呢。"李慕点评道。

陈淑珍见到杨琪的时候，有些失望，她原以为李慕会是实翼发动机CPT团队的负责人，这样她就能常常看到这个帅哥了——虽然李慕也已经三十八岁了。

杨琪是个典型的技术女，身材瘦小，未经打理的短发，黑框眼镜，总是一副苍白的表情，隐藏着原本具备的几分美丽。她与航电副总设计师宋板桥是实翼最有名的一对模范夫妻——两人都是民21项目的中坚力量。

"杨总，你们实翼真是帅哥美女辈出啊！以前的李总是个帅哥，现在又来了个美女。"陈淑珍永远不会放过夸人的机会。

对于陈淑珍，杨琪早有耳闻，早在被提拔为副总设计师之前，或者说，在李慕还是副总设计师的时候，便常听张超乙提起这个女人。她也知道，张超乙在两年多前的珠海航展上失态，多少跟这个女人的饭局有点关系。

不过，陈淑珍的那些招数，对女人并不适用，杨琪更是一个技术专注者。这也是为什么李慕让她来领衔发动机CPT的原因。

"我希望你们尽快将涡扇3的最新状态告诉我们，对于我们的一些担忧与顾虑，也请尽快给出回答。我今天带来了两名工程师，我本人也可以探讨技术问题。如果要讨论商务问题，请直接跟叶总沟通。"杨琪并不理会陈淑珍的吹捧，直入主题，并且让陈淑珍直接找坐在自己身边的叶见卿。

陈淑珍讨了个没趣，只能让技术人员——两名来自美国的资深工程师直接与杨琪对话。

杨琪露出了笑容。

对于实翼航电CPT团队的成立，张收成也十分欢迎。

靳明亲自领衔这个团队，宋板桥为副手，作为靳明的补充和备份。供应链方面，实翼派出的也是航电供应商管理总监王瑜。这充分说明了实翼的重视。

"真伤脑筋，希杰给的核心航电系统的很多指标依然有问题啊！"在内部会议上，靳明说道。

宋板桥则对整个航电设计团队喊话："大家再明确一下各家供应商提供的数据，尤其是希杰给的数据，总结给靳总之前要确定没有问题，现在进入详细设计阶段，航电的任务十分重要。发动机的数据哪怕传到显示屏上晚几毫秒，都有可能出问题。"

不过，希杰的唯一好处在于，他们的工程技术团队人员已经越来越多地实现了本地化。当其他供应商需要将问题反馈到美国或者欧洲才能获得解答的时候，希杰可以在上海提供本地支援。

"这是我们最大的优势！"张收成在与靳明直接会面时这样表态。

与他斩钉截铁的语气相比，他的心底其实没有那么自信。无论是从实翼CPT团队反馈回来的信息，还是自己的工程团队描述出来的情况，他都发现面临着很大的挑战。

当这些挑战无法在工程层面解决时，他和布尔就被靳明召见了。

"你们在联合设计阶段结束前给我们的那些接口文档，问题百出！基于那些文档，我们的航电详细设计根本没法开展下去。再不解决，航电的进度会受影响，进而影响整个民21项目的进度！我不希望到时候跟领导汇报说，希杰和同继是害群之马！"靳明劈头盖脸道。

就在张收成点头称是、保持良好态度的同时，布尔反驳道："希杰的股份毕盛也有50%，凭什么只说希杰和同继是害群之马？不提毕盛？"

张收成心里无语："都什么关头了，你还在这纠结于这个？你是有多么不喜欢毕盛啊？看靳明怎么教训你！"

果然，靳明见希杰这个新来没多久的总经理还敢还嘴，气不打一处来："你还敢提毕盛？他们投入了6亿美元给希杰，在联合设计阶段又增加了几千万美元的投入。是你们同继自己能力不足，之前承诺的做不到，还好意思提他们？"

布尔显然还没有完全了解中国客户的特点，他此前在同继一帆风顺，春风得意，虽然不在航空事业部，没有面对过诸如超英和飞天这样的主机厂商，但在面对医疗、能源、电气等领域的客户时，客户都对同继的名号敬畏三分。

他从来没碰到过实翼这样的客户，也没有遇见过像靳明一样一开场就火药味十足的客户。

布尔毕竟还是年轻气盛，火气上涌："当初同继并没有拿着枪逼毕盛与我们合资吧，也没有拿枪逼你们实翼选择我们做核心航电吧？你们自己做的决定，现在反过来责怪我们了？"

"什么？当初要不是你们把自己吹得天花乱坠，我们怎么可能选你们？韦讯和占士强哪家不比你们强？你们就是一个瘸子，一开始却号称自己四肢健全！"

"说我们是瘸子？怎么不说你们是瞎子？"

"完了……"张收成眼睛一闭。

靳明一拍桌子，站起来吼道："你给我滚出去！你算什么东西？跟谁说话呢？我们实翼是客户！客户！没有任何商量，如果你们两周之内不把航电CPT团队给你们提出的这几点问题给出一个让我们满意的答复，我一定要同时向实翼、毕盛和同继的高层反映这个问题，会产生什么后果你自己掂量吧。"

布尔终于被靳明的最后一句话震慑到了，一时发怔，没有说话。

张收成趁机赶紧向靳明求情："靳总，布尔初来乍到，此前从来没有跟中国的客户打过交道，不懂中国国情，可能说话有些直，我先带他回去，跟他沟通沟通。你的需求，我们一定在两周内给答复。"

靳明这才意识到还有张收成在场，毕竟是老相识，也不好继续破口大骂，便低沉着说："没有中国客户经验，同继也敢派过来当总经理，真是太儿戏了。你赶紧回去跟他们说说，最好把他给换掉。"

张收成一边应承，一边把布尔拉走。

看着希杰总经理和副总经理匆匆而去的背影，靳明深深地叹了一口气，觉得一阵胸闷，突然间又不禁悲愤万分，竟然鼻子一酸，眼泪流了下来。他忙不迭地去擦，可是那泪水分明不受控制，漫了整脸。

七

"我们只有两周的时间，特瑞，必须把工作重心放在实翼的诉求上，毕竟他们目前是我们的唯一客户，民21项目也是我们的唯一项目。"第二天一大早，张收成便试图与布尔达成一致。

他原本想在离开靳明办公室的时候就赶紧与布尔商量好对策，但看见布尔也正在气头上，便先让他回去冷静冷静。

可是，冷静下来的布尔依然固执地说："收成，你们中国人就是太惯着客户了。实翼给我们的任务，很多是他们自己的责任，我们为什么要帮他们做？"

张收成觉得自己在鬼打墙："特瑞，我刚才已经解释过了，因为实翼自身的航电综合能力也不足，因此，我们在项目的一开始，就承诺过要支持他们。博牧之当时也是这样做的，我们也因为这个承诺，才在联合设计阶段又获得了毕盛几千万美元的支持。实翼也在考虑在详细设计阶段给予我们更多的资金支持。我们要以好的态度去面对他们，目前哪怕做不到也没关系，我们也可以慢慢成长，跟实翼一起成长。"

"我才不管前任总经理承诺过什么。"布尔显然对于张收成提到博牧之十分不满，"我认为，目前希杰的问题不在于对于实翼的支持不够，而在于对他们的支持太多了。我们的工程团队，有几乎一半仍在实翼现场办公，而其他供应商都撤走了，这充分说明我们受到客户的主导太大。我们要独立，要建立起完善的公司内部流程！"

张收成摇了摇头，见说服不了布尔，只能先退出："看来得尽快反映到董事会，不然后果很严重。布尔太沉溺于他认定的那一套了。"

自从布尔上台以后，便很快发现希杰的内部流程混乱，人心涣散，于是开始大刀阔斧地在希杰推行同继的那一套流程，按理说这是好事，当初组建希杰的时候，刘人杰就对同继的一整套流程十分受用。作为当时与同继谈判的亲历者，张收成原本是支持布尔逐步在希杰推行的，只不过，布尔的推行速度实在是太过迅猛，而且将内部流程建设摆在了民21项目之上。

最大的问题出现在工程技术领域。由于民21项目已经进行了好几年，埃文斯的团队已经形成了一套满足适航标准的工程设计流程，而这个流程与同继的标准流程相比，有一些偏差。

其实这不存在谁对谁错，毕竟条条大路通罗马。但面对这些问题，布尔的处理方式很简单："必须要按照同继的流程来改。阵痛是暂时的，磨刀不误砍柴工，如果不一开始就建立好最完备的流程，越往后发展，问题越大。而同继的流程，显然是最好的，所以，应当马上实施。"

面对如此强硬的措施，埃文斯十分头疼，他好几次在管理层办公会上提出反对意见，都被布尔毫不留情地驳回，会后，还私下警告他："你也是同继派来的人，不要站错队。"

布尔从第一天上任开始，就在找毕盛的茬。他刚上任时，并没有大张旗鼓地马上召开全体会议，像博牧之那样高调出场，而是先在工作区溜达了好几圈，发现好几个毕盛派来的工程师在浏览与工作无关的网页。紧接着，他在与张收成——他无法选择的副手，进行上岗前谈话的时候，发现张收成有一些优柔寡断，与自己火爆的脾气截然相反，便认定他是来希杰捣糨糊的，缺乏领导力。

随着工作的深入，他愈发看不惯毕盛派驻员工的一些固有习惯，于是，"你们毕盛派驻的人员"便成为他常挂嘴边的口头禅，时不时会在管理层会议上冒出来。更让张收成他们恼火的是，虽然他的姿态很具有攻击性，但他所说的内容却并非完全无中生有，导致每次都无法理直气壮地反驳。

不过，布尔也是有底线的，这种话他在全体员工大会上从来不说，所以在一般的员工看来，他还是一个颇具大局观的总经理，只不过脾气不太好。

晚上，张收成迫不及待地拨通了李慕的电话，后者也刚刚加班结束，正准备开车回家。

"最近忙得够呛吧？张总。我听说靳明冲你们发飙了。"李慕一见是张收成打来的电话，就调侃他。

"你咋知道是这事啊？我跟你说，布尔把他给惹毛了，现在他给我们下了一个两周的最后通牒。听上去如果我们解决不了他的问题，他就会捅到上面去，说我们拖后腿。"张收成逐步将事情经过描述了一遍。

听罢，李慕哼了一声："难道你们没有拖后腿吗？机载供应商里就你们最弱啊。"

"行了，都什么时候了，还嘲笑我们。野百合就不能有春天吗？"

"当然可以有，但在那个同继的自大狂领导下是没有明天的。"

"所以啊，你说怎么办？"

李慕笑了笑："如果是我，就两周之内啥都不干，等着靳明告状，等着项目拖延。"

张收成百思不得其解："任由事态扩大？"

"是的，你想不想继续跟他搭档？"

"我是不想，但我担心换了他，万一来一个更差的怎么办？博牧之就已经够奇葩了，现在又来了头公牛（布尔的英文名字就是公牛的意思）……"

"哈哈，我之前不就说过吗？明年就是你当总经理的时候。布尔如果这次因为此事又被撤换，我相信毕盛有理由向同继施压，要求他们找来更加靠谱的总经理，或者，取而代之。"

张收成明白李慕的意思："这简直跟当初段兰暗示我不要管博牧之的想法是一个思路啊……"

李慕正色道："小成，我知道你没有考虑过这个可能性。但是，从现在开始，我希望你郑重考虑。首先，在毕盛里有谁比你更加了解希杰的情况？有谁参与这个合资项目这么长的时间？其次，毕盛的那些领导们，谁又愿意来趟这摊浑水？你以为这个总经理好当吗？夹在两个强势的母公司之间，还要被实翼骂，唯一的好处是收入高，但仅仅收入高，并不足以吸引毕盛的领导们，他们享受着很多收入高之外的好处。在我看来，如果同继真的找不到合适的人选，要从毕盛派遣，你简直是唯一的人选。"

听完李慕的话，张收成有种任督二脉被打通的感觉。他感觉自己像是在爬一座又高又险的山，此前，一直勤勤恳恳地往前走，低头看路，躲过陷阱、荆棘、水流和兽穴，李慕让他抬头望望，别老盯着脚下，他不乐意。而今天，当他真的那么做了，却发现自己距离山顶已经只有一步之遥。

"真想现在去找你，咱们好好喝一顿啊！"张收成突然很想喝酒。

但是李慕并没有领情："你自己喝吧，好好想想我刚才的话。喝酒的时候别让贾南看见啊。今晚罗晓慧从北京出差回来，我要去虹桥机场接她。"

八

已经深夜十点了，可是通往虹桥机场的延安路高架桥上依然有些拥堵，上海的繁华，不分昼夜。

李慕等在国内到达口，踱来踱去，望眼欲穿："这该死的航班，又晚点了！"

他的焦虑终于在眼帘中出现一个修长身影时得到了缓解，罗晓慧笑盈盈地走了出来。

李慕一个箭步上前，拿过她的行李箱，怪罪道："怎么这么晚啊，干吗不订一班早点的飞机？"

"怎么啦？心急啦？我不是到了吗？"罗晓慧给了李慕一个拥抱，算是安慰他长久的等待。

一辆深绿色的捷豹从虹桥机场里驶出，往市区方向开去。

李慕把车开得很稳当，或者说，很慢。

"今晚还要回家吗？这么晚了。"他充满期待地问道，希望答案是"不"。

"是，还是要回去，再晚都得回去的。"罗晓慧故意说得很大声。

李慕的心沉了下去，于是把车开得更慢了。好在交通状况并未有太大改观，他们的慢倒不显得突兀。

两人一时都没有说话，窗外的霓虹灯和路灯叠加着，光线拂进车窗，随着车的行进，在两人的脸上跳跃出魅动的光影。

还是李慕打破了沉默，但他一时想不到其他话题，只能从工作入手，"这次北京出差怎么样？见到国家领导了没有？"

"我哪有那个资格呀，我们的总裁被领导接见了。我只是个喽啰，过去打打杂的。"

"你们飞天的总裁这次过来，估计又是来卖飞机的吧。"

"我们哪有这么势利啊？就是过来拜访一下，深化与毕盛在飞天T级和其他飞天机型总装交付方面的合作吧。超英这两年十分活跃，我们自然也不能落后。毕竟，目前我们的竞争对手，只有他们一家。"

说到这里，罗晓慧调皮地说道："当然，未来还有可能是你们实翼哦。"

李慕摇了摇头："不用刻意安慰我啦，短期内我们对你们构不成任何威胁。"

罗晓慧无言地笑了笑。

又是一阵沉默……

李慕觉得不太对劲，便问道："你是不是有什么心事啊？我们在一起半年了，有什么想法要跟我说。"

李慕心中所想的，是罗晓慧是否在考虑他们两人未来的事情，这让他十分纠结。按他自己的原则，这辈子是铁定不结婚的，他与父母斗争到38岁，已经让他们完全麻木了。虽然他很爱罗晓慧，但他并不想打破这个原则。

此前，他并没有跟罗晓慧交流过这个想法。然而，随着两人相处的深入，他觉得有必要跟罗晓慧好好谈一次了，毕竟她也已经三十五岁，按照传统社会对于女性的看法，已经可以被扣上"剩女"的帽子了。

他终于在今晚鼓起勇气，抛出了这个问题，他认为，罗晓慧今晚的反常，也跟他们的关系相关。

罗晓慧咬了咬嘴唇，低声说："我……有一件事情瞒着你……"

李慕听完，一愣，但还是故作轻松地说道："啥事啊？不会是你已经结婚十年了，小孩都上小学了吧？放心，即便真的如此，我也不会放过你的，我爱的是你的人。"

"你才结婚十年了呢！"罗晓慧嗔道，"……我，其实是个孤儿，亲生父母在我出生那年就在唐山大地震当中遇难了，把我拉扯大的是养父养母。他们已经有一个儿子，很想再要个女儿，机缘巧合，他们去孤儿院的时候碰到了我，便把我从唐山带到了上海。"

李慕心里的石头放下了："我还以为什么事呢？那又如何？"

罗晓慧刚才说完之后，十分忐忑，但听见李慕的回答，反而呆住了，"你……难道不介意吗？我之前谈过两个男朋友，他们都很介意，认为我家境不好，肯定性格有问题，所以最后都没成。当然，这也跟我自己不想……"

罗晓慧还没说完，李慕就拍了拍她："我还以为是什么事情呢？多大点事儿啊。我就说你肯定有心事呢，不过如果是这事，完全不用担心，我才不在乎这些呢。"

见罗晓慧没说话，他又连忙补充道："晓慧，我从我们刚认识的时候就对你有好感，而相处之后更是深深地爱上了你。这跟你的家庭背景、成长环境都毫无关系，或者说，这些外界因素已经造就了目前的你，而这个你是我所爱的，这就够了。"李慕说过好多次情话，但这次他觉得自己是最真诚的。

罗晓慧的身子颤抖了一下，有些动情："我知道你的心意。可是，刚才我的话并没有说完……"

李慕连忙问："还有什么？"

罗晓慧小声道："我是说，成长在养父母照顾的环境中并非我之前跟男朋友吹掉的唯一原因，还有一个我的主观因素，就是……我并不想结婚。"

李慕简直不敢相信自己的耳朵，连忙将刚才打开的天窗关上了，问道："你说什么？再说一遍！"

罗晓慧一时不知道怎么办才好："……我是说，我不想结婚。对不起，李慕，我应该早点告诉你，但是一直不知道要怎么说出口。我知道你已经快四十岁了，肯定想组建一个家庭，甚至还想要一个孩子，可是，我做不到，对不起……"

罗晓慧还没说完，李慕兴奋得大叫了一声，如果不是正在开车，他一定已经跳起来了。

"李慕，你没事吧？能好好开车吗？我不该这个时候说的……"罗晓慧以为李慕深受刺激。

这时候李慕突然猛踩油门，在罗晓慧还没反应过来的时候，就冲到前方500米开外的匝道上，再一个右拐，停在路边，然后捧起罗晓慧的脸，狠狠地吻了下去。罗晓慧不明就里，但也回吻着。

纠缠了一阵，李慕回坐到驾驶座上，万分欣喜地看着罗晓慧。

"你怎么了？"罗晓慧还是不解，她依然认为李慕是受了她刚才说的话的刺激。

"你简直是我的soul mate啊！"李慕刚才脑海中只有这句话，现在他说了出来。

"我是说，我也压根没有考虑过结婚和孩子！"李慕怕罗晓慧再误会，将自己的意思明确表达了出来。

"真的吗？我真不敢相信！"现在轮到罗晓慧惊喜万分了。

两人都认为对方会走那条世俗标准下必然会走的路，却同时发现对方原来都是异类，跟自己完全一样。还有什么比这更令人激动的吗？

"那……你的这个决定你的父母，哦，不，养父母支持吗？"李慕还是想确定一下。

"没问题，我跟他们谈过了，他们完全理解我的决定，说只要我幸福就好。"

李慕坏笑道："不管你吗？那……今晚就别回去了吧，以后也别回去了。你可以不时地回去看望他们，我陪你一起去。"

愣了一会儿，罗晓慧低下头，小声地说："好。"

九

"这个夏天是攻坚的夏天，经过白热化的冲锋之后，我现在终于可以给你呈上一份秋天的果实。"进入9月，尹括在与张峰的定期项目通气会上富有诗意地说道。

在过去的近半年时间里，实翼在民21项目上所取得的进展是令他满意的，虽然过程充满了艰辛与汗水，并没有太多诗意。

采用CPT模式进行供应商管理与项目管理和突击招聘之后，实翼人员匮乏的劣势得到了最大限度的弥补。他们与供应商一起合作，成绩斐然。

发动机方面，同继在涡扇3的开发进度上有了较大的进展。

机体结构方面，文大勇通过召开多次供应商研讨会，成功完成了详细设计阶段，靠着与超英和飞天多年的合作经验，毕盛沈阳等供应商纷纷拿着设计图纸与工艺流程各自进入试制阶段，不但将机头、机身、机尾与机翼等从纸面变成现实，还在某些领域做出了创新。

飞控方面，廖泉的团队正在攀登飞控系统的巅峰——整个飞控系统的控制律设计，虽是被逼无奈，因为技术过于敏感，属于美国出口管制的范围，但实翼飞控团队还是取得了一些阶段性的成果。

液压、气动、起落架等系统也都取得了可观的进展。

"除去航电系统和铁鸟试验台之外，其他系统的进展虽然还是不可避免出现了几个月的延误，但还在可控范围之内，有追赶的余地。如果可以尽快解决航电和铁鸟试验台的问题，我们应该可以避免再次公开宣布项目延迟。"尹括最后总结道。

张峰十分满意地说："很好，辛苦了。眼见又要到年底了，我原本想的是等到详细设计阶段结束，再给大伙儿放两天假好好休息休息，看来今年做不到了。"

尹括也说："是的，今年之内无论如何详细设计阶段是结束不了啦。"

"嗯，说来听听，航电和铁鸟是怎么回事？咱们先讨论讨论，如果需要，我就把靳明和杨志都叫过来。"张峰想听重点。

"好的，我先把情况汇报一下。航电还是希杰的能力这个老问题，可以看出毕盛、同继和希杰都很努力，但有些差距需要时间和经验才能弥补，不是光靠努力就行的。靳明的航电团队也越来越接受这个事实，他们对希杰的要求降低之后，倒也不再一味抱怨了，反而发现希杰由于现场工程技术人员的数量充足，很多时候能够第一时间帮把手。只不过……"

尹括顿了顿，似乎在思考措辞，这让张峰很着急，他最不喜欢别人说话说半截："只不过什么？赶紧说！"

"靳明前阵子与希杰的总经理有过激烈的冲突，他说对方是同继的派遣员工，之前没有任何在中国的相关工作经验，态度傲慢而且拒绝配合。当时他找到我，希望我向你和毕盛的刘总反映，把那个人换掉。这不是一件小事，需要谨慎处理，毕竟同继不能轻易得罪。"

"所以你一直没告诉我？"张峰问道。

"是的，我不想把事情闹大，当时去找了唐文波和同继的盖伊，他们俩都表示会好好处理此事。我还找了希杰的副总张收成，让他也好好做做总经理的工作。目前看来，他们也都不想把事情闹大，没有再往上汇报，所以你不知道，估计刘总和赵总也不知道。"

张峰赞许地略微点了点头："理解你的决定。那效果如何？后来那家伙有没有再犯浑？"

"据靳明说老实多了，不过我觉得他还是一个不稳定因素。希杰本身的能力尚待提高，如果总经理不能全心全意支持我们，总归是个风险。"

张峰想了想，说："算了，当初你如果告诉我这件事情，没准他就已经被撤掉了。现在事情已经过去，他也改正了，暂时也没有理由去让同继把他换掉，只能继续观察，就当再给他一次机会吧。另外，让靳明也别那么急躁，我们自己的航电实力也有待提高，不能什么都怪别人。"

尹括心里一惊，心想："张峰对于我们自己的实力优劣还是十分清楚的。"他为靳明捏了一把汗。

"铁鸟呢？"张峰觉得航电的话题已经讨论完毕。

"铁鸟的问题比航电要简单一些，杨志说在祝桥总装厂房处已经开辟了一个专门的铁鸟试验室，基础设施均已到位，但供应商的一些部件有些拖延，估计要到年底才能到位。"

"那也还好，如果年底到位，明年年初建好，正好开始做飞控和液压的一些测试，反正这两个系统的设计也有一些延迟嘛。"张峰对于项目的节点记得十分清楚，这让尹括十分佩服。毕竟自己作为总设计师，记住这些信息是分内之事，而总经理显然需要考虑的比民21项目多很多，还能够将这些细节记牢，因此并不容易。

汇报完进度，从张峰的办公室出来后，尹括立刻给张收成发了一条短信："收成，那个布尔最近对于民21项目配合吗？"

最近，他与张收成的联系与之前相比要频繁得多了，虽然不常见面，却经常电话与短信来往，仿佛又回到了在毕盛上海的日子。

他原本想花更多的时间与张峰探讨一下航电的问题，他认为布尔始终会是一个隐患。希杰相比其他供应商唯一的优势就是充分而便利的支持，如果这一点也不能做到全心全意，作为民21项目的总设计师，他无法放心。更何况，核心航电是非常重要的系统。

但显然，张峰可能不愿多讨论。以张峰的性格，肯定会毫不迟疑地让布尔走人，就如他当时搞定主合同时一样雷厉风行。

"难怪他得罪的人多啊……"

正在思考中，张收成很快回复了短信："尹总，前阵子你找董事会谈话之后，他还比较配合，但最近又有一些绥靖。"

"好，你多费点心，如果他有不利于项目的动向，可以直接告诉我，不用通过靳明。"

收到这条短信，张收成笑了笑："李慕这小子，真是个先知。"

李慕让他保持好与尹括的关系，让他不要害怕去想象自己当上希杰总经理的可能性，现在，这两个建议开始交联起来了。虽然成效还没有出现，但应该是迟早的事情。

十

"太好了，东京拿到了2020年奥运会举办权！如果那时候可以坐着民21去东京看奥运会，应该是一件很美妙的事情吧。"

陈涵在手机上看到了这条新闻，非常高兴，但不敢与出租车司机分享这个好消息，2005年上海的反日游行还让他心有余悸。

此时，他正坐在去虹桥机场的出租车上。在那里，他将飞往北京，与民航局的专家探讨民21项目的取证路线和计划。

实翼刚成立的时候，大量员工直接来自于毕盛和华宇两家企业，同时也社招了一批愿意为大飞机事业献身的人才，陈涵就是其中之一。

陈涵与尹括同岁，也是上海人，毕业于复旦大学日语专业，在20世纪80年代上海人去日本发展的大潮中也随大流去了东京，进了一家航空公司。在那里，他做过票务、地勤、机务，从各种脏活累活干起，后来因为一次机缘巧合，参加公司内部的航空知识竞赛，展现出了超强的学习能力，被调往飞行标准部门，一干就干了十几年，积累了充分的适航相关经验。

回国后，他先去了东方航空干了几年同样的工作。后来实翼成立广纳英才的时候，他凭借履历毫不费力地就获得了适航总设计师之职。

当时，进入实翼唯一的障碍是他的日本妻子——他们在工作中相识，后来陪他回到中国。

"适航总设计师是重要职位，陈涵的妻子是日本人，这样不妥当吧。"人力资源部门给出了这个意见。

张峰一听，摇了摇头："现在是什么年代了？别说老婆是日本人，就算他本人是日本人，只要能力够格，我们就要！"

在张峰看来，陈涵的重要性甚至比总设计师还高。后来，就连尹括自己也这么认为。

年初，尹括专门找陈涵聊了聊："老陈，现在项目进入详细设计阶段了，取证的工作要开始动起来，以后你的作用会越来越大。毕竟，这架飞机是要拿出去卖的，不是放在博物馆里陈列。你平时要敢于监督各大系统的设计流程，并且拿最严格的适航标准去约束他们，如果出现问题，要第一时间提醒他们。我永远站在你这一边！"

是的，如果适航取证不能通过，民21可以说就是一堆废铁，国家几千亿的投入，实翼上万人最宝贵的青春，就会全部徒劳。

"话虽这么说，但做起来何其艰难啊！"陈涵叹了一口气。

短暂的兴奋之后，他还是回到了现实中，毕竟2020年是七年之后的事情。

"各大系统的总设计师们，除了李慕之外，都是些自命不凡的家伙，总觉得自己是技术权威，对于我的参与，多少有些抵触。尤其是当他们的流程或者做法不符合适航标准的时候，让他们纠正简直太难了，还动辄拿'耽误了项目进度，你来负责'当幌子……"他不自觉地在出租车的后座上回忆起这几个月的工作。

他头疼自己刚开始行动，就遇到了不少阻碍，而且还都来自于队友。

"这次去北京，如果顺利，回来后我得让尹括给我一个名分，如果跟那帮总设计师们平级，他们不可能真正听我的。"

经过好几个月的准备，以及跟各大系统总设计师的争吵，他和他的团队终于将民21项目的取证路线和计划做好了。这次去北京，他带着重要的任务。

简而言之，这就是民21项目的取证行动纲领，如果获得民航局的认可，他们在未来的几年就将以之为准绳，确保所有的设计、生产、制造和试验的流程都是符合民航局要求的。

当然，这不会是一蹴而就的事情，他预感自己在未来的几个月都得频繁往返上海与北京了。

"该死的交通，上海真是越来越堵了。"想遍了最近几个月工作的事情之后，陈涵惶然发现，出租车还离虹桥机场有一段距离，而此时距离他的起飞时间只有一小时了。

"师傅，还有多久才能到啊？"

"看运气吧，最少也要20分钟。"司机头也不回。

突然，手机显示来电，尹括两个字出现在屏幕上。

"真是有感应啊，刚才想到你，你就来电话了。"陈涵等铃声响了几声，接起电话。

"老陈，你不在办公室？"尹括问道。

"我在去虹桥机场的路上，去北京，三天后回来。"

"哦……"尹括显然在犹豫。

"什么事啊？没关系，我现在堵在路上，一个人坐在出租车里，方便讲话。"陈涵意识到可能尹括想说点重要的事情，又不想让别人听到。

尹括确实在担心这个："那就好。我跟你说个事，你一定先不要跟别人说。"

"没问题！"

"我刚跟张总汇报了咱们项目到现在的进展，谈到适航取证的时候，我们聊到了目前你所面临的工作困难，张总充分意识到，必须彻底解决这个问题，让你没有后顾之忧。所以，我们会很快提拔你为民21项目的常务副总设计师，比各大系统的总设计师级别都要高。这样，你就可以放手推进适航取证工作了。"

尹括一口气说完，紧接着又补充道："让你先不要说出去，是因为这个事情刚刚发生，还有一个流程要走，张总也要去跟张思樱说一声，所以到正式宣布还有些时日。但是，我想让你第一时间知道，不要觉得自己无法施展，也不要低估自己工作的重要性。"

"太好了，这就是我想要的！"陈涵心里暗暗叫好。他连忙回答："尹总，非常感谢你和张总的信任！我会把适航工作好好把关的！等我这次从北京回来后向你汇报跟民航局沟通的最新情况。"

"这都好说。你呀，赶紧壮大你们适航取证的团队，光你一个光杆司令走南闯北可不行啊！我回头也去跟张思樱打个招呼，让她在招聘上也多多支持你们。"尹括早就觉得陈涵的团队人数少得可怜。

陈涵再次向尹括表达了感谢。

挂了电话，陈涵感到自己的身子开始飞驰起来，刚才的堵塞感顿时消失了，又见司机正在专注地发挥着他的驾驶技能，在车流中钻来钻去，一路超车。

"谢谢啊，师傅！"陈涵喊道。

距离起飞时间正好半小时的时候，出租车停在了2号航站楼的国内出发入口，陈涵第一时间冲下车，拎着背包，飞奔而去。

十一

"这么好的天气，又加班到这么晚，真是浪费……"李慕一边嘀咕，一边走出实翼大楼。

明月当空，秋风习习，吹得他每一个毛孔都很舒服，将一天憋在办公室里的郁闷一扫而空。"要是室内环境有这么好，我宁愿加班。"他一边闭着眼睛享受，一边把大脑放空。

"当然，要是罗晓慧在上海，我还是要陪她的。"他又忙不迭地这么想，仿佛自己的思绪能够被远在法国出差的罗晓慧窥见。

睁开眼睛后，李慕慢悠悠地往停车场走去，实翼的园区面积很大，为了表示对大飞机项目的支持，上海市政府给了很大一片地。此前，李慕一直抱怨停车场离办公楼太远，可现在，他却觉得走这段路是享受。

走近自己的车时，他突然注意到不远处有个人，背对着自己，身材高大，头顶微秃，夜色中可以看到他的脸前有一点儿火光，时不时还有烟雾缭绕。

李慕靠近，定睛一看，原来是靳明，便笑着打招呼："哎哟，靳总啊，你平时不是不抽烟的吗？"

靳明没想到这么晚了还有人在附近，一口烟还没完全吐出来便心里一惊，被狠狠地呛了一下，半截烟也掉在了地上。

咳嗽一阵之后，靳明抬起头，满面通红："……我还以为是谁呢……李总啊，咳咳，不好意思，失态，失态……"

意识到还没有回答李慕的问题，靳明嘿嘿一笑道："郁闷呗，不抽根烟没法排解啊……"

李慕已经想到了这个答案。毕竟，在各大系统的总设计师中，就属靳明和陈涵两人最苦，一个面对扶不上墙的供应商，一个面对不太配合的队友。

突然，他想到了什么，决定跟靳明聊聊。"嗨，谁不郁闷呐，我也刚加班完，所以才能看到你。要不然这大好天气，我早约会去了。"

李慕走上前去，又递给靳明一根烟："来，赔你一根烟，尝尝我的。"

靳明想推辞道："我本不抽烟的，刚才已经抽了两根了，有点儿不习惯。"

李慕把烟硬塞在他手中："我这烟不错的，尝尝吧，咱们聊聊。"

靳明不再客气，接过李慕的烟，叹了一口气说："老弟，你可不懂我的苦啊！"

"没事，大家都一肚子苦水呢，今晚我陪你聊聊，没准就舒服了。"李慕给靳明把烟点上，然后自己也点上，吸了一口。

"不，你不懂，你们发动机系统真是太幸福了，供应商给你们研制新产品，而且是现成的东西，你们只需要监督他们的进度就可以了。"靳明显然对李慕无比羡慕。

虽然同意靳明的评价，但李慕还是想卖乖："什么呀，你又不是不知道，同继是超级强势的供应商，跟他们打交道，我还宁愿找一家弱一点的，至少服管，态度好。"

这无疑戳到了靳明的痛处。

"你太天真了，知道那个希杰和他们背后的同继吗？那是既弱还不配合啊！"靳明痛心疾首道。

"哦？是吗？可是我听说毕盛和同继都投入了不少啊，尤其是毕盛，投了好几亿美元呢。"李慕想从靳明口中亲耳听到他对希杰的看法。

"没错，毕盛是投入了很多钱，可是同继那边的技术实力摆在那儿，一时半会儿也起不来，这不是光靠钱就能砸出来的。"靳明开始抱怨。

"同继也很支持吧，我听他们中国区的人说美国总部派了不少资深工程师过来，高管也常常来上海，而且还在占士强和韦讯等航电老牌公司挖人。"李慕不动声色道。

"别提了！"靳明显然不同意，"他们的表面工作做得确实很好，高管是经常过来，但都是搞高层公关的，哪会顾及我们的实际需求。美国总部派了很多人来也不假，但资深就难讲了，很多都只是毛头小伙而已，还没我手下的人有经验。上次宋板桥跟他们一个号称首席工程师的人当面讨教了一番技术，结果那家伙原形毕露。"

这件事李慕倒是知道，是有一次在他们团队内部聚餐时杨琪说的，言语中还透露出不少为老公自豪的意思。

"哦，靳总还不算高管啊？他们也太小瞧人了。"李慕笑道。

"老弟你就别调侃我了，我够苦了！毕盛在希杰的巨额投资还给其他几家合资公司带来了不良后果。因为在同继的CAT技术上花钱太多，以至于在其他领域成立的合资公司投资都只能做到千万级，连希杰的十分之一都不到，你想，那些合资公司的合作伙伴怎么会愿意真心给我们东西呢？不光航电如此，飞控、液压等系统都存在这个问题！可以说，同继一家拖累了整个民21项目的进展。"

李慕此前倒从来没有考虑过这么多："靳总，你这么说是不是有点儿危言耸听啊？有没有向尹总提起过？感觉这已经不光是航电的问题了，而是所有的机载系统都会受影响啊！"

这个问题倒不是李慕故意问起的，但却再一次让靳明长吁短叹。他狠狠地把烟抽完，向李慕又讨了一根，但并未马上说话，而是一边点烟，一边思考着什么。

"老弟，我跟你说的，你可千万别跟尹总说。"靳明还是决定回答李慕的问题。

"放心吧，我嘴严！"李慕保证道。

"我并非没有跟尹总反映过，那次我真是气疯了，希杰的那个新任总经理特瑞·布尔居然对我出言不逊。你说，他们能力差也就罢了，至少态度要好点儿吧，结果态度也这么差，还真把实翼当软柿子捏啊！我向尹总建议把事情搞大，把那个小子给撵走，可没想到他并没有向张总汇报，也没有向毕盛和同继的高层汇报，而是把这件事情压下来了……"

"看来跟我了解到的情况一致嘛……"李慕一边想，一边打断靳明，

"那尹总有没有说为什么要压下来呢？他这么处理之后那小子有没有学乖一点呢？"

"他当然要说以大局为重了，可是我怀疑他是以他的位置为重，张总和毕盛的刘总都是挺同继的，他当然不愿意去捅出这个问题来。"

"嗯，他是对的，要不然我就难受了。"李慕笑着说。

靳明这才反应过来："好吧，真是为了发动机牺牲航电啊，所以你给我烟抽也是应该的。"

他又向李慕要了一根烟，边点边说："那个布尔倒是学乖了一阵，毕竟唐文波和盖伊都是希杰董事会成员，他们的话布尔还是得听的。但我现在还是要避免直接跟他打交道，有重要的事情都叫他们的副总张收成过来，他还是挺支持我的。"

"终于到这里了！"李慕心想。

"对了，好像你跟那个张收成关系还不错？"靳明提到了张收成，便问道。

"嗯，还行吧，我们都是湖南老乡嘛。"

可李慕的心理活动其实是："岂止还不错，我们今晚的聊天内容待会儿他就知道了。"

"他不错，是从毕盛出来的，懂业务，也懂我们实翼的想法，可惜还是缺少一些发言权，毕竟希杰的大多数管理岗位都是同继的人啊。"

"不光希杰吧，你看我们机载系统成立的那些合资公司，总经理不是全是外方指派的吗？说是为了学习国外的先进管理经验，但是不是未免有些一刀切了呢？"李慕终于开始主动引导，"但到目前为止，进展最好的机体结构件，全是毕盛自己供货的，总装厂房、试飞跑道、铁鸟台的建设也都是咱自己人负责，没有外方参与。这说明我们的人也不一定不行。"

李慕这是在故意混淆机载系统的技术含量，因为机载系统的技术含量比总装厂房、试飞跑道这些基建项目还是要高不少的，对于管理者的素质要求自然也不同。但他判断靳明此时已经有些头脑发晕了，所以才这样说。

果然，听罢李慕的话，靳明激动地说："对啊！如果希杰的总经理由张收成来当，我们的工作会不会要顺畅很多呢？"

"这个，我可说不好，毕竟是你们航电的事情，我还是不方便说太多吧。"李慕决定就此打住。他相信，自己只需要将这个念头放在靳明脑袋里即可，不需要再去浇水、施肥，任其自然潜滋暗长。

十二

在向张峰汇报完民21项目进度之后没几天，陈涵从北京回来，带来了积极的消息：民航局对于实翼的民21飞机取证路线与计划初步表示认可。

"太好了，真是没有白熬这么多个日日夜夜啊！"尹括拍着陈涵的肩膀说，"我再去催催张思樱，让她尽快把你成为常务副总设计师的安排公布出来，让大家更加服气。"

取证自然是无比重要的，但是在那之前，还有两件更加紧急的事情，就是飞机总装下线和下线之后的首飞。

"既然机体结构件供应商们都已经完成了详细设计，开始试制，我得赶紧跟杨志约个时间去实地考察，让他们务必按时交付！"尹括考虑到总装下线才是最紧迫的事情，下定了决心。

在2013年的最后三个月，尹括与杨志追随此前张峰的足迹，将毕盛各承制民21机体结构件的几大子公司都走访了一遍。

对于这些供应商来说，张峰是他们的老领导，所以他们几乎毫无保留地呈现出了最好的一面。而他们对尹括与杨志并不十分熟悉，两人考察过后，他们给出的评价是："仿佛是一个大佬带着一个打手。"

但不管如何，这个组合还是很有威慑力的，他们都表示："一定按照实翼的要求按时按量完成，并且保证质量。"

"还是自己人最靠得住啊！"尹括对杨志感慨道。

杨志并不完全同意这个看法，他的铁鸟试验台之所以延迟交付，就是因为国内供应商的问题，国外的供应商反而比较守时。

"尹总，咱们都清楚毕盛的情况。这次考察虽然看上去还不错，研制进度是目前各大系统中最为乐观的，但我们也应该清楚，这是因为他们十分重视的结果。"杨志提醒尹括。

"从总体流程与规范的角度，毕盛还是与世界领先水平有差距。这点你不得不承认。"见尹括没有回答，杨志又补充道。

杨志认为，尹括是总设计师，因此更多着眼于飞机各大系统的设计，而到了制造阶段，他并没有自己在行。

殊不知，尹括虽然是总设计师，但毕竟曾是管过十厂的，对于制造一点都不陌生。他之所以没有立刻回复，是因为杨志的话确实提醒了他，让他回忆起视察毕盛生产线时的一些细节确实有些疏漏之处。

比如，毕盛沈阳的尾翼生产线，其工作流程的英文版有好几个单词都写错了，他很奇怪超英和飞天的供应链居然没检查出来。

又如，毕盛西安的机翼生产线，工具堆放区域，有几次工具与其放置区域的工具名称不符。

说到底，还是缺乏一个更加整体的流程管控，虽然这些问题基本不会影响安全生产，但如果在适航检查时被看到，势必会引起担忧。

"杨总，我很赞同你的看法。我们毕盛还是有很多历史的负担，要完全改变过来不是那么容易的。"他常常不由自主地依旧称毕盛为"我们毕盛"，这也是毕盛打在他身上的烙印，却忘记了杨志其实来自于华宇。

不过杨志并没有注意到这个细节。

"好在他们毕竟已经给超英和飞天提供过很长时间的产品了，这次为了民21项目又专门开辟出一条新的生产线，按照与对待超英和飞天相同的标准来对待实翼……"

尹括继续补充，却被杨志打断："抱歉啊，打断一下。其实我觉得，他们与其另辟一条生产线，还不如就在超英和飞天的生产线上做，这两条生产线已经被超英和飞天的供应链管理与生产团队检验过很多次了，只要产能足够，完全没必要另辟。由于管理问题，新开一条线，反而会带来问题。"

尹括再次赞同杨志的看法，不过，他还是认为杨志把问题想简单了，"说的确实没错，但首先，超英和飞天不一定愿意他们多年的供应商管理成果被我们直接拿走；其次，民21是我们的大飞机，刘总肯定是充分重视的。所以，新开生产线是必然的，这是毕盛的姿态。"

"唉……有时候还是要这个面子啊……"杨志缓缓地点了点头，"在这一点上，毕盛这个体制赋予他们的太多了，导致有时候有些不堪重负。铁鸟的那些国外供应商们，感觉就没有这么多包袱，在他们看来，民21不过是他们众多项目中的一个。以这样的心态供货，反而能够按时做好。"

尹括这次倒不认同："国外供应商们的那种超脱心态，只不过是因为民21其实跟他们确实关系不大而已，即便民21失败，对于他们来说，只不过损失了一些业务收入，并没有其他影响。对于毕盛来说，民21虽然也只是他们众多业务中的一个，但大飞机项目几乎是毕盛人几代的梦想，现在也是我们实翼的梦想。当一个东西成为梦想的时候，压力必然大。"

杨志陷入了思考。对于他自己来说，做民21项目其实并没有这么强烈的圆梦感，但是他很理解尹括，知道他和他父亲的血液里都是航空梦。

对待民21项目的不同态度，不光存在于毕盛和国外供应商之间，就连毕盛内部、实翼内部的不同人士，对这个项目的渴望程度也不同。不过，所有人对于民21项目都有一个最基本的共同点：乐见其成。

"好了，杨总，说到铁鸟，目前进展如何？上次我向张总汇报时，他也很关注。年底能建好吗？眼见时间就要到了。"尹括决定不在无益的情绪当中纠缠。

"没问题，年底一定可以建成，现在其实已经差不多了。放心吧，张总只能容忍一次延误，这个我知道。"杨志胸有成竹道。

"那就好。说实话，我对机载系统，尤其是航电，以及适航取证，还是有些不放心，它们有可能会引起延误。所以，我希望你这边一定要守住阵地啊！"

杨志回应道："按理我是不应该插嘴的，毕竟这些都是你的管辖范围……"

"说什么呢，咱们都是一个团队，有问题你尽管提。"尹括鼓励杨志说出自己的看法。

"机载系统的问题是可以预料的，当初选择合资公司这个模式，就注定不会一路畅通，到目前为止的进度延误就是由机载系统引起的，而且肯定还会有。飞控、航电、机电、液压、起落架等，没一个容易啊，关键是它们又都很重要。"

"嗯，所以你有什么好的建议吗？"

"还真没有，我是说，走合资公司这个战略无疑是正确的，张总跟刘总两人还是很高瞻远瞩的，但是过程会很艰难。我觉得很多问题只能靠时间去解决，但我们又没有太多的时间。所以……我理解你，很伤脑筋吧？"

尹括摊了摊手："确实有点，唉……靳明和廖泉他们也很难啊。相比之下，李慕和文大勇就稍微轻松一点，毕竟是成熟供应商。还有，陈涵也不容易，适航取证是另外一个我所担心的问题……"

"说到陈涵……"杨志欲言又止。

"你有什么想法吗？"尹括问道。

"我觉得他的日本妻子可能是个隐患，我的意思不是说他会成为威胁，而是说，他可能会受到一些其他因素的干扰。你知道，他那个级别的干部，如果家属是外籍人士，可能会有影响……"

尹括觉得自己被点醒了："杨总，你这句话太有启发性了！我之前都没想到这一点。但是，这样还真是难办啊！"

于是，他把自己和张峰商量将陈涵提升为民21常务副总设计师的事情跟杨志说了："反正最终也要包括他之内的几个副总点头同意嘛，不如先沟通沟通。"

杨志也一拍大腿："是个好主意，适航取证的地位理应提高一些。但是，按照我刚才的想法，可能需要再斟酌一下。"

十三

"青面兽，有啥高见吗？"尹括笑道。他发现杨志并不如他的外表那样粗犷，相反，杨志能够从他未思考的角度给予他一些灵感。

"啥高见啊……"杨志摆摆手，"我也只能提出问题，解决方案还是没有。所以，这个时候是不能去向张总汇报的。"

显然，杨志也深知张峰的风格。

"确实是个矛盾啊！为了提高适航取证的地位，势必要给陈涵升职，而且他的能力与资历也配得上常务副总设计师的职位，但是，他的职位越高，就越有可能因为外籍家属的问题受影响。我们不能失去他……"

杨志认真地想了想，把头抬起来，又低下去，然后又抬起来，视线跃过尹括的肩膀望向远处。不久，视线慢慢聚焦，聚焦，他的眼神突然一亮。

"我想到一个方案，或许可行。"

"说！"尹括迫不及待。

"让陈涵跟着他的妻子加入日本籍，然后我们再以外国专家的身份聘他，这样，别说他是常务副总设计师，就算张峰愿意让他当常务副总，也没有关系了！"杨志说完，兴奋之余，突然发现自己说错了话，毕竟，尹括虽然没有被正式任命，可事实上一直被张峰当作常务副总。

不过，尹括显然被这个方案吸引住了，并未注意到他的后半句话："简直太绝妙了！杨总，你这个主意没准将拯救民21项目！"

实现这个方案只需要两步：第一步，陈涵加入日籍；第二步，尹括以外国专家身份将他重新引进。完成这两步在实翼都没有任何问题——实翼本来就有引入外国专家的机制。

尹括高兴地说："如果真成了，陈涵将是我们引进的最有价值的外籍专家！"

杨志倒是泼了一盆冷水："如果可行就赶紧操作吧，走完这个流程估计得好几个月吧，那时候详细设计阶段都到尾声了，如果适航在这段时间没有起到足够作用，有些问题就积重难返，甚至难以挽回了。"

"嗯，我马上去操作！"尹括下定决心，转而又有些无奈，"唉，明明是中国人，非要变国籍才能更好地为我们服务。"

当尹括将他与杨志讨论的这个想法汇报给张峰时，被后者当即喝止："你们两个很闲吗？讨论出这么个无聊的方案！"

尹括辩解道："不然我们可能会失去陈涵，虽然可能性很低，但结果却是致命的。"

沉默了良久，张峰吐出一句话："我们需要他，从现在开始的每一天都需要，所以，他不能改变国籍。如果真有无聊的人拿他老婆是日本人说事，我会尽全力保护他的。"

尹括呆呆地看着张峰，眼前这个人的眼中充满了坚毅，又透露出一丝隐隐的悲壮。

被尹括警告后，老实了一段时间的布尔又开始不安分了。

"收成，我不安地发现，我们还是花太多时间在实翼身上了，我们简直在围绕着他们转，而希杰内部的事情都还没有理顺。我来这里已经好几个月了，这个事实让我十分不安。"

张收成有一段时间没有听到布尔说这样的话了，他原以为可以顺利支持民21项目到年底，没想到在距离圣诞节还有三个月的时候，布尔又开始提及此事。

"特瑞，我理解你的想法。我们作为希杰管理层，公司治理当然是十分重要的，可是，你也要理解，实翼目前是我们唯一的客户，民21项目也是我们唯一的项目，对此，我们不管花多少精力都不为过。此前，实翼的尹总已经找过董事会与我们谈话了，上次他比较厚道，没有向更高层汇报，我认为我们应当保持这样的状态，不然客户会有意见。"

布尔不屑地说："收成，作为一名职业经理人，你要懂得坚持自己的原则，不要一受到客户和董事会的压力就屈服。对于职业经理人来说，内外平衡是最重要的，而现阶段，我认为希杰的内部管理更加重要。支持客户是有成本的，我们花了太多的人力和资金投入在实翼身上，这对我们的财务压力很大。"

"我也很坚持自己的原则，那就是客户至上，只不过你的原则跟我的不一样而已。"张收成心底嘀咕。

他决定继续跟布尔辩论："我们认为自己付出了很多，但实翼作为客户却认为我们支持得仍然不够，当我们的能力有限时，只能通过无可挑剔的支持态度去赢取客户的心。说到钱，我相信，董事会不一定批准我们把钱花在其他方面，但花在民21项目上，他们一定没意见。"

"不，不，不，"布尔摇头道，"就连你们的唐总等毕盛的董事们都对希杰的巨额成本有些不满了，他们经常在董事会上提及控制成本的事。"

布尔又拿董事会说事，这是他常用的一招，因为张收成不是董事会成员，有些消息他并不清楚。不过，张收成此时已经与曾泰走得很近，后者常常会将董事会上所讨论的信息与他交流，并让他在工作层面上保护好毕盛在希杰的利益。

"特瑞，你这话有些故意混淆概念了，有董事对我说，董事会所担心的并非是希杰乱花钱，而是担心希杰把钱花在与民21项目不相关的地方吧。"张收成反驳道。

十四

与前任博牧之一样，布尔也是一个很喜欢花钱装点希杰门面的总经理。而毕盛的董事们则认为，要先把自身能力建设上来，更好地服务实翼和民21项目才是正道，别整那些花里胡哨的空架子。

这次的争论并非仅仅在布尔和张收成之间，又上升到了董事会。唐文波坚决地站在张收成这边，但同继的董事们也无一例外地支持布尔。领导层的分歧自然影响到了工作团队，同继和毕盛给各自派遣的员工所下达的指令经常互相矛盾。白天凤和埃文斯作为项目总监和技术总监，在面对实翼的时候，有些心不在焉，无所适从。

原本已经进行得如火如荼的民21航电系统详细设计，因为希杰内部矛盾的缘故再度放慢了节奏。

"原本就已经有四个月的延迟了，我看你们前阵子表现还比较好，有可能将这个进度追回来，便没有往上报。可是，看你们最近的表现，明显要进一步拖延嘛！半年的延误都有可能了！"宋板桥向白天凤抗议。

每每与妻子沟通民21项目的进展，他都很没面子。杨琪那边，发动机供应商的进展一直在掌握之中，但航电却频频出问题。"干了民21项目后，我在家里的地位都下降了。"宋板桥抱怨道。

"你那算啥，我头发都要掉光了。"靳明觉得自己的副手简直是在无病呻吟。

白天凤是经验丰富的项目总监，自然不可能告诉宋板桥："对不起，我们公司高层的认识还没有统一，所以缺乏一个方向性指引。"

她只能说："越往下分析，我们越发现系统的复杂性超出了之前的预期，我们需要做更多的工作，同时，也有可能产生工程更改。"

这话有两层意思：第一层，承认希杰的能力有限，也表态会做更多的工作；第二层，则暗示实翼自己的顶层设计也存在问题，需求有可能变动，从而产生设计改变，即工程更改的可能性。而工程更改，供应商是有权向客户收费的。

实翼最怕的就是听到供应商说："这里可能有一个工程更改。"

每次听到这句话，他们就会下意识地摸摸口袋，生怕里面的钱不翼而飞。宋板桥无奈，只得向靳明汇报。

经过了过去几个月的纠缠，靳明已经不想再跟白天凤废话，所以直接给张收成打电话："张总，你们最近怎么又不给力了？"

原本不想再次将"家丑"外扬，但张收成心底一个声音突然冒了出来："告诉他，没准这次布尔就走人了。"

他顿了顿，用十分低沉的语气说道："没办法呀，我尽力了，但布尔又在内部捣乱……"

话还没说完，靳明就火了："这小子真是好了伤疤忘了疼！这次不把他做掉，我就走人！"

靳明挂了电话，张收成却又在患得患失了："这真是我希望看到的吗？为什么我会有一种不安的感觉呢？结果会不会比想象中更复杂？"

但是这次，他的预感并没有错。由于尹括恰好在各地考察机体结构件供应商，不在上海。靳明在征得他的同意之后，直接把这件事跨级汇报给了张峰。

张峰思考了良久，还是将这件事告知了刘人杰和特里普，这让毕盛和同继的一把手都有些吃惊："通知我们就为了这点小事？太小题大做了吧？"

不过，这也说明，实翼已经忍无可忍了。

于是，刘人杰和特里普同时往下指示，尽快解决这个问题。

当然，他们很默契地没有在指示中使用"将布尔撤职"这种确定性的话，而是让赵进军、里奇与希杰的董事会充分调查，给客户一个满意的答复。

经过调查，董事会依然无法达成一致，于是，意见又反馈至赵进军和里奇的那里，毕盛与同继各自表述。

毕盛认为：布尔严重影响了希杰与客户的关系，无法胜任总经理之职，建议革职。

同继认为：布尔是一名合格的职业经理人，他在无比复杂的环境当中兼顾内外，却不慎得罪了客户，建议再给他一次机会。

赵进军与里奇专门为此事通了电话。他们之前就得知了希杰管理层的分裂问题，但客户没有投诉到高层，而他们自己也很忙碌，便寄望于希杰可以自行解决。然而，事实证明他们错了。

两人决定不再将此事反映给刘人杰和特里普，否则必将影响他们自己在各自领导心中的印象。

国庆刚过，赵进军便亲自来到上海，宣布了一个消息：唐文波不再担任毕盛机载系统事业部总经理的职位，将被平调往直升机事业部担任总经理，毕盛上海的总经理曾泰将升任机载系统事业部总经理，同时兼任希杰公司董事长。

唐文波的调动，让所有事前不知情的人大吃一惊，在希杰内部掀起一阵风暴。

唐总虽然性格过于稳重，偏于保守，但也正是因为他的存在，毕盛在与同继合作到现在，在涉及金钱的问题上并没有吃亏。从合资合同谈判时他一直坚持估值砍价到最后，到现在与同继继续就希杰的各项花费进行争论，他是用自己过去数次不成功的国际合作经历筑成一道长城，试图保护毕盛的利益。赵总为何要在现在这个紧要关头将唐总调走呢？原来大家一致都认为唐总可能会接替他升任副总之位。

"曾总终于坐到了机载系统事业部总经理的位置，那他走后空缺的希杰董事之位，会是我的吗？"在得知这个消息后，张收成在心中反复思考，"只能会后找曾总打听打听了，正好顺便恭喜他如愿以偿。"

十五

正当希杰内部认为风暴已过的时候，里奇也后脚来到上海，与赵进军一起再次宣布了一条重磅消息：布尔被董事会免除希杰公司总经理之职。

关于这个变动，最广为传播的原因是，毕盛将唐文波调走，以更好的姿态与同继合作，作为回应，同继也将对毕盛经常口不择言和对实翼支持不足的布尔调走，双方重新摆明立场。

当然，这一切，都是赵进军和里奇所力推的，两人在分别向刘人杰和特里普汇报的时候，都轻描淡写地表示："经过一些人事调整，我们解决了希杰的问题，相信未来会走得更加稳健。"

"如果抛却个人情感因素，纯粹从客观角度看，他其实是一个专业的职业经理人，我在他身上学到了不少东西。最重要的是，我可以跟他当面争吵，就事论事，两人都不借题发挥，吵完之后还能继续保持良好的合作关系。这很不容易。"张收成如此评价布尔，"他的问题，可能已经由他的名字决定了吧，布尔，Bull，像一头公牛一样好斗，但毕盛与同继的合作不需要公牛，需要的是和平鸽。"

曾泰即将离开上海，赴京履新。他多年的努力终于见到了成效，在与柯秦渝的竞争中胜出，成功接任唐文波的机载系统事业部总经理之职。

动身之前的一个下午，他的手机响起，当他看到来电显示的名字时，笑道："我还以为你不会找我了……"

"曾总，恭喜恭喜，前段时间真太忙了，都没能恭喜你。我这副总经理也是够倒霉的，隔一阵子就得一人干两人的活。"电话里的张收成，努力让自己听上去轻松与愉快一点。其实，他的心中很紧张，毕竟，曾泰是他实现此前李慕植入他心中那个目标的关键人物。

对于曾泰来说，他也无法忽视整个过程中张收成所给予的支持。毕竟，张收成干了太多具体的事情，解除了他的后顾之忧。于是，他调侃道："或许，这说明你需要变成总经理吧。"

张收成使劲抑制住心中的激动，让自己的语气听上去依然很平稳，"曾总说笑了。啥时候离开上海？能不能赏脸让我给你践行？"

"好啊，择日不如撞日，要不就今晚吧。"

说是吃饭的地点，不如说是一间茶室。

这间茶室位于延安路高架边的一条小路上，闹中取静，里面没有大厅，全是一间间包房，方便谈事。

曾泰点了工夫茶和一些小食。"怎么样？小张，晚上咱们主要聊天，东西就随便吃点吧。我最近胃口不太好。"

"没问题。"张收成求之不得，人到中年之后，必须要严格控制饮食。

"小张，布尔离开了，你有什么想法没有？"曾泰不再废话，他希望自己去北京之前能够了解张收成的真实想法。他认为张收成一定有更进一步的想法，也乐见其成，但他需要明确这一点。

"不瞒你说，布尔走后他的位置空缺，而同继不可能很快能够找到合适的继任者，三个月之后又轮到我们派遣总经理了，我在想……"

张收成正在思考要如何组织语言把自己的意图说出来的时候，曾泰已经完全明白了："小张，我们都觉得你会是很不错的继任人选，但是，合资合同有规定，不到2014年1月，你也没法去当那个总经理。所以，我的想法是，先让你兼任总经理至2014年1月，到那个时候再给你转正，这样同继那边的阻力也会相对较小。"

张收成十分惊喜，因为不用他自己说，曾泰就把他的意思完整表达了出来。而且毕盛的领导层显然已经考虑过这个问题，并认同他的表现。

与此同时，他瞬间想到了一个问题，于是马上向曾泰提了出来，"曾总，如果真是那样，从2014年1月开始，董事长就需要由同继指派了，那……"

"挺好啊，就让他们指派董事长好了，这样省得我去管希杰，反倒可以专心顾及机载系统事业部的事情。我也不太想跟外国人搅在一块儿，这点我倒是跟唐文波一致。"曾泰早就有所准备。

问到这里，张收成心里的石头完全落了地，他也开始轻松起来："那曾总就要长期忍受北京的天气，回上海都没借口啦！"

"那要看你到时候让不让我省心了。把希杰管好，同继那边有任何不合理的要求都要断然拒绝。"曾泰笑道。

十六

"终于见到全貌了。"杨志满意地望着脚下搭建完毕的铁鸟试验台，一阵欣喜，偌大的总装厂房终于不再空旷。

搭建这样一个大型工程，并不比将飞机的各部分机体结构件拼接起来轻松多少。

所谓铁鸟，顾名思义，就是一个由金属搭建而成的巨型"大鸟"，有身躯，有翅膀。它的作用在于模拟飞机的结构，飞机的飞控、液压等机载系统，以及整个线缆的分布，都会在铁鸟台上进行充分测试之后才装上飞机。可以说，它是飞机从纸面设计图上走下来，最终变成威风凛凛的实物之前必不可少的阶段。

随着各大系统的详细设计阶段深入开展，总设计师们都把眼光投往杨志身上："铁鸟什么时候可以用？我们很快就需要了。"

张峰也很关注铁鸟的进展，所以当几个月前他从尹括处得知建成时间要推迟到年底时，皱了皱眉头。

"好在终于在年底搞定了，不然我又要被张总骂。"杨志回忆起这几个月的加班加点，无比感慨。

由于铁鸟的组件来自世界各地，国内外供应商加起来超过50家，有些提供的仅是某种特定型号的铜缆，或者是将不同部位交联起来的连接件，东西虽小，却不可缺少。因此，只要其中有一两家供应商出现交付延迟，就会影响整个铁鸟台的搭建。

在最后的一个月，杨志与他的团队几乎每天都在催促供应商尽快交货。好在现在终于完成了。

张峰十分高兴地表扬了杨志："通往总装与首飞的桥梁竣工了。"

几乎同时，张思樱也代表尹括向实翼全体员工宣布了陈涵被提拔为民21项目常务副总设计师。他依然向尹括汇报，但是级别比各大子系统的总设计师要高半级。

对此，李慕表示支持，但靳明和文大勇有点牢骚，尤其是靳明："我的航电进展本来就在拖后腿，现在陈涵还老过来指手画脚，岂不是更加添乱？"

尹括在内部会议上，十分严肃地向他的各大副手们要求："一定要服从陈总和他的适航团队的规定与要求，严格遵守我们与民航局达成一致的适航路线与计划。"

随后，他补充道："这也是为大家着想，你们也都不希望费了九牛二虎之力把飞机造出来，最后发现很多地方不符合适航要求，又要回去返工吧？这样的话，一辈子真就废掉了啊！"

到了年底，尹括意识到，民21项目又出现了至少半年的延迟。虽然铁鸟咬住了时间节点，没有进一步延误，陈涵的地位也得到了提高，有利于适航取证工作更加顺利地推行，但从设计本身来看，确实依然有很多难以定夺的复杂因素。

他和他的团队都清楚，详细设计阶段必须尽最大可能减少错误，否则到了全面试制阶段，一个错误都将严重耽误进度和增加成本。

"航电系统各个链路的延时过长问题依然没能解决。"

"飞控系统的控制律也还有一些难点未能攻克。"

"水处理和废水系统的设计有点缺陷，需要立刻改进。"

"涡扇3发动机的研制进展受到供应商人力资源紧张影响，出现了三个月的延迟。"

如果说这些问题都是业已存在的顽疾，尹括并不奇怪，毕竟飞机设计到最后还是要看技术储备与经验的，这一点不是仅靠CPT这样的组织方式创新就能弥补的。

文大勇那边带来的消息则让尹括意识到了事态的严重性。

"毕盛沈阳报告说他们的首批尾翼试制样件因为我们的需求当中工艺流程存在问题，制造出来后没能满足之前的需求指标，需要我们更改工艺流程。"

尹括十分生气："这么说是我们的问题？"

文大勇自知犯错，小声答道："恐怕是的，尹总。"

"有没有调查原因？为何我们的工艺流程存在问题？"

尹括其实自己也知道答案。当他还在十厂的时候，就知道民10项目积累起来的那一批机体结构工艺流程的人才流失严重。这个领域与机载系统不同，需要很强的实战经验，实翼成立后匆匆招聘的新人显然不可能立刻弥补这个巨大的缺口。

文大勇无奈道："我跟杨总讨论过很多次，确实是因为目前我们的水平不够。"

机体结构件将是最先制造出来并且交付给杨志的总装中心的，所以文大勇与杨志的交流十分密切。

尹括对此有些不满意，因为文大勇与杨志的沟通，他并不清楚。在他看来，这件事多少要跟自己打声招呼，毕竟自己跟杨志是一个级别。

"文大勇这小子，还是考虑不周。"尹括摇了摇头。此前，他从郑立人处得知了文大勇在详细设计阶段之初瞒着自己去向郑立人求助的事情。

"犯了两次错了，我再给你一次机会。"心底打定了这个主意之后，尹括问文大勇："我知道我们的积累确实不足，那你有什么解决办法吗？杨总有没有给过你建议？"

文大勇听出了尹括语气当中的不悦，更加小心翼翼："我们目前在加班加点改进工艺流程，争取能够尽快交给毕盛沈阳，让他们重新试制，以免耽误进度。"

"不要尽快，要在今年年底之前就完成！"尹括冲动地下达命令，音调高了八度。

文大勇被震得说不出话来，只能低声回答："是。"

会场上，包括刚刚确认升职的陈涵，大家都是一阵沉默，尹括还很少在会场上如此失态。

十七

新年将至，阳光明媚的下午。与前两年相比，今年的上海可以算是暖冬。

位于思南公馆的一处茶馆，正是开门迎客的好时分。门外不远便是思南路，历史悠久，路的两边有不少古色古香的建筑和设计精良的小店，用上海话来说，就是"有腔调"。

10度左右的气温，让客人只要穿着稍微厚一点的外套，就可以坐在门外，一边沐浴阳光，一边品茶。

此刻，一个身材匀称、穿着得体的男人正靠着椅背。他人近中年，五官却依然标致，看不出太多岁月的痕迹，面色红润，眼光精干。桌上摆着一壶锡兰红茶，茶壶下还有一个小火炉，这个男人并没有急着倒茶，桌上放着的两个茶杯还空着。

他时不时地看着手表，时针已经过了两点，分针指向了十分的位置，显然他等待的人迟到了。

不久，一个瘦瘦的男人风尘仆仆地冲了过来，两人年纪相仿，但瘦男人一手扶着深度眼镜，生怕自己把它抖下来。

"小成，你又迟到了。"李慕笑吟吟地说。

"抱歉，抱歉，刚把贝贝哄睡，今天贾南临时加班，所以只能我哄她睡觉了。好在贾南刚才回家了，不然我今天啥时候能过来还不知道。"

"来不了也没关系，我就再点几份贵的点心，吃一个下午，然后叫你来买单。"

他们已经认识了三十多年，彼此之间无所禁忌。

张收成坐下，稍微缓了缓，把茶倒上，然后递给李慕一根烟："又有一阵没见了，你明天就出国度假吗？张峰又提前一天全体放假啊？"

李慕接过烟，自己点燃，吐了一口："什么呀，现在民21项目的进展很成问题，没法放假了，我这是自己休假。发动机这边的问题还可控，我让杨琪盯着就好了，我对她绝对放心。而且，尹括也批准了。"

"果然如此啊，我们早就猜测到了，希杰的很多工程师告诉我航电系统的问题依旧很大。"张收成对此并不意外。

"你们还在拖后腿呢。"李慕笑道。

"这些问题哪是一时半会儿解决得了的？只不过那个布尔走了之后，目前整个董事会比较团结，不管是毕盛，还是同继，都把对民21的支持放在第一位，至少态度上很好。这样我的工作也会轻松一些，不像之前，要将一大半精力放在内部斗争上。"

"是吗？难怪尹括最近脾气很差呢，上次开会就把文大勇给骂了一顿。以前他很少这样的，现在反而更像张峰了。"李慕若有所思。

"看来靳明的头发要更少了。"他又开了一句玩笑。自从那次在停车场遇到靳明之后，他才注意到靳明的头发，之后每见一次，感觉都略微稀疏了一些。

"没办法，他们的压力比我们要大得多，毕竟民21项目做不好，他们是直接责任人。之前已经公开宣布过一次进度延误了，现在看来，估计又得宣布一次，不然这延误兜不住了。"

李慕倒是无所谓："宣布就宣布呗，实事求是最好，这样客户也会放心一些。你总得时不时告诉客户你的进度，如果真延误了，也可以提前让客户知道，让他们做出相应的调整。这也是对客户负责。"

"你是说，涡扇3也延误了？"张收成举一反三。

"你要不要这么聪明？"李慕骂道，"不过我还好，发动机总体还是可控的。"

"这么说，首飞得到2015年年底了吧。"张收成判断道。

李慕摆了摆手："虽然身为实翼的员工，我不应该这么说，但是我还是认为，2015年要是能首飞就是万幸了。我个人估计要到2016年。"

"比原计划整整推后两年？"张收成惊异道。

"你可以推算嘛，之前计划详细设计阶段今天结束的，现在看来，怎么也得延误半年，就算明年6月结束了，还有试制阶段，总装下线，机上测试，这三个阶段加起来不得至少一年半啊？"

"作为民21项目的发动机总设计师，你这样好吗？"

"跟你我不玩虚的。"

"那好，我也不跟你玩虚的。作为朋友，有件事情我得劝你。"张收成考虑了一下，还是决定把话说出来。

"哦？"李慕有些意外，"我做了什么让你忧心的事情了？"

"是的，我跟贾南上次还特意讨论过一次。我俩都认为，你跟罗晓慧得尽快定下来，要个孩子，你们都不小了。"

李慕原以为跟工作相关，没想到张收成说的是这个。"哈哈，你怎么跟我爸妈一样了？我还以为是啥重要的事呢。"

张收成正色道："这难道不重要吗？你跟罗晓慧都是人中龙凤，不结婚生子简直是对基因的浪费。"

"好了，喝茶，喝茶。"李慕并不想就这个话题继续讨论下去，"我跟我父母已经早就把这个问题谈透了，没想到你还来这一出。你又不是不知道，罗晓慧跟我都是不婚族，我们就这样不是也挺好吗？又没妨碍谁。"

"我是作为朋友，觉得你们今后可能会后悔的。"张收成不依不饶道。

"打住，你再说我就要翻脸了啊！"李慕警告道，"我只不过想走自己的路，难道有什么错吗？"

张收成无奈道："那好吧，不提这个了。以后我再也不提了。"

李慕笑道："这还差不多，我们求同存异嘛。"

但是，张收成的出发点与其他人或许都不同，从三十年前开始，他就一直认为李慕是一个非常独特的人，这样的人如果没有子嗣，在他看来，就是一种浪费。

十八

两人各自喝了口茶，静静地坐着，阳光懒洋洋地洒在他们身上。他们彼此都没有说话，却不觉得尴尬，这才是好朋友的标准。

李慕并不知道张收成提及这件事情仅仅是基于"浪费基因"的角度，而认为好友与很多亲戚朋友一样，是希望他"走一条常人都走的路"。他认为有必要跟张收成好好交流交流，当然，不是拿自己做案例，而是想广泛地讨论"世界上的可能性不只有一种"。

"不讨论我的问题，我们还是拿民21项目和实翼来做例子吧。"两人安静一阵之后，李慕打破了沉默。

"好啊，我们都很熟悉。"张收成喜欢与李慕聊天，因为每次都有些新鲜的收获。

"假设一下，如果民21项目是华为来做，会怎么样？进度会比目前快还是慢？"李慕抛出了问题。

"华为？那进度自然比实翼来做要慢啊！华为虽然有一支很强的队伍，但他们没有航空专业背景，做做航电或许还行，发动机、飞控等其他系统就有很大问题。"

"你显然没有把思路放得足够开阔。假如实翼的员工全部到华为，采用华为的机制来开展民21项目呢？"

张收成这才醒悟过来："你是说，假如由民企或者私企来做大飞机项目，结果会与实翼这样的国企来做有不同，对吗？假设外部和内部条件都一样，比如投入一样，员工一样，区别仅仅在于企业的组织性质与股权所属。"

"没错。我们从几十年前开始，就先入为主地认为，像大飞机项目这样的大工程，一定要由国企来做，就如我们都认为，所有人都要结婚生子一样。"李慕点评道，"但是，我们忽视了一点，超英是私人企业，飞天也是私人企业，当然，政府在飞天里有一定股份。为什么在国外别人可以靠私人企业造飞机，我们却非要靠国企？"

"也不是认为大飞机项目一定要国企来做，但是这几千个亿的投资，私人企业谁有这个意愿啊？"张收成并不认为李慕的话站得住脚。

"罗晓慧的看法跟你一样，不过，我当初没有跟她深入探讨这个问题。今天下午咱哥俩可以好好聊聊。"

"好，奉陪到底。"

"当初国家投入几千个亿上大飞机项目之前，一定是做了可行性论证的，而其公开的论证结果是，从战略性和经济性的角度考虑，一定要上。毕竟这些钱全是纳税人的钱，不能乱花。"

"没错，战略性不言而喻了吧，大飞机是国之重器，我们无论怎样也要有的。而在经济性上，中国已经是世界第二大民航市场了，看看超英和飞天争先恐后地来卖飞机那架势吧。"

李慕听完张收成的解读，笑着问道："既然有如此高的战略价值和经济价值，为何你刚才说私人企业没有这个意愿投资去做呢？你我都知道，资本是最逐利的。"

张收成一时语塞，但马上反应过来："好吧，我的意思是，大飞机虽然有这些价值，但它变现和实现收益的周期太长，动辄十年二十年，还很有可能失败，血本无归，风险巨大。哪家私人资本愿意去冒这个风险？"

"既然风险这么大，那国家拿着纳税人的钱去做这件事情，是不是也太不负责任了？"

张收成不甘心："原本国家和政府的眼光就要比私人企业更远嘛，私人资本更多只看眼前和三五年的收益。"

"是吗？可是你看看世界上很多知名企业，别的不说，就说让你这几年心力交瘁的同继吧，人家可是19世纪就成立了，比这个世界上很多国家的历史还悠久。"李慕提到"心力交瘁"时，忍不住一笑。

"好吧好吧，说不过你，你难道想从实翼辞职，自己去造飞机吗？虽然你有点钱，但造个飞机还差得远吧。真是不造飞机不知道自己没钱啊！"张收成知道自己说不过，便开起了李慕的玩笑。

"那倒不是，半途而废可不是我的风格，怎么也得等民21飞上天了，我再去造飞机跟它竞争嘛。"李慕摇了摇头，顺着张收成的话调侃。

然后，他顿了顿，将烟摁在烟灰缸里灭掉，然后喝了一口茶："我总觉得，真实的情况可能是：要么，中国的民航市场，或者说，民21飞机的市场并不像我们所预想的那么乐观，不光有强大的超英和飞天以逸待劳，还有我们自己的高铁的竞争——别忘了，一个行业的颠覆往往不是来自于内部竞争，很多时候都源于外来者。要么，我们国家对于民营资本参与航空业还有很多限制，所以，他们不是不想，而是不能参与进来。"

"好了，你操的心实在太多了……"张收成给李慕把茶杯添满，"我觉得你需要被拉回现实，民21的发动机明年之内能交付吗？"

果然，只有谈具体的工作可以让李慕把思绪收回来。

"肯定能交！放心，涡扇3虽然有些延误，但肯定比你们航电要好。"李慕决定挤对挤对张收成。

张收成竟然无言以对。

由于详细设计阶段已经让希杰疲于应付，布尔走人之后的这几个月，从董事会以降都统一了认识，以全公司加上毕盛和同继两家母公司之力全力支持民21项目，但航电系统的复杂性依然超出了他们和实翼的预期。目前还有系统延迟等几个关键问题未能解决，进度已经延误。

张收成相信这些设计阶段的问题一定可以解决，但关键是在后续的几个阶段，都对经验要求更高，因为涉及整个飞机层面的测试与验证，光靠努力是很难弥补差距的。

见张收成不说话，李慕知道自己戳到了他的痛处，于是就转移了话题。

"好了，不揭你伤疤了。你那总经理之位最后定了没？上次你说曾泰已经找你谈话了。"

这倒不是一个难以回答的问题。

"差不多了，元旦之后董事会就要宣布了，毕盛和同继那边都同意我担任希杰的总经理，同时进入董事会。曾总则卸任董事长，那边的阿伦·盖伊继任董事长。"

李慕一拍大腿："恭喜啊！你看我当初说什么了？终于实现了吧！"然后他也将张收成的茶杯添满，"赶紧给张总把茶满上。"

"你就别装腔作势了啊，你也是帮凶。我现在是被架在火山口上，如果民21项目不能成功，我也可以走人了。其实一直当个副总经理也挺好，最终不是我负责任，收入也不错。"

"好了，你可千万别这么想，我们实翼还指着希杰的强力支持呢。你成为总经理，我还是很开心的，我相信尹括要是知道了，也一样。我建议你下周宣布之后就第一时间告诉他吧。"

"真的吗？你还真是想在实翼继续好好干啊？我还以为你心思又活起来，想干点儿别的了。"张收成似笑非笑。

李慕倒没有开玩笑："刚才不是说过了吗？就算要干别的，也会等到民21飞上天。我思考的那些东西都是个人见解而已，不强求别人接受。但是，这个民21项目可不一样，它可是中国梦啊！"

十九

2014年希杰的第一次全体员工大会在元旦后不久召开，对于张收成来说，这是他正式"加冕"希杰公司总经理的时刻。

曾泰在代表董事会做了简单的新年致辞之后，向全体希杰员工宣布：董事会按照合资合同精神，经过认真讨论，一致决定任命张收成为希杰公司总经理，不再仅仅代行该职。同时，他自己也将卸任董事长，由同继航空事业部中国区总经理阿伦·盖伊接任。

此时的张收成，坐在第一排的中央，他仰视着台上的曾泰，脑海中一下浮现出此前若干次全体员工大会的场景：最初是博牧之在上面慷慨激昂，然后是布尔的冷静陈词，唐文波也曾在上面发表新年致辞……短短三年间，真是"你方唱罢我登场"。而坐在他身后二十几排的希杰员工们，与三年前的构成相比，也有了很大的变化。

他屏了屏气，尽量控制自己的情绪，虽然自己也曾经在上面发言过，但这次显然与以往不同。在六年前加入毕盛和同继的合资项目时，他未曾想到过自己会有朝一日成为这家合资公司的总经理；三年前当合资合同终于签订的时候，他还在为自己是否能成功获得希杰的副总经理之位而忐忑不安。

再次面对台下数百名员工，张收成无法看到他们每个人的眼神，但他能够感觉到，在其中一定会有一些期待，哪怕是一丁点，"带来一些不同吧，让我们变得更好"。

在礼节性的掌声平息之后，张收成开始了他的演讲，为了做好这次讲话，他已经准备了好几天。

"各位同事，大家新年好。十分感谢曾泰董事长和希杰公司董事会的信任，让我担起整个希杰公司的重任。也非常感谢大家在过去几年对我工作的充分支持，在新的岗位上，我会全力以赴，争取不负众望。

"古希腊有哲言'认识你自己'，是的，我们需要首先认识自己。在过去的几天，我常常在想，我们希杰是一家怎样的公司呢？我觉得是三个字：'富二代'。"

说到这里，底下传来一阵笑声。

"为什么我说希杰是富二代呢？因为它的母公司毕盛和同继都是行业内的巨头，在出生的时候就拥有数亿美元资产，不是富二代还能是什么？那么，富二代常见的毛病有哪些呢？我认为最突出的有两个……

"第一，会产生'父辈很有钱，所以也我很有钱'的错觉；第二，以为自己可以在父辈的基础上坐吃山空，但是不管多有钱，多牛，都只是父辈的，不是他自己的。所以，要想真正获得自己的成就与社会的认可，必须要自强，只有能力与金钱匹配的富二代，才可能真正有出息。

"目前，我们希杰就是一个缺乏能力的富二代，我们的当务之急就是以创业的姿态建设自己的能力，而不是无谓地花钱炫富。能力是1，金钱是1后面的0，没有能力，有再多金钱也没有用。"

张收成用了一个富二代的比喻，将全场的注意力全部吸引过来。他的语言十分接地气，与博牧之和布尔都有较大的区别。此前，在作为副总经理讲话时，由于重点都放在民21项目相关的业务进展上，他的这个特点并未明显体现出来。

对于饱受内部斗争和人员变动之苦的希杰员工来说，这样的风格显然更加容易获得他们的共鸣。他们不需要大话空话，不需要虚情假意，而是需要真正的实干家来带领他们前进。

此后，张收成的讲话集中在了希杰员工十分关心的待遇、团队建设和能力建设之上。在结束之前他还简单介绍了民21项目的进展。

在他讲话结束后，会场响起了久违的响亮掌声。

或许是因为张收成的运气不错，在他上任后的几个月，希杰的内部气氛从之前的那种分裂与焦虑开始变得越来越凝聚。最明显的佐证便是：尽管董事会和管理层的变动很大，但民21项目的工作却没有耽误，这跟此前布尔在任时相比，要好太多了。就连几乎从没说过希杰好话的靳明，也在

6月的供应商大会上，公开表扬了希杰，并且颁发给希杰"进步最快供应商"的奖项。

张收成不禁感慨道："经历了这么多次变故之后，我们总算有了一个以干实事为主要任务的管理层。"

对于他的感慨，李慕最清楚。

在两人的私下交流中，他坦言刚上任的时候压力非常大。他的前两任都是标准的职业经理人，有着几乎完美的履历，也确实具备超强的个人能力，却在希杰一败涂地。经过总结，他发现希杰虽然是一家合资公司，也打算按照同继的流程去建设，但其中的员工绝大多数是中国人，而且，本地化的趋势必将越来越明显。从节约成本的角度，同继外派的美国员工迟早要回去，他们不可能真正在中国扎根。因此，希杰从文化根基上来看，还是一家中国公司，而且是一家初创的、没有太多核心竞争力的公司，除了钱，几乎什么都没有。

此前的博牧之也好，布尔也罢，都具备在大企业纵横捭阖的经验，在他们看来，希杰由于有毕盛和同继这样的大家长支持，也应该走成熟企业和大企业路线，所以，一个特别重视门面工程，一个特别关注企业建设。但是，事实证明，对于现阶段的希杰来说，民21项目这个唯一并且根本的业务才是最重要的，如果总经理都不直接负责这个业务，公司管理层对这个业务不给予足够的重视，那希杰迟早会成为没有客户信任、只靠母公司输血的僵尸公司。

"所以，我对希杰的定位就是：一家初创的中国公司，现阶段要以民21这个唯一的业务为主，通过业务锻炼自身能力，在民21项目研发阶段临近结束的时候具备核心航电系统的研发与适航取证等完整能力。在这个过程当中，适时进行市场推广、新客户开发和内部流程完善工作。"张收成总结道。

此时的张收成，已经不再是当初那个青涩的农村小子，他已具备了掌管这家关系错综复杂的初创合资公司的素质。

二十

相比张收成的春风得意，尹括从去年年底以来就一直郁郁寡欢。进入新一年的春天，他的心情也未好起来。

"项目肯定又要延误一年，得向张总汇报，这次没准还得公开宣布。"尹括一边低头沉思，一边往张峰的办公室走去。

当他心中正为项目进度的延误而烦乱时，文大勇气喘呼呼地从远处跑过来，边跑边喊："尹总，能耽误您两分钟时间吗？我有事情向您汇报！"

"还是那么不稳重啊……"尹括皱了皱眉头，招呼文大勇去办公室谈。

进门后，尹括便说："如果是坏消息，就先出去待一会儿，等我情绪稳定了再进来。"

见文大勇有些愕然，尹括挤出一丝笑容："大勇，说吧，啥事情？"

他觉得自己刚才有点儿失态，于是立刻调整过来。

"还好我带来的是好消息。尹总，毕盛那边好几家单位刚才都陆续告诉我，今年之内可以将机体结构件的试制件交付过来，机头、中部机身、尾翼什么的，都能送到杨总那儿准备总装。"文大勇表示自己并不是只乌鸦。

"这确实是好消息，如果年底能到一些机体结构件，开始在杨志那儿总装，可以给整个实翼一次精神的振奋，也可以好好宣传，让公众看到民21的进展。现在大家有些意志消沉啊！"尹括想到。

但是他却没法十分开心。毕竟，水桶的装水容量取决于最短的木板，而民21的短板显然不是机体结构件。那些机载系统的进度和发动机供应商的强硬，都让他很头疼。

见尹括只是淡淡地点了点头，文大勇有些怏然，为了活跃一下气氛，他赶紧转移话题："尹总，今天的大新闻你看了没有？马来西亚航空一架超英飞机从吉隆坡飞北京，结果半路就失去联络了，到现在都没找到。"

果然，尹括对这个新闻的反应反而更大："什么？什么时候的事？"

他对航空事故十分敏感，同时也包括国产的高铁，因为每次一出事，公众也好，媒体也罢，一定会把质疑引到民21身上，颇有点"城门失火，殃及池鱼"的意味。

"今天清晨的事情，到现在还没动静，也没降落北京，估计已经出事了。"见尹括居然不知道，文大勇也有些吃惊，不过他没有把这种情绪表达出来，显然尹括今天心情不好。

"唉……"尹括叹了口气，刚才被机体结构件的好消息稍微点亮一点的心情又黯淡了下去。

叹气之后，尹括并没有接着说话，而是眼神呆呆地坐在那儿，思绪仿佛不在这间办公室里。

文大勇见状，觉得自己不宜久留，便说道："尹总，您是不是太劳累了？在办公室休息一会儿吧，注意身体啊！我先走了。"

尹括点点头，示意他走的时候把门关上。

尹括无力地靠在椅子上，觉得自己最近实在太背了："简直没有一件好事啊……"

他用力地去回忆，确定自己应该没有熟人和朋友在这架倒霉的马航飞机上之后，稍微放松了一点儿，眼光无意中撒到桌上的日历，突然看到3月和4月的页面上都贴着一张黄色的便笺纸，上面是自己的笔迹："莫忘，5月民航局专家视察！"

他一下子打起了精神，连忙将日历往后翻了两页，果然，第三个周六那里被他画了一个大大的红圈。

"好险，差点都忘记了，最近实在太混乱了……"尹括出了一身冷汗，"还好看到了，得赶紧准备。"

二十一

机体结构件的供应商们表示2014年年底之前可以将各自负责的部件分别交付给实翼。

发动机方面，涡扇3的研制又碰到一些问题，同继正在加班加点解决，李慕和实翼发动机CPT团队也在紧锣密鼓地与他们研究讨论解决方案。

机载系统方面，航电和飞控的老问题依旧没有完全解决，详细设计阶段完成的时间又往后推了。

机电、液压、起落架等系统则遇到了新问题，详细设计阶段的进度也受到了影响。

"……基于现状，我认为，应该正式宣布民21项目的延迟。"在与杨志、郑立人等实翼民21业务相关的副总进行讨论时，尹括建议道。

"我同意！"杨志很爽快地表示支持。机体结构件能够按时抵达他的总装厂房，让他很安心，而铁鸟台测试必须等机载系统都准备好了才能进行，延误是一定的了。

郑立人倒有些犹豫："我们成立CPT团队以来，供应商管理比以前进步了不少，这个关头告诉他们，'对不起，项目又延误了'，会不会动摇我们好不容易树立起来的威信？"

"我们已经捂了好一阵，供应商们也基本意识到了进度上的问题，只不过他们就像面对'皇帝的新衣'，不好意思说出来罢了。"尹括对此不以为然，"为了面子硬充能干，反而会被供应商们鄙视吧。"

郑立人没有说话。

尹括见状，继续说服他："而且，我们面对的不光是供应商，还有已经下了订单的几百家客户，我们需要实诚地告诉客户们飞机的进展，不然会影响客户对我们的信任和他们自身的运营计划。这个后果十分严重。"

一搬出客户，郑立人就没辙了，供应链虽然在面对供应商的时候是甲方，但在实翼内部，他其实是乙方，一切都要为实翼的客户——真正的甲方服务。

航空公司对于飞机引进和机队的安排都是提前做计划的，如果不能及时告知客户飞机的真实研制与交付时间表，将会影响客户的判断，给他们造成难以估量的经济损失。比如，某客户预计民21飞机2018年就能取证交付，于是做了对应的运力安排，而当临近交付日期时却告知他们飞机延迟两年才能交付，他们就得修改运力计划，或者调配其他飞机来填补民21飞机的缺口。

一旦让客户陷入这样的两难境地，实翼将没有可能再一次赢回他们。毕竟实翼不是超英和飞天，作为新成立的主机厂商，起步阶段一点差错都不能出现。

"实翼公司再次宣布，民21飞机的研制进度将进一步推迟，目前详细设计阶段预计推迟到2014年9月结束，总装下线推迟到2015年年底，首飞则推迟到2016年年底。"

类似这样的新闻开始传遍各大媒体和互联网。

"现在的消息传播得真快。"李慕无奈地摇了摇头。这几年，微博、微信等社交软件的兴起，使得信息的传播简直是"忽如一夜春风来，千树万树梨花开"。

"我们又要被千夫所指了吧……"李慕将身子使劲地仰过去，靠在椅背上，舒缓一下因久坐而有些酸疼的腰。

他把目光从电脑屏幕上移开，那里是一份来自杨琪的最新进展汇报。

"看到今天我们发的新闻了吗？"他给张收成通了个电话，后者刚刚在办公桌上吃完了一顿工作午餐。

"看到了，此前大家都在传，你们也算是敢于面对惨淡的现实呀！我下午就要召集埃文斯和白天凤他们开个会，讨论讨论。"张收成答道。

"哟，你这总经理亲自抓业务啊。"

"多新鲜？我不是一直都挺注重民21项目的吗？我对实翼的忠心支持可是天地可鉴。我们希杰已经全负荷运转好几个月了，为了给你们赶进度。我现在每天的午餐也都是一个三明治就一杯咖啡解决问题，我原来哪吃得惯这个？你们西方人的玩意儿。"张收成抹了抹嘴。

"什么叫我们西方人？"

"你不是去英国喝过洋墨水吗？"

"好了，知道你们辛苦，不过这还不是因为能力不足吗？靳明现在对你们也死心了，反而脾气好了一些。他现在像个开采石油的磕头机一样，天天在实翼的航电团队里反复地'内部挖潜'，反而常说你们的态度是航电供应商里最好的。"李慕给好友带来了一些情报。

"哦？那就好，我们的努力也没有白费啊！"

"不过话说回来，你也要注意身体啊。我这些日子光是盯着涡扇3的进度，都觉得有些吃紧，连陪罗晓慧的时间都没有了。"

"呵呵，还跟罗晓慧在一块呢？看来还是让你忙点儿好，省得一天到晚到处拈花惹草。"张收成有些吃惊，以前李慕从未跟一个女人在一起这么长时间。

"我这次是认真的好吗？你的副总不是已经到位了吗？有些事情还是可以让他分担的，我这里要不是有杨琪的支持，估计我已经殉职了。"李慕依然好心建议张收成注意身体。

"同继这次派了个女的过来当副总，此前是航空事业部中国区的副总经理……"

张收成的话还没说完，李慕便插嘴道："是不是叫顾菁？我知道，当年在发动机业务上做得很好，我在沙展的时候没少跟她竞争！"

"航空这个圈子真是很小啊，就是她！"张收成感慨，"她的发动机背景很强，但对航电不甚了解，所以我现在主要让她负责流程建设和一些必要的资质申请工作，民21项目还是我亲自来抓。"

"确实很小，就这么几家主要的公司嘛。希望过几年再崛起一家实翼和一家希杰。"李慕笑道。

"不是正在崛起吗？"张收成表示。

"现在还很难说，民21项目的进度又推迟了。如果真的到2016年年底才能首飞，等拿到适航证估计就要2018年往后了。那时候，超英和飞天的下一代飞机都已经推向市场了，民21原本预计的竞争优势，除了价格，估计都将消失殆尽。"李慕分析道。

张收成默不作声。

是的，如果民21飞机能按照原计划在2016年就推向市场，那么面对的竞争对手还只是现在的超英8系列和飞天T级，在燃油效率、客舱空间等技术指标上都有一定的优势，再加上价格上的一定优惠，将会获得一个宝贵而短暂的市场扩张时间窗口。可现在看来，这个窗口是要关上了。

李慕接着说："所以，除非民21项目真能成功，才能说实翼与希杰都崛起了。不过……随着项目的进一步延迟，现在整个实翼内部都有些士气低落啊！"

"没事的，会好起来的。造一架飞机没那么容易，也没什么好低落的。如果真像搭积木一样，不是早就搞定了吗？"张收成安慰道。

二十二

"媒体真是没下限！谁说我们项目黄了！"

4月初，尹括正在办公室埋头研究廖泉提交上来的飞控系统研制进度报告，突然听到办公室门口传来一句熟悉的骂声。

他正欲抬头走向门口时，张峰手上拿着一份报纸，气冲冲地走了进来，把报纸"啪"地扔在沙发上："我们好的时候，一个个都吹得不得了，现在碰到点儿挫折，就都恨不得我们明天就完蛋！媒体人还真是很好当啊，尹括，你说是不是！"

"张总，你说得没错！"尹括很能理解张峰的心情。

张峰骂完之后，估计也是发泄完毕，便直入主题："来，给我介绍介绍项目进展吧。"

"……媒体一定是见到了我们的项目延迟公告，加上最近因为马航失事，公众对于飞机的安全性都十分关注。所以，才有些媒体喜欢说一些尖锐的话吧。"

"我最讨厌一点事情不干，只在旁边站着看热闹说风凉话的人。"张峰一副厌恶的表情。

紧接着，他问道："我们公布的这几个日期靠谱吗？下个月民航局的专家要来我们这里视察，要确保这次我们不能再延误了，否则会很难看。"

"嗯，如果我们不再出岔子，应该能够提前完成。说到视察，我前阵子见你不在，就跟杨总、郑总它们几个商量下来，已经把任务布置下去了，在杨总那里做一个完全真实比例的样机。"尹括显然早已准备周全。

"不错。"张峰表示满意，然后又补充道，"当然，不要因为准备视察，而耽误项目的正常运行，这一点十分重要。"

"放心吧，样机的制作本来就在计划当中，今年年底的珠海航展要运过去的，不是特意为了这次视察而做。"

"嗯，那就好。"张峰点了点头。

他抽了一口烟，轻轻地把烟吐了出来，然后出神地看着烟在空气中渐渐消散。

日子过得飞快，在尹括的记忆中，张峰上次骂骂咧咧出现在他办公室里的时候，还是四月天，转眼间，又到了秋高气爽的时节。

实翼按照最新的项目计划，成功结束了所有系统的详细设计阶段，进入全面试制阶段。上至张峰，下至每一个实翼的普通员工，无不为这个突破感到欢欣鼓舞。

详细设计阶段结束之后，实翼与所有供应商一起进行下一步冲刺——全面试制，完成民21飞机的总装下线。

在年底的珠海航展上，张峰携几乎所有的实翼高管再次高调亮相，与2010年第一次参加航展相比，此时的实翼已经是航展常客，也早已熟悉每隔两年站在镁光灯的中央，接受公众的捧场或是嘲讽。就如一个舞台剧的新人，一开始扭扭捏捏，怀着忐忑的心情走上舞台中央。而现在已经驾轻就熟，脸上带着自信，从容地站在聚光灯下。

"明年的这个时候，大家看到的将不仅仅是这次我们带来的真实比例样机，大家将看到真正的民21飞机总装下线！届时，我们欢迎大家去上海见证这个历史性的时刻！"在新闻发布会上，张峰信心十足地说。

　　由于进入了全面试制阶段，实翼与民21项目的舆论氛围再次向好，质疑嘲讽的声音虽然未曾消失，总还是弱了很多。

　　"我们总算挺了过来。走，跟我去场馆逛逛。"张峰擦了擦额头上的汗珠，邀请尹括一起参观展馆。前两届他们都被媒体包围得水泄不通，根本无暇参观其他展位。今年，随着民21的曝光度越来越高，很多采访已经在平时完成，他们反而拥有了一点点宝贵的时间。

　　与往年一样，国内的几大航空公司，超英、飞天、蒙比特等知名的飞机制造商，以及国内航空航天工业的两大巨头——毕盛和华宇，占据了展馆中最好的位置。

　　今年超英展位突出的依然是9系列飞机。这款实现了多个技术性突破的新一代宽体客机在经历了两年前的电池故障等一系列事件之后，开始后程发力，可靠性越来越高。凭借着对于复合材料的广泛应用以及装备了最新的发动机，9系列飞机在远程航线上的经济性优势十分显著，已经成为世界各大航空公司争先订购的机型。

　　"真是一款堪称完美的飞机，看看这后掠式机翼的弧度，太漂亮了！"张峰看着9系列飞机的模型，不由赞叹。

　　"是呀……我听说国内的航空公司已经有南航、海航和厦航都订购了这款飞机，国航也有意向。"尹括附和道。

　　"我们的民21以9系列飞机为标杆，这个决定是正确的！"张峰点了点头。

　　就如街角的麦当劳对面往往是肯德基一样，超英展位附近不远处，便是飞天展位。

　　与超英公司突出9系列飞机不同，飞天的展位上，放置着L级、W级和新T级三款飞机的模型。

　　"怎么没有V级啊？"张峰不解地问。

尹括笑道："或许怕跟超英9系列直接竞争吧。"

"哈，是信心不足吗？"张峰也反应过来。

V级是飞天公司最新的宽体客机，是超英9系列飞机的最直接竞争对手。

他俩的对话被旁边不远处的罗晓慧听见。罗晓慧一看，发现是实翼的总经理和副总经理，连忙主动打招呼："张总，尹总，欢迎到我们飞天展台参观。事实上，我们的V级一点不比9系列差，下个月就要交付卡塔尔航空，正式投入商业运营了。"

张峰不认识罗晓慧，便看着尹括："这位是……"

尹括笑道："张总，罗晓慧你得认识认识。她是飞天中国的政府关系经理，跟我们实翼也颇有渊源，是李慕的女朋友。"

"哈哈，李慕好福气啊，找了个这么漂亮的女朋友，还算打入竞争对手内部！罗晓慧你好！"张峰笑道。

罗晓慧有些不好意思："张总过奖，如果两位想了解我们飞天机型的具体情况，不妨到我们展台的会议室里小坐，我给两位好好介绍一下。"

尹括觉得是个不错的主意："张总，怎么样？我们得给李慕点面子吧。他这次还在上海加班，来不了珠海。"

张峰欣然同意："没问题，那就有劳了。"

罗晓慧十分高兴，赶紧让飞天的其他工作人员把会议室布置好，准备了点心茶水，将张峰、尹括和实翼的其他几名员工一并迎进去。

说是会议室，其实就是飞天展台上一片相对封闭的区域而已，并没有天花板，因此，外面的声音依然可以传入会议室。不过，有这样一块相对隐蔽的地方，对于张峰和尹括来说，依然可以享受片刻的专注——如果他们一直在展馆中走动，很快就会被眼尖的媒体记者认出来。

当罗晓慧介绍到飞天新T级的时候，两人十分感兴趣，问了许多问题。

"他们果然还是对这款飞机最关注啊！"罗晓慧暗暗想到。

飞天新T级是目前飞天T级飞机的升级版，与超英8系列的升级版8U一样，成为民21飞机投入商业运营后的最主要竞争对手。

作别罗晓慧和飞天展台之后，张峰的脸色不像一开始那么轻松了，他低声说道："咱们的压力还是很大啊，民21有些生不逢时。"

尹括也感叹道："是的，所以我们得抓紧，能够提早一天是一天，不然与超英和飞天的最新机型短兵相接，将十分惨烈啊！"

两人默不作声地并肩走了一阵，正好到了毕盛的展台前。

"毕盛，毕盛……"张峰沉吟道，"话说老刘很久没消息了，这次也不知道他来了没有。"

说罢，便掏起手机，给刘人杰打电话，电话那头响了数声，并无人接听。

"不接电话……"张峰摇了摇头。

正在此时，赵进军刚刚送走一拨客人，转头发现了张峰和尹括两人，赶紧小跑过来，笑道："哎哟，张总，尹总，什么风把你们吹来了？"

"好久不见，老赵，现在春风得意嘛。"张峰看到赵进军的精神十分充沛。

"强打精神，强打精神。"赵进军嘿嘿一笑，"来展台的都是大客户啊，不笑脸相迎怎么行？"

三人都是毕盛的老同事，说话十分直爽。

张峰四处望了望，还是忍不住问道："老刘这次没来吗？"

原本赵进军还满面春风，可听了这句话，一下子蔫了下去，犹豫了半天，小声问道："刘总没有跟你们联系吗？"

张峰见状，十分纳闷："没有啊？他出啥事了？"

见他俩确实不知，赵进军凑上前来，悄悄地在张峰耳边说了一句话。

张峰听罢，顿时像是石化了一般，呆立在那里。

二十三

北京301医院的特需病房内，一位眉头紧锁的中年人站在床前，不安而焦虑地看着眼前半躺在床上的另一个中年人。

躺在床上的中年人的神情十分淡然，尽管面容消瘦，精神状态却依然饱满。他倚在身后的靠背上，安慰这个刚走进来、脸色有些吃惊的同伴："老赵，别那么紧张，我没事。"

赵进军颤抖地说："刘总，你瘦了好多。前阵子没见你，没想到居然得了这病。"

刘人杰摇了摇头："年纪大了，体内的坏细胞们想出来玩玩呗。之前没跟大家说是因为一开始并不确定是不是属于恶性的，干吗让大家无谓担心呢？"

"我来之前，真的胡思乱想了很多，你知道……"赵进军说不下去，声音有些哽咽。

"好啦，我这不是好好的吗？"刘人杰让他不要那么担心，"医生告诉我，要静静修养，配合一些保守治疗，目前的情况还能控制。所以，毕盛就需要你多费心了。坐吧，那儿有凳子。"

赵进军趁着搬凳子坐下的功夫，收敛起慌乱与悲伤的情绪："嗯，刘总放心，我一定把毕盛管理好，不让你操心，等你回来的时候，一定还是你熟悉的样子。你就安心休养，专心恢复身子吧，有任何需要我或者我们的地方，随时召唤，我们一定第一时间赶到。"

"那就好，我很相信你的能力。毕盛的这摊子事情，虽说又多又杂，但概括起来无非几类，你平时也都处理得很好。目前我所关注的主要有四点：第一，继续流程建设，使得毕盛更像一家管理有序、标准统一的公司，而不是一堆子公司拼凑起来的拼盘，散乱无章；第二，继续与资本市场联动对接，减少对国家财政和拨款的依赖，从市场中拿钱；第三，继续配合实翼做好民21项目，这一点更多是因为我与张峰的私交，他前阵子承受了很大的压力，这你也知道，我们一定要支持他把民21飞机搞出来……"刘人杰一口气说了三点，感觉有些吃力，便稍微缓了缓。

"刘总，你再躺会儿吧，别耗费精力了。"赵进军见状，连忙阻止他继续说，"我今天过来就是看看你，把咱们毕盛弟兄们的一点心意带过来，不是来汇报工作的，也不想打搅你休息。"

刘人杰摆摆手道："没事，正好你来了，我就说几句嘛。你工作我放心，这次说完，我就不说了，以后你们要再过来，我们只谈风月。"他还不忘稍微开开玩笑。

"那好吧……"赵进军只能由着他，"这三点我都充分理解，目前也在继续紧锣密鼓地开展。尤其是对民21项目的支持，我们的很多机体结构件都已经进入试制的最后阶段，即将交付实翼了。"

"很好，很好。"刘人杰微微点了点头，然后又无力地靠在床上，仿佛还没有从刚才那一长段话中缓过神来。

赵进军欲言又止，原本想让刘人杰好好休息，自己改日再来，但他也知道刘人杰一定是要今日事今日毕的。

两人沉默着，赵进军一声不响地坐在凳子上，看着刘人杰调整呼吸慢慢平缓下来。

"这第四点，我还在酝酿当中，如果没这鬼病，是打算今年启动的，现在算是搁置了……"刘人杰自嘲地笑道。

他又稍微蓄了蓄势："不过，我考虑到，这事儿宜早不宜迟，如果不开始做，始终是我的一块心病。所以，我希望你和其他弟兄们不要等我回去，马上开始做这件事。"

赵进军略有疑惑："什么事啊？"

"发动机。"刘人杰说出了这三个字。

赵进军瞬间明白了，他赶紧接话道："我来试着说说，看是不是你的意思，你也正好休息会儿。"

刘人杰笑着点点头。

"把目前咱们毕盛下面的发动机相关业务，从毕盛剥离出来，成立专门的发动机公司。"

"没错，"刘人杰很满意，"就是这个。立刻开始办。"他意识到自己有些累，不愿意再多说话。

赵进军见状，立刻表态："没问题，我回去就把班子成员召集起来开会启动这件事，放心吧。你好好休息，我先走了。你一定可以顺利康复的，我们都等你回来。"

这次刘人杰并没有挽留他，事情都交代了，自己也有些疲惫，于是又挤出一点笑容："好的，就靠你了。"

告别赵进军后，刘人杰将身体都放松下来，全部靠在床上，但大脑却一直没有停止运转。

飞机发动机，这是刘人杰入主毕盛之时就下定决心要搞上去的。从商用飞机制造的产业链来看，机体结构件毕盛已经达到了国际先进水平；机载系统这次通过民21项目广泛与国外知名供应商合资，也能够步入快车道；唯独发动机，毕盛几乎是空白。发动机是飞机的心脏，最重要，技术含量也最高。由于它的极端重要性，全球三大发动机制造商同继、沙展和捷劲根本不可能与毕盛合作，西方政府也将其列为出口管制的范围，严格控制相关技术的出口，尤其是中国。因此，要搞发动机，几乎只剩下自主研发这一条路。

目前，毕盛有专门的发动机事业部，跟机载系统、直升机等事业部平级，但依然受到毕盛总部的管控，自主性多少有些限制。刘人杰的想法，便是将发动机事业部连同毕盛旗下所有相关的业务全部打包，从毕盛脱离出来，成立独立的新公司，专门从事飞机发动机的研发。

前几年，刘人杰就想这样做，但时机没到，无论是自己的威望还是资金都满足不了要求。到了今年，他觉得时候差不多了，却又意外被疾病侵袭，只能躺在床上，什么也做不了。如今，能够暂时保住一条命已属不易，他无法奢望更多。

但是，他心里很急，他知道，这件事越往后拖，毕盛要在发动机上达到甚至赶超世界先进水平所需的时间就越长。因为，这个行业的领头羊们也都不是故步自封的"兔子"，他们不会打盹，给毕盛这只"乌龟"以机会。

"只能拜托你了，老赵。"他心里默念道，"你不会让我失望的，对吧？"

于是，他又想到刚才赵进军说的"等你回来"，这无疑是赵进军和毕盛管理层的心声。在刚刚确诊时，他很不服气，下定决心不但要病愈，还要重返毕盛。那时候，这个决心与其说是对毕盛的忠诚，不如说是求生的意志。但随着时间的推移，随着医术高明的医生让他的病情稳定下来，他那颗躁动的心反而越来越平静。

"赵进军是个合适的接班人，我不如就退休了吧。回头也跟老张聊聊这个决定。"一边想着，刘人杰一边闭上了眼睛，沉沉睡去。

二十四

这是张收成第一次以希杰总经理的身份参加珠海航展。从准备期开始，他就亲自主抓，到了年底，更是亲自到场，事必躬亲。

此时，他正西装革履地站在希杰全新的展台上。

在他的强烈要求下，董事会总算批准了从今年珠海航展开始，希杰拥有了自己独立的展台。

"虽然我们暂时没有任何产品，但一个独立的宣传空间是必需的。这也是我们与其他民21项目中成立的合资公司所不同的地方。"他向董事会争取的时候，提到了这一点。

这话没错，在民21项目中，毕盛的不同子公司与同继、韦讯、占士强、霍克斯等多家世界知名供应商都成立了合资公司，但无疑，毕盛对希杰的投入是最大的。

在此前的珠海航展上，希杰与其他的合资公司一样，没有自己独立的展台，仅仅是做了一块易拉宝，分别放在毕盛和同继的展台上。对于张收成来说，这种寄人篱下的感觉并不好。

作为行业内的新军，希杰公司的名号引起了很多业内人士与媒体的注意，这两天他们纷纷前来参观，尽管发现希杰目前什么产品都没有，但却看到了它背后毕盛和同继的大力支持，因此不敢怠慢。这个展台，为希杰带来了难以估量的宣传效果。

张收成刚刚一前一后送走的客人，分别来自于同继和毕盛两家母公司。

同继那边，航空事业部副总经理桑德尔亲自带队，她与希杰的董事长盖伊和其他几名高管在希杰展台里的会议室小坐了一会儿，听取了张收成和顾菁代表希杰管理层的汇报。

"你们的咖啡很不错，我喜欢。"桑德尔走之前点评道。

他们前脚刚走，曾泰就带着葛希薇、王升和武平过来，代表毕盛带来了母公司的问候。张收成与顾菁两人于是又将刚刚汇报给同继管理层的内容重述了一遍。

曾泰十分满意地说："很好，希杰总算度过了最艰难的时候。"

不过，他也对希杰提供的饮品给出了意见："你们的茶味道一般啊，下次我给你们带点上好的铁观音过来。招待客人，得用好茶。"

离开之前，张收成将曾泰拦住，私下聊了两句："曾总，好久不见了，精神很好嘛，看来在北京很适应。"

曾泰挤了挤眼："没错，现在已经完全适应了，一到冬天，我就到毕盛各分公司考察，尤其是南方。"

"哈哈，"张收成笑道，"难怪亲自来珠海啊！对了，我昨天远远看到唐总，但因为有一堆客人，没有过去打招呼，他现在怎么样？这次也没来希杰的展台看看。"

曾泰低头想了想，说："我还真不清楚他的现状，应该也很忙吧。不过……我觉得他应该不会主动过来，希杰这个项目太伤他的心了。"

张收成咬着嘴唇，点了点头。

"虽然现在希杰已经步入正轨，但显然，与母公司之间还是心存芥蒂，否则，为什么都是董事会成员，盖伊和曾总要分开呢……"于是，他又回想起这个合资项目早期发生的各种事情，那些人，那些争吵，转眼间已成过眼云烟。现在的希杰，早已不是当初的模样，不知不觉，五六年过去了……

正当他沉浸在往事当中时，航展永远的亮点——飞行表演要开始了，场馆里的人争先恐后地往外跑，生怕抢不到好位置。

场外，点缀着几朵白云的天空中，国产的歼十战斗机正在进行编队飞行，发动机的轰鸣声响彻天际。地面上，国产的武装直升机也在蓄势待发，跃跃欲试。

"再过一两届航展，这里应该可以看到国产民用大飞机民21的身影吧！"张收成迸发出这样一个心声。

二十五

珠海航展之后，民21的订单达到了625架，以500架的盈亏平衡点来算，如果这600多架的订单全部兑现，实翼将实现盈利。

"到了年底，总算有了好消息。"张峰和尹括都无比感慨。

当尹括将这个数字告诉父亲时，他能看到尹善治脸上明显的激动之情："太棒了，当年要是民10有这样的支持，也不至于下马吧。"

另外一个好消息就是：毕盛所负责的所有机体结构件，都将在年底全部交付到上海。

在东海之滨，浦东新区祝桥镇的实翼总装厂房，从现在开始，将越来越成为关注的焦点。

"终于可以开始总装，要开始忙碌啦！"想到这儿，杨志不免有些兴奋。在此前的阶段，他一直像是一个旁观者，直到铁鸟试验台的建设，他的团队才开始有所参与，而现在，终于轮到他们大显身手了。

在宽敞的厂房里，杨志已经让团队将各大区域划分好，这里是放置机翼的，那里是放置机身中段的，所有的区域都标识明显。

总装生产虽然是属于制造的范围，是将设计的成果形成实体的过程，但一样受到适航条例的严格约束。因此，陈涵也频繁奔赴祝桥，配合杨志进行准备工作。

被提拔为民21常务副总设计师之后，陈涵很快在尹括的支持下正式夺取了控制权，让每个系统的设计流程都严格按照适航条例开展。

"适航无小事！"他每次开会的时候都提醒同僚们。

现在，进入制造阶段，他要面对级别比自己高的杨志："要让杨总听我的话，估计不容易吧……"他一开始很忐忑。

不过，尹括很明白他的心思，很快就表态："我已经跟杨总打过招呼，他和他的团队会充分配合你的工作，一旦有任何怠慢，你立刻告诉我，张总和我都会站在你这一边。放心，设计的时候，你要面对十来个系统的总设计师，现在，你只要面对杨总一个人，搞定一个人总比搞定十几个要容易得多。"

"明白！"陈涵因此放开手脚。尹括后来曾经私下向他透露过，张峰是他提拔为常务副总设计师的坚定支持者，甚至不惜顶着压力。

对此，陈涵十分感激，甚至想到了"士为知己者死"这句话。

"陈总，明天过来吗？机头明天就运到了，这是咱们的第一个机体结构件，一起来见证一下吧！"他很快接到了杨志的电话。

第二天一早，陈涵便赶到祝桥，在那里，杨志和他的团队已经严阵以待。

"机头是毕盛成都造的，前阵子刚在他们厂里下线，下线仪式尹总还亲自参加了。如果说那边是出阁，我们这边就是迎娶。"一见到陈涵，杨志就十分自豪地说。

看着厂房中的红地毯和宣传口号，真有种喜洋洋迎亲的气氛，陈涵已经很久没有见到这样的画面。当年他在日本的时候，见过公司接新飞机，那场面也是很壮观的。"但今天是我们自己国产飞机的机头啊！"

不久，在两排警车的护卫下，一辆特种大卡车驮着一个集装箱，缓缓地驶进厂房。道路两边，实翼总装厂的员工们夹道欢迎，兴奋异常。

"运这个机头在路上可是花了一个多星期的时间！听说毕盛成都为这个机头做了很多工艺改进与技术创新，忍不住要看看它的真容啊！"站在杨志身边，陈涵也被这种气氛感染，激动起来。作为适航的专家，他更多是与流程、文档等内容打交道，对于气势十足的飞机交付与制造现场，他还没有经历太多。

杨志就淡定许多："陈总，机头还好啦，视觉效果一般，毕竟个头小。但是，它的结构还是十分复杂的。他是飞机的一级气动区，空气对于飞机的阻力与作用力，机头首当其冲。一方面，要防止鸟撞，另一方面，又要放置气象雷达、大气数据等精密的航电设备，可以说，对强度与精度的要求都相当高。"

陈涵点头道："嗯，一个部件的重要性不是由它的尺寸来决定的。"

正聊着，工作人员已经将机头从运输车上卸下来，去除了包装，青绿色的真身展示在众人面前。

现场响起了一片掌声。

"失陪一下，我要讲几句话。"杨志走向讲台，开始主持机头的迎接仪式。

对于杨志说什么，陈涵并不在意，他开始仔细地打量这第一个交付的民21机体结构件。"这机头形状不错，好像比飞天T级要更尖一点，跟超英8系列差不多。"他再次激动起来。

他的思考与情绪不久便被一阵掌声打断——杨志的演讲结束了，工作人员开始各就各位，将机头摆放到预先准备好的地方去，等待它的兄弟姐妹纷纷到达，然后就可以组成一架完整的飞机。

"我刚才看了看，待会儿让你的团队把毕盛成都设计和制造这个机头的工装、钣金、数控、装配等工作流程与文档准备一下，我们要开始审阅了。"

陈涵的这番话，让杨志有点儿不适应："不是吧，陈总，你的工作这么快就开始了？"

"当然，问题越早发现越好，你也不想等机头和机身都拼接好了，才发现机头的设计流程或者制造流程有问题吧？"陈涵答道。

杨志耸耸肩，承认陈涵的话有道理。

"对了，之后的机身、机翼等结构件交付之前，都记得通知我啊，我来见见世面。"陈涵笑道。

"那是当然！"杨志回答道，"我都有点儿等不及了，离月底还有两周，应该会异常忙碌吧。但是，想到明年元旦之前，就能看到民21的机体结构件全部出现在这个厂房里，还是十分期待的。"青面兽显然热情十分高涨。

陈涵没有继续说话，他望着缓缓被拖往指定地点的机头，恢复了冷静，思绪飘到了更远的地方："这才是我们想要的新年礼物吧。"

降落 Landing |

一

初雪过后的张江高科技园区，风景比平时要更美一点。正是工作时间，有轨电车开过，将原本洁白的道路上轧出两排乌黑的轨道印，发出"簌簌"的声音。

气温逐渐回暖，薄薄的一层雪在安静的街道上融化，让人来不及去品味。

在电车声传不到的园区一角，一幢崭新的四层大楼刚刚开张，楼下的剪彩仪式热闹非凡。希杰的新总部大楼从今天起正式起用，他们终于再也不用租用办公地点，这栋玻璃幕墙的现代化建筑将是他们的新家。

这次剪彩仪式，毕盛和同继作为母公司十分重视，赵进军和里奇都亲自到场，上海市和浦东新区的主管领导也出席捧场。

"真是给足了希杰面子！"张收成心中喜悦的同时，也感到了压力。

在他的致辞中，他首先感谢了各级领导的重视，同时也十分骄傲地宣布了希杰在各项工作当中所取得的进展。这些进展与新总部大楼是般配的。

"在过去的几年时间内，我们完成了与实翼的民21项目主合同签订，顺利实现了对客户的承诺，完成了详细设计阶段，已经正式进入试制阶段。我们将在今年交付产品给客户，支持民21飞机的总装下线。与此同时，我们在逐步加强自身研发能力，已经成功完成了从同继的CAT技术转移。这都是我们值得庆祝的成绩！"

在这样的基调当中，希杰全体员工都充满了斗志，团队凝聚力空前强大。这虽然与博牧之第一次讲话之后的状态类似，可内涵却大不一样，这次讲话对于希杰员工来说，有种劫后余生、否极泰来的幸福感。

对于希杰管理层来说，干劲更加充足，因为每一位总监都将拥有一间宽敞的独立办公室，这是他们梦寐以求的。此前，只有张收成和顾菁有独立办公室。

然而，在这个充满希望的时刻，王定坤再也支持不住，病倒了。

王定坤是毕盛派驻希杰的所有技术人员当中最为资深的一个，来自于毕盛上海，是曾泰下了很大决心才派出来的。因为哪怕在毕盛，他也是亲身参加过当年民10项目为数不多的工程师。更为可贵的是，在民10下马后，他并未在毕盛混日子，而是继续学习、钻研，对于技术的演进和前沿十分了解。

因为这位年近60的老人的存在，在合资合同谈判阶段，面对同继提出"你们毕盛没有经验丰富的工程师"这样咄咄逼人的问题时，张收成他们才有的反驳；也正是因为他的存在，面对实翼问题的时候，他可以代表希杰给出十分及时而充分的答案，而无须等待同继美国团队漫长的回答。

"如果我们的机载供应商多几个王定坤，就可以提供现场答复，项目的进度至少可以加快10%！"这是尹括的评价。

当张收成带着好几名来自毕盛的希杰管理层成员和骨干到医院看望王定坤的时候，他感到很内疚："王老，我们之前给您的工作压力太大，您都累垮了，实在是过意不去。我们都知道，民21项目的工作做到现在，您的功劳很大。"他犹豫再三，还是没有带上顾菁这些同继的派遣员工，毕盛人之间的这种感情纽带不是同继人可以完全体会的。

王定坤虽然躺在床上，但仍然坚持立起身，挤出几句话："没有任何关系，全都是我自己想去做的。老头子了，也没有其他用处，就是想再做点事情。当年民10没有飞起来，这次的民21，我看行。"话刚说完，护士就连忙示意张收成他们出去，以便让他好好休息。

"王老得的是什么病？"出门之后，张收成忍不住问护士。王定坤倒下得十分突然，他的老伴还在毕盛上海工作，他得病的消息正是老伴告知吴作为的。曾泰被调往到北京后，吴作为接任了毕盛上海总经理，是他第一时间告知了张收成。

"以王老和他老伴的个性，应该是大病了，否则他们不会轻易吭声的。"吴作为只是这样猜测，但具体情况他也不知道。

护士稍微犹豫了一下，问道："您是他的家属吗？"

张收成急切地催促道："我们都是他的家属，请据实相告。"

"他是……肝癌晚期。"护士的声音很小，说完还看了看病房，确认没有被其他人听见。由于刚刚发现，王定坤和他老伴一直嘱咐她不要告诉别人，但她还是被张收成充满关切和真诚的眼神打动了。

张收成只觉得一声晴天霹雳，在场的段兰等人也都长大了嘴巴，不敢相信。

"那为什么之前没有发现呢"？张收成恨不得摇着护士的肩膀询问。

护士委屈道："他刚刚入院啊，之前并没有过来检查，只是因为肝部疼痛变得剧烈了才来的，怎么还来得及？"

"来不及了？"张收成不敢相信自己耳朵。

"具体情况你们问医生吧，我也不清楚。"显然，护士不想再跟他们纠缠。

"那还愣着干什么，赶紧带我们去！"张收成厉声道。

从医院出来之后，张收成万分沮丧，听医生的口气，王定坤能否活下去将全凭运气："肝癌晚期到这程度了，而且病灶已有转移到周边脏器的迹象，虽然我们还没能完全定位。当然，我们会尽最大努力的。"

他再一次感觉到无助。希杰能够达到目前的状态，十分不容易，而王定坤在其中起到了极其关键的作用，就如他的名字一样，"安定乾坤"。他丰富的经验和知识不但帮助毕盛的派驻团队更快地解决了产品设计当中的问题，还能举一反三，将同继转移过来的CAT技术变为自己的。这一切都是他从民10时代就积累下来的结果，毕盛因为他这样的资深专家和活化石的存在，才得以实现技术与精神的传承。而现在，这个无价之宝，马上要黯然离去。

二

正月十五刚过，张收成就接到了王定坤去世的噩耗。

在王定坤住院到去世的这短短几周内，张收成与他的同事们想尽了各种办法，却都无法敌过王定坤体内的癌细胞把他带往另一个世界的决心。

三天后，他与希杰的管理层以及毕盛上海的几位领导悉数参加了王定坤的葬礼。

在葬礼上，张收成眉头紧锁，眼眶中还有些湿润。躺在他面前的是为了毕盛的民用航空事业贡献了一辈子的老专家。他的逝世，对于民21项目的损失不可估量。

王定坤的逝世不仅仅是希杰的悲恸，整个毕盛都深感震惊。

不久，赵进军就决定在全国各大子公司开展悼念王定坤的纪念活动，同时借这个契机让所有的骨干员工注意身体健康，激励更多的年轻员工向王定坤学习。"王老对于我们毕盛来说是无价之宝，他虽然走了，但他的精神永存，我们每个毕盛人都要向他学习，勤于钻研，止于至善。同时，大家要注意自己的身体，身体没了，什么都是徒劳。"他在悼念启动大会上饱含深情地说。

赵进军的讲话，还含有另一层意思。此时刘人杰的提前退休申请已经获批，将毕盛总经理之位交给了赵进军，自己则回云南老家继续调养身体去了。

正当毕盛沉浸在失去王定坤的悲伤中时，同继则身陷绯闻。

盖伊这段时间在忙着跟原配老婆离婚，以便与新欢开始新的生活。他终究没能走出"外籍有家室的成功人士多半会在中国开展一段新恋情"的窠臼，只不过他走得有些认真，居然到了与妻子离婚的地步。

听说这个消息的时候，张收成皱了皱眉头："身为董事长，不好好想想希杰的发展，只知道搞这些事情……"

除了盖伊，白天凤的事情让张收成更加五味杂陈。

那是一个下午，白天凤来到他的办公室，要求辞职。

深感震惊之余，张收成竭力挽留。毕竟，白天凤从希杰成立之前，还在合资合同谈判的阶段，就参与了民21项目，目前担任希杰的项目总监，是希杰的民21项目工作能够运行到现在不可或缺的角色。

"……而且，我们有这么深的交情，你忍心舍弃这个团队而去吗？"

张收成知道，不管与白天凤谈论什么，都是要提及他们的交情的，在这里，她与自己亦敌亦友，一起工作逾七年。

说到这儿的时候，白天凤表情黯淡，仿佛经受了很大的精神摧残。这让张收成感到十分纳闷："难道她有什么隐衷？"

果然，面对张收成关切的询问，这个美国女人用一种很怨念的口吻叹道："他背叛了我。"

白天凤所指的，是他的老公白浩然。白浩然是一名华裔，白天凤与他结婚后就从了夫姓，白姓便因此而来。白浩然也是同继总部的员工，担任市场相关工作。

当年白天凤面临民21项目的机遇的时候，她就与白浩然认真商量过，最终两人一致决定：同时去中国。

两人都拿着同继的外派薪酬和福利待遇，又是丁克家庭，完全可以一门心思放在工作和生活上，让身边不少的人羡慕不已。

"他们唯一的缺憾，就是没有孩子。当然，他们可以去领养。"这是包括张收成在内不少人的评价。

谁承想，这个白天凤一直认为不是缺憾的因素，竟成了她心中永远的痛。

白浩然在到上海之后，由于在同继中国从事的市场相关工作，不免与广告公司、公关公司打交道。两年前，他认识了一个25岁的中国女孩，叫林萱。他很快便被林萱的青春活力所打动，对她展开疯狂的追求。这一切，白天凤毫不知情。

白浩然虽然比林萱年纪大二十多岁，但一直很注重保养与锻炼，又是知名跨国企业的中层干部，完全不缺乏二十多岁女孩难以抗拒的成熟、稳重和物质条件。于是，两人很快就在一起了。白浩然给她在上海市区买了一套小房子，把那里作为自己与她的爱巢，留白天凤一人住在偌大的同继出钱租下来的别墅中。而白天凤一直以为白浩然经常出差或者加班，就如他自己所"汇报"的那样。

然而，当她知道这件事的时候，已经太晚了。因为白浩然已经与林萱生了一个儿子，他意识到必须要向白天凤摊牌了。

再坚强的人，也会在这个时刻崩溃。

张收成听完白天凤的叙述后，不知道该如何去安慰对方。在过去七年多的时间里，他从白天凤身上学到了不少东西，可以说，这是一个帮助自己不断成长的良师益友，虽然分属不同的阵营。但现在，他实在无能为力，个人感情的事，外人怎能参与呢？

他只能说自己很遗憾得知她的不幸，并表示自己会尊重她辞职的决定，同时愿意提供任何所需的帮助。

白天凤到底是一个坚强的女人，在向张收成倾诉了这段经历之后，她笑了笑，眼中又恢复了张收成熟悉的神情："收成，谢谢倾听。我没事，也十分感谢你的关心，回美国后，我自有安排。"

说到这儿，她略微摇了摇头，自言自语道："或许当年我和他有一个孩子，今天的故事情节就会不同了！"

回过神来后，他拨通了贾南的电话："老婆，有空跟罗晓慧联系下，晚上我跟你讲个故事，你可以跟她分享。"

张收成很尊重李慕与罗晓慧暂时不要孩子的决定，但是这件事情发生后，他的潜意识却驱使自己试图再次努力。

三

在悲恸与啼笑皆非中，张收成经历着希杰的这些变故，同时尽力将这艘船驶向他此前设定的方向。

好在，来自同继的副总经理顾菁还算支持他的工作。两人曾经在盖伊与白天凤的变故之后有过一番讨论。

"看来以后要加大本地员工的招聘与培养，外派员工不但成本高，万一生变，一时还找不到替代者。"张收成感慨道。

"我同意。"顾菁的反应让张收成感到一丝吃惊。毕竟，所有的外派员工都是同继派遣的，挑战外派的做法无异于挑战同继本身。

不过，张收成转念一想，顾菁也算是本地员工，只不过来自于同继而已。因此，从这个角度来看，她想更多照顾类似于自己那样的本地员工的利益，是可以理解的。

除去操希杰的心，张收成还不知道贾南与罗晓慧单独会面之后，李慕与罗晓慧在生孩子这件事情上是否改变了想法。

李慕那边没有任何反馈，因为他正在忙着处理发动机的事情。这次产生的问题十分棘手，有可能让整个民21项目的发动机系统达不到最初设定的目标。

在涡扇3交付之前的测试和验证阶段，实翼十分窘迫地发现，同继最新的这款产品存在问题。李慕一开始以为是自身能力有限所致，但在CPT团队连续攻坚了几天之后，发现问题依然存在。

同继对此却并不感到很意外："这个问题我们此前就怀疑很可能会出现，毕竟采用了全新的设计。"

"既然有这个怀疑，为什么不早点采取措施？"

"民21项目的进度表十分激进，我们没有多余的时间和精力来反复测试，只能按照需求规范和适航认证的基本要求完成工作。"

"那你们的解决方案是什么？今年年底就要总装下线，没有发动机，怎么下线？"

"虽然我们很不想这样说，但是，不得不说，很有可能延误。当然，如果加班加点的话……"

这无疑是在变相加价。但在争论当中，李慕、杨琪和叶见卿发现，在这个问题上，实翼拿同继完全没有任何办法。毕竟，时间不站在他们一边，已经到了这个阶段，发动机供应商除了同继以外没有第二家可选。

发动机是飞机的心脏，同继可以轻易让飞机心跳加速、变缓，甚至停止。而换心脏的代价实在太大了。

尹括与郑立人接到汇报后，经过紧急磋商，最终还是做出了妥协。他们将这个决定报告给张峰的时候，也很无奈。为了保证进度，他们无奈地接受了同继增加5000万美元研发费的方案。

发动机的变故成为民21项目在2015年盛夏艳阳下的一个阴影。张峰最终憋不住，给赵进军打了一个电话："老赵，你们赶紧把发动机造出来，被捏着玩弄的滋味太不爽了！"

接到张峰电话的赵进军，表示十分理解："张总，我与你一样气愤！毕盛发动机相关业务和资产剥离的工作正在紧锣密鼓地进行中，年内应该就能落定。我就不信，举全国之力，我们就造不出发动机出来！"

"那太好了。你也知道，老刘很早就想把发动机搞上去了。等你们的发动机一出来，实翼一定做启动用户。"

既然提到刘人杰，张峰又不免问道："老刘现在状况怎么样了？他卸任的时候给我打过一个电话，之后再没跟我联系。"

"张总放心吧，刘总的身体状况十分稳定，现在在大理休养呢。他离开之后也只跟我联系过一次，还说知道你很忙，所以不想打扰你。"赵进军说。

"那就好，咱们找个时间去看看他。"张峰提议道。

"没问题！"

四

"干得好！终于交付了！"张收成感慨万千。临近下班时，刘强进来，给他带来了这个好消息。

经过合资合同签署之后四年半的努力，希杰公司终于向实翼交付了第一套核心航电系统试制件。这些试制件经过测试后，将被装在飞机上，成为年底总装下线的民21飞机的一部分。

白天凤付出了多年心血，却没能亲眼见证这个时刻，她离开中国后，项目总监的位置由刘强接任。刘强来自于毕盛成都，从项目一开始就被派往张收成的团队，性格火暴，做事干练，深得张收成的信任。

"是啊，确实不容易……"再次受到张收成的表扬，刘强也深感幸运。毕竟，自己在最合适的时候将项目的果实给摘了。不过，他认为自己问心无愧："我一直支持张收成和白天凤的工作，对于整个项目的熟悉程度，在目前的希杰，除了张收成，没人能超过我。现在白天凤走了，这个位置就应该给我。"

"刘强，说说看，实翼对我们的产品满意吗？交付的时候杨总那边现场情况如何？"张收成对于总装的进展也十分关切。

"嗯，好的，我也正准备汇报呢。"刘强往前拱了拱身子，换了个更加舒服的姿势坐在椅子上，"他们简单检测了一下，我们的产品一切正常，实翼挺满意的。至于总装的进展，机体结构件去年年底就全部交付完毕了，今天我看见他们已经把机头、机身前段、中段和后段都装配完毕，还差机翼和尾翼。机体结构件全部装好之后，就可以开始布线，安装各个机载系统……"

还没说完，张收成便问道："机载系统都交付了吗？"他关心希杰是不是最后一个交付的供应商。

"嗯，我正好碰到杨总了，适航的陈总也在那儿，我跟他们简单聊了聊。"刘强表示自己的信息绝对权威，"航电系统我们是最后交付的，韦讯等几家的产品早就交了。"

张收成点评道："他们提供的产品都是成熟产品，我们能够做到目前这样，真的已经很不容易了。"

"是的，"刘强表示赞同，"今年以来就连实翼的靳总也常帮我们说话了。我们的进步和努力有目共睹。"

"是吗……"张收成暗暗想到，"我从李慕那边得到的消息是，靳明已经对我们的期望值降低了许多，所以才觉得我们进步很大……实翼的航电团队现在都在自己内部挖潜，同时到处寻找专业咨询，来填补航电集成能力的窟窿，而不再将冀望全部放在希杰上了……"

不过，张收成并不想把这个真实想法与刘强分享，他不想打击自己团队的积极性。

"很好。"他给了刘强一个鼓励，"除了航电呢？其他机载系统交付的情况如何？"

刘强越说越起劲："燃油、液压、起落架和机电等系统也都已经到位，总装厂房现在热闹得很。大家都干劲十足，热火朝天的。"

"发动机和飞控呢？"张收成很快发现，这两个最重要的系统刘强没有提及。

"嗯，这两个系统还有点儿问题。"刘强暗自佩服张收成抓要点的能力，"发动机据说供应商那边遇到了一些棘手的问题，又从实翼那儿要了一大笔研发费……"

"是吗？这下李慕要头疼了，难怪最近都没联系我。"张收成小声自言自语。

"至于飞控，自动飞行系统已经完成，但作动系统和高升力等系统还在最后攻坚，等它们都完成后，整个飞控系统才能交付。"

张收成问道："实翼的飞控团队真不错，整个飞控系统的控制律都搞定了？"

又是一个关键的问题。

刘强如实回答："还没有呢，目前据说他们好像不一定能在总装下线之前完成。不过，总装下线也不需要完成这个。"

"嗯，我说呢……这个玩意儿可不容易弄出来，关键是它在某种程度上与发动机一样，只能靠自主研发。不像咱们这航电，用钱还能买到技术。"张收成感到一丝侥幸。如果自己在李慕或者廖泉的位置上，他无法想象此时此刻面临的压力有多大。至于尹括和杨志，他们的压力应该会更大，毕竟一个要对整架飞机的设计负责，一个要对制造负责。

他看了看日历："一年一度的供应商大会又快要到了，今年我得去一趟，以示重视。民21项目到了攻坚阶段，之后剩下的全是硬骨头，作为供应商，我们要支持他们。"

"是的，据说这次的供应商大会实翼十分重视，也会邀请各大供应商的高层参加，以确保年底的总装下线顺利进行。"刘强笑着说。

刘强离开后，张收成并没有马上离开办公室回家，而是闭目养神，休息了一会儿。如今，这样的闲适已经是久违的奢侈。

经过过去几周的冲刺与连续加班，终于实现了试制件的交付，将"希杰就是一群什么都不懂的二世祖"那样的质疑暂时平息。张收成自然对此十分满意，这也是他担任希杰总经理以来最大的一项成绩。

"终于可以在下次董事会上有差可交了。"从年初开始，同继就试图修改合资合同中已经达成的精神，将董事长和总经理的派遣权固定为"董事长由毕盛出，总经理从同继来"，而不是目前执行的每三年更换一次。

春节刚过，盖伊在自己的家庭问题还一团乱麻的时候，就作为董事长在上次董事会上提议修改合资合同精神，并且说张收成自从去年上任以来，没有取得任何进展，就连民21项目上的工作也一直推迟进度。

盖伊说的当然没错，可是，民21项目工作的延迟，并非张收成的错。事实上，在张收成的亲自主抓下，希杰已经将他的前两任所欠下的进度逐步赶上，并且大大提升了在实翼那里的形象。

不过，欲加之罪，何患无辞。盖伊是想将总经理的权限永久归到同继名下："我们是底蕴深厚的跨国企业，拥有庞大的职业经理人团队和远胜于你们毕盛的人才储备，总经理这样重要的位置理应由我们遴选的人把控。你们毕盛为希杰投入了现金，所以派人担任董事长一职也很合理。"

他十分狡猾。虽说董事会名义上是一家公司的权力机构，董事长则是董事会的负责人，按理说有最大的权力。但在现实中，往往是总经理把持着公司大权，因为具体的经营事务由总经理负责。所有权和经营权的分离，必然意味着经营权的代表——总经理的一家独大。在盖伊的眼里，这已经是被美国悠久的商业史所证明的。

因此，在下一届董事会之前，希杰将核心航电系统的产品交付，对于张收成来说无比关键。这是实打实的成绩，无可辩驳。

五

李慕已经连续两天一夜没合眼了，到了第二天晚上，他感觉头重脚轻，再也没法坚持加班，不得不一下班就让罗晓慧来接他。

一进家门，他立刻瘫倒在沙发上。"累死我了，我下辈子一定要变成一台最先进的发动机，直接把目前所有的问题都解决掉！"

罗晓慧一边洗手，一边把空调打开，上海的夏天湿热得让人十分难受。"你们张总和尹总要是听到你的愿望，估计做梦都会笑出来吧，哪有你这么敬业的员工，下辈子都想变成发动机。"

"他们没准也有类似的愿望呢？压力肯定比我还大。我有时候都后悔干吗要离开沙展跑到实翼来干这苦差事，唉……"李慕有些沮丧。

"这我倒相信，他们也是工作狂，而且对民21的信念很足啊！"罗晓慧想起了去年在珠海航展上碰到张峰和尹括的情景，"说实话，要不是有你们这些人，民21项目走不到今天。虽然离我们飞天还有十万八千里的距离，但是，年底不就总装下线了嘛。"

李慕无力地撇了撇嘴："我都这样了，你还不忘秀你们飞天的优越感啊？"

"我可没有秀哦，最近咱们的几个航空公司不是又买了100亿美元的飞天飞机吗？而且大多数是T级，民21的竞争对手。所以，你们确实得抓紧了。当然，我还是很心疼你的。"罗晓慧倒是公私分明。

李慕翻了个身，稍微缓过点儿劲来："知道，知道，我们任重道远嘛。国务院5月刚刚发布了《中国制造：2025》，里面把国产大飞机，包括以后可能出现的宽体飞机，都放在了未来十年的重点发展方向中了。"

见李慕一脸疲惫，罗晓慧用温柔的语气说道："好了，不说工作了，你这么累，今晚我们就别出去吃饭了。我给你做碗面吧，就做你喜欢的辣肉面。"

辣肉面是罗晓慧身上为数不多可以体现她是上海人的标记。

看着罗晓慧走向厨房，李慕刚刚打起的精神仿佛失去了支柱，开始溜走。不久，他就又躺倒在沙发上。

当罗晓慧将一碗热气腾腾的辣肉面端回客厅时，李慕已经酣然睡去。她摇了摇头，将碗轻轻地放在茶几上，转身从卧室里拿来一条薄薄的毛巾被给李慕盖上。

房间里十分安静，空调的声音几乎可以忽略不计，伴随着李慕轻微的鼾声，罗晓慧回忆起几个月前贾南跟她说的那件事。

"姐，我建议你跟李慕还是结婚生孩子吧，你看看收成他们公司的那个美国女人，丁克了大半辈子，最后老公跟小三生了个儿子就把她给甩了。"贾南义愤填膺，代入感十足。

虽然婉言拒绝了贾南的建议，但罗晓慧的心中多少还是有些触动，随着年龄的增长，身为女人的那种天性让她有时候不免问自己："我和李慕的这种关系，可以永远延续下去吗？"

对于李慕的风流往事，罗晓慧无从知晓，但是她能感觉到自己身边的男人是个恋爱老手。不过，在初期的忐忑之后，她却发现李慕对自己十分专一，尤其是得知自己也是一个不婚不育族之后。

"到底他是真的这么想，还是只是为了有一天离开我的时候没有牵挂呢？"这个问题曾经短暂地出现过，但很快便被埋没在两人的激情浪花深处，直到贾南找她谈及白天凤的事情，才重新浮出水面。

而上周，她的领导找到她说："罗晓慧，你的光芒太耀眼，连斯特拉斯堡都感觉到了。"

听出了领导口中的一丝揶揄，罗晓慧问道："什么意思？"

领导缓缓地说："上次你去法国出差表现很好，总部有意将你调去斯特拉斯堡工作，加入总部的政府关系部门。"

领导还是没憋住，兴奋地喊道："恭喜你！多少飞天中国的员工想去总部工作，那可是法国啊！但是，像你这样幸运的太少了。"

如果在之前，罗晓慧一定会欢呼起来。但现在，当她听到这个消息的时候，却有一种压抑与犹豫的感觉。

"……谢谢……"罗晓慧迟疑再三，"这是个决定吗？还是说仍有商量的余地？"

领导像看着外星人一样瞪着罗晓慧："你不是在开玩笑吧？这么千载难逢的机会你不要？"他恨不得自己能取而代之。

"我现在不确定，可以考虑考虑吗？"罗晓慧抿着嘴问道。

"考虑当然可以，但别纠结太久，这样的机会不多。而且，总部的意愿还挺强烈，如果你这次拒绝，估计以后在飞天的发展就会很困难了。"领导并不想把话说绝，但意思就是，"如果这次不去，以后就别想升职加薪了，遇到裁员的时候没准也会首当其冲。"

拒绝的后果，罗晓慧当然知道，但是她现在并非单身，她得考虑李慕。而李慕此时却一直扎在民21项目当中，这些天来几乎只在家里睡个觉，根本没有交谈的时间。今天原本想跟他聊聊，可李慕却兀自睡着了。

罗晓慧坐在李慕身旁，目不转睛地盯着这个熟睡中的男人。

六

李慕一觉醒来，口渴难耐，艰难起身去倒水喝，他瞥了一眼墙上的钟，已经午夜一点了。

痛快地将一大杯水灌进肚子后，他才注意到，罗晓慧正靠在沙发上打盹。

"她居然没有去床上睡觉，而是在沙发上等我……"李慕心底泛起一股柔情。

他轻轻地走过去，看着她美丽的脸庞，长长的睫毛，燃起一股想吻上去的冲动，但又怕把她吵醒，便硬生生止住了。

听着她均匀的呼吸，他犹豫了一会儿，还是靠近她，将她抱起。

正在往卧室走的时候，李慕觉得怀里温软的身躯动了动，一双白嫩的手绕过他的脖子，将他抱住——罗晓慧已然醒了。

看着睡眼惺忪的罗晓慧，李慕忍不住亲了下去，然后加速将罗晓慧抱往床上。

若是以往，罗晓慧一定也主动承欢了，可是这次，她一被放在床上，便一个翻滚，躲开李慕，然后坐了起来，说："亲爱的，给我倒杯水，我渴。"

李慕正欲火中烧，哪顾得上，不依不饶地继续扑向罗晓慧。

但罗晓慧显然并没有兴致，她再次躲开，对李慕说："我是真渴。还有，咱们都挺困的，聊聊天就睡吧。"

虽然有些败兴，但李慕对这事从来不强求，于是悻悻地下床，倒水。

当他握着水杯回到卧室的时候，罗晓慧已经用凉水稍微洗了洗脸，看上去恢复了精神。

"不是说咱们聊聊就睡吗？你咋还用凉水提神呢？"李慕不解地问。

罗晓慧笑道："聊天也需要精神嘛，有很重要的事情哦。"

"好吧。"李慕不知道为什么，面对罗晓慧的各种要求，他总是无力拒绝。不过，他也意识到，罗晓慧应该确实是有重要的事情与自己商量。

"说说看吧，你们民21发动机的进展如何啦？这阵子不是一直在忙吗？"罗晓慧抛出了一个让李慕觉得十分无趣的问题。

"哎……你想了解我们的进度啊。说实话，不好，同继的进度有延误的危险，他们借此又要了我们一大笔钱。"一提到这个，李慕的心情就黯淡了下来，刚刚冒头的欲念也熄灭了。

这也正是罗晓慧想要的，她不希望李慕欲火中烧的时候跟他讨论严肃的话题。

李慕故作恼怒状："你大半夜的跟我讨论这个，不会就是为了代表飞天寒碜我们吧？别太过分啊，小心我把你扑倒，把嘴堵上。"

"当然不是，我很希望民21成功的，不管你信不信。"罗晓慧若有所思，"至少，如果民21成功，实翼成功，我或许就没必要去法国工作了，留在上海工作多好啊！"

"什么？法国？"李慕一下全清醒了，还残存的一点欲念也瞬间被抛到了爪哇国。

罗晓慧看着李慕的眼睛说："是的，前两天领导刚找我谈话，说总部有意调我去斯特拉斯堡工作。"

李慕彻底陷入沉默了。

"这是一个通知呢，还是有商量的余地？"良久，李慕问道。

"基本等同于通知吧。当然，我可以拒绝，不过，拒绝基本上就等于自绝于飞天了。而且，去法国工作，是我一直都想实现的愿望……"

李慕再度沉默了半晌，才缓缓地问："晓慧，我很爱你，你爱我吗？"

"当然爱！"罗晓慧毫不犹豫。

"好的，当爱遇到距离的时候，会产生怎样的反应？说实话，我不清楚，我也从未经历过。"李慕这句话倒是实话，他之前虽然阅女无数，却从未有过异地恋。

"……但是，爱就是成全一个人。我们都是自由主义者，我没有理由因为爱你，以及你爱我，就阻止你去法国工作。"还没等罗晓慧接话，李慕继续说道。

"所以，去吧，我支持你去实现自己的愿望。如果你这次不去，也许这辈子都没有机会了。但是，我们分隔两地，并不代表我们已经分手，不是吗？只不过是时差六小时而已。"李慕已经想清楚，自己不应该阻止罗晓慧。

在感情的问题上，李慕的直觉与做决定的速度要比在发动机方面快得多，毕竟前者只需要考虑两个人，后者则需要考虑一群人。

说完，他真诚地看着罗晓慧，眼神里充满着爱意、理解和微笑。在罗晓慧看来，这是世界上最生动的语言，她觉得自己幸福无比。

"可是，你真的能够忍受我们这么远的距离吗？从上海到斯特拉斯堡都没有直航……"虽然心里无比喜悦，但罗晓慧却仍然希望得到李慕的确认，她的心底还是有点儿矛盾，既希望李慕成全，又希望李慕挽留。

这一次，李慕坚定地选择了成全，他点了点头："是的，确定。我相信我们的感情坚固又纯粹，并不会随着时空改变。如果有朝一日改变了，那一定不是感情的问题，而是我们自身的问题。如果这样的问题出现，就说明，我们已经不是对方所爱的那个人了，那这样的感情自然也没有存在的意义。"

说到这里，李慕突然换了个调皮的语调："再说了，你能够再次遇到像我这样的男人的概率为零。"

原本还没怎么样的罗晓慧，听完李慕的话之后，一下子绷不住，哭了出来。

李慕怔怔地看着罗晓慧，眼眶里也有些湿润，他一边轻声说着"傻瓜"，一边将罗晓慧揽入怀中，吻着她的脸。

过了良久，罗晓慧的情绪才稳定下来。她缓了缓神，从李慕怀里挣脱，双手扶着李慕的肩膀，盯着李慕说："亲爱的，我们要一个孩子吧，不用你带，我去法国把他带大。"

七

一辆黑色奥迪从实翼总部的地下停车库里驶出，拐上马路后，一个调头，往东奔去。

车里坐着尹括和郑立人，两人约好去祝桥的总装厂考察总装进度。

"现在大家的目光都放在青面兽和陈涵身上了。"尹括轻松地说道。

郑立人也应道："是啊，这几年真是不容易。不过，等年底之后，我们又要忙起来了，这半年时间难得清闲一下，我们可要把握住。"

等到总装下线之后，将进入机上地面试验阶段。在这个阶段，各大供应商的产品都将在飞机上接受各式各样的测试，以确保其功能健全达标，并且实现与飞机其他系统的友好交联。在这个阶段之后，便是万众瞩目的首飞了。

而在机上地面试验阶段，设计的更改和供应商的参与都将不可避免，尹括与郑立人也势必会重新回到他们所熟悉的忙碌节奏中。

"对了，张总秋天会出访美国，据说要去超英，促成跟超英在中国合建8系列飞机的总装厂，这事儿你清楚吗？"尹括问道。他一直专注于民21项目，对于公司的很多其他方面进展有些也只是听说，不甚了解。

"老尹，你这是问对人了，这事儿正是我在负责。别忘了，我可不光管理供应链，还包括国际合作哦。"郑立人笑着回答。

"哈，闹了半天，原来是你啊。来，说说看。"

"前阵子国内的几家航空公司不是买了100亿美元的飞天飞机吗？作为回报，飞天已经答应将它们的宽体飞机W级系列也搬到大连总装了。你知道，毕盛大连此前一直在帮飞天总装T级，这是多年前张总还在毕盛的时候促成的。现在W级一到，飞天的两款主流机型，一款窄体，一款宽体，都将在国内总装。这无疑有利于飞天的中国市场拓展啊……"郑立人介绍道。

"嗯，飞天还是比较了解这个本地化的趋势啊！相比之下，超英就略显保守了……"尹括点评道。

"是的，所以，超英坐不住了。他们中国市场份额第一的地位刚被飞天抢走，现在飞天又下了这样一步棋，他们总归要有所表示吧，所以超英方面便想促成跟我们的合作。"

"他们还挺狡猾，不找毕盛，直接找我们。"尹括笑道。

郑立人被点拨了一下："对啊，我之前还没细想，为啥主动找我们……在超英看来，毕盛已经是飞天的合作伙伴了，所以想'扶持'我们吧。"

尹括再次表达了对张峰的钦佩："还是张总高瞻远瞩，当年力促我们实翼独立，这样让国外厂商在选择合作伙伴时也多了一些选择，总体上更加有利于我国航空工业的整体提高与发展啊！"

尹括又问道："具体出访时间定了吗？你会不会一起去？"

"大约是9月底吧，具体日期还没定。张总亲自过去，我就不去了。年底要总装下线，他让我留守，管理好供应商。"郑立人有些遗憾地答道。

"是嘛……那还挺可惜的，多好的机会。"尹括也为他感到惋惜。

"没事，毕竟民21为重。这个合作不会很快落地的，以我对超英的了解，即便这次跟我们签署了协议，更多也只是一个政治层面的示好，真正的操作没个三五年根本不可能动。把我们自己的飞机造出来才是正事。"

尹括也点了点头："是的，估计这次去美国，我们又要宣布飞机的订单吧。今年之内，同时从飞天和超英买飞机，这在历史上也不多见。这一方面说明我们的民航市场确实很大，另一方面对我们实翼来说，也是一种无形的鞭策啊！"

不知不觉，两人在聊天中抵达了祝桥总装厂。杨志与陈涵两人冒着炎炎烈日，在总装机库的入口处迎接。

"尹总，郑总，欢迎到我们这里来指导工作。天气炎热，条件可不比办公室啊！"青面兽十分客气。

"哪里，我们是来学习的，民21最后要造出来可全靠你们了。"尹括挥了挥手，与几人一起走进机库。

呈现在尹括眼前的，是一架已经组装完好的飞机机体，由于还没有喷漆，机身上的铆钉与连接处清晰可见，但这已经足以让他兴奋。

"上次来的时候，都还没接好呢！"尹括仰着头赞叹。

"是的，多亏兄弟们加班加点，现在都拼好了。这几天开始布线，也是一项大工程！"杨志说。

没错，民21的线缆长度加起来有几十公里长，要将这么多线按照设计的方案完整又不互相干扰地放进飞机里去，确实是个挑战。要知道，民21的机身长度和翼展都不到40米。

尹括又转向陈涵："陈总，也辛苦你了。将飞机组装之前，你得一一确保供应商提供的交付文档和流程都满足适航要求。"

陈涵一笑道："说实话，工作量不大，只是一架飞机而已。如果以后我们像飞天和超英一样，每个月要生产四五十架民21飞机，那才辛苦呢。"

杨志听罢："你想累死我啊！每个月几十架！目前我们可没这个能力。"

"就是要累死你，青面兽。假如咱们民21深受欢迎，你可真得鞠躬尽瘁了。你总不能让张总面对客户的时候，告诉他们：'对不起，我们生产能力不够，你们少买一点吧。'"尹括笑道。

杨志有些窘："那是，那是，当然要提高我们的生产能力。"

尹括的目光落到了机翼下放的发动机短舱，那里是放置发动机的地方，现在却是空的。

杨志介绍道："发动机还没交付，李慕说已经给同继下了最后通牒，支付额外的研发费，但8月31日之前必须解决问题。"

"辛苦李慕了……说到底还是自身发动机能力不够啊。"尹括心里很不舒服，却也无能为力。他决定再次找赵进军，催促他加快发动机的研制工作。

八

赵进军也有赵进军的烦恼。

从去年年底到今年上半年，A股经历了一轮波澜壮阔的牛市，其历时之短，涨幅之高，让对股市"哀莫大于心死"多年的投资者都不敢相信这个事实。

拥有多家上市公司的毕盛也享受到了这轮红利——他们的上市资产价值几乎翻番。

可是，正当赵进军接过刘人杰的棒，打算趁这个机会加快推进发动机资产的剥离，同时通过这个题材让毕盛的上市公司平台再经历一轮上涨之时，从6月底开始，A股突然崩溃，在短短两周之内，毕盛的上市公司市值下跌了50%，让赵进军措手不及。

"妈的，就不能再坚持几个月再跌吗？"赵进军心里骂道。

当他接到尹括的电话时，不用猜就知道又是为了发动机："尹总，又是来催发动机的事情吧？"

尹括原本还想寒暄两句，没想到赵进军开门见山："哈哈，赵总，你简直是神人啊！"

"你们张总前不久刚催过我的，我正在抓紧呢，但是这股市不给力啊，整个市场一片惨淡。我担心这个时候推进发动机的资产剥离，起不到好的效果。"赵进军表示自己不是不想推进这件事情。

尹括有些着急："要等市场起来得等到啥时候啊？我们也没指望民21用上毕盛的发动机，但至少在下一代国产飞机——也许是宽体飞机上，我们希望毕盛能给我们多一个选择。被那帮外国人掐着脖子太难受了！"

面对张峰，赵进军的态度要稍微好一些，一方面因为两人曾经是毕盛管理层的同事，另一方面，毕竟张峰的级别比他要高，于情于理都得好生担待。但尹括原本在毕盛的时候就比他低好几级，现在即便到了实翼担任副总，也只与他平级，因此赵进军便没那么客气了。

"尹总，我理解你的感受，但是剥离发动机资产不是我一个人说了算的，还需要多个国家部委批准。毕盛的发动机资产规模很大，剥离出去需要从长计议，不然造成国有资产流失，后果就不好了。"

尹括心中暗骂道："又是从长计议，又是国有资产流失，我最烦这两个词！"

不过，他还是不得不缓和自己的语气："理解赵总的难处，就盼赵总帮我们催催。发动机资产早一日剥离出来独立自主，我们自己的发动机就越容易早点儿出来。到时候，赵总你也将彪炳史册啊！"

说完最后这一句，尹括自己也觉得有点儿恶心。

可是好话谁都愿意听，赵进军也客气了一些："放心吧尹总，我现在已经把这件事情放在我最紧急待办的事项里了，几乎每天都在考虑。"

这倒不是客套话，赵进军确实一直在思考通过怎样的方式，在合适的时间将发动机资产独立出来。这倒不是为了"彪炳史册"，更多是为了完成刘人杰临走之前的心愿。

能跟中国A股市场的崩溃相提并论的，是加拿大蒙比特公司的困境。

蒙比特原本跟卢瑟福公司一样，属于世界航空业的第二梯队成员，紧随超英和飞天之后，在支线飞机、公务飞机领域占有不小的市场份额。

几年前，不甘于落在超英和飞天之后的蒙比特启动了"赶超"项目，生产足以与超英8系列和飞天T级相匹敌的窄体客机。他们的雄心壮志体现在各个方面：不光将飞机雄心勃勃地命名为"赶超"，还为这款飞机的各大系统选择了最先进的供应商。

但是，制造一款飞机的难度和对资金的要求不是一般的大，"赶超"在出现了好几次延迟之后，终于将蒙比特拖入了财务危机的泥淖。作为一家上市公司，蒙比特的股票在过去的几周也是大幅下跌，投资者纷纷推测：如果没有外界的支持，蒙比特很可能破产。

蒙比特一开始想抓住飞天作为救命稻草，启动了与飞天的注资谈判。但飞天并不傻，显然不想做东郭先生，谈判很快破裂，蒙比特身陷囹圄，几欲绝望。

得知蒙比特的情况，张收成特意给李慕打去电话："你看，蒙比特那样的行业翘楚都因为一款飞机的延误而落到这般田地，你还支持飞机制造应该由私人企业来做，而不是像实翼那样的国企吗？"

李慕显然并不愿意投降："我没说飞机不应该由国企来造，我是说，应该放开飞机制造，让私人企业也参与进来，不要设置太多门槛。蒙比特虽然现在身处困境，但在过去的几十年，他们还是一家十分成功的企业啊！这不正好说明私人企业完全可以造飞机吗？他们的困境不是私人企业造飞机的问题，仅仅是他们自己的战略决策失误而已。"

张收成见说服不了他，便转移话题："咱们好久没见了，你在忙啥呢？发动机搞出来没有？别拖了民21的后腿哦。"

"我还在一边撒钱，一边拼命催进度，"李慕无奈道，"只恨自己当年在沙展没有学得更加扎实点儿。"

"得了吧，沙展肯定对你封锁了不少技术，你想学估计也学不到。别说作为中国人，即便作为华裔，估计都会受到限制。"张收成坚信这些国外的发动机厂商会竭尽全力保护自己的技术。经历了与同继的谈判和合作，他发现，就连CAT那样的航电技术，对方的不少工程师都当成"不与外人分享"的宝贝，更何况皇冠上的明珠——发动机技术了。

"罗晓慧就要去法国工作了。不过，她干的是政府关系，应该受到的限制会少些。"李慕提及了罗晓慧，正中张收成的下怀，他早就想打听一下贾南找罗晓慧聊过之后，她和李慕对于未来的规划如何。

不过，他没料到，罗晓慧居然要远赴法国工作："什么？她就这么决定了？你没挽留她？你们这是要分手了？"

李慕平静地答道："不分手，我们顺其自然，即便她过去，仍然是我的女友。"

张收成愈发觉得自己在对男女关系的看法上，跟李慕简直不是同一个世界的人："你们还真想得开，年龄都不小了吧。"他又免不了唠叨。

如果是别人，他是断然不会去干涉私事的，但是李慕不同，他们相识相知三十多年，在他看来，李慕已经是自己人生的一部分。

听出了张收成话里的意思，李慕这次并没有回避："所以……这次我决定，跟她生一个孩子。"

这下轮到张收成大跌眼镜了："什么！你们这是打算非婚生子吗？国内是落不了户口的，别一时冲动啊！要生孩子就结婚呗，去领个证只要9块钱而已。"

"我们不结婚，她会在法国把孩子带大，那里的非婚孩子数量并不少。而且，法国也没有户口这么一说。"李慕倒是十分平静。在那个深夜，经过彻底地讨论，他已经跟罗晓慧达成了这样的计划。

"你别吓我……"张收成依然不能理解，"别太草率了啊！她一个人在法国本来就形单影只的，你还让她带孩子？"

"是她自己愿意的，就如她想去法国工作一样。我爱她，所以尊重她的选择。"

"真受不了你们了。那你们打算一直异地吗？"

"不，等民21飞机首飞，我就辞职，去法国与她汇合，如果那时候我们还在一起的话。"李慕显然已经将所有的路都深思熟虑了。

张收成张大嘴巴，半天说不出话："恕我丑话说在前头，万一你们分手了呢？异地恋可不是那么好玩的。"

对于这个问题，李慕并不感到意外："那也改变不了我是孩子爸爸这个事实。"

九

纽约市的郊区一角，是超英公司的总装厂所在地。在这里，一架架超英飞机从这里出厂，飞往各地，然后翱翔在天空，连接世界的各个角落。

厂房外的天空十分高远，9月底到10月初是纽约一年里的黄金季节。

凉爽的天气被隔绝在厂房之外，厂房内气氛热烈，宛如夏天。

"与超英的合作，算是敲定了。"完成谈判后，身处现场的张峰，心里的石头落了地。

当他还在毕盛的时候，就有过多次类似的机会，都有与超英公司合作的传闻，但到最后关头，往往就没下文了。在这方面，相比飞天，超英要保守得多。

这次，张峰与超英公司的高管签署了在中国组装超英8系列飞机的合作框架协议，将之前数月的传闻正式锚定。而就在协议签署之后不久，超英公司便官方宣布：获得来自中国高达380亿美元的飞机订单，包括超英8系列和7系列两种机型。

"又是窄体和宽体的组合……"看到这个消息，远在上海的尹括评价道，"比飞天的订单金额大了不少啊！"

超英与飞天的两强相争继续在中国的民航市场上演，其背后的政治博弈也在继续。在造出自己的飞机之前，飞机订单金额大、足够高调和高端，属于天然的外交利器。

"我们自己也得造出好飞机，让别人买我们的飞机，也成为外交的筹码！"回国后，张峰下定决心，在高层办公会上鼓励团队进行民21总装下线前最后的冲刺。

他将与超英的合作交给郑立人全权办理，自己将关注点继续放在民21之上。

眼见儿子一方面显得十分紧张，一方面却又不如之前加班的时候多，尹善治好奇地问："目前什么状态啊？"

尹括在前不久向父亲介绍过民21项目的状态，那时候发动机还没有交付，尹善治闲得无聊，正好尹茉暑假回国，便让孙女带着到哈尔滨避暑去了。回上海后不久，他又去绍兴远房亲戚那儿住了一阵。他的身体目前仍然十分健康，于是尹括也鼓励他多出去走走。

"还有两个月就总装下线啦！"尹括不无兴奋地回答。

尹善治瞪大了眼睛："终于要总装下线了吗？"

在过去的几年里，他无数次觉得民21项目的进展过于缓慢，那种焦灼一度让他难以承受。但随着身体状态的恢复，他反而可以更加宽心，也疏于对民21的关注，没想到如今竟然已经到了总装下线的阶段。

"民10的总装下线，已经是四十年前的事情了……"尹善治的思绪被儿子的话带回到了四十年前，那个无比荣光、热闹非凡的时刻。

见父亲的反应十分迟缓，眼神有些忧伤，尹括知道自己又勾起他对民10的回忆了。"爸，放心吧，民21一定不会步民10后尘的，总装下线之后，会首飞，会投入商业运营！"

同一时刻，几十公里外的东海之滨，实翼的祝桥总装厂内繁忙异常。

尽管已经华灯初上，但总装厂房内依然人头攒动。只见地面上排满了各式操作车辆和安装工具，严阵以待，杨志亲自坐镇，与陈涵、李慕一起，迎接民21的心脏——涡扇3发动机的到来。

正如实翼的所有人所预测的，在收了一笔钱后，同继最终解决了涡扇3的问题。对此，尹括十分生气，没有亲自参加发动机交付，只是让李慕和陈涵过去，为杨志捧场。

"他们就是装模作样，故意薅我们的羊毛！"这样的推测或许有些过于阴谋论，但实翼拿发动机供应商没辙，是不争的事实。

相比设计人员，杨志的想法要简单很多："到货了就行，这下所有的部件都齐全了，我可以开始为总装下线做最后准备。"

当尹括为航电主干网未能走光纤而捶胸顿足时，杨志却有些暗自庆幸，铺设光纤的难度可比铜缆要大得多。

因此，在交付现场，相比李慕的郁闷，杨志还是显得十分开心："终于全部到齐了，再过两个月我就给所有人展示一款全新的民21飞机！"

飞控系统的控制律依然未能完成，但这不是硬件，并不影响总装下线。所以，在杨志的眼中，他暂时已经不需要尹括的团队提供更多的支持。

杨志跑前跑后，将发动机的安装工作安排妥当之后，便将李慕和陈涵请到了自己办公室——说是办公室，其实就是厂房的一角，透过窗户可以将整个总装厂房一览无遗。

"两位，辛苦啦！稍微坐一坐，喝点水，待会儿我请你们吃饭。"

李慕的情绪还是很低落："谢谢杨总，我看到涡扇3就来气啊！"

杨志当然知道李慕为何生气，但是他觉得木已成舟，总这样也不是办法，便故意说道："李总不想看到涡扇3，我们就尽快把它装到发动机吊舱里去，再蒙上一层布，你就看不到了。"

李慕无奈地笑了笑。

陈涵将两人的注意力转移到未来："现在是9月底，张总当时对外宣称的总装下线时间是11月29号，只剩下两个月了。杨总，接下来就看你的了。"

杨志踌躇满志道："没问题！应该能够完成，很多机载系统如航电、飞控的硬件都已经装好了。这两天装好发动机后，我们再把布线走完，装上内饰、座椅等客舱设施，最后再喷漆，就可以亮相了。"

李慕这时才稍微恢复一点儿，调侃道："看来杨总国庆要加班了。"

"这是必然的，等总装下线之后再给弟兄们调休吧！"杨志摊了摊手。

李慕又想到自己前几个月的忙碌，几乎没有周末和假期。"我也得跟尹总说说，调休几天。"他心里说道。

突然间，他又想到了什么，便对杨志说："杨总，今晚我还有事情，得赶回去，不能陪你和陈总晚餐了。你们吃好一点，多喝两杯。无论如何，发动机交付了，是值得庆祝的里程碑。"

杨志一向好酒，也知道李慕的酒量好，正期待可以跟他好好喝几杯，听他这么一说，有些急："别啊，咱们几个难得聚聚！你的事情不能往后推推吗？"

李慕笑道："恐怕不能，十万火急啊！制造下一代，日子都算好了。"

杨志一听，也知道不便阻拦，只得叹了叹气。

李慕走后，他突然想到了什么，问陈涵："可是，李慕结婚了吗？"

陈涵也不清楚，看着杨志，两人面面相觑。

十

国庆之后，张收成迎来一个老朋友。

他刚开完希杰管理层办公会，回到办公室，屁股还没坐热，秘书就敲门进来，带进一位中年女士。

"张总，好久不见啊，我很快要来给你打工了，哈哈……"熟悉的声音传进张收成的耳朵。他抬头一看，是陈淑珍。

"陈总啊，你怎么屈尊到我们这儿来了？"张收成调侃道。

"能不这么损我吗？张总。"陈淑珍走了进来，不等张收成招呼，便坐在他办公室的沙发上了。

跟白天凤一样，这个女人在希杰的合资合同谈判之初，坐在对面，与自己唇枪舌剑，但在希杰成立之后，面对实翼的时候，又常常与自己处于同一战壕。朋友也好，敌人也罢，只要相处的时间足够长，又互相匹敌，多多少少会产生一些"惺惺相惜"的感觉。

白天凤走后，毕盛也好，同继也罢，最初派遣的那拨人大多都已经离去，像陈淑珍这样的"老朋友"已经很少，希杰的大多数岗位都被新来的人所填补。

"喝点什么？还是咖啡吧。"张收成记得这个台湾女人的口味其实很西化。

"谢谢张总，黑咖啡，不加糖，不加奶。"陈淑珍也不客气。

给秘书指示之后，张收成看着陈淑珍，问道："陈总这次过来，是为了希杰客服总监的事情？"

"哈哈，张总果然直率。是的，就是为了这个岗位。"陈淑珍点头道。

由于只有实翼一家客户，也只有民21一个项目在做，而民21飞机又尚未交付航空公司，所以希杰一直没有客服这个部门，所有的客户相关工作都由项目管理部来兼管。

眼下，民21即将总装下线，首飞也指日可待，希杰的董事会意识到需要将客服团队的组建提上议程了。

客服总监属于管理层成员，向总经理张收成直接汇报，按照希杰的流程，竞聘这个岗位分为由母公司提名、总经理面试和董事会批准三个步骤。

"希杰的管理层十分重要，双方母公司也都有充足的人力资源，不宜从社会招聘，由母公司指派即可。"盖伊作为董事长，宣布了这个决定。

曾泰等毕盛的董事并不反对——毕盛向来对于客服就不大重视，而且同继已经在总经理的问题上做了让步，同意继续执行合资合同中的轮流派遣原则。

于是，双方各自提名候选人，结果毕盛一个人都没有提出来，同继也只有陈淑珍一人。当她得知自己是唯一的候选人后，惊呼："我这是撞了什么大运啊？"

所以，现在唯一的问题，就是张收成这一关是否能过，只要张收成也点头，董事会的批准就是橡皮图章。

看着眼前这个信心十足的女人，张收成心里并没有什么意见。毕竟，她熟悉民21项目，熟悉母公司，熟悉客户，而且有丰富的沟通、谈判和行业经验，善于发现问题，更善于解决问题。如果一定要挑刺，就是她还是太张扬了一些，有些客户并不见得喜欢这种风格，尤其是国内的航空公司，可能还是更加喜欢低调而善于倾听的客服人员。所以，他想挫挫陈淑珍的锐气。

"咱们是老朋友了，对你我原本没什么好考察的。不过，貌似你从来没有干过客服啊！"张收成待陈淑珍脸上的笑容平静下来之后，淡淡地说。

陈淑珍一惊："难道他还想正儿八经地对我面试啊？"她原以为自己是唯一候选人，又是张收成的老相识，获得客服总监之位是板上钉钉的事。但是，问题还是得回答的。

"张总看过我的简历吗？我之前有过不短的客服经历，回头我给你发一份最新版的简历吧，人力资源提供的也许版本不对。"

她这一问，张收成反而觉得刚才自己疏忽了："我在与她合作期间她确实没干过客服，但她之前的经历，我还真不太清楚，草率了，草率了……"

于是，他不置可否地点点头道："嗯，发给我吧。对了，我想问问，你之前在同继干得好好的，为何要来希杰这里呢？你知道，跟我们同一批进来的人，现在都离开得差不多了。"

两人的谈话越来越像面试了。不过，即便不面试，张收成也很想知道，在同继员工的眼中，希杰到底是怎样的存在。此前，他自己觉得同继对希杰并不重视，所以技术资源投入往往要在毕盛和实翼追加投资和百般施压之下才挤出一点来。

"张总这个问题还真问到点子上了。说实话，同继，尤其是同继中国内部的人对于希杰都十分向往。"陈淑珍笑了笑道。

"是吗？说说看。"张收成鼓励她展开说说。

陈淑珍喝了一口咖啡，然后解释道："希杰的待遇很好，比同继一点都不差，这是其一；其二则是，目前整个社会都看好高端制造业这个大方向，就连同继自身，都开始剥离金融资产，专注于工业了。而航空业无疑是工业领域中的明珠，并且在国内才刚刚起步，谁都想参与一个朝阳产业，对不对？更何况……"

"更何况什么？"

"更何况希杰这个客服总监的岗位属于管理层。我之前在同继的职位只是高级经理而已，虽然负责航空事业部在整个中国的业务拓展，工作范围很大，但在级别上已经触到了天花板，总监级别的领导很少是华人。所以，我也想寻求突破。"陈淑珍不想隐瞒对于自身发展的考量。

而这，也是张收成所希望听到的。

张收成基本上做了决定，在这之前，他还想问最后一个问题："希杰的客服总监岗位级别确实比你现在要高，但是，负责的却只有实翼一家客户，也只有民21飞机一个平台而已，与你目前丰富的工作内容相比，会十分枯燥，你确定没有问题？"

"当然没有问题。我已经过了希望到处撒网、广种薄收的年纪了，现在只想专注把一件事情做好。"陈淑珍盯着张收成，看着他微微赞许的表情，她明白自己已经通过了这轮面试。

十一

"近乡情更怯，不敢问来人。"离总装下线的日子越近，尹括越能体会到这句古诗的意境。

尹善治在上次得知民21总装下线的时间后，便时不时地追问儿子："没啥变化吧？"

而现在，他也收到了来自于实翼的官方正式邀请。届时，他将坐在贵宾席，与张峰等人一起见证这个历史性的时刻。

面对父亲的问题，尹括每次都很小心地回答："没问题，放心吧。"但事实上，他心中比父亲更忐忑。

杨志的心态就要轻松一些，他亲自掌握着总装的进度。在他来看，飞机制造跟拼搭模型没有本质区别，而且，他的内心深处还有一丝侥幸，"总装下线只不过是用牵引车将飞机从生产线上拖出来而已，按时完成这个仪式，完全不存在任何问题。"

不过，他并没有丝毫懈怠。他与所有人一样，全力冲刺，直到总装下线那一天的到来。

下线前一天的晚上，祝桥的总装厂房里，依旧是灯火通明。杨志不顾一身疲惫，与同样坚持了一整天的尹括、沈宁和郑立人等人，在厂房里走来走去，检查最后的工作，确保每一个细节都不出差错。

尹括要确保飞机本身不出问题，重点在机体结构件和肉眼所能看到的系统上，比如铆钉是不是都拧紧了？发动机是否在吊舱里都装好了？起落架是否万无一失了？等等。

杨志则要确保厂房的布置干净利落，符合规范。

沈宁则要从质量的角度对飞机和厂房再检查一遍。

郑立人则要在现场，以便出现需要供应商紧急支援的时候，能够第一时间把人叫来。当然，明天上午就要举行总装下线仪式，最后一天再召唤供应商几乎已经不太可能——大多数供应商都不在上海。

比他们更忙碌，心情更加紧张的，是实翼的行政副总段小瑜。

四十岁出头的段小瑜是一个身材娇小却做事精干的江西人，实翼组建之初来自华宇公司。她学的是英语专业，即便在华宇工作多年，对于航空航天业依旧了解不多。她的经验主要集中在公关、市场和行政管理等方面，也因此被华宇派往实翼担任行政副总。

在民21之前的几年中，她对于项目的参与并不多，很多原本由她去负责的公关与宣传事务都被张峰自己揽去。"我更了解专业，亲自出马比较好。"张峰常常对她说。但到了总装下线之前的这几个月，她开始忙碌起来，在实翼内部的出镜率也越来越高。毕竟，随同民21总装下线的，有隆重的仪式，还有高级别的贵宾、行业内的相关人士和上百家媒体。她十分清楚，在这样的场合下，一点纰漏都不能出现。

当她气喘吁吁地赶到厂房时，已经是晚上九点了。

尹括等人见到她，都十分惊奇："段总，这么晚了还来啊？这里有我们几个看着呢。"

段小瑜稍微平复了一下呼吸，捋了捋头发，问道："你们几个不也都在加班吗？我哪能自己回去睡觉？"

杨志一听，打趣道："段总的意思是，希望跟我们几个一起睡觉？"

段小瑜骂了他一句："你想得美！"她知道杨志就是这个样子，平时大大咧咧，说话也不太注意。

骂完杨志，她开始环顾厂房周围，进入工作状态。

"杨总，中间的那个红色幕布要确保能够顺利打开和关上。现在试试吧。"她不由分说，与其是建议，听上去更像命令。

可能是刚才开了玩笑，杨志倒也十分配合："没问题，我叫弟兄们马上试试。"

确保幕布开关，听上去容易，可实际上并非如此。因为飞机的总装厂房实在是太大了，跟一般舞台的幕布相比，就像床单与枕巾的区别。所以，段小瑜将第一个重点放在了幕布上。

当杨志让人反复测试了几遍，都没有问题之后，段小瑜满意地说："杨总，准备工作做得很好嘛。咱们再看看别的。"

接下来，他们又一一检查了布置在厂房的各式各样的射灯、音响、视频线路和液晶显示屏等。

"我们是造飞机的，如果明天这些灯光、信号、话筒、屏幕之类的出现任何问题，别人都会认为是我们总装厂房的问题，然后会进一步质疑我们飞机的质量，'连造飞机的工厂本身都掉链子，从这个工厂造出来的飞机谁还敢坐？'"段小瑜一边检查，一边对她的同事们说。

此时，已经完成了各项检查的尹括等人听到这话，不禁都佩服她心思缜密。

检查完了各项设施之后，段小瑜指着"客厅"区域面对中央幕布的椅子说："咱们再数数椅子的数量吧。"

杨志不解道："你手下那几个人昨天刚来摆放好，我们今天一天也都没动啊。"

"我不是怀疑你的团队……"段小瑜解释道，"万一他们今天有人借用了，忘记还回来呢？"

尹括倒是在想办法："这个很快，椅子不用一把一把去数，我们目测一下有多少行，每行有多少把椅子，再加上某些行多出来的，就是总数了。"

椅子点完，确认总数够了之后，段小瑜走到这片椅子之后，靠近总装厂门口的一片区域，站定，往中央幕布的方向看了看，还来回走了几步，从不同的角度去观察中央区域。

此时已是深秋初冬时节，祝桥工厂离东海不远，段小瑜的围巾和头发被吹得十分凌乱，但她全然不顾，只在遮住视线时才用手拂开。

"段总，你在看什么啊？"尹括等人也跟着她走到这片区域，往她看的方向看去。

这里的风果然要大很多，四个大男人都使劲裹了裹外套。

段小瑜并没有马上搭理他们，而是依然在这片区域踱来踱去，反复观察之后，才说："应该没啥问题……"

"什么问题？"杨志忍不住了，继续问道。

"这里是媒体的区域，在总装下线仪式开始时，各大媒体都会在这里，我想看看他们的体验如何。"段小瑜解释道。

"可是，这么大的厂房，媒体放哪儿不都一样吗？"

"还是有很大区别的。这个区域首先得正对仪式现场和幕布拉开之后民21飞机出来的机头方向。而且，距离不能太近，太近了一方面跟前面椅子上坐的嘉宾容易混在一块儿，也不能太远，远了不好拍照摄像。"

杨志有些明白了："有道理……要把媒体给照顾好了。"

段小瑜点了点头："我们这次邀请了多家国内外知名媒体来到现场见证民21的总装下线，相信他们会给民21带来足够的关注。"段小瑜结束了对于媒体区域的检查后，将最后的焦点放在中央幕布下方。

她指着不远处的一个活动舞台问道："杨总，能不能让人把那个舞台推到这里来，我们几个人站上去感受一下，然后再推回去，看看它是否结实？"

这次倒不用她解释，包括杨志在内的几个人也都明白她的用意。

明天，在幕布紧闭、民21"出阁"之前，几位重要的领导将在这个舞台上启动总装下线仪式，并且做指导发言。这个舞台是特别制作的，上面安装了一个仿造飞机驾驶舱内油门台的模型。如果明天这台子倒了，不光会造成人身伤害，其造成的负面影响和心理杀伤力将难以估量。

五个人都站上舞台，跺了跺脚，夸张的扭动扭动身子，杨志还特意从一头跑到另外一头，脚下的台子依然十分稳固。

"看来万无一失了。"尹括说。

十二

在过去的数年中，一旦提及民21飞机，人们的目光都会集中在实翼总部，飞机的研发和设计都在那里完成。但从2015年11月29日开始，位于东海之滨的祝桥总装厂房将成为新的焦点。

"总部那边只是图纸和概念，这里才是飞机最终生产出来的地方。"杨志很早就到达现场，面对比他更早到达的部分媒体，侃侃而谈。

张收成作为供应商代表，带着希杰的管理层团队受邀参加此次下线仪式。尽管不是第一次参观飞机总装厂，但他还是很激动，毕竟，这架飞机与他有关系。

在仪式正式开始之前，激昂的背景音乐已经响起。厂房里人头攒动，各大系统的供应商代表全部到场，每个人都身着正装，面带笑容，拍照留念。

实翼的民21项目相关人员与骨干也悉数到场，他们的心情更加激动，今天他们要见证的，是自己过去多年的心血。

李慕远远地看见张收成，却因为他们被安排在不同的区域，没法过去打招呼。很多熟人之间也都只能远远地招手致意，然后通过手机进行交流。

厂房的壁上，高高悬挂的"长期奋斗""长期攻关""长期吃苦"和"长期奉献"的巨大字幅十分醒目，每个字都用红色为底色，字体则采用黄色，正好是五星红旗的两种色调。字幅之间挂着平整鲜亮的五星红旗，彰显着民21的国家意志。

中间的红色幕布紧闭着，幕布下方是舞台，舞台两边的上方悬挂着两个大尺寸液晶显示屏，正在播放着民21飞机的宣传片，包括过去几年研发、装配过程中的不少细节，各级领导视察的场景和对于未来的憧憬。

这一切都被段小瑜收进眼底，看到现场还算井然有序，没有出现设备故障或者组织混乱，她十分欣慰："昨晚没白熬夜啊！"作为实翼的现场后勤总指挥，她不能坐在前方的实翼高管席位中，必须得在会场随时监控，应对突发状况。

她使劲眨了眨布满血丝的眼睛，让自己没那么困，再通过电话一一确认她的团队成员都在各自的岗位上待命，才稍微松了一口气。

此刻，在领导发言之前，全场的焦点无疑集中在观众区的前几排，那里是实翼的高管与为此次总装下线特别邀请的贵宾。

尹善治与尹括父子俩，第一次同场出现在这样的场合。

尹括的周围不断有前来的供应商代表或者行业内的同仁向他表示祝贺："尹总，恭喜恭喜！真不容易。现在就期待首飞啦！"

相比之下，他的父亲——另外一位"尹总"的身边就要冷清许多，虽然两人相距不远。

张峰由于要陪同领导，没在现场。没有他的招呼，知道尹善治光辉历史的人并不多。更何况，民21的总设计师毕竟是他的儿子，即便别人知道他曾担任民10的总设计师，那又如何呢？那些都是过眼烟云，现在也用不上了。

不过，尹善治也喜欢安静，他从来到现场之后，眼睛就没闲过，将这总装厂房除了红色幕布所隔离的区域之外的地方全部看了一遍。

"几十年来，还是有不少进步啊……现在的厂房布局和设备比我们那时确实要先进不少。"他感慨道。

不光是厂房，就连岗位的设定，现在的实翼也比那时的十厂要精细不少。当时，他作为民10的总设计师，从设计到制造一肩挑。而现在，他的儿子只需要专注于设计，今天所看到的一切，都是由杨志负责。

在过去的十年，他曾经心急如焚，也曾经心灰意冷，作为一个曾经的参与者和现在的旁观者，他每次从尹括或者媒体那里了解到民21相关的支离破碎的信息，都会在脑海中拼凑起来，形成一幅他所认为的图景。

在今天之前，这个图景依然让他忧心忡忡，但到了现场，他却发现实翼的进步已经超出了他的想象。

正沉浸在思潮汹涌之时，一个声音打断了他的思绪："尹总，您也亲临现场，真是太难得了……"

尹善治定睛一看，眼前的是一个精干的中年汉子，有点儿面熟，但一下子想不起来是谁。

"我是毕盛的赵进军。"赵进军见尹善治的眼神有些疑惑，便主动自我介绍，"刘总曾经带我拜访过您一次……"

尹善治虽然年事已高，但记性还不算差，更何况两年前赵进军已是毕盛的常务副总，他当然知道。而且，前阵子尹括还告诉自己，由于刘人杰生病退休，赵进军已经继任了毕盛总经理的职位。

"赵总啊，你好你好！好久不见！祝贺高升！"尹善治十分客气。

赵进军听到这个，便知对方对于行业内的事情仍然保持关注："哪里哪里，今天能在这里再次见到尹老，倍感荣幸。"

他思考了一下，决定不叫尹总，以免跟尹括混淆。

两人又聊了一会儿，尹善治表示今天的场面让他印象深刻，也对毕盛的贡献表示感谢："虽然我不是实翼的人，但是作为曾经的航空人，我认为，毕盛对于民21的贡献，可谓居功至伟。"

赵进军摆了摆手道："哪有尹老你们一家的贡献大呀，两代民用大飞机都是总设计师，真是一家人撑起了一片天！"

尹善治则推脱道："我真不是客气，我们纯粹是机缘巧合。我敢说，假如我儿子没参与民21项目，换一个人做总设计师，今天我们依然可以在这里庆祝民21的总装下线。毕盛的贡献是大势，有了毕盛和实翼的成长，民21甚至以后我们新的大飞机再起飞都是水到渠成的，我们尹家只不过恰好在渠边玩水罢了。"

赵进军见尹善治说得十分诚恳，内心不禁佩服他的胸怀："尹老爷子果然名不虚传，不愧是我们航空业的泰山北斗。"

正当两人聊得兴起时，一个浑厚的男中音传来："尊敬的各位领导、各位来宾，女士们，先生们，实翼民21飞机总装下线仪式即将正式开始，请大家尽快就座，一起迎接这个激动人心的时刻！"

段小瑜邀请的专业主持人，果然可以镇住场面。

待场面安静下来之后，主持人先邀请大家一起观看一部短片。短片通过中央幕布两边的液晶显示屏播放出来，介绍了整个民21项目的历程，再配以整个厂房内立体声的动感背景音乐，将整个场面的气氛从一开始的"茶话会"迅速转变为专业的发布会。

而这时，主要领导们也不知何时在张峰的陪同下，出现在了第一排的椅子上。

在主持人的邀请下，张峰接过主持人的棒，成为发布会真正的主持者。他首先上台做了简短致辞，然后邀请领导们依次讲话。

"赶紧把飞机拉出来吧！"李慕坐在廖泉、靳明、文大勇和其他几个系统总设计师旁边，期待着民21飞机赶紧出现。

待讲话完毕，几位领导一起在台上将模拟驾驶舱油门台往前一推，又一阵激昂音乐响起，媒体的闪光灯不断，大家也都纷纷用手机记录下了这个历史性的时刻。

此刻，民21飞机正静静地躲在红色大幕之后，等待着，酝酿着。

十三

经过短暂的布局调整，现场的椅子被工作人员纷纷移到两旁，留出中间的一条通路，从红色幕布下，一直通往厂房门口。

"最后时刻，千万别掉链子！"段小瑜紧张地盯着那块红色幕布，攥紧拳头。

大幕缓缓拉开，十分顺利。她松开手，感觉到了掌心的汗水："我的任务终于完成了，接下来就看杨总他们的表现了……"

当幕布拉开五米左右的时候，一辆牵引车缓慢地钻了出来，它的个头很小，却动力十足。民21的前轮就架在车厢里，被它拖着，不久后便会出现在所有人面前。

所有人在看到这辆敦厚的牵引车时，都马上将视线往上抬。大家首先看到的是一个光滑流线型的白色机头，崭新锃亮，机头的颜色与驾驶舱乌黑的舷窗形成鲜明的对比，如同一个皮肤白皙的美女戴着一副酷炫的墨镜，闪亮登场。

随着大幕渐渐拉开，牵引车也将民21一点点往前拉，沿着刚才中间留出的道路，朝着厂房门口的方向移动。

人们的掌声、欢呼声与尖叫声此起彼伏。

尹善治有些抑制不住心中的情绪，眼泪不争气地掉了下来："老泪忍不住，太丢人了。"他赶紧环顾四周，生怕被人看见，却发现身边不少人都在擦拭眼泪，没人关注他。

当整个民21的躯干完全呈现时，所有人都站了起来，用手机和相机记录这一历史性的时刻。

这架民21飞机以白色为底色，机身上简洁地配以实翼公司的商标和飞机型号——民21。除此之外，并无其他装饰。

尹括与杨志没有过于激动，在短暂的兴奋之后，他们目不转睛地盯着这架飞机——尽管在今天之前，他们已经看过很多遍。

他们的视线在飞机上扫来扫去，从喷漆的色泽，到涂装的商标，从舱门的密合程度，到尾翼的角度，从发动机的安装，到起落架的配置，全都包括在内。今天，他们的心情，就如刚刚为人父母，见到小家伙从出生的那一刻。

"真美，真漂亮……"尹括这才发出了自己的感叹。此时此刻，这位总设计师反而没有其他的语言。

在他的心中，充满了各种情绪，狂喜、感伤、踌躇、遗憾，不一而足，它们交织在一起，反而让尹括没法一下子体会出真正的情绪是什么。更何况，他的父亲也在这个厂房里，与他一起见证这个时刻，那种情感超出了时空，他觉得自己承载的不仅仅是民21一个项目。

在尹括身后两排的李慕在同一时刻也望着民21，但他的关注点主要在机翼下方的左右两个吊舱和里面装着的涡扇3发动机——目前最先进的一款发动机。

杨志、郑立人、沈宁、张思樱、段小瑜、靳明、廖泉、文大勇等人也都各自欢喜，各自思考着自己的心事。

制造一架飞机出来，需要调动全球的供应链，涉及上万人的努力，投入动辄数以亿计的资金，周期更是长达数年。在这整个过程当中，谁能保证一直保持专注，保持热血沸腾？谁没有自己的想法？大家朝着不同的方向合力，最终造出这样一架飞机，实属不易。

如果说作为实翼自身员工，尹括、李慕等人平时多少能接触到民21飞机本身，那么在场的供应商和其他行业内部人士则大多是首次见到民21的真身。

张收成今天才第一次亲眼见到了民21飞机的真实全貌。他之前看到的，都只是样机或者模型，而这一架，是正儿八经从生产线上下来的飞机。

"机头、前机身、中机身、中后机身、中央翼、副翼、后机身前段、垂尾和后机身后段……"视线每及一处，他心中便默念着对应的名称，"相比我们的核心航电系统，这些机体结构件真是太有视觉震撼力了！"

"在希杰的时候，核心航电系统就是我们的全部。可是只有现在才能强烈感受到，与整架飞机相比，我们真的只是很小的一部分。"张收成从未像现在这样觉得自己渺小。

他看到了如范若成那样的国外供应商代表。

"几乎世界上的顶级供应商全来了，他们同时也为超英和飞天供货，但面对民21，他们依然很兴奋。从这个意义上来看，我们对民21项目应该充满信心。"张收成对刘强说。

刘强正在忙着拍照，没有听到张收成说话，旁边的陈淑珍反而听到了："是的，张总，虽然实翼的经验有限，但毕竟民21飞机的各大机载系统都有这些外国供应商的支持，毕盛也一直十分重视，我相信这款飞机会成功的。"

张收成笑道："你原来可不是这个态度啊！"

"人是会变的嘛，识时务者为俊杰！"陈淑珍毫不讳言自己的变化，"否则，我当初怎么可能主动申请来到希杰呢？对吧？"

张收成并不介意："不过，那次咱们面谈时，你并没有向我如此明确地传递对民21项目的信心啊……"他又添了一句笑话，"如果你那时一进办公室就给我这样一个态度，之后的对话根本就不会发生，我一定马上就招你进来了！"

"我那时要是真这么表态，你才会觉得我是刻意为了这个岗位而说假大空话呢！是不是，张总？"陈淑珍反过来发问。

十四

随着民21完全被牵引车拖到厂房外的停机坪上，厂房内的秩序瞬间从刚才人们跟拍引起的混乱变成毫无组织的状态。

不过，这种状态仅仅维持了几分钟，厂房内便已经空空如也，几乎所有人都涌到了门外的停机坪上，将民21围了个水泄不通。

这架崭新的飞机是今天的绝对主角。

没有了椅子的局限，人们可以更加自由地交流，张收成看到李慕站在发动机吊舱下面，便走了上去："看上去你不是很兴奋啊！"

张收成同时注意到，李慕身边还站着文大勇等几个实翼的系统总设计师，便一一打了招呼，表示祝贺。他与这些人并不是很熟，仅仅在供应商大会上打过照面。

李慕指了指头上的发动机吊舱："我还不是为这个东西郁闷，花了那么多钱……"

张收成安慰了李慕几句。由于人多，他们又免不了要招呼，于是两人相约晚上单独聚聚，然后看到了不远处的杨志。

青面兽此时正被几位记者团团围住，接受采访。

只见他满面笑容，神光焕发，脸上那块青色的胎记在阳光的照耀下，也显得格外光亮。

张收成等他接受完采访，面露微笑地走上去，向他表示祝贺："杨总，这次的总装下线太令人印象深刻了，我们希杰一定竭尽所能为接下来的机上地面测试和首飞保驾护航！"

杨志并没有立刻认出张收成，两人毕竟此前仅仅见过两三面，但他脑子转得很快，立刻想起来，这是民21项目中最受瞩目的合资公司——希杰公司的总经理："哎呀，张总啊！好久不见！感谢今天过来捧场。民21的中枢神经是不是足够坚强，就靠你们啦！"

"没问题，我们已经经历千锤百炼了。"

话虽这么说，但张收成心中却为自己的团队捏了一把汗。毕竟，在民21的设计阶段，他们多次拖整个项目的后腿，而首飞之前的机上测试，作为核心航电系统供应商，希杰又将扮演十分重要的角色。对于是否有这个能力演好这个角色，张收成现在并没有把握。

看着熙熙攘攘的人群，尹括这才完全从亢奋而复杂的情绪中缓过神来。与张峰、杨志一样，他也是媒体围追堵截的对象，但是他除了接受了几家大媒体的采访之外，拜托段小瑜和她的团队挡住了一些媒体："我今天有点儿累，让他们去多多采访张总、杨总和郑总他们吧。"

其实，他的真实意图是陪同孤单的父亲一起经历这样的场面。他搀着父亲，绕着民21飞机转了好几圈。这时，他突然有种错觉，自己仿佛回到了几十年前，民10下线的时刻，那时候，他才上小学，只能在总装厂附近看看热闹，但父亲当时在现场的讲话给他的印象却延续至今。那是一个伟岸而帅气的形象，让他无比骄傲。

而今天，父亲则在这片新开发的土地上如此近距离地凝视他设计的结晶。他猜想，父亲的心里，一定会想到奶奶，想到如果她还活着，能够亲眼见证这一刻，该是一件多么美好的事情。

两人此刻的眼中都噙满了泪水。

十六

民21飞机在上海祝桥总装下线的新闻，瞬间通过各大媒体和互联网传遍了全世界。

正如段小瑜所预测的，到场的诸多国际媒体也纷纷将这条新闻放在了显要版面。只不过，相比国内媒体的大为赞颂，他们的描述要冷静，或者说漠然得多。

"中国的大飞机梦逐步走向现实。然而，现实却很残酷，实翼要在超英和飞天的夹缝中生存，十分艰难。"

"民21飞机经历了多次进度延误之后，于今日在上海总装下线，并计划在明年年底首飞。这比他们此前的计划要延误两年半，为它未来的商用前景蒙上一阴影。"

幸福的时刻总是短暂的，当总装下线仪式尘埃落定，媒体的报道也日渐声息的时候，实翼祝桥总装厂内的工作又继续如火如荼地开展起来。

"大家干得不错！即便总装下线仪式也没有打乱我们的既定计划与安排。要知道，我们更重要的目标是确保明年年底实现首飞，那是比总装下线更大的挑战！"杨志在总装下线仪式表彰总结大会上表示。

他说的没错，针对飞机的机上地面测试早在飞机总装下线之前便已经启动，只不过，仪式结束后，实翼就可以将全部心思扑在这个新的阶段上。设计与制造，需要齐头并进。

这也是首飞之前的最后阶段——已经装配在飞机上的各大系统要进行各项机上地面试验，确保它们在飞起来之前，一切都是正常运行的。

这些试验通过之后，便可以由试飞员进行正式试飞。第一次这样的飞行便是所有项目中的里程碑式事件——首飞。

相比首飞，总装下线确实有些小儿科，毕竟飞机各大系统只是装配起来而已，飞机并没有上电，发动机也没有发动，只是由牵引车拖着滑行。

不光实翼，各大供应商也进入了新一轮冲刺阶段，他们要随时支持实翼的试验，一旦发现问题，必须立刻快速解决。从现在到首飞，只有一年时间。

回到希杰之后，张收成召集了业务线的几位总监详细了解项目的最近进展，并且嘱咐刘强、埃文斯和陈淑珍："你们三人的团队关系着民21首飞是否能够成功按照预期计划进行，核心航电系统一定不能拖后腿。我不管你们如何管理团队，最后这一年，一定要坚持到底，需要任何资源，搞不定的，都随时跟我说！"

"明白！"三人异口同声道。

眼下最急迫的、压倒一切的任务无疑是保证首飞，从实翼到希杰，到其他供应商，对此全部保持一致。

自从参与民21项目以来，张收成经历过好几次这种最后冲刺的时刻，从合资合同最后阶段上海冬夜里的通宵，到主合同最后阶段连续的会议，甚至包括自己守在产房外面焦急地等待女儿降生，但没有一次像等待民21飞机首飞那样属于全身心、大脑中没有一丝空白的投入。

最后的这一年，他像着了魔一样，脑海中全部是核心航电系统的试验进度和结果，每周都与他的团队回顾当周进度，一旦发现可能延误的苗头，就立刻采取行动纠正。

与他相比，实翼的人有过之而无不及。上至张峰、尹括和杨志，下至李慕、廖泉和文大勇以及他们的团队，每天都会与各大供应商进行状态回顾，"要将任何可能影响首飞的因素扼杀在摇篮中"是他们的口号。

或许是受到民21飞机总装下线的鼓励，赵进军不再等待更好的时机，顾不上依旧无精打采的股市，就通过各条线的努力，终于促成了原则上毕盛发动机资产的完全剥离，并将重新组建成为独立的发动机公司。

而在远离上海的云南，虽然以慢节奏著称，却并未与世隔绝。

身体已经基本恢复的刘人杰在报纸上相继看到了民21飞机总装下线和毕盛发动机资产剥离的消息。

"好个老赵，有你的！"他对民21下线的消息并未过于关注——这是他早就知道的事情，但赵进军在一年之内就将毕盛发动机资产剥离启动，还是有点出乎他的意料。

"我就知道赵进军能行，"他转头对爱人说道，"当初自己退休这个决定是正确的。"

爱人笑了笑道："嗯，现在在这里安心休养，过过闲适的日子，不比整天像打仗那样要更好吗？"

刘人杰将报纸放下："我倒不是追求闲适，你知道我闲不住。我是庆幸自己没有挡住赵进军的上升，如果我再干几年，他错过了最好的岁数，就没有任何机会证明他自己了。"

"你真是……到现在还为毕盛操心啊。"

两人望着窗外，苍茫的天空下，2015年的最后一天正在姗姗而去，好让位给即将到来的2016年。

十七

1月过半，新年假期才刚刚结束，法国的假期果然要略长一些。

罗晓慧轻松地将车停在空旷的停车场，朝办公室走去。

在圣诞与新年假期，她基本上哪儿都没去，待在家里，调整自己的心情，略带伤感地回忆与李慕在11月底的那次短暂碰面。

民21刚下线，李慕就迫不及待地请了几天假，飞到斯特拉斯堡来看她。两人几个月没见，便如干柴烈火一般，整整三天都黏在一起，直到在斯特拉斯堡机场分别的那一刻。由于要赶着民21的机上地面测试和首飞，李慕必须尽快回到上海。

"再等我一年，民21明年年底首飞之后，我一定过来跟你一直在一起！"李慕吻别罗晓慧，匆匆登机，返回他们相识的城市。

"不过，能够有所念想，这边的日子也不难熬了……"想到这里，罗晓慧不知不觉地走到了办公室门口。

她收起心神，深呼吸了一下，将自己的思绪从儿女情长拉回到现实，进入工作状态。

然而，整整一天，她都觉得十分乏力，喝了两杯咖啡也无济于事——平时，只要上午一杯咖啡，她就能精神一整天。

斯特拉斯堡的下班时分，已接近上海的午夜。

李慕又加了一晚上的班，他一天都待在祝桥的总装厂里，进行发动机系统与燃油、航电等系统的联调测试。

"又没有调通……"一整天的工作并没有进展，他感觉有些郁闷，一边开车，一边将音乐声放得很大，但这并没有赶走他的烦躁。

他想了想，给张收成打了个电话："有空吗？出来聊聊吧。"

"行！我刚开完电话会，精神着呢，正好也睡不着！"张收成也刚刚参与了一次董事会，讨论如何进一步增加资源支持民21的首飞。

半小时后，两人又在曾经一起跨年的星座酒吧相遇，由于不是周末，正好还有一张空桌留给他们。

"咱们上次来的时候，你还是个愣头青呢，现在都成总经理了。"李慕点了根雪茄，调侃道。

"得了吧，那时候我只不过是没有跟外企打交道的经验而已。"张收成不服气，但也十分感慨，"不过，时间过得可真快，那已经是七年前了……"

李慕听到之后，略感震惊，他还没仔细去考虑过这个问题，但现在想想，确实已经过去了多年："按照生物学理论，人体的细胞每七年就完全更新一次，所以，现在我们两人与那时相比，已经是完全不同的人了，只不过依然顶着相同的名字而已。"

张收成表示赞同："谁说不是呢？我们今年都进入不惑之年了，跟三十岁出头的时候当然完全不同。就拿你来说吧，那时候我怎么可能想象你会追随一个女人去法国……不过，你还是有固执不变的地方。"

见张收成提到罗晓慧，李慕刚准备说几句，又被张收成最后的话吸引了："什么固执不变？"

"你到现在还坚信私人资本一定要比国有资本更加适合造飞机呀！"张收成笑道，"蒙比特前几天刚刚接受了加拿大魁北克政府数十亿美元的紧急输血，才活了过来。这么一家屹立不倒几十年的行业翘楚，就因为'赶超'一个型号的延误，便濒临破产，造飞机哪是私人资本玩得起的？"

"原来又是这个……"李慕摇了摇头，"你不可能说服我的，我有反例。卢瑟福公司与蒙比特一样属于第二梯队，是仅次于超英和飞天的飞机制造商，它一开始可是完全的国企，但后来实在经营不下去，最后不得不私有化，国有股权现在压缩到只剩下几个点，但现在看它多成功？"

张收成原本以为这次可以说服李慕，没想到李慕并未屈服，一下子想不出来更好的例子，只能嘿嘿一笑，喝了口威士忌。

李慕接着说："所以……没准实翼以后也会走卢瑟福公司的道路，逐步私有化。在我看来，这是实翼长远发展的关键。"

"你又操心实翼了，有没有跟张峰和尹括提过这个想法啊？"张收成觉得李慕又在瞎操心，他坚信，在中国，飞机制造只能由国企来做。而希杰的案例更是说明了，如果没有毕盛不计成本的投入，连核心航电系统都做不起来。

"并没有正经聊过，只是有时在非正式场合提了提，他们也没有给出明确的回答，"李慕叹了口气，"他们依然是戴着脚镣在跳舞的……好在，我明年年底就辞职不干了，支持民21到首飞，我也算是尽到义务了。"

张收成盯着李慕的眼睛，问道："你真的想好了？可是，我还是挺担心的。第一，你去法国做什么呢？第二，在民21飞机项目上半途而废，你不会觉得遗憾吗？"

他是真心为李慕担心。他认为，四十多岁是人生很重要的一个阶段，如果走错了路，下半辈子会很惨。

李慕轻松地回答："放心吧，总能找到做的。我目前的资产每年的收益率都比较稳定，光收益就能够我和罗晓慧两人生活了，你不会真以为我靠实翼这点工资活着吧？"

"哼，算我杞人忧天好了。"张收成有些热脸贴上冷屁股的感觉。

"好了，我领情。钱的问题你还真不用担心，但是你说的第二点我多少有些认同，如果我在民21首飞之后就辞职，确实算是半途而废。我内心其实到现在还是有些纠结的，还没想好要不要在上海多待两三年，等民21适航取证成功之后再去法国。但我确实担心，与罗晓慧异地恋久了，我们的感情会有变故……"

张收成听到这句，忍不住哈哈大笑起来："好个李慕，终于找到治你的女人了！"

李慕反倒十分认真："我确实是认真的。之前，我觉得我不可能跟一个女人从一而终，而且经历得越多，就越坚信这一点。但遇到她后，我发现自己好像对其他女人都没有超越欣赏的感情了，我觉得她就是老天安排给我的那个人。如果不能跟她在一起，我这辈子会遗憾，这种遗憾与民21项目未能坚持到底的遗憾相比，我更加不能承受。"

"可是，你又不愿意跟她结婚……"

"是的，我还是不能接受婚姻这种禁锢的方式，我们是自由人的自由组合，不需要第三方来认可。好在，她也赞同这一点。而我们这样的模式，在中国会有很多麻烦，所以只能去法国了。"

说到这里，李慕的手机响了，他看了一眼，半天没有作声，然后抬起头说："刚才我还说自己在纠结，现在不了，等年底民21首飞之后，我立刻去法国。"

他顿了顿，又说："罗晓慧怀孕了。"

十八

草长莺飞的季节是杭州最舒适的时候。虎跑龙井之下，湖光山色之间，全是上千年的隽秀与灵气。

张峰在这个美好的春天里召集了实翼的高层，来到杭州西湖边的一处酒店进行为期三天的头脑风暴，或称作offsite会议。

以往，这样的会议都是在实翼总部的办公室里完成的，但自从在民21项目中与同继等多家国外供应商的总经理或者一把手交流后发现，这些跨国企业都习惯于把团队拉到办公室以外的一处酒店或者度假村，开会讨论，兼顾团队建设。

据说，这样的沟通和决策效率会比在办公室里好，因为大家比较放得开。于是，张峰把团队拉到了距离上海两个小时车程的杭州。

实翼确实面临着十分严峻的形势。在去年11月底总装下线风光一时后，他们不敢有半点停歇，继续全面开展机上地面试验和首飞的准备工作，一切为了保证今年年底的首飞。

相比这短短一年时间，他们要完成的工作量显得过于庞大。毕竟，机上地面试验是整个飞机适航流程中十分重要的一环。

首先，他们需要验证飞机上的各大系统，尤其是航电、飞控、燃油、液压等机载系统在可预期的地面环境中，是否能够完成预定功能。

第二，要考察飞机上的电子电气相关系统受外部环境的影响，比如闪电、高能辐射场、电磁干扰等。

第三，还要考核飞机整体的重量重心是否满足设计要求，以及当它装满乘客时，一旦发生紧急情况，是否能在90秒内让全员撤离。

最后，需要验证各种气象条件下的飞机整体和各大系统的性能表现，包括结冰、大侧风、风切变、盐雾等。

总而言之，就是在飞机正式飞上天空之前，需要在地面上对其创造和模拟出各种飞上天后的环境与条件，来测试飞机是否满足设计要求。

开展这些工作，对于实翼的飞机总体设计能力和经验要求很高，而尹括与杨志作为牵头人，不得不承认，实翼的团队还有不小的差距。

在过去的冬天里，这些测试的进展不容乐观。张峰在知悉情况后，当机立断，决定把各大系统总设计师级别及以上的人员全部召集起来，共商对策。

"超英8U系列在去年年底也总装下线了，如果我们不能在他们投入使用之前实现民21的适航取证，我们的市场前景将非常不乐观！"张峰开宗明义地向所有人介绍了目前实翼所面临的严峻形势，"所以，我们必须确保年底实现首飞，同时在2018年完成适航取证。我们要争分夺秒，与时间赛跑！"

"与时间赛跑！"这是现场每个人心中的回声。

但是，赛跑也需要讲究策略，闭上眼睛瞎跑一气显然不成。因此，这次"西湖论道"的主题就是：如何在现有的条件下，做好机上地面试验的规划，使得实翼可以在未来的七八个月时间内，完成必要的试验，实现首飞。

这是一次跨专业、跨系统、跨领域的大交流。有美景在侧，实翼人的想象力似乎得到了更好的释放，一些在办公室里无形中被束缚的观点时不时蹦了出来。这让在各大讨论小组之间穿梭的尹括和杨志都欣慰不已。

"也许三天过后，依然没能形成可行的规划，但这种形式无疑开了一个好头，可惜我们这么做得有点晚。"尹括感慨道。

来西湖之前，他特意再次向父亲请教有关机上地面测试的经验。毕竟，当年的民10已经进展到了首飞之后的飞行测试阶段，只是倒在了最后取证的关头。对于民21来说，前面的路并非没有人走过，只是脚印已经浅得难以辨识。

可是，尹善治不敢说得太多。在他看来，过去的四十年，航空业已经取得了长足的发展，他之前的经验现在是否适用，他并不抱太大希望。

不过，他还是给了一个大概的指导方向："这些机上地面试验虽然品目繁多，但都是有一定依存关系的。比如，电源系统由于负责向飞机上的各大系统进行供电，因此应该先做它的测试，而全机满员撤离试验，则需要在撤离滑梯系统、电源系统、照明系统、客舱管理系统、舱门等系统都测试完毕之后才能做。"

这个原则尹括自然知道，但是，经父亲提醒，他却愈发认为此次集中会议十分重要，他需要让每个系统的负责人充分考量自己的试验与其他系统的关系，在会议结束时争取形成全体达成一致的整体路线图。

"不能各顾各的，否则只是做大量的无用功。"

三天下来，除了最后一天晚上的聚餐，大家在西溪湿地附近的一家农家乐里大快朵颐、喝得酣畅淋漓之外，其他时间全部在酒店里进行封闭式讨论。

最后，呈现在张峰面前的，是一张条理清晰、路径简洁的机上地面试验规划路线图，所有的关键节点和关键路径都被着重标识出来。

"那么，其他的呢？"张峰问面前的尹括和杨志。

杨志依然直言快语："如果有时间做，就做，没有时间，可以在首飞之后，跟飞行试验一起做！"

张峰皱了皱眉："为了赶进度而偷工减料？"

尹括连忙圆场："张总，杨总的意思是，这些不在关键节点或者关键路径上的试验，我们会研究适航条例，由陈涵把关，如果在首飞之前可以不做，或者可以简易做的，我们就从简，这样可以最大限度地节约时间，同时又保质保量。"

张峰果然认可了尹括的解释："嗯，这我就明白了，刚才青面兽的话可吓了我一跳。"

杨志小声嘟哝了一句:"好吧……"

"规划看上去很美,执行起来的速度如何?"张峰接着问道。蓝图再美妙,没法落实也是无济于事的。

这次尹括直接回答:"我跟杨总和各大系统的总设计师都聊过了,根据民21项目到现在以来我们的工作效率,如果我们继续保持过去四个月的工作强度,应该能在11月底之前完成。这样的话,再经过三周的准备,12月底之前完成首飞应该没问题。"

"很好!"张峰情不自禁道。

"不过……"尹括不想泼冷水,但也不想粉饰太平,"这基于我们没有一刻停歇、不犯错误和不走回头路这三个前提。所以,我们的任务还是非常艰巨的。"

张峰也恢复了理智:"没关系,艰巨跟不可能是两个概念。"

是的,只要有可能,他们就要去争取。

十九

2016年的夏天是热闹的,热情似火的巴西给全世界带来了一届充满着拉丁风情的奥运会。

不过,与当年那个为刘翔夺冠而欢呼的小伙子相比,此时的张收成已经没有心思关注奥运会,他把全部精力都放在了希杰所参与的机上地面试验之上。

航电系统是飞机的神经、眼睛和耳朵,希杰的核心航电系统则是中枢神经,与发动机、飞控、客舱、照明等几乎所有的飞机系统都有交联。对于确保这些交联满足设计要求,并且通过试验,张收成最初心中是没底的。毕竟,从去年年底到今年年初,进度拖了不少,还耽误了其他几个重要试验的节点。于是，希杰在年初召开了董事会。

就在张收成与李慕重聚星座酒吧，李慕得知罗晓慧怀孕的那个晚上，董事会决定增加对希杰的投入。这一方面体现在继续从韦讯、占士强等航电成熟供应商处挖拥有丰富机上地面试验和适航经验的专家，另一方面则外聘第三方专业的咨询机构，来补充希杰的不足。

到了开始落叶的季节时，这大半年的努力见到了一些成效，张收成也欣喜地发现，他们终于不再拖民21项目的后腿了。

"到了项目接近尾声的时候，我们好歹赶上了大部队……"他对顾菁无比释然地感慨。作为中途加入希杰的高管，顾菁显然无法完全理解这个瘦高男人的感慨中包含了多少内容，尽管她现在也同样专注民21项目本身。

希杰就是为民21项目而生的，一损俱损，一荣俱荣。

除去希杰，韦讯、占士强、霍克斯等国外知名供应商与毕盛所成立的合资公司也纷纷为民21飞机的地面试验提供各种支持，不管当初大家对于项目本身有多少怀疑或者心猿意马，到了这个阶段，所有的供应商都清楚：实翼是在玩真的了。

眼见11月底的截止日期即将到来，张峰按捺不住给刘人杰打了个电话，却提示已停机。他感到一丝扫兴和纳闷，便打给了赵进军："赵总，多谢毕盛的全力支持，我们月底所有首飞前的机上地面试验就要完成啦！首飞记得要来看啊！"

发出邀请后，寒暄了几句，张峰便问道："老刘最近怎么了？我打他手机，为何停机了？"

"唉，别提了，刘总算是彻底归隐了，他跟夫人已经从昆明搬到了大理，在那儿盖了个房子养老。之前的手机已经停掉了，但是他把在大理的地址给大家发了短信，张总你没收到吗？"

张峰这才想起来，前阵子有一个陌生号码的未接来电，还有一条同号码的短信，他当时匆匆一扫，只看到短信里称呼自己为"老张"，还附上了一个云南的地址，并没有署名，便以为是垃圾短信，就给直接忽略掉了。

"这家伙，没事就好。"张峰总算放心了，"看来以后要见他得亲自登门拜访啊。"

联系完赵进军，他一看时间，发现到了与尹括的讨论时间，便立刻给尹括拨了个电话。

片刻之后，尹括便已出现在门口。显然，在接到张峰电话的时候，他已经在往这里赶了。

"张总，状态跟上次一样，月底完成所有必要的试验没有问题。"尹括开门见山。

到了冲刺阶段，没有必要绕弯，每一分钟都很宝贵。

"很好，那还有什么要讨论的吗？"张峰也明白这一点，"没有的话，我们就各自干活去吧。我还要找一下段小瑜，问问她首飞仪式的筹备情况，上次的总装下线她干得很好。"

尹括一听，稍微犹豫了一下："……要不，你先找她？我还有一件事情，不过不算很急。"

"有事就坐下来说吧，别再跑一趟了，而且，你的事情没有不重要的。"张峰听罢，站起来，招呼尹括坐下来。

"我是觉得，眼见首飞在即，大伙儿都很开心，但同时也到了好好总结一下我们在民21项目这些年来的进步与得失的时候了。我们要将总结的内容归档，成为实翼的宝贵历史记录，若干年之后，当我们拥有民21、民31、民41飞机的时候，再回头来看，会弥足珍贵。更何况，我们在民21上走的弯路和获得的经验，将为我们以后研发新的机型提供非常重要的借鉴，这种借鉴是无可取代的。就如人体的干细胞一样，只有自己的干细胞能够造出适合自己的骨髓。"

尹括将自己的想法说了出来，随后又补充了一句："正如我刚才说的，这件事情可以开始考虑了，但并不是紧急的事，现在首飞自然是重中之重。"

张峰听后，异常兴奋地说："你能想到这一点，真是太棒了！我也一直痛心当年民10留下来的经验教训太少，没有完整的文字记录，很多都只能靠口口相传。我们不能再重蹈覆辙了！确实这件事情没有首飞紧急，但是，我们不光要做紧急的事情，还要做重要的事，否则就只能一直做紧急的事！"

两人很快达成了一致，张峰将此事交给尹括去操办，并且会在下一次高层办公会上宣布。

尹括既然提到这一点，并非全无准备。事实上，早在一两年前，他就开始总结了。在他看来，民21项目带给实翼最大的收获无异于这个项目本身，这是一件填补国内空白，带动一个大行业和相关产业发展的原动力。作为高价值行业，飞机制造一旦起势，对于国民经济的贡献会相当可观。而实翼也将随着民21的腾飞而壮大，或许有朝一日真的能够比肩超英和飞天。

第二个收获则是实翼团队能力的提升，经过这个项目的洗礼，实翼各个团队在飞机设计与制造上都积累了非常丰富的经验。

从航电系统来看，靳明在项目之初，常常因为希杰的能力不足而为民21的航电忧愁不已，常常捶胸顿足，长吁短叹。但到了后期，他就要镇定许多，一方面自然是因为降低了对希杰的要求，另一方面也得益于他和宋板桥的航电团队的迅速成长。

从飞控系统来看，廖泉的团队经过纯粹的自力更生、日复一日地琢磨与钻研，终于把整个飞控系统的控制律做了出来，成功将飞控系统因为出口管制而存在的最大障碍消解于无形。

从发动机系统来看，虽然采用的是进口的涡扇3，但李慕的团队通过与同继的合作与交流，学到了很多，培养出了一支初具经验的发动机与动力系统设计团队。

还有机体结构、照明、液压等，也都各自收获不小。

第三个收获则是带动了国内产业的发展。毕盛作为民21背后最大的供应商，直接或全面参与了民21项目除发动机以外的几乎所有系统的工作。而项目之初的合资公司模式，更是为将国外技术转移到国内提供了一条可行之路。

第四个收获，则是每个民21项目参与者的英语水平都得到了较大提高。从项目一开始的两眼一抹黑，到能够听懂、看懂，再到最终可以说出口，与国外供应商直接交流。不管承认与否，英语依然是世界第一语言，也是航空业的标准语言，英语不过关，是造不好飞机的。

在尹括的心中，还有更多的体会，现在，他可以将这些全部详细记录下来，与他的同僚们讨论、精炼，然后成为实翼，乃至整个中国航空业的指南针。

二十

当命运的时钟终于缓缓来到2016年12月31日这个时间节点的时候，张峰、尹括等人都感觉仿佛已经过了几个世纪。在过去的这几个月里，实翼的每个人几乎都是把一分钟掰成好几分钟来花。当然，他们也不是唯一有这样感觉的人。

到了这个历史性的时刻，张收成突然强烈地意识到自己已经四十周岁，回首身后8年的时光，尤其是其中最后8个月的时光，他感到自己真正达到了"不惑"的状态。面对此前的一切，尝过的酸甜苦辣，顾及之后还会出现的险阻艰辛，他的心情却十分平静。

在参与民21项目之前，他首先想到的是民用客机项目必然意味着无止境地烧钱，这也是为什么他坚信非举国之力不能启动这样的项目的原因。

但是，当他发现有了钱之后，除了漫无目的地乱花，仿佛对于项目本身并无实质性的作用，除非你能真正掌握技术，将每一分钱都正好投入技术熔炉当中，成为它的燃料，而不是在熔炉旁边的水塘中打水漂。当钱与技术都具备以后，他进一步发现最关键的是人，是团队，否则钱也好，技术也罢，都无处安放。

而对于人力资源的使用，他的心得是：一方面要建立人尽其才的体制，另一方面又要建立各就其位的流程。前者用于发挥每个人的优势与主观能动性，后者则用于区分权责与限制人性的弱点。

如希杰那样的初创公司，在一开始应该偏重于前者，但随着公司的成型和业务的壮大，无疑需要将重心放在后者。这个平衡很难把握，过于偏重前者虽然会让公司活力十足，却会导致管理混乱，而过于偏重后者又会扼杀创新精神。

"幸运的是，到现在，我终于找到了这样的平衡。而看上去实翼也找到了这样的平衡。他们的规模是我们的上百倍，能够找到这个平衡，真的十分不容易。"

2016年12月31日，周六，民21飞机首飞的日子。

"真是一个难得的好天气！"在上海的冬天，像今天这样的天气可遇不可求。张收成再次作为供应商代表受邀参加首飞仪式，见证这一历史性的时刻。

他见到了很多老朋友，老对手，但每个人脸上都带着笑容，虽然也有疲惫。

"尹总，天气真好，今天的首飞一定成功！"当见到尹括的时候，张收成表达了自己的祝愿。

"谢谢吉言！"尹括一上午已经接到了不少这样的祝福，心情舒畅，意气风发。

在要客区域，实翼的张峰、毕盛的赵进军、同继的特里普等民21项目的主要参与和支持方的领导悉数到场。张收成也过去与他们一一打招呼。

领导讲话过后，大家都将关注的焦点放在了机库和跑道上。

在跑道的一边，各大媒体长枪短炮，全副武装，再加上民21项目的相关人员，共有上千人在现场，熙熙攘攘，好不热闹。

激动人心的时刻终于到了。只见在跑道尽头的机库中，一架崭新的飞机被缓缓推出。

与总装下线时一样，它浑身都是白色，在机身侧面有实翼的公司商标和飞机型号。唯一的不同，是机体上鲜明的几个蓝色的艺术字："真心，实翼。"

"这真是我们自己的飞机啊！"

"好一个'真心，实翼'！"

飞机被牵引车推行到首飞跑道上，然后沿着跑道缓缓滑行，伴随着两翼悬挂的两台发动机轰鸣声越来越大，飞机的速度越来越快，终于，机头向上抬起，前起落架离地，民21飞机以一个十分舒服的角度飞上了天空。

一时间，掌声雷动，散落在空旷的跑道周围。

在这短短的几十秒内，跑道边的各路专业摄像摄影机忙个不停，没有专业设备的，也都用手机记录下这个瞬间，然后发到微博、微信朋友圈或者其他社交媒体。当年民10的首飞，人们过了好几天才从报纸上得知，而如今民21的英姿却几乎实时传遍世界。

现场中的很多人都留下了泪水，在阳光的照耀下，晶莹剔透，闪闪发光。多少个日夜的奋斗，就为了这几十秒的畅快。

飞机越飞越高，稳健地在空中保持着爬升姿态。

"一切的辛苦都是值得的。"张收成仰着头，直到脖子已经酸疼。

民21在首秀上一共飞了两个小时，大大出乎现场观众的意料，很多人认为只要飞一小时就已经不错了。

当它再度平稳地降落在跑道上的时候，人们的热情再一次被点燃，欢呼声与掌声不绝于耳。

张收成一边与朋友们打招呼聊天，一边望着蔚蓝的天空："可惜李慕没能过来，这项目的成功他也有份啊！"他心里不无遗憾。李慕由于父亲病危，临时赶回湖南，错过了这个他无论如何也不想错过的时刻。

除了李慕，还有很多不在场的人为了今天这个时刻做出了难以估量的贡献，甚至是献出生命。张收成想到了王定坤，不由得伤感起来。

二十一

"只差最后一步了！"

经历了首飞的喜悦后，民21飞机还面临取得真正成功之前的最后一道关卡——适航取证。而这一步不能用走，必须靠飞。在这个阶段，民21飞机必须在民航局的监管和目击下进行数千个小时的飞行试验，全部合格之后，才可能获得交付航空公司与商业运营的敲门砖——适航证。

在首飞后的新年期间，当绝大多数民21项目的奋斗者终于稍微松一口气、享受久违假期的时候，尹括并没有闲着。

行一百而半九十。如果民21飞机无法如期顺利获得适航证，最后变成一款卖不出去的产品，那么之前的首飞也好，各种努力也罢，都会毫无意义。

"取得商业成功才是民21的最终目的。"正如张峰一直所强调的。

但就如西天取经九九八十一难中那最后一难，摆在实翼面前的任务依然艰巨。而这个任务的直接受命者，是陈涵。

"尹总，我的压力很大，包括我自己，大家的经验都很有限。"他对尹括说。张峰与尹括当初顶着压力将他提拔为民21项目常务副总设计师，让他感激至今。

尹括也清楚这一点，但是他也并非适航专家，无法给予陈涵充分的指导。他能做的，只是给陈涵充分的授权，鼓励他勇于探索，多与民航局交流。

"如果说到目前为止，我们所走的路民10在四十年前就走过，那么从现在开始，我们就再也看不到它的脚印了，或许，我们再往前走两步，还能够看到它的尸骨。说句大白话，我们的适航取证就是要摸着石头过河，既要勇敢往前走，又不能把步子迈得太大，必须确保每一步都能抓住石头。"尹括感慨道。

可是，这些石头不但光滑，而且还分步散乱，数量众多。

高原特性试飞、高温高湿试飞、自然结冰试飞、全机排液试验、空速校准试飞、失速试飞、侧风试飞、高速特性试飞、动力装置试飞、起落架应急放、起落架摆振试飞、功能和可靠性试飞。这一系列适航取证之前需要进行的飞行试验，光把它们的名字背下来都得花点儿工夫，更何况一个个去测试了。

而且，除去这些试飞工作，民航局还要对民21飞机整个生命周期的设计制造文件进行审定，包括数百个项目审查，上万次制造符合性检查，累计审查批准上千份报告。这些报告每份都有好几十页甚至上百页，工作量一点也不比设计飞机本身小。这也是飞机这种飞在天上的交通工具相对其他交通工具安全概率反而更高的原因。

困难是即将到来的，而荣誉则是现在的。由于民21首飞成功，张峰被《中国企业家》杂志评选为2016年度企业家之一，在杂志的专题报道中，介绍张峰的文章标题是《在争议的漩涡中托起国产大飞机》。

对于这个十分贴切的标题，张峰很满意："没错，确实充满了争议，不管外界对于我个人，还是对民21飞机本身。我知道很多人看不惯我的行事风格，我也知道还有很多人在等着看民21项目失败的笑话。不过，民21不是民10，它是一定可以飞上蓝天的。"

二十二

"最近的舆论对民21越来越宽容了嘛……"尹括一边喝茶，一边看着秘书送来的报纸。清早的这几分钟读报，是他一整天里为数不多的休闲时刻。

在各大媒体、杂志的全面覆盖下，越来越多的人了解了国产大飞机，了解了实翼，了解了张峰与尹括，了解了他们背后的艰辛。

"不过，虽然外界对我们宽容，但我们自己得对自己更狠！"今年飞天新T级将交付客户，开始商业运营，作为民21的直接竞争者，飞天T级的下一代机型，新T级无疑占据了市场先机。明年，另一个强劲对手超英8U系列也将交付，民21将面临两面夹击。

但眼下，他需要解决一个紧急的问题。

尹括刚刚把报纸放下，从外面进来一个丰神俊朗的男子，但面容有些憔悴。"尹总，早！"

"李慕，你回来了，坐。"尹括招呼李慕坐下，并且示意秘书倒茶，然后让她把办公室门关上。

坐定后，尹括定睛看着李慕，脸上带着一丝询问和关切："你爸的事情，我们都感到十分遗憾，不过，人死不能复生，只能节哀顺变……"

他的语调十分轻缓，尽量不去刺激李慕已经十分脆弱的心。

"谢谢尹总关心……"李慕低声回答，一瞬间有些哽咽。他的父亲因得了肺癌，恰好在民21首飞之前病危，他星夜赶回家，只盼见上最后一面。

虽然父亲已逝，但临终前得知李慕已经有后，也不算抱憾而终。

他的母亲哭得不成人形，还好这个消息让她也欣慰万分。尽管她觉得未婚生子终究不太光彩，没有到处声张。

在家的那几天，李慕好好陪了陪母亲。掐指一算，这几天比他过去十年陪伴母亲的时间还要多，他觉得满心惭愧。

不过，他还是告诉了母亲自己的决定：从实翼辞职，去法国与罗晓慧生活。

"妈，你把家业卖了吧，你们辛苦了一辈子，攒下来的钱早就够花了。晚年我照顾你，跟我一起去法国吧。"

可母亲并未答应："我的身子还好，要在这里陪你爸，你要走，就走吧。"

念及这些事情，李慕一下子又控制不住自己的情绪，眼泪流了下来。

尹括没有说话，只是静静地看着李慕。他知道，眼前这位自己的得力干将，正处于最脆弱的时候。

时间一秒一秒过去，李慕也逐渐调整好了情绪，他知道自己还有一件更重要的事情要跟尹括说。

擦了擦眼泪，平息了心中的悲伤，李慕抬起头说："尹总，真的非常感谢你和张总一直以来的关照，我之前跟你申请的那件事……"

李慕指的，正是自己打算辞职去法国的想法。

在首飞之前不久，一切都准备就绪的时候，李慕经过谨慎考虑后，向尹括提出了这个请求，这让尹括大吃一惊。出于本能，尹括挥了挥手说："等首飞忙完再说吧。"

现在，首飞已经成功，接下来的适航取证工作又在紧锣密鼓的开展，尹括知道，自己必须给李慕一个答复，否则他不可能专心干活。

这些天来，尹括经常思考这个问题，他非常想将李慕留下，但是凭他对李慕的了解，又知道根本留不住这个人。

"还是放他走吧……"在今天之前，他已经做了这个决定。但当李慕主动询问的时候，他又发现，面对李慕焦急询问的目光，自己很难亲口说出来。

他最终还是不想永远沉默下去："嗯，尊重你的意见。那……你有合适的接替者推荐吗？"

听到尹括的批准，李慕大喜过望，忙不迭地说："杨琪可以接任我的工作，她一直是我的副手，工作勤奋负责，也正是干事业的时候。再说，她老公宋板桥也在实翼，他们两人双剑合璧，肯定大大有利于民21的适航取证工作。"

这一点尹括也已经考虑过，无论从"顺位继承"，还是从能力来看，杨琪无疑都是最好的选择。现在见李慕也支持这一点，他觉得心中稍微好受了一点。

看见李慕的表情，尹括有些无奈，不过还是勉强地说："好，我们考虑考虑你的建议，杨琪确实是一个不错的人选。至于离职的事情，我这边没问题了，你回头跟张思樱打声招呼，问问她人事上有什么流程要走，如果需要我签字，你尽管来找我就好。"

"好的，谢谢尹总成全。"

两人在民21项目上配合了这么多年，现在要告别，竟然都说不出更多的话。不过，尹括还是不想放过这样难得的交流机会。在过去的大多数时间里，他和李慕的交流都聚焦在民21项目本身。

"李慕，我可以最后给你一个建议吗？"尹括问道。

"没问题。"李慕已经达到了目的，当然不会拒绝，更何况，他辞职的原因跟尹括没有关系。相反，尹括还是他一直没能下定决心的因素之一——这样的领导者是很少见的。

"我知道你是不婚主义者，但如果你今后还打算在一个组织里面做事，而不是就此过上闲云野鹤般的生活——我相信你不会，毕竟你还年轻，才40岁……如果你继续在组织里做事，我建议，你跟罗晓慧结婚吧。"

李慕没想到尹括会给出这样一个建议，竟然一时呆住了，不知如何回答是好。

尹括继续说道："罗晓慧是个优秀的人，张总和我都跟她见过，这你也知道。跟她结婚，你不亏。"

这下把李慕逗乐了："尹总是怕我'始乱终弃'？"

尹括正色道："不是。我劝你结婚不是因为她好，也不是因为婚姻好，我是过来人，虚长你十几岁，也可以算是大哥。我的感受是，经历过婚姻的洗礼，你可以具备更好的沟通能力、妥协能力和耐性，这是在一个组织里面工作十分重要的素质。你有专业能力，思维活跃，执行力强，但是在沟通协调方面，还有提高的空间。我个人觉得，如果你结婚了，可能会不一样。"

见李慕仍然在思考，他又补充了一句："杨琪在这一点上就比你做得好，这也是为什么你刚才推荐她，我觉得可行的原因。"

李慕见尹括没有开玩笑的意思，便答道："嗯，谢谢尹总指点，我会认真考虑这个建议的。尹总，等过了这阵子，我动身去法国之前，一定请你吃顿饭，喝顿酒。"

"没问题。"

离开尹括的办公室后，李慕原本充盈在心中的悲伤情绪稍微好转了一点，毕竟可以很快去法国与罗晓慧和儿子团聚，又没有跟尹括把关系搞僵——他原本担心实翼死活不放人，要鱼死网破。

他一边下楼，一边翻看手机里罗晓慧发来的儿子的最新照片："爸爸就要去看你了！"

二十三

李慕启程去法国的那天，上海飘起了小雨。

在回乡告别母亲，处理完上海的各项事务之后，李慕就拉着一个大行李箱，奔赴浦东机场。在东航的头等舱柜台办完托运手续和登机牌之后，他身边只剩下一个手机和一个随身小包，看上去就像要进行一次短期旅行。

"你就这么去法国了？不给罗晓慧带点儿上海的口味？她可是快两年没回来了。"张收成带着贾南和贝贝为李慕送行。

"带上我自己、护照和所有的银行卡就行了，我是去那边开始新生活的，又不是搬家。"李慕笑道。

贾南插话道："那还不是你自找的？如果你早点跟收成一样定下来，没准现在也跟我们一样，在上海过着稳定的小日子，儿子也像贝贝那么高了。"

贝贝已经上了小学，她此刻正躲在母亲身后，看着李慕，还有些羞怯——虽然张收成经常与李慕见面，但贝贝并没有见过李慕几次。

李慕抿了抿嘴，指着不远处的星巴克说："咱们去那儿聊吧，站在这儿也不是个事。"

为了跟好友多聊几句，他特意提前三小时到了机场。

浦东机场的1号航站楼刚刚经过翻修升级，在出发层的角落处新开了一家星巴克，直接靠着玻璃幕墙。幕墙外面，就是停机坪的一侧。

他们找了一个靠窗的座位，贾南拿到自己的咖啡和贝贝的果汁之后，便知趣地将女儿带到一边玩去了，她知道他们肯定有很多话要说。

雨滴不断地在幕墙上滑落，窗外的天空有些阴沉，仿佛张收成的心。

对于老友的远行，他十分不舍："以后我想喝酒聊天都不知道找谁了。"

李慕自然理解，年纪越大，好友越少。"我算不算是个重色轻友的人啊？"他明知故问。

"你说呢？不过，你一向如此，还记得那年你为了那个中国银行的姑娘，好像叫董维珊。本来说好要跟我吃饭的，结果提前一小时告诉我来不了了……"

李慕的记忆一下被拉回到十年前，那时候他还不认识罗晓慧，还没有加入实翼，还过着逍遥自在的日子。那时候，他以为自己可以那样过一辈子，没想到，终究还是没有逃过事业和真情这两根男人的软肋。

一时无言。

两人手捧咖啡，不约而同地看着窗外。雨中的飞机，就像这些年他们遇见的人，有的起飞，有的降落，有的停靠到廊桥，有的只能被空管发配到远机位。

张收成率先打破了沉默："你过去之后有什么打算吗？不会真的就靠投资收益过日子吧？如果这样，你当初何必离开沙展呢？"

李慕从过去的回忆中回过神来，笑了笑道："当然不会做社会的寄生虫啦！我这几个月已经想好了，到那之后，先帮罗晓慧带带孩子，然后认识一些飞天的人，重新把我在沙展的关系找回来，广交朋友。经过与他们的交流，再将自己多年的知识体系进行梳理……"

"去当家庭煮夫和交际花啊？"张收成打趣道。

"这是第一步。宋江当初靠什么聚人心？仗义疏财四个字。我得先把当地的社会关系建立起来，然后再图后计。"

当李慕开始用一些书面语言的时候，就是要说正经的了，张收成了如指掌。

果然，李慕不消张收成发问，就把"后计"说了出来："我打算成立一家咨询公司，专门为实翼和毕盛提供那些他们最薄弱领域的咨询服务，比如发动机，比如适航取证。"

"你果然是谋定而后动，不是一时冲动嘛……"张收成喝了一口咖啡，"不过，民21的取证进度迫在眉睫，你却在那边慢悠悠地搞社交，来得及吗？法国人吃顿中饭都得三小时。"

"眼光要放长远嘛。民21不会是中国最后一款民用飞机的，以后会有更多。在相当长的一段时间内，我们与飞天和超英都会存在差距，我的目的就是缩小这种差距。当差距为零的时候，也就是我的公司没有业务收入的时候，那时候我就正好把钱一分，好好养老啦！"

李慕说到这里，眼睛放光，仿佛那一天已经到来似的。

张收成无比兴奋："这才是你嘛！不过，你打算把公司注册在法国吗？"

"我才不注册在那儿呢。我应该会考虑去注册离岸公司，利用像英属维京群岛那样的平台。"李慕对法国政府的税收政策颇有微词。

"别忘了，也给我们希杰提供提供服务，收费再打点折啊！"

李慕嘿嘿一笑道："你们是土豪财主，不宰你们一刀就不错了，还打折？"

"唉……"张收成叹了叹气，"确实，说到钱，我们还真不缺，但是，能力上的差距光靠钱是买不来的，还是要靠时间的积累。说到底，时间是比金钱更加宝贵的资源，因为它永远不可再生，而且它对所有人都是无差别的，完全没有捷径可言。"

话题又变得有些沉重了。

张收成立刻往外看去，看到了远处贾南带着活蹦乱跳的贝贝玩，而李慕也立刻打开手机看儿子的照片。

二十四

终于到了五一节，张峰可以稍微喘口气，休息两天了。适航取证的压力无时无刻不压在他的心头，各项飞行试验的情况从尹括和杨志那儿传来时，依旧是问题多，进展少。

"不管了，急也没有用！还是去看看老刘吧，太久没见了。"他节前就下定决心，无论如何要抽空去大理拜访刘人杰。

刘人杰在洱海边买了一小块地，盖了一栋两层楼的小房子，还围了个小院。

当张峰赶到这里的时候，已是晚饭时分。院子门口，已经站着一个瘦小的老人，头发半白，精神却依然十分矍铄，他站在那儿，仿佛依然顶着天。

张峰有些激动："老刘，几年不见，你又瘦了……"

刘人杰也上下打量着眼前的老友："是啊，几年不见……瘦算什么，能活下来就不错啦！"

老友相见，似乎也不用太多的寒暄，随口两句，目光相对，便胜却千言万语。

张峰原本想问问刘人杰的病情，但一见到他本人，觉得应该已经无恙，便不再去提那倒霉事了。

进了院子，张峰饶有兴致地看着这片小天地，院子里种着草，放了一张四方木桌和两把椅子，墙角处则摆满了盆花与绿色植物。

"很惬意的生活嘛！"张峰不由艳羡，"我原以为你的归宿会在长安街，没想到在这里了。"羡慕完了，便是调侃。

"哈哈……"刘人杰露出一股一点都不后悔的神情，淡然说道，"那时候心比天高，还曾经想让你帮我一把，满脑子都是怎样更进一步。没想到老天跟我开了个玩笑，先把我往深渊里推，正当我觉得已经完蛋的时候，却又把我拉了回来。这几年我在云南生活，觉得人生如此也挺好，无忧无虑，何必操心北京那摊子事情。北京的空气里充满了雾霾，人们心中又充满了太多膨胀的欲念。可是，北京的后海再大，能有这里的洱海大吗？"

刘人杰的话让张峰感慨万分。现在他面前的这个刘人杰与民21项目刚开始的时候那个野心勃勃的刘人杰相比，几乎是两个人。

不过，他还是为老友感到高兴："你心里安稳就好，怕就怕'心在天山，身老沧州'。"

刘人杰摇了摇头道："完全不会。我现在状态很好，一点也不牵挂毕盛的事情，赵进军青出于蓝。"

意识到两人依旧站着，刘人杰连忙招呼张峰坐下："天还亮着，我们就在院子里边吃边聊吧。老伴知道你要来，把晚饭做好了，还沏了一壶茶，我马上去端过来。她去城里广场上跟一群老太太跳舞了，她已经完全融入了本地生活。"

"哈，太好了，我也想着就在院子里跟你好好叙叙旧呢。"张峰大喜。

就着几道小菜，一壶普洱茶，两人右手拿筷，左手夹烟，张峰突然间有种生活在陶渊明笔下桃花源里的感觉："这样的生活真是太舒服了。"

刘人杰看出了张峰的心思，笑着邀请道："要不，你也提前退休得了，也搬到大理来，咱俩一起共度晚年？这边盖房子不贵，你把上海的房子一卖，到这里过简直花不完。"

"那是不可能的。民21不真正干出来，我不可能离开实翼……我一定会坚持到底的。"张峰摁灭了烟头，语气十分坚定，"我就不信我们比别人差！"

"这个我倒相信，不然你当初不会冒着跟我闹掰的危险非要单独成立一个实翼。"刘人杰笑道。

"要是换作别人，还真不好说，但是你在那个位置上，我相信你会容得下我的。"张峰答道。

刘人杰看着张峰，眼神中既有赞赏，也有怜惜，这个倔强的湖北人生下来似乎就是为了突破极限的。

"拼归拼，身体还是要注意。"刘人杰提醒张峰，"你的命可不比民21贱。"

"你还别说，我虽然抽烟喝酒加班熬夜，但精力还十分充沛。去医院体检，医生说我有四十多岁的身体，可见我这折腾命就是天生的。"张峰不以为然。

你一言我一语之间，两人已经把几盘菜一扫而光，茶饱饭足，烟也抽过瘾了，刘人杰建议道："走，去屋子后面转转吧，那里风景不错。"

张峰欣然答应。

跟着刘人杰绕过屋子，张峰的眼前一亮，屋后也有一小片院子，虽然不如前边那么大，但视野开阔，苍山洱海的景色尽收眼底。

此时正值黄昏时分，太阳在退隐幕后之前将最后一点光亮洒在湖面上，温暖柔媚。湖边，雾气开始弥漫开来，等太阳一走，便可以占据整个地盘。

一幅绝美的画面。

"这屋后真是别有洞天呐……你们真应该把桌子摆到这里来，天天看美景。"张峰感慨道。

"这里不够宽敞，再说了，看美景就要专心嘛，边吃边看没啥意思。"

张峰不再说话，只是把自己放空在这美景中，仿佛民21的压力从未存在过。

二十五

尹括这几天十分开心，女儿终于回国发展了。

前两年，尹茉从多伦多大学毕业之后，曾经想在加拿大落地生根，"反正姑姑在这边，我们还可以互相照应嘛。"给尹括打电话的时候，她撒娇道。

对此，尹括十分不屑："你学的是人类学，在加拿大有什么发展？他们国家一共也就几千万人口，国内十几亿的人口样本，岂不更加够你研究？"

虽然说不过父亲，可父亲却对她鞭长莫及，再加上姑姑对自己又十分宠爱，言听计从，于是尹茉就留在加拿大找工作。没想到，无论她怎样努力，都找不到对口工作，正如他父亲所言，这个专业在加拿大实在是太小众了。她当初凭着兴趣选择了这个专业，却未曾考虑就业前景。

无奈之下，靠着尹恬的关系，尹茉去了她所就职的公司，从事与专业完全无关的工作。干了两年后，尹茉实在无法适应，最终服软，向父亲求救。

对此，尹括觉得十分有成就感——作为父母，当自己无法再帮助子女的时候，会产生莫名的恐慌与无力感。

尹括通过熟人帮尹茉在上海博物馆找了一份工作，恰好与其专业相对口，工作性质也比较适合女孩。

在尹茉回到上海之后的一个周末，阳光明媚，难得空气清新异常。尹茉高兴地说："爸，爷爷，我们出去逛逛吧！"

尹括正在想着是否要去公司加班，听女儿这么一说，便横下心："出去消遣消遣吧，不要浪费这样的好天气。"

经过讨论之后，他们决定去宝山的吴淞口炮台公园转转。一方面，大家都没去过，而今天这样的天气，很适合在户外活动；另一方面，尹善治突然想去那里看看，吴淞口是淞沪会战时日军的登陆点，而他的父亲尹飞扬正是在那场战役中壮烈殉国的。

"这是爱国主义加爱家主义的户外活动。"尹茉给这次出行定了调。

行至中途，尹茉突然看到路牌上有"大场"二字，便突发奇想，说："既然爱家，我们要不先去大场看看吧，那是我们的老家呀。"

尹善治和尹括都表示赞同，于是一家人往大场方向奔去。

到了大场，或者说，到了名义上的大场，他们发现了一个问题：如今的大场，已经是一个繁华的城市住宅区，宽阔的马路，密集的住宅楼和各种商场与生活设施成为这里的主旋律。尹茉在路上兜了好几圈，都不知道应该把车停在哪里。

"难道要停在路边商场的地下停车库，我们再上来沿着马路走吗？"她从后视镜里询问尹善治，"爷爷，我真找不到了。"

尹善治也无可奈何。今天的大场，跟尹家祖上生活的大场，已经完全不是一个模样，过去的痕迹，已经彻底被抹去了。

沉默了一阵，尹善治给出指示："算了，直接去吴淞口吧。"

他突然很庆幸没有将母亲的遗骨转移过来，否则她该多么伤心。至少，兰亭棋盘山下要清净得多。

与此同时，尹括已经接了好几个电话，全是有关民21飞行试验的。

听儿子打完电话，尹善治关切地问道："没事吧？"

"没事，有事也不急在今天。"尹括决定今天就陪家人了。

尹善治鼓励道："嗯，最后一关了，一定要坚持到底啊！当年民10就败在这里，但我想，民21肯定没问题。而且，如果你们的合资公司模式成功了，国产发动机也造出来，总有一天，国产飞机可以全部使用国产供应商，适航取证也会相应简单很多吧。"

"爸，我倒没这么极端的想法。"尹括对此有些不同的看法，"即便国内航空业具备了完整的能力，以后实翼研制新的机型，还是会在全球选择供应商的。我甚至在反思，民21的这个合资公司模式有些过于激进，导致项目进度和供应商管理出现不少麻烦，而能力是需要慢慢培养的。假如我们造下一款飞机，还是应当保持一定比例的系统直接由先进的国外供应商提供。适航取证也是一样，即便中国的航空工业真的可以与欧美平起平坐，中国民航的适航证全球都认可了，我们还是需要去取FAA和EASA的证。"

"为什么呢？"尹善治不解。

"为了把飞机卖到这些国家去。对于美国来说，如果我们的飞机上装有他们的供应商提供的产品，取了FAA适航证，会更便于销售给他们。这跟技术无关，跟政治有关。我做民21项目做得越久，就越意识到飞机项目不是普通的工业项目，由于它的巨大价值，往往会跟政治绑定，会跟利益交换绑定。"尹括耐心地解释道。

尹善治心中一惊，他不得不承认儿子说的有道理，民10的时候自己就是太过于对技术本身较真了。

尹茉打断了两人的对话："你们能不能别谈工作了？今天妈跟我都在，我们一家人开开心心休闲一下嘛。"

"好，好，听你的。"尹括服从女儿的指示。

吴淞口炮台公园没有让一家人失望，视野开阔，绿化盎然，还有成群的飞鸟点缀在蔚蓝的天空中。

"真没想到上海也有这样大气磅礴的地方。"尹括感慨道。

尹善治跟着他们走了一阵，感到有点儿累，便找了个阴凉处的长椅坐下，让尹括他们继续散步，自己休息一下。

他从包里掏出早晨的报纸，读了起来。尹括常常让他在手机上安装新闻客户端，说这样可以实时了解世界大事，还有推送功能，但他一直不习惯，还是喜欢报纸这种传统媒体。

读到社会新闻版块，右下角的一则新闻吸引了他的眼球：《女儿出门仅十分钟，厦门一九十岁老人在家中自杀身亡》。他一向对厦门的消息格外关注。

他越往下读，就越觉得浑身发冷，尽管此时阳光充足，气温适宜。

"……老人姓丁，今年九十岁，随女儿和女婿居住在厦门，曾担任过上海的航空企业十厂厂长，负责过民10项目……女儿女婿出门散步回来，发现老人已经在阳台上吊自杀……据女儿介绍，老人患有忧郁症，一直未能得到有效的治疗……"

尹善治觉得一阵晴天霹雳！他不敢相信自己的眼睛，将报纸往眼前挪了两寸，又擦了擦眼睛，然而看到的仍然是同样的内容。

尹善治觉得大脑一片空白，无力地靠在长椅的椅背上，浑身发软，颤抖不止。良久，他再也控制不住，流下两行热泪，小声地抽泣着。

不知何时，那页报纸已经脱离了他的双手，滑落到地上，被一阵风吹起，飘舞在半空中……